湾区财经概论

郑贤操　丁友刚　主编

中国教育出版传媒集团
高等教育出版社·北京

内容简介

本教材系统地聚焦粤港澳大湾区的经济水平和结构、财政和金融特点、经济与社会环境等，全面介绍粤港澳三地合作的历史、粤港澳大湾区发展的政经财金基础和粤港澳大湾区未来的融合趋势等。

全书内容分为五篇十四章。湾区概览篇介绍了湾区经济的理论与世界湾区发展经验；产业结构篇让读者更加清晰地认识分工合理、功能互补、错位发展的城市群发展格局思路；营商环境篇从制度、法治、社会文化等角度让读者了解如何打造具有全球竞争力的营商环境；经济主体篇从企业微观经营和金融、服务市场角度寻求粤港澳大湾区建设的技术突破；协同发展篇从贸易、要素和政策协同为切入点，将粤港澳大湾区从资源全方位整合到制度整合新阶段的过程娓娓道来，并对未来粤港澳大湾区融合发展中面临的挑战和发展趋势进行展望。

本书可作为高等院校财经类专业本科生和硕士研究生的通识课教材，也可供对湾区财经内容感兴趣的读者参考和使用。

图书在版编目（C I P）数据

湾区财经概论 / 郑贤操，丁友刚主编. -- 北京 : 高等教育出版社，2024.6
ISBN 978-7-04-062104-4

Ⅰ. ①湾… Ⅱ. ①郑… ②丁… Ⅲ. ①区域经济发展-研究-广东、香港、澳门 Ⅳ. ①F127.6

中国国家版本馆CIP数据核字（2024）第086175号

Wanqu Caijing Gailun

策划编辑 郭金录 责任编辑 郭金录 封面设计 赵 阳 版式设计 杜微言
责任绘图 李沛蓉 责任校对 胡美萍 责任印制 朱 琦

出版发行 高等教育出版社
社 址 北京市西城区德外大街4号
邮政编码 100120
印 刷 北京七色印务有限公司
开 本 787 mm× 1092 mm 1/16
印 张 20
字 数 480千字
购书热线 010-58581118
咨询电话 400-810-0598
网 址 http://www.hep.edu.cn
http://www.hep.com.cn
网上订购 http://www.hepmall.com.cn
http://www.hepmall.com
http://www.hepmall.cn
版 次 2024年6月第1版
印 次 2024年6月第1次印刷
定 价 49.00元

物 料 号 62104-00

前　　言

20 世纪 80 年代，粤港澳三地合作率先开启了“前店后厂”形式的制造业垂直分工，带动了区域制造业经济的繁荣发展。2003 年，内地与港澳签署了 CEPA 协议，粤港澳合作发展进一步走深走实，迈向了以服务贸易为核心产业的横向整合阶段。2017 年，粤港澳大湾区首次写入国务院《政府工作报告》。2019 年 2 月，中共中央、国务院印发实施的《粤港澳大湾区发展规划纲要》指出，“建设粤港澳大湾区，既是新时代推动形成全面开放新格局的新尝试，也是推动‘一国两制’事业发展的新实践”。粤港澳三地合作由此进入了世界级湾区经济共建时代，进入了以湾区经济为载体共同参与国际中高端竞争的新阶段。这一阶段将要建立开放新格局、拓展市场新空间、打造产业新结构、形成科创新体系。经过 40 多年的合作发展，如今的粤港澳大湾区区位优势明显、经济实力雄厚、创新要素集聚、国际化水平领先，未来发展前景可期。

党的二十大报告指出，深入推进粤港澳大湾区建设，支持香港、澳门更好融入国家发展大局，为实现中华民族伟大复兴更好发挥作用。习近平总书记 2023 年在广东考察时进一步指出，使粤港澳大湾区成为新发展格局的战略支点、高质量发展的示范地、中国式现代化的引领地。为了让更多的莘莘学子“知湾区、懂湾区、爱湾区”，进而能“服务湾区、献身湾区”，我们组织编写了这本《湾区财经概论》教材。本书定位为本科阶段通识课程使用的教材，全书内容力求学理性、写实性、数据性和前沿性相结合。学理性蕴含在全书的结构设计中，系统地反映粤港澳大湾区的方方面面，蕴含学理而不展开学理论述，有助于低年级学生对粤港澳大湾区形成一个框架性认识；写实性表现在教材采用白描的写作手法来描绘现实，具象而不抽象，有助于学生结合日常生活中的所见所闻来接受和理解粤港澳大湾区的财经世界；数据性要求对经济现实进行描述时尽可能采用“数据说话”，培养学生在对财经社会认识和分析的过程中形成强烈的数据分析意识；前沿性是要求教材的写作内容确保紧跟经济发展前沿，反映最前沿的财经动态，采用较新的财经数据，确保教材富有时代感，激发学生的学习兴趣。

全书各章的负责人如下：王志勇（第一章）、朱孟珏（第二章）、徐忠爱（第三章）、刘鹏（第四章）、刘佳（第五章）、矫萍（第六章）、戴昌桥（第七章）、戴激涛（第八章）、徐靖捷（第九章）、顾小龙（第十章、第十二章）、白茜（第十一章）、张国俊（第十三章、第十四章）。此外，王方方、张浩然、李晓燕、姚维保、陈建林、段军山、雷宇、谢伟、廖志伟、吴坤津、张士斌、李亚青、蔡卫星、王茜、王晓丹、陈燕、屈韬等对书稿写作亦有贡献。主编郑贤操研究员、丁友刚教授负责全书写作框架的设计、章节的研讨以及全书各章节的修改、润色和统稿工作。晏宗新教授对全书的编写组织和研讨做出了大量的工作！李惠武教授为全书的写作提出很多中肯意见和建议！高等教育出版社的同仁们更是站在粤港澳大湾区发展战略的高度全力支持本书的出版，为本书的出版付出了辛勤的劳动！

粤港澳大湾区建设日新月异，书中写作的内容也在发生新的变化，加之我们能力有限，本书的写作肯定存在很多不足之处，敬请各位读者批评指正！

编者

2023 年 10 月

目　　录

第三篇 营商环境篇

第四篇 经济主体篇

第五篇　协同发展篇

第一篇　湾区概览篇

第一章　湾区经济发展历程及经验

学习目标

本章主要讲解了湾区与湾区经济概况，纽约、旧金山、东京湾区的基本概况、发展历程、发展模式和发展经验。要求了解湾区的概念，湾区的空间形态，湾区经济的发展阶段，掌握湾区经济的概念及其主要特征，重点理解纽约、旧金山、东京湾区的发展模式和发展经验。

第一节　湾区与湾区经济概况

一、湾区的空间形态

湾区是海湾地区的简称，特指在海岸线沿线上，由海岸线向内陆凹进形成的一个或若干个相邻的海湾，与这些海湾接壤的陆地以及与这些海湾相邻的岛屿共同组成的特定区域。

在世界各地漫长的海岸线上分布着众多湾区。以我国为例，东部和南部临海，海岸线总长为 3.2 万千米，包括 1.8 万千米的大陆岸线和 1.4 万千米的岛屿岸线。大陆海岸线北起中朝边境的鸭绿江口，经辽宁、河北、天津、山东、江苏、上海、浙江、福建、广东、广西等省（直辖市、自治区），到中越边境的北仑河口。此外，我国海域分布着 6 500 多个 500 平方米以上的岛屿。在这漫长的海岸线上，分布着众多的海湾。面积大于 10 平方千米的海湾有 150 多个，面积大于 5 平方千米的有 200 多个（包括河口湾和潟湖）。从北到南较知名的海湾有大连湾、辽东湾、渤海湾、莱州湾、胶州湾、海州湾、杭州湾、湄洲湾、厦门湾、大亚湾、大鹏湾、粤港澳湾区、北部湾、亚龙湾和海棠湾等。同样的，在世界各个滨海国家漫长的海岸线上分布着大大小小、数不胜数的湾区。世界上比较著名的有四大经济湾区，包括：①位于美国东海岸哈德逊河河口地带，濒临大西洋的纽约湾区（New York Bay Area）；②位于美国西海岸，濒临太平洋的旧金山湾区（San Francisco Bay Area）；③位于日本本州岛，濒临太平洋的东京湾区（Tokyo Bay Area）；④位于我国南方，濒临南海，由珠江三大支流西江、北江、东江等在溺谷湾内合力冲积形成的粤港澳大湾区。

从空间形态上看，湾区大致分为喇叭形湾区、口袋形湾区、条带形湾区和蟹肚形湾区四类[①]。第一类，喇叭形湾区。形如喇叭，是一种全敞开式的湾区，其特点是外宽内窄，海湾入口比较宽广，没有或较少岛屿阻隔，面向海洋且与内河相连，便于航船靠岸停泊，有助于内陆腹地的对外经济联系。这一类湾区包括粤港澳大湾区、杭州湾区等。第二类，口袋形湾区。形如口袋，也是一种半敞开式的湾区，其特点是海岸呈环抱布局，湾区出海口

① 卢文彬. 湾区经济：探索与实践 [M]. 北京：社会科学文献出版社，2018：10–11.

较窄，内部海湾与外部海洋相对隔离。由于被海岸环抱，受极端海洋天气影响较小，水面平稳，易形成天然良港。这一类湾区包括东京湾区、旧金山湾区、波斯湾区等。第三类，条带形湾区。它依托内河、峡湾和码头，与各城市中心区域相联系形成联动的城市群（连绵带）和产业轴带。这一类湾区包括纽约湾区、悉尼湾区等。第四类，蟹肚形湾区。形如蟹肚，方圆开阔，特点是湾口较大，海水水面凸入内陆较深，与外海连为一体，湾区两端距离较远，受外部海洋气候影响较大，港口间的互动联系相对较弱。这一类湾区包括北部湾区、渤海湾区等。

二、湾区经济及其形成条件

湾区经济是以湾区为依托，凭借各种有利条件而形成的内部城市分工协作，对外高度开放，集聚能力强大，创新地位突出，具有引领性的经济高级形态。湾区天然存在，但不是所有湾区都能发展成为湾区经济，其形成必须具备一定的自然、交通、政策和社会文化等条件。

（一）湾区经济形成的自然条件

良好的自然条件是湾区经济形成的基础，包括优良的建港条件、纵深的腹地、平坦的地形、宜人的气候和足够的淡水资源等（见表 1-1）。优良的建港条件有利于港口建设。纵深的腹地能够为湾区经济提供生产要素，也能够承接来自湾区的经济外溢，成为湾区经济吸收和辐射的基础。优良的建港条件和纵深的腹地能够形成背靠腹地、面朝大海的有利地位，将湾区变成内外要素的集聚地和内外联通的枢纽。平坦的地形有利于城市的建设和发展。宜人的气候有利于集聚人口和由此带来的人才、资本等要素的集聚，并能形成庞大的市场。足够的淡水资源满足湾区城市生产和生活的需要，例如有适航的河流流经湾区，既能为湾区生产生活提供源源不断的淡水资源，又能增加湾区内部和湾区对外的经济联系，并具有美化自然风光的功能等。

表 1-1　世界四大湾区形成的自然条件

湾区	建港条件	地理位置	地形特点	气候特点	主要河流
纽约湾区	哈德逊河航运便利，河口港口条件优良	位于美国东海岸，濒临大西洋，有美国本土广袤的腹地	平地为主	北温带气候，四季分明，降水充沛，气候宜人	哈德逊河（最大支流是莫华克河）
旧金山湾区	金门海峡和圣弗朗西斯科湾口一带，具备优良的建港条件	位于美国西海岸，濒临太平洋，与美国本土广袤的腹地相连	丘陵地带为主	地中海气候，夏季凉爽，冬天虽冷但少有降雪	萨克拉门托河、圣华金河
东京湾区	横滨、东京、千叶、川崎、木更津、横须贺，均具备天然良港条件	位于日本本州岛关东平原，濒临太平洋，以最大的岛屿本州岛作为其重要腹地	河岸平原和海岸平原为主	温带海洋性季风气候，气候温和，降水丰沛	利根川
粤港澳大湾区	珠江航运便利，河口的香港、深圳、广州等地均具备天然良港条件	位于中国大陆南端，濒临太平洋南海的海域，以祖国大陆为纵深腹地	平原、丘陵为主	亚热带气候，气候温和，降水充沛，日照时间长	珠江（包括西江、北江、东江）

（二）湾区经济形成的交通条件

良好的交通条件能够更好地实现湾区内城市间的经济联系，也能够更好地与腹地和世界各地联通。湾区经济形成的早期，主要依靠天然的水路，包括河流和良港，肩负着湾区内以及湾区与其他地方的联通。湾区经济的形成和发展又进一步促进了港口和水路运输的发展，进而不断促进陆路、航空等的发展，构成立体交通网，以满足日益频繁和密切的经济联系，形成交通条件与湾区经济相互促进的良性发展局面。从表 1–1 可以看出世界四大湾区都有主要河流通过，虽然有的湾区目前已经不是靠内河水运为主，但河流依然可以成为湾区货运、客运和观光的航道。表 1–2 是世界四大湾区形成的交通条件，从表中可以看出四大湾区都有发达的陆路交通、天然良港和知名空港。陆路交通是湾区内互联互通的主要方式，天然良港和空港肩负着国际往来的主要任务。

表 1–2　世界四大湾区形成的交通条件

湾区	主要港口	陆路交通	航空
纽约湾区	纽约港	轨道路网①总密度达到 39.8×10^{-2} 千米/平方千米，城市轨道交通（地铁）密度 1.77×10^{-2} 千米/平方千米	纽瓦克自由国际机场、肯尼迪国际机场
旧金山湾区	奥克兰港	轨道路网总密度达到 7.79×10^{-2} 千米/平方千米，城市轨道交通（地铁）密度 1.72×10^{-2} 千米/平方千米	旧金山国际机场、奥克兰国际机场、圣荷西国际机场
东京湾区	横滨港、东京港、千叶港、川崎港、木更津港、横须贺港	轨道路网总密度达到 26.39×10^{-2} 千米/平方千米，城市轨道交通（地铁）密度 2.67×10^{-2} 千米/平方千米	东京成田国际机场、羽田国际机场
粤港澳大湾区	香港港、深圳港、广州港	轨道路网总密度 5.6×10^{-2} 千米/平方千米，城市轨道交通（地铁）密度 1.72×10^{-2} 千米/平方千米	广州白云国际机场、深圳宝安国际机场、香港国际机场、澳门国际机场

资料来源：吴文伟. 基于运输需求的粤港澳大湾区铁路网规划方案研究［J］. 铁道标准设计，2021，65（05）: 14–20; 景国胜，黄荣新，徐士伟，等. 粤港澳大湾区轨道交通体系发展的思考［J］. 城市交通，2019，17（03）: 67–74.

（三）湾区经济形成的政策条件

良好的政府政策条件是湾区经济形成和发展的重要动力和保障。在殖民地时期，英国将纽约作为其运输北美原材料的重要港口，促进了纽约的快速发展。湾区内有美国的首都华盛顿。纽约湾区后来成立的大都市区地方政府联合组织，对湾区发展进行协调，也对湾区经济的进一步发展提供了重要的保障作用。旧金山湾区的形成与早期军方采购政策的支持密不可分，1961 年设立了湾区政府协会，对协调湾区内城市的发展起到了重要作用。17 世纪初日本的政治中心从关西转向关东，1868 年迁都江户（东京旧称），后来日本政府为了保障湾区的发展出台了一系列法律和规划，为东京湾区的形成和发展提供了政策条件。粤港澳大湾区形成的政策条件主要有三个方面：1978 年我国开始实行对内改革、对外开放

① 包括高速铁路、普通铁路、城际铁路、市域（郊）铁路、城市轨道交通。

的政策，开始探索市场经济；1993 年，十四届三中全会通过建立社会主义市场经济体制的决定，此后，市场经济建设进入了快车道；1997 年香港回归和 1999 年澳门回归，在“一国两制”制度体系下，港澳地区获得新的发展机遇，粤港澳三地的联系进一步密切；2016 年 3 月发布的“十三五”规划纲要首次提出粤港澳大湾区的概念，此后国家出台了一系列规划、政策等，为湾区发展提供了重要动力和保障。

（四）湾区经济形成的社会文化条件

良好的社会文化是湾区经济形成和发展的文化基础。独具魅力和包容开放的社会文化有利于吸引要素的集聚和融合，有利于促进创新、产生新商业模式等。表 1–3 是世界四大湾区形成的社会文化基础。由于美国是典型的移民国家，来自世界各地的移民在这里集聚，多元文化在这里交融发展，纽约湾区和旧金山湾区因此也成为很多重要文化运动的发源地，例如纽约在 20 世纪 20 年代兴起哈莱姆文艺复兴，40 年代纽约是爵士乐的中心之一，50 年代纽约是抽象表现主义（又称“纽约派”）的艺术中心，70 年代纽约是嘻哈文化的发源地，同时期还发展了朋克和硬核文化。旧金山湾区从 20 世纪起一直是美国嬉皮士文化、近代自由主义和进步主义的中心之一。纽约湾区和旧金山湾区的社会文化突出特点是多元、开放、包容和创新。这些文化特征吸引了世界各地的人才、资本等生产要素在此集聚，极大地推动了湾区经济的发展。东京湾区以日本的大和文化为主，但是东京是本土文化和外来文化的交织地，因此其文化特征既有大和文化的忠诚、团队精神、擅长学习借鉴等特征，又具有开放的特征，而这些对企业的成长和发展具有重要作用。粤港澳大湾区以广府文化为主，具有务实、开放、包容等特征的广府文化助推了粤港澳大湾区产业的形成和发展。港澳也是中西文化交融地，有利于粤港澳大湾区经济的国际化。

表 1–3　世界四大湾区形成的文化条件

湾区	文化条件	文化特征
纽约湾区	多元文化	多元、开放、包容、创新
旧金山湾区	多元文化	多元、开放、包容、创新
东京湾区	大和文化为主，东京是本土文化和外来文化的交织地	忠诚、团队精神、擅长学习借鉴、开放
粤港澳大湾区	广府文化为主，港澳是中西文化交融地	务实、开放、包容、多元

三、湾区经济形成和发展的阶段

湾区经济发展可以大致划分为自然经济、港口经济、工业经济、服务经济和创新经济五个发展阶段。虽然各个阶段的划分界线并非那么明确，且存在一定的重叠，世界四大湾区在各个阶段的时间起止和特点也存在一定差异，但是所经历的发展阶段总体相似。

（一）自然经济阶段

湾区天然存在，在航海时代前，湾区内也存在各种经济活动，但主要是农业，兼具相对独立的城镇经济，湾区经济与其他区域的经济一样，处于自然经济状态。纽约原为印第安人居住区，是农业为主的自然经济，17 世纪前半叶为荷兰殖民地，1664 年英国占领后改名纽约。旧金山原来也是印第安人的家园，是农业为主的自然经济，1769 年西班牙人发现此地，1821 年归属墨西哥，1848 年成为美国领土，这一阶段经济活动有限，尚未形成港口经济。17 世纪前，日本的政治中心在关西，地处关东的东京一带以城镇经济为主。珠三角地区在 19 世纪前以农业经济为主，伴随一定的港口贸易。

（二）港口经济阶段

15 世纪末，随着葡萄牙和西班牙率先通过航海寻找新大陆和商机，尤其是哥伦布发现美洲大陆，标志着航海时代的来临和港口贸易的兴起。港口在这一阶段的经济发展中起到了极其重要的作用，开始萌发港口经济。港口经济阶段以船舶装卸运输业为主，经济形式相对比较单一，经济活动主要在港口及其附近，辐射范围相对较小，城镇间的联系、分工协作还比较有限，但是港口经济的发展为湾区积累了劳动力、资本、信息等要素，为其他产业的形成和发展积累了条件，也对城市的发展起到了一定的推动和带动作用。四大湾区港口经济阶段的起止时间如下：纽约湾区从 15 世纪至 20 世纪 50 年代；旧金山湾区从 19 世纪中至 20 世纪 50 年代；东京湾区从 17 世纪至 20 世纪 50 年代。香港、澳门和珠三角 9 市港口经济阶段的起止时间存在一定差异，香港从 19 世纪中至 20 世纪 50 年代，澳门从 19 世纪中至 20 世纪 80 年代，珠三角 9 市从 18 世纪至 20 世纪 80 年代。

（三）工业经济阶段

20 世纪 50 年代至 80 年代，随着第二次世界大战后全球经济的快速复苏，港口功能和地位进一步提升，大量的人流、物流等在港口周边区域集聚，促进了城市发展，加上 20 世纪 40 年代至 50 年代兴起的第三次工业革命，多重优势的叠加，促进了湾区向以临港工业为主导的工业经济阶段转变。同时，湾区内部城市间的联系、分工协作不断强化，与世界各地的经济往来日益密切，经济活动范围逐步向港区外拓展，湾区城市迅速发展成为制造中心。世界其他三大湾区和香港都是 20 世纪 50 年代开始进入工业经济阶段，直至 80 年代。澳门由于产业结构的特殊性并无明显的工业化过程，珠三角九市在改革开放后才开始真正步入工业化过程，持续到 21 世纪初，稍迟于世界其他三大湾区。

（四）服务经济阶段

20 世纪 80 年代至 20 世纪末，由于传统工业能源消耗大、污染严重，湾区开始出现大规模产业转移和外溢，传统工业在城市经济中的比重逐渐下降，以生产性服务业为主的服务经济逐渐成为主导。同时，依托临海临港的区位优势，水路、陆路、航空立体交通网的形成，加上网络技术的发展，湾区对外贸易快速增长，法律、会计、金融、保险、传媒等现代服务业开始集聚发展，推动湾区城市由制造业中心向信息中心、贸易中心、金融中心、管理中心转变。在湾区经济活动范围拓展到周边城市的同时，湾区核心城市成为区域或全球资源配置的重要节点。世界其他三大湾区和香港都是 20 世纪 80 年代开始进入服务经济阶段，直至 90 年代。澳门服务经济阶段从 20 世纪 60 年代至 21 世纪初，珠三角九市服务经济阶段始于 21 世纪初。

（五）创新经济阶段

20 世纪 80 年代以来，伴随着新一代信息技术的突破，互联网、通信技术、生物医药等创新经济快速发展。湾区凭借创新要素的集聚，推动着科技创新的发展，湾区城市逐渐成为科技创新中心，创新经济与服务经济交融发展。湾区城市通过打造科技创新中心，充分发挥对全球创新要素的集聚功能、全球创新资源的配置功能、全球科技创新策源地功能、创新驱动转型发展的引领功能，积极抢占科技创新和产业发展的制高点。湾区经济活动范围拓展到更广区域，形成以高新技术产业为主导，区域多个中心共同发展的新格局。世界其他三大湾区和香港 20 世纪 90 年代以后进入创新经济阶段，澳门和珠三角九市 21 世纪 10 年代后开始进入创新经济阶段。

四、湾区经济的主要特征

（一）海洋经济特征

湾区经济的海洋特征是区别于内陆经济的最显著特点，主要体现在以下三个方面。一是有重要港口作为支撑，海运是其重要的交通运输方式之一。如纽约湾区的纽约港是世界天然深水港之一，费城港是世界上重要的河口港之一。旧金山湾区的奥克兰港是世界上最早使用集装箱运输的港口，是美国第四大集装箱货运港口。东京湾区内分布有东京港、横滨港、横须贺港、川崎港、千叶港、木更津港等六个世界级港口。粤港澳大湾区的香港港是世界三大天然良港之一，深圳港集装箱吞吐量长期位居世界前列，广州港是我国华南地区最大的综合性主枢纽港。二是海洋产业是其产业的重要组成部分。包括海洋渔业、海洋油气业、船舶工业、海洋运输、海洋盐业及化工业等海洋传统产业；还包括海洋装备制造业、海洋药物和生物制品业、海水利用业、海洋可再生能源业等海洋新兴产业；还有海洋旅游、海洋文化产业、涉海金融服务业、海洋公共服务业等海洋服务业。三是海洋自然灾害带来的风险性。湾区经济还要经受由飓风（台风）、海啸、赤潮、地震等海洋自然灾害带来的风险和损失。

（二）枢纽经济特征

湾区背靠腹地、面朝大海、面向世界，独特的区位条件使其成为联通国（境）内外的节点，具有明显的枢纽特征。一是交通枢纽。湾区有天然良港和空港，水路、陆路和航空组成立体交通网，能够很好地联通内陆腹地和世界各地，成为联通国（境）内外的交通枢纽。二是物流枢纽。发达的交通网络与仓储物流转运系统，使湾区成为国（境）内外物流运输的枢纽。三是贸易枢纽。湾区依托优越的地理位置和运输条件发展国际贸易，是一国重要的国际贸易枢纽。四是要素枢纽。国（境）内外的人口、资本等要素集聚于湾区，或者经由湾区再流往国（境）内外其他地区，湾区成为要素聚散的重要枢纽。五是信息枢纽。各种要素在湾区聚散，使得湾区成为各种信息交换的地方，是重要的信息枢纽。

（三）协同效应特征

湾区内城市间或城市群之间功能和产业的分工协调，形成协作关系，避免城市间的无序竞争和重复建设，作为一个整体参与区域和全球竞争。纽约湾区是以纽约为中心的金融、贸易区，以波士顿为中心的高科技、教育区，以费城为中心的重工业、港口运输区，以华盛顿为中心的政治、金融区，形成纽约湾区内分工协作、优势互补的功能区。旧金山湾区以旧金山市为中心聚焦金融、商业贸易和研发等生产性服务业；南湾主要是以硅谷地区为主的高端制造业；东湾主要是临港经济和高校、科研机构集聚区；北湾和半岛以休闲服务产业为主。在东京湾区，东京作为日本的金融、商业、交通、政治、文化和消费中心，主要是高端服务业，同时也保留了一部分精密机械、高新技术等高端产业；京滨、京叶两大工业地带主要是发达的制造业。粤港澳大湾区城市间的协同互补性也很强，香港、澳门高端服务业发达，珠三角九市制造业基础好，珠三角九市能够为香港科技创新成果的转化和产业化提供基础。

（四）开放经济特征

湾区依托国际港口，形成水路、陆路和航空组成的立体交通网，促进了国际贸易、资本和人员往来，形成了鲜明的外向型经济特征，成为对外开放门户。纽约湾区和旧金山湾区是美国对外贸易、国际交往最重要、最活跃的区域，是美国最重要的对外开放门户。东京湾区是日本对外贸易和国际交往的重要区域。粤港澳大湾区的香港是一座高度繁荣的自由港和国际大都市，是全球最自由的经济体之一，其开放性享誉全球。广东省一直是改革开放的前沿阵地，广东省作为“两个重要窗口”[①]，其开放性不言而喻。

（五）要素集聚特征

湾区的开放性，加上具备现代化的交通体系、完善的基础设施、良好的投资环境和宜人的气候条件，为产业、资本、人才等集聚提供了优越的条件。以“金融湾区”著称的纽约湾区，是金融业集聚区，集聚了来自全球的金融资本、金融人才、科技等要素。以“科技湾区”著称的旧金山湾区，是高科技企业集聚区，集聚了来自全球的创新要素、资本等。以“产业湾区”著称的东京湾区，是制造业集聚区，集聚了来自日本乃至全球的产业资本、技术、人才等要素。粤港澳大湾区的香港、澳门是金融业、贸易、商业、旅游娱乐业、教育科技等的集聚区，集聚了来自区域乃至全球的各种要素；珠三角主要是制造业集聚区，集聚了来自全国乃至全球的各种制造业生产要素。

（六）创新经济特征

湾区的开放性和集聚性有利于科技创新要素的集聚，并推动湾区科技创新的发展和产业的升级。纽约湾区是美国第二科技创新中心，同时也是全球最主要的金融创新中心。旧金山湾区是全球最主要的科技创新中心，世界著名的高科技研发基地硅谷位于湾区南部。

① 广东省既是向世界展示我国改革开放成就的重要窗口，也是国际社会观察我国改革开放的重要窗口。“两个重要窗口”是习近平总书记在参加十三届全国人大一次会议广东代表团审议时，赋予广东的重要定位和光荣使命。

东京湾区非常注重产学研结合，促进企业和科研院所进行科技创新。粤港澳大湾区正积极整合内部科技创新资源，推进建设“广深港”“广珠澳”科技创新走廊，将湾区打造成具有全球影响力的国际科技创新中心。

（七）经济引领特征

湾区经济还带有引领性特征。一是引领全球经济的变化。湾区经济是引领该国和全球经济发展的重要增长极。根据世界银行 2018 年的数据，湾区经济占全球经济总量的 75% 以上，所以湾区经济的发展直接影响着全球经济的走向。二是引领全球科技的变革。湾区也是科技变革的策源地，不断发挥着引领创新的功能，成为引领技术变革的领头羊。如旧金山湾区集聚了大批全球知名的科技公司，能够直接引领全球技术的变革。三是引领全球产业的变革。湾区是产业最密集的区域，是各种产业的集聚区，其商业模式、发展方向的变化对全球产业的发展和变革都能起到引领作用。

（八）宜业宜居特征

湾区城市对内陆乃至世界资源产生强大吸引力，集聚了世界各地的资源，促进了经济的发展，创造了大量的工作机会和发展机遇，是最适合就业创业的地方。湾区城市的商业、交通、教育、医疗等基础设施完善，能够带来便捷、高品质的生活。湾区的天然特征使其具有多种生态功能，形成了优美宜居的自然环境。例如，纽约湾区吸引了全球很多怀揣金融梦想的年轻人；高科技产业员工选择在旧金山湾区的硅谷工作，企业选择在当地投资，重要因素之一就是当地优美的生态环境和完善的配套设施所带来的高品质生活；粤港澳大湾区的目标之一也是要建设成宜居宜业宜游的国际一流湾区。

第二节　纽约湾区的发展历程、模式和经验

一、纽约湾区的概况及发展历程

（一）纽约湾区的概况

纽约湾区位于美国东北部的大西洋沿岸平原，北起波士顿，南至华盛顿，以波士顿、纽约、费城、巴尔的摩、华盛顿等一系列大城市为中心地带，由纽约州、康涅狄格州、新泽西州的 31 个县市组成，陆地面积 2.15 万平方千米[①]。从外形上看，纽约湾区属于条带形湾区。

2021 年，纽约湾区 GDP 总量 1.8 万亿美元，人口接近 2 000 万，人均 GDP 超过 9 万美元。[②] 纽约湾区是全球最重要的国际金融中心之一，金融业是纽约湾区最核心的竞争力，来自金

① 卢文彬. 湾区经济：探索与实践［M］. 北京：社会科学文献出版社，2018：15.
② 陈金海，范伟军. 世界湾区发展指数研究报告（2022）［M］. 北京：社会科学文献出版社，2022：155.

融、保险、地产和租赁产业占湾区 GDP 总量的三到四成，因此，也被称为“金融湾区”。纽约湾区也是教育重镇，还有康涅狄格州和新泽西州等传统工业中心和制造业中心。纽约湾区是公认的全球发展水平最高，最具影响力的湾区。

（二）纽约湾区的发展历程

纽约湾区经历了以港兴市、金融中心、创新崛起三个发展阶段。

1. 以港兴市：转口贸易和制造业为主（19 世纪初至 20 世纪初）

随着国际贸易的发展，纽约依托港口优势，转口贸易得到了快速发展并占据了主导地位。通过从进出口货物中收取代租费、运费、保险费等，纽约港不仅给纽约市带来了大量财富与货物，同时也让来自世界各地的移民通过纽约港进入纽约市，这些移民及其后代成为纽约发展的主力，为纽约积累了大量的人力资本。便利的交通运输条件和贸易带来的原材料和资源，以及大量移民带来的资本和技术，为纽约制造业发展奠定了基础。劳动和资本密集型的服装、印刷出版、制糖业等轻工制造业，在 19 世纪初开始发展，1860 年代，纽约制造业产值名列全美之首，成为美国制造业中心。

2. 金融中心：金融服务业为主（20 世纪中至 20 世纪末）

第二次世界大战结束后，美国的工业化进程逐渐完成。随着美国产业结构的调整和变化，纽约呈现出制造业比重逐渐下降和金融业等第三产业崛起的新变化。1975—1976 年，纽约发生财政危机后，第三产业吸收了大量就业人口，个人服务业、生产服务业、社会服务业等持续发展，纽约经济结构由制造业为主向服务业为主转型。20 世纪末期，随着制造业的转移，越来越多的金融机构在纽约设立总部，纽约及其周边城市逐渐成为跨国银行和保险等金融机构的集中地，纽约成为继伦敦之后第二个全球金融中心。金融业的发展反过来也促进了纽约湾区城市产业的发展，并逐渐聚集了众多的跨国公司总部，纽约湾区成为控制和协调经济全球化的重要节点，以纽约为中心的世界级湾区地位逐渐确立。

3. 创新崛起：知识经济为主（21 世纪以来）

21 世纪初，科技创新开始在纽约湾区兴起。政府在政策上支持优先发展高技术产业和服务业，推动建设高新技术区域，促进产业升级和国际竞争力提升。在整合创新资源方面，纽约市政府提出“继续发展知识经济，成就科技纽约城市”的目标，行动上积极引入外部机构建设纽约科技城，努力打造“纽约硅巷”（Silicon Alley），力争成为美国的“新科技首都”。在市场和政府的双重作用下，大量金融服务与风险投资机构支持创新融资，使纽约湾区成为美国和国际大型创新公司总部的集中地。全美 500 强企业，约有 30% 的研发总部与纽约的金融服务相联系，吸引了各种专业管理机构和服务部门，纽约湾区成为辐射国内、影响世界的创新服务和管理中心。丰富的教育资源，如哈佛大学、麻省理工学院、普林斯顿大学、纽约大学、哥伦比亚大学和波士顿大学等世界知名大学进一步推动了湾区科技创新发展。

二、纽约湾区的发展模式

纽约湾区的发展属于“卫星城”模式，卫星城通常是指在一座大城市或中心城市的周围散布的小城市，大部分距离这些大城市或中心城市中心不足 100 千米。通常把这些卫星城市所围绕的大城市称作母城，这些小城市在地理空间上的分布，类似于太空中的卫星围绕某个中心点的分布，故名卫星城或子城。卫星城市可以疏解和分担母城的部分功能，有利于形成母城和卫星城协调发展、相互促进的格局。

20 世纪 50 年代至 60 年代，受城郊发展住房政策的激励，纽约居民逐步向外迁移。同时，产业也开始向外转移，极大地缓解了城市中心区的功能负荷。在此基础上，纽约湾区以纽约市为中心，在新泽西、康涅狄格、宾夕法尼亚等州建立与纽约配套的卫星城，形成以制造业、金融配套、商贸服务为主导的“一极多点”分工格局，大幅提升纽约湾区全球竞争力。其主要特点包括：

一是通过行政统筹协调完善卫星城基础设施。纽约、新泽西和康涅狄格政府部门联合成立纽约新泽西港务局、纽约区域规划协会等机构，通过地方政策的统筹协调，不断完善卫星城的公路、学校、商场等公共基础设施，进而鼓励人口自发地向卫星城疏解。

二是打造“中心服务、外围制造”的产业格局。纽约通过推动制造业向卫星城迁移，使得制造业不断向周边的“阿伦敦—伯利恒—伊斯顿”“布里奇波特—斯坦福德”等卫星城集中。以“纽约—纽瓦克—新泽西”为中心区的制造业总额不断降低，还不到以上卫星城总额的十分之一，但这些城市的服务功能得到不断的强化和提升，尤其是纽约、波士顿等城市。

三是优化金融商贸业各环节的分工布局。纽约湾区卫星城依托地区产业优势，充分参与金融商贸产业链的建设。比如，康涅狄格州的格林威治发挥对冲基金优势，新泽西州发挥生产性服务业优势，共同促进纽约湾区从投融资、证券保险、资产管理到咨询、评级等辅助行业的全产业链发展[①]。

纽约湾区的城市空间布局演变详见表 1-4，从表中可以看出，纽约湾区的城市空间布局具体经历了“单极城市—都市区—城市群（连绵带）—世界级湾区”四个阶段。

表 1-4　纽约湾区的城市空间布局演变

时间	城市空间布局演变
19 世纪初至 20 世纪 20 年代	单极城市：依托天然良港优势，大量集聚人、货物、财富，形成了以曼哈顿为中心的贸易大港，使得第一次世界大战后纽约城镇化进程迅速，世界城市地位初步形成。
20 世纪 20 至 60 年代	都市区：伴随第一次区域规划，以纽约为核心城市，向周边中小城市辐射，形成了卫星城环绕的都市圈。
20 世纪 60 年代至 20 世纪末	城市群（连绵带）：伴随城市郊区化以及都市圈范围的扩大，波士顿、纽约、费城、华盛顿和巴尔的摩五大城市群横向蔓延、相互连接，发展为跨越数州的大都市连绵带。
20 世纪末至今	世界级湾区：伴随制造业转移，纽约成为跨国金融机构的集中地，对全球经济进行集中配置，各大城市分工协作，世界级湾区地位确立。

资料来源：林勇，沈玲娣. 纽约湾区对粤港澳大湾区发展的启示. 澎湃新闻网，2020-01-13.

① 工信部赛迪智库规划研究所. 三大世界级湾区“飞地经济”发展模式［J］. 中国工业和信息化，2019（05）：76-78.

三、纽约湾区经济发展经验

（一）重视顶层设计，规划和协调相辅相成

纽约湾区的顶层设计以纽约区域规划协会（Regional Plan Association）[①]为主，政府和其他社会组织为辅来完成。成立于1922年的纽约区域规划协会，自20世纪20年代起便研究区域发展的长期规划，协调纽约湾区发展。在1929年、1968年、1996年和2017年，纽约区域规划协会先后发表了对纽约湾区的规划研究报告。这四次规划的科学协调组织，被视为是纽约湾区近百年取得长足发展的重要原因之一。四次规划的主要内容或举措见表1-5。纽约区域规划协会于1929年进行了第一次规划，目的是解决城市发展迅速但城市与区域缺乏相应的规划而导致的一系列问题。1968年的第二次规划主要是针对第二次世界大战结束后工业化后期城市向郊区蔓延带来的环境恶化、老城区中心空心化、衰落等一系列问题，提出了五项原则以提高湾区的宜居性，提出从多方面促进地区经济可持续发展的举措。1996年的《危机挑战区域发展》对投资政策、环境保护、劳动力保护、交通网络等进行了一系列规划。2014年，纽约区域规划协会发表了湾区发展评估报告《脆弱的成功》，指出分配不公、环境脆弱、政府处理棘手问题的无效等问题，并于2017年年底发布了第四次规划《共同区域建设》。先后四次顶层设计工作是根据湾区发展的不同阶段，超前制定了湾区交通体系建设规划、环境保护规划、可持续发展规划和宜居宜业规划等。

表1-5　纽约湾区的四次典型规划

时间	规划	主要内容或举措
1929年	第一次规划:《纽约及其周边地区的区域规划》	建立开放空间、缓解交通拥堵、集中与疏散、放弃高层建筑、预留机场用地、细化设计、减少财产税、建设卫星城等十项政策。
1968年	第二次规划	提出了建立新的城市中心、塑造多样化住宅、改善老城区服务设施、保护城市未开发地区生态景观和实施公共交通运输规划等五项原则。从社区建设、环境保护和劳动力保护上促进地区经济的可持续发展。
1996年	第三次规划:《危机挑战区域发展》	对投资政策、环境保护、劳动力保护、交通网络等方面进行了一系列规划。
2017年	第四次规划:《共同区域建设》	旨在解决居民住房、通勤、气候、贫困、财政、教育、社会治理等问题，以体现以人为本的发展需要。

除纽约区域规划协会的顶层设计外，地方政府和其他社会组织也参与了纽约湾区发展的协调工作。湾区地方政府联合组织是由湾区内的城市自愿组成的协调组织机构，具有官方行政色彩，得到联邦政府和州政府的明确支持，但组织结构比较松散，经费主要

① 是由1921年罗素·赛奇基金会资助建立的纽约区域规划委员会发展而来，1922年成立纽约区域规划协会，是一个非官方和非营利性的地方组织机构。

来自联邦政府财政拨款、所在州政府财政拨款和协会成员按照份额缴纳的年费。这些组织一般制定了专门的规章制度，设置董事会等，并根据湾区内的问题设有专门解决机构，以发挥协商和协调作用。例如，经美国国会批准，纽约和新泽西州政府于 1921 年 4 月联合成立纽约新泽西港务局，以解决长期以来两港对于一些相邻港域归属权的争论。类似的机构还有纽约大都市运输局、华盛顿大都市区委员会等，都是针对解决某一类问题而建立的。

纽约湾区通过建立跨区域、跨政府的协调机制，打破了行政区划格局及区域内的行政界限制约，完善顶层设计和区域城市间协调，实现资源合理分配，城市功能进一步明确（见表 1–6）。城市间区域间功能的协调互补，提升了纽约湾区经济增长的质量和效益及其在全球的综合竞争力。

表 1–6　纽约湾区各大城市主体功能表

纽约湾区城市	城市主体功能
纽约	金融、贸易、商业和生产性服务
波士顿	高科技产业和教育
费城	清洁能源、制药、交通服务
华盛顿	政治、金融、旅游与高科技服务
巴尔的摩	制造业与服务业

（二）构建立体交通网络，为湾区发展提供基础设施支撑

纽约湾区通过水路运输、公路运输、轨道运输、公共交通和空港建设，极大地提高了交通负荷和通勤能力，为湾区经济发展提供了良好的基础设施条件。纽约港是优良的天然深水港，作为美国东部最大的商港，重点发展远洋集装箱运输；费城港是世界最大的河口港之一，主要从事近海海运；巴尔的摩港是矿石、煤和谷物等大宗原材料商品的转运港；波士顿港是转运地方产品为主的商港，并有渔港性质①。港口群加上多条水运航线，组成全球最著名的水运交通枢纽之一，港口的合理分工也促进了湾区内有序的区域分工。发达的公路网络系统构建了纽约湾区分散的多中心格局，城际轨道系统以北方铁路、长岛铁路和新泽西捷运为主体，形成了以纽约为中心的放射形轨道网络。空港方面主要有纽瓦克自由国际机场和肯尼迪国际机场。湾区内的水路、公路、轨道交通和空港一起形成的立体交通网，降低了交通成本和出行时间，促进了湾区内要素由点到面的轴向集聚和扩散，促进了湾区空间结构的改变和产业结构的升级演化，并成为国际贸易和国际往来的重要门户。

（三）抓住产业升级机遇，发挥产业引领优势

纽约湾区抓住不同时期产业发展和结构升级的机遇，不断打造自身的产业集聚优势。18 世纪，纽约借助自身海港优势，发展国际贸易，成为国际贸易中心；19 世纪，纽约湾

① 王杰. 国际航运中心形成与发展的若干理论研究［D］. 大连：大连海事大学，2007：174.

区抓住了工业革命的机遇，成为美国的制造业中心；第二次世界大战后，纽约湾区实现了服务业的全方位发展；20 世纪 70 年代中期之后，纽约湾区抓住了金融行业发展的机遇，确立和巩固了国际金融中心的地位。无论是国际贸易、制造业，还是金融产业的发展，纽约湾区都及时抓住了产业升级的机遇，引领着美国甚至世界的相关产业的发展。21 世纪以来，继续发挥原有产业优势的同时，健康产业、教育产业、时尚产业等服务业逐渐集聚，纽约湾区成为美国甚至世界的服务业发展中心，并根据服务业的网络化发展，提出了湾区“锚机构”（Anchor Institutions）[①] 的网络概念。构建“锚机构”网络可以创造大量的服务业就业机会，同时“锚机构”网络的经济行为也将促进地区各行业如零售业的发展，使得服务行业能够为社区成员提供更优质稳定的服务，有力地促进湾区服务业的高效集聚发展。

（四）产学研紧密结合，大力发展创新型经济

纽约湾区集聚了美国乃至全世界高水平院校和科研机构，丰富而优质的科研、教育资源对纽约湾区的科技创新形成了重要的智力支持。还有社区学院和职业技术培训性的学院约 200 所，为湾区输送了大量高质量的劳动力和熟练的技术工人。这些院校根据市场需求制定教育培训政策，注重发挥科技园区的人才培养作用，真正做到产学研密切结合。湾区创业生态系统和风险投资氛围浓厚，高科技人才的集聚、优越的居住条件形成了“金融 + 科技”生态圈。纽约曼哈顿的“硅巷”作为无边界高科技园区，主要集聚了互联网、计算机等相关产业，被称为美国仅次于硅谷的 IT 中心，是纽约高科技产业的代表，也是经济发展的主要动力，与硅谷和波士顿一并构成美国三大科技中心。

（五）金融服务实体经济，打造金融湾区的名片

为了让金融更好地服务实体经济，美国为企业融资的产业发展进行了多次重大改革，纽交所的每一次重大调整都是结合经济发展阶段，强化金融服务实体经济的改革。20 世纪 80 年代至 90 年代末，美国大力发展新兴产业，交易所通过增设上市标准、降低上市门槛等方式支持新兴产业发展。2001—2005 年，随着互联网泡沫破灭，纽交所通过提高上市门槛、完善退市制度等方式提升上市公司的质量。2006 年以后，交易所又通过增设上市标准、丰富市场层次等方式，提升了市场服务能力。为大力支持中小企业发展，美国联邦政府为中小企业开拓融资渠道、推动技术创新做了大量工作，国会专门通过了《小企业投资促进法》，为小企业融资提供法律依据。为加大对新兴产业的扶持，美国实行“先进技术计划”，为公司提供技术开发基金，协助美国企业开展创新研究，使成千上万的中小企业得到了基金支持。有“金融湾区”之称的纽约湾区，建立起了一个完整、立体的金融体系，汇聚全球金融资源，能够为不同类型的企业提供全方位的金融服务。

① 所谓“锚机构”，就是深深地嵌入社区，作为社区的生活、经济和社会发展必备要素的一类机构，成为实现社区服务的重要角色。

第三节　旧金山湾区的发展历程、模式和经验

一、旧金山湾区的概况及发展历程

（一）旧金山湾区的概况

旧金山湾区位于美国西海岸加利福尼亚州北部，沙加缅度河（Sacramento）下游出海口的旧金山湾四周，由旧金山市、东湾（以奥克兰为代表）、北湾、南湾（以圣何塞为代表）、半岛五个分区，共 9 个县、101 个城镇组成，陆地面积 1.8 万多平方千米。世界著名的高科技研发基地硅谷（Silicon Valley）位于湾区南部。从外形上看，旧金山湾区属于口袋型湾区，也是一种半敞开式的湾区。

2021 年，旧金山湾区 GDP 总量 1 万亿美元，人口不到 800 万，人均 GDP 超过 13 万美元。[①]旧金山湾区是世界上最重要的高科技研发中心之一，以硅谷为典型代表，也是世界最重要的科教文化中心之一，拥有的世界著名高等学府包括公立型的加州大学伯克利分校和私立型的斯坦福大学，以及世界顶级医学中心加州大学旧金山分校等，因此，也被称为“科技湾区”。湾区拥有全美第二多的世界 500 强企业总部（仅次于纽约），同时也是美国西海岸最重要的金融中心。

（二）旧金山湾区的发展历程

旧金山湾区经历了采掘业初兴、科技崛起、科技与金融齐飞、产业集聚与功能分区四个发展阶段。

1. 采掘业初兴：采金冶炼和港口运输业的兴起（19 世纪中至 20 世纪 40 年代）

1848 年，詹姆斯·威尔逊·马歇尔（James Wilson Marshall）在美利坚河发现了黄金，人们从全美各地到此处加入淘金浪潮。此后，旧金山湾区迎来移民潮，来自世界各地的人们为了黄金来到这片土地。淘金热为加利福尼亚州多样化的人口和开放繁荣的文化奠定了基础。采金业、冶炼业等与黄金资源相关的产业快速发展，加上海湾及港口的独有优势，港口运输业也得到快速发展，并加速了加州基础设施的建设。太平洋铁路成功联通了该地区和美国其他区域，对内通过铁路联通内陆，对外通过港口连接世界，早期的交通网络加速了旧金山湾区的要素集聚，使湾区发展逐渐步入快车道。

2. 科技崛起：微电子产业集群的兴起（20 世纪 50 年代）

由淘金热引起的相关产业的发展和要素的集聚给旧金山湾区科技的发展创造了一定的条件，催生了硅谷科技的崛起。硅谷坐落在加利福尼亚州中部的圣克拉拉县（Santa Clara County），其兴起与斯坦福大学副校长弗雷德里克·特曼密切相关。弗雷德里克·特曼发现正在兴起的高新技术产业对科学研究具有较大的依赖性，并且在大学附近建立研究型企业

① 陈金海，范伟军. 世界湾区发展指数研究报告（2022）[R]. 北京：社会科学文献出版社，2022：169.

也能给学校带来益处。斯坦福大学研究所在这样的背景下成立，主要从事与国防相关的研究并帮助教师、学生创立公司，建立起斯坦福大学和当地企业之间的合作纽带。1951 年，世界第一个大学科技园——斯坦福研究园诞生，助推了硅谷的发展。技术创新投入的不断增加以及科技政策的不断完善，为硅谷高科技产业的发展和聚集提供了良好的环境，最后成为微电子行业最具代表性的集聚地区，是全美乃至全球微电子行业的先导。

3. 科技与金融齐飞：高技术产业和金融业交互发展（20 世纪 60 年代至 80 年代）

随着第一批创业公司在硅谷诞生，旧金山湾区奠定了其发展高新技术产业的基础，20 世纪 60 年代之后，旧金山湾区进入快速发展阶段。硅谷早期的发展主要来自国防部采购基金的支持，加上斯坦福大学、加州大学伯克利分校等 20 多所著名大学以及硅谷科技创新区的创新资源，逐步形成了极富创新精神的微电子公司集群。同时吸引了众多老牌知名公司如西屋、瑞森、IBM 等在该地区建立研究中心，在 60 年代后期成为电子工业和航天工业的中心。20 世纪 70 年代，半导体工业成为硅谷经济中最大且最具活力的产业，同时风险投资逐渐取代军费成为硅谷创业者的主要资金来源。逐渐成熟的风险投资除了资金支持外，还给创业公司提供投后管理在内的一切服务支持。在风险投资的助力下，硅谷诞生了仙童半导体公司、英特尔、施乐、苹果和微软等全球知名企业。高新技术企业的不断涌现和发展又促进了风险投资和金融业的发展，形成了高新技术产业和金融业相互扶持和交互发展的局面。20 世纪 80 年代，以硅谷为代表的旧金山湾区的高新技术产业日趋成熟，从硬件制造到软件开发，几乎引领了其后每一次科技产业的变革。

4. 产业集聚与功能分区：产业分区集群与城市功能的互补（20 世纪 90 年代至今）

20 世纪末开始，伴随硅谷科技产业的迅猛崛起，旧金山湾区创新经济的集聚与辐射效应显现。整个湾区成为设计和发明的知识中心，高科技产业占据其半壁江山，组装制造业等则被逐渐分散到邻近各州和世界各地。湾区内支柱产业的分区集聚使得三大核心城市的产业结构存在明显差别：旧金山市主要是金融业、商业和旅游业；奥克兰市主要是制造业和港口经济；圣何塞市重点发展生物医药业、信息科技、电子制造和航天航空等高新技术产业。几大区域的产业结构也呈现出明显差别：东湾以重工业、金属加工和船运业为主；北湾以葡萄酒业为主；南湾是硅谷的所在地，高科技产业为主；连接旧金山市和南湾的半岛，则地产业发达。产业的分区集聚使得城市和区域的功能定位进一步明确，逐渐形成城市间、区域间的功能互补，增强了区域发展的可持续性。旧金山湾区的另一大特色是城郊化发展，高度发达的产业功能区带动了周边的地产业，居民居住功能朝郊区化发展，[①] 使得城市功能得到疏解，强化了中心城区和外围地区的功能互补。

二、旧金山湾区的发展模式

旧金山湾区的发展属于“人才飞地”模式。“飞地”是隶属于某一行政区管辖，但在地理空间上又不与本区毗连的土地，“人才飞地”则由“飞地”概念引申而来，指的是甲行政区位于乙行政区内用于招才引智、科技创新、项目孵化等功能的土地，打破原有行政区划限制，实现互利共赢。

① 广东中创产业研究院. 世界三大湾区产业集群发展优势解析［J］. 中国工业和信息化，2019（08）：38-45.

旧金山湾区以知名高校、科技创新园为载体，吸引全球高层次人才向硅谷集聚，形成“人才飞地”。从20世纪50年代硅谷形成开始，在此后半个多世纪里，技术、人才、资本等生产要素在硅谷集聚，并形成了良性、活跃的创新生态系统，不断催生初创公司，助力硅谷成为高新技术创新和产业中心。其主要特点包括：

一是企业创新支持体系。政府通过一系列政策和法规支持企业创新发展。一方面，政府通过制定《小企业法》《小企业投资法》《中小企业技术创新法案》等一系列法律法规，加大对中小企业的支持力度；另一方面，通过制定《国内收入法》《经济复兴税法》和《投资收益税降低法案》等一系列的税收鼓励政策，促进创新创业者的发展。

二是校园创新支持体系。校方积极鼓励人才和产业结合发展，如斯坦福大学成立了斯坦福研究园来加速创新产业研究与发展，鼓励学生和教职人员在科研发明和创业项目方面发挥特长，并对一些创业公司提供租金优惠。斯坦福大学还改革了对教研人员的管理方式，允许教学科研人员每周有一天到硅谷公司兼职，甚至允许其有1~2年的时间离职创业。

三是人才政策支持体系。在人才发展上，推出了学徒计划、职业培训等，并且严禁企业限制员工合理流动。这些举措为湾区的技术创新、人才发展和流动提供了良好的政策环境。

旧金山湾区通过一系列政策支持企业、高校的创新，营造良好的创新政策环境，使硅谷集聚全球创新资源。硅谷最终成为旧金山湾区乃至美国其他地区用于招才引智、科技创新、项目孵化等功能的“人才飞地”。

三、旧金山湾区经济发展经验

（一）优良的环境是湾区发展的基础

旧金山湾区集聚了奥克兰港、红木城港和旧金山港等条件优越的港口，节省了运输成本，提升了商业活跃度。旧金山湾区有三大国际机场、发达的高速公路系统和铁路系统连通湾区不同区域。海湾大桥、金门大桥等多座跨海大桥的建立将孤立的城市和区域联系起来，使贸易和商业往来更加便利，奠定了湾区内部协同发展的基础。城市内巴士、轻轨等大量的交通基础设施，方便了人们的出行，提高了人们的生活质量。旧金山湾区保留着多丘陵的海岸带、海湾森林山脉和广袤原野，自然生态美丽，气候宜人。优美的自然环境吸引着国内外的旅游者和定居者，也造就了湾区多样包容的文化。优良的交通环境、自然环境、文化环境等成为吸引全球顶级人才的重要因素，世界创新资源不断集聚湾区，科技创新不断涌现。

（二）以创新型产业为引领打造全球创新中心

旧金山湾区抓住了高科技产业发展的重大机遇，构建“研发+制造+贸易”的创新经济生态，以创新型产业为核心带动经济发展。作为世界最重要的科教文化中心之一，湾区拥有世界一流的大学和实验室，成为研发和科技创新的重要支撑力量。湾区内的科研院所注重产学研的紧密结合，为创新成果转化提供了便利条件。湾区内集聚了大量的高端制造业，为科技成果的转化和产业化提供了现实基础。而港口、航空等发达的交通网络又为湾区产品进行国际贸易提供了便利。以创新型产业为引领的良性循环的经济生态能够不断集聚全球创新资源，使湾区成为全球创新中心。近年来，科技公司用新技术、新模式等跨界改造其他行业和市场，催生了如物联网、数字化医疗、金融科技等新商业模式和新商业格局，不断引领着全球科技创新和产业发展。

（三）科学的发展政策推动湾区科技和产业的发展

旧金山湾区在科技发展和产业升级过程中，州政府及各市政府的一系列发展政策起到了重要的作用。政府推进产政研学体系的建设，资助扶持孵化器和加速器发展，为初创企业提供低成本的成长空间。政府通过一系列政策和法规构建企业创新支持体系，支持企业不断创新发展，包括提供小企业贷款担保计划等融资保障、研发费抵免所得税等税收优惠政策等。政府通过构建人才政策支持体系，促进员工合理流动，支持企业的学徒计划、职业培训等，为湾区的技术创新、人才发展和流动提供了良好的政策环境。

（四）多中心网络型结构促进湾区多元协同发展

旧金山湾区发展呈现出多中心化的特征，各个区域和中心城市承载了不同的职能。旧金山市是湾区的文化、经济中心，是美国西部最大的金融中心，也是湾区主要的人口集聚地，同时也是著名的贸易港。东湾是以奥克兰市为中心，以电动设备、化工、数控机械等制造业为主，是湾区主要的工业产业基地和美国西部交通体系的中心。南湾则以圣何塞市为中心，拥有多所世界知名大学和国家级研究实验室，硅谷是高新技术产业集聚区。北湾是美国著名的酒乡和美食之都，土地和农田资源充裕，以休闲产业为主。旧金山湾区各区域和中心城市功能不同，通过发达的交通网络联结，实现多元协同发展，这种发展格局也有利于更好地支持硅谷集聚全球创新资源。

第四节　东京湾区的发展历程、模式和经验

一、东京湾区的概况及发展历程

（一）东京湾区的概况

东京湾区位于日本本州岛中部关东平原南端的东京湾，由“一都三县”即东京都、埼玉县、千叶县、神奈川县组成，陆地面积 1.36 万平方千米[①]。从外形上看，东京湾区属于口袋形湾区，由房总和三浦两半岛环抱，南北长 80 千米，东西宽 20~30 千米，湾口约 6~8 千米。

2021 年，东京湾区 GDP 总量 1.7 万亿美元，人口超过 3 600 万，人均 GDP 接近 5 万美元。[②]

---

① 李娜，张岩. 构建长三角大湾区的几点思考［J］. 江南论坛，2018（07）：4–7.

② 陈金海，范伟军. 世界湾区发展指数研究报告（2022）［R］. 北京：社会科学文献出版社，2022：169.

东京湾区以繁华的东京都、超前发达的工业制造业和高效的六大港口而闻名，东京湾沿岸分布着横滨港、东京港、千叶港、川崎港、木更津港、横须贺港六大港口，年吞吐量超过5亿吨。在港口的带动下，东京湾区形成了京滨、京叶两大工业地带，汽车、钢铁、装备制造、石油化工等产业十分发达，工业产值约占全国的40%[①]，因此，也被称为“产业湾区”。湾区聚集了一批知名的大型企业及研究所，这些机构为湾区发展提供了较强的科技研发能力，也是东京湾区能够创造经济奇迹的重要因素。

（二）东京湾区的发展历程

东京湾区经历了湾区初步形成、现代产业形成、产业结构升级三个发展阶段。

1. 湾区初步形成：日本的物流中心和经济核心（17世纪初至20世纪中）

东京湾区的开发始于江户时代（1603—1868年），17世纪初，日本的政治中心由关西转向关东，江户依托易于通商的江户湾（东京湾）逐渐发展。江户时代中期，江户已经是日本最大的消费市场，全国各地的商船到江户港（东京港）停泊，19世纪中叶之前，东京湾区主要是一个物流中心。1868年明治天皇迁都江户并正式更名为东京，开始实施明治维新，开始了东京湾区的现代化发展之路。1928年起，东京湾开始较大规模地填海造陆，工业沿着东京湾西岸的东京和横滨之间发展，形成京滨工业地带。第二次世界大战后，城镇化进程加速，环绕东京湾的海滨90%都被开发为人工海岸线，人工岛屿相继产生，工业沿岸向东、向北扩展，成为京叶工业带，是日本发展加工贸易的心脏地带。东京吸取并整合周边的资源，使东京湾区逐渐成为日本的经济核心地带。

2. 现代产业形成：日本最大的工业城市群（20世纪中至70年代）

20世纪50年代之后，东京湾区把握住了全球第一次产业转移的机遇，并将过度集中在东京的人口和工业不断向周边地区扩散、延伸发展，最终形成了以京滨、京叶两大工业区为主并相互联结的太平洋带状工业地带。在这个带状工业带上，东京是政治、金融、商业、交通、文化和消费中心，京滨、京叶两大工业区主要集中了钢铁、炼油、石化、有色冶金、机械、电子、汽车、造船、现代物流等产业，是全球最大的工业产业地带，最终逐渐形成了“生产—消费—再生产”的良性循环。东京湾区也逐渐成为日本最大的工业城市群和最大的金融中心、国家航运中心、商贸中心和消费中心。

3. 产业结构升级：以高端制造和高端服务为主的产业结构（20世纪80年代至今）

随着知识经济时代的到来和日本技术立国战略的提出，东京湾区产业结构开始进行方向性调整，其中制造业逐步向高端化发展，第三产业中具有高附加值的高端服务业不断得到重视和发展。20世纪80年代后，东京通过产业转移和升级，高端服务业进一步发展，同时也保留了一部分精密机械、高新技术等高端制造业，被认为是“纽约+华盛顿+硅谷+底特律”型的集多种功能于一身的世界大都市。工业带上的其他城市凭借良好的区位条件和教育、创新资源优势，吸引了通信产业、软件产业、设计、生物医疗等高端行业的聚集，同时大范围布局为制造业服务的现代物流等生产性服务业，从传统工业化时期的一般制造业、重化工业为主的产业格局，逐渐蜕变为高端制造业、对外贸易、物流服务、金融服务等为主的产业格局。20世纪末，各种要素在城市群中的高效、自由流动，进一步加速了

---

① 王旭阳，黄征学.湾区发展：全球经验及对我国的建议［J］.经济研究参考，2017（24）：5-10+36.

湾区内的分工和协作，东京湾区城市功能进一步分散和细化，并分工到周边的千叶、琦玉、神奈川等地区，形成了多个城市增长点，进一步提升了东京湾区的活力和整体竞争力。

二、东京湾区的发展模式

东京湾区的发展属于“海外飞地”模式，“海外飞地”是指某国家拥有一块与该国分离开来的领土，由于该领土被其他国家和海洋水体隔开，因而被称为某国的海外飞地。

由于日本平原狭小、地形破碎、资源匮乏，东京湾区为了充分利用有限的土地资源，将企业总部和研发中心布局在日本本土，鼓励企业建设海外“子工厂”，将企业的生产基地遍布全球，俨然一块块日本的“海外飞地”。其主要特点包括：

一是支持企业核心环节在本国设立母工厂。政府在资金、制度等方面采取一系列措施，以支持湾区的核心竞争力，鼓励企业将研发和核心制造环节留在本土。如丰田、索尼、NEC 日本电气、佳能、三菱电机、三菱重工和东芝等知名企业都在本土拥有自己的研究所，并保留了核心制造环节。

二是鼓励企业在海外建设子工厂。东京湾区为了降低成本，鼓励企业将非核心的生产制造环节如配套加工、组装等向发展中国家转移，实现模块化生产。通过这样的战略设计，大企业与其配套企业形成了稳定的供应关系，母工厂负责研发创新、新品试制和精细生产，并为子工厂提供核心设备、技术工艺、员工培训等支持，并能有效防止核心技术泄露。

三是鼓励企业“抱团出海”。由于大企业与其配套企业有着稳定的供应关系，在向海外转移过程中，企业更乐意选择“抱团出海”，共同拓宽空间。政府也通过政治支持、人才支持、信息支持、技术支持、资金支持等方式为企业“抱团出海”提供全面支持，政府已经成为企业“抱团出海”的最大推动力之一。

三、东京湾区经济发展经验

（一）重视立法和规划，保障湾区发展方向

20 世纪 50 年代开始，东京湾区开始重视立法和规划工作，以保障湾区的持续发展。日本政府针对首都圈及各领域，制定了一系列法律法规，对东京湾区的建设和发展起到了重要的作用。东京湾区建设过程中的典型法律见表 1–7。典型的法律有《首都圈整备法》（1956 年）、《中部圈开发整备法》（1966 年）等，通过法律为首都圈、近畿圈和中部圈的建设保驾护航。此后颁布了多部法律为绿地保护、国土开发、环境保护等提供法律保障。

表 1–7 东京湾区建设过程中的典型法律

年份	法律	主要目的
1956	《首都圈整备法》	为首都圈的建设提供法律保障
1966	《首都圈近郊绿地保护法》	对首都圈绿地、国土等进行保护和合理使用开发，促使都市圈的管理协调统一
1986	《多极分散型国土形成促进法》	

续表

年份	法律	主要目的
1958	《公共水域水质保护法》	防治水域重金属污染
1958	《工厂排水控制法》	
1967	《防止公害基本对策法》	
1970	《水污染防治法》	
1973	《港湾法》	防治环境污染
1993	《环境基本法》	

为东京湾区提供长期的规划及研究服务的是日本开发构想研究所等第三方独立机构，而涉及湾区的具体开发管理时，则是由日本政府的国土交通省、关东地方整备局、港湾空港部牵头的“东京湾港湾联协推进协议会”，会同湾区所有的地方政府一起，共同商定湾区战略发展大计。东京湾区的规划包括基本规划和事务规划。基本规划确定湾区城市功能和发展方向，制定首都圈的人口规模、土地利用以及整治的基本方针、目标及实现目标的基本途径等规划，东京湾区已经经历了五次基本规划（见表 1-8）。事务规划落实具体的部署，为实现基本规划而制定港口整合、环境保护、人才培养与科技发展等方面的政策规定。

表 1-8　东京湾区的五次基本规划

规划	时间跨度	主要目的或内容
第一次规划	1958—1967	构建一个以东京为中心、半径 100 千米以内区域的“首都圈”
第二次规划	1968—1975	将东京作为管理中枢，对经济活动实行集中统一的组织管理
第三次规划	1976—1985	《第三次首都圈建设规划》（1976）：建设“区域多中心城市复合体”的“分散型网络结构” 《第三次全国综合开发计划》（1977）：以东京为政治中心，大阪为商业中心全面综合开发的“协调发展” 日本国土厅大东京都市圈整备局（1985）：将东京都市区“一极集中”的地域结构改变为“多核、多圈域”的地域结构
第四次规划	1986—1998	《第四次首都圈建设规划》（1986）：进一步强化首都圈中心区的管理中枢职能，并进一步对周边核心城市的发展布局与功能定位进行调整
第五次规划	1999—2015	《第五次首都圈建设规划》（1999）：将首都圈建设成为一个独立的、自主化的可持续发展的功能区域，再次强调构建区域多中心城市“分散型网络结构”的空间模式

（二）建立多主体协调机构，完善区域协调机制

为了解决规划和建设过程中出现的各种问题，日本政府建立了具有权威性的协调机构，以形成跨区域的协调机制。东京都市圈整备局是最具代表性的政府协调组织，隶属于国土

综合开发厅，主要职责是协调东京都市圈与调整局、土地局等其他政府机构在都市圈规划和建设过程中的关系。湾区还成立了由地方政府领导人、企业家、大学教授等组成的都市圈整备委员会，在都市圈建设中发挥地方政府、企业、学者的各自优势，分工协作，形成政商学“一体化的战略思想”并付诸实践，促进东京都市圈的建设。

（三）明确城市功能定位，打造错位发展格局

东京湾区注重协调各等级城市关系，构建合理有序的城市分工体系，明确城市功能，实现湾区整体经济结构的合理布局。东京湾区形成了以东京为核心，神奈川县、千叶县、崎玉县等作为外围的发展结构，制造业在向外迁移的同时，服务业不断向中心集聚，湾区其他县市相互之间分工协作，产业互补。东京是日本的政治、文化、金融、商业中心，以及交通枢纽、信息枢纽和高科技研究中心，其定位为高端服务功能，重点布局高附加值、高成长性的服务业。神奈川县是日本四大工业基地之一，集聚了很多国家行政机关、尖端产业与企业总部，承担着国际交流的重要职责，同时大力发展港口贸易，其中横滨港是最主要的对外贸易港。崎玉县是日本东部主要的运输中心，接受了部分政府职能的转移，承担着副都的功能，其定位是承接商务职能和居住生活的集聚区。千叶县拥有东京成田机场，重点发展空港经济和国际物流，是重要的钢铁、石油、机械等工业聚集地。东京湾区主要城市功能见表 1–9。

表 1–9　东京湾区主要城市功能

城市	城市功能
中心区（东京）	政治、金融、信息、科教文化等
多摩区域（东京）	高科技产业、研发机构、商业、大学的聚集之地
神奈川县	高端制造业，国际商务、港口贸易等
崎玉县	政治（副都）、运输、居住商务等
千叶县	国际物流，钢铁、石油、机械等工业聚集地

（四）完善的产学研体系，创新引领产业升级

20 世纪 80 年代后，东京湾区进入知识技术密集型产业的发展阶段，京滨工业带逐渐形成了一套独有的“产学研”体系，并成为东京湾区的产业研发中心。工业区建立了专业的产学研协作平台，同时，日本将原来隶属于多个省厅的大学和研究所调整为独立法人机构，从而赋予大学和科研单位更大的行政权力，具有更多的自主权，从而激发了其创新活力。庆应大学、武藏工业大学、横滨国立大学等知名研究型高校不但为企业输出了大量的优秀人才，在研究合作上，它们作为独立法人机构也拥有更大的行政权力来分配研究资源，较好地实现了“产学”结合、“产研”结合。除了高校，企业自身也非常重视研究和科技创新，一大批知名企业都成立了自己的研究所，有效推动了“产研”结合。政府营造环境鼓励企业创新，每年企业研发经费的投入占日本研发经费的 80% 左右。通过“产学研”体系的协调运转，发挥了各部门联合攻关的积极性，使京滨工业区不断聚集高科技研发机构和企业，推动了产业转型升级。

（五）港口分工协作，形成整体竞争力

东京湾区沿岸分布着横滨港、东京港、千叶港、川崎港、木更津港、横须贺港六大港口，这些天然的优良深水港明确分工、相互协作，成为湾区的重要优势之一。日本高度重视各港口的协调发展，将其作为国家和区域发展战略的重点来考量，并使用产业政策为其提供方向性指导，避免了同质竞争。在港口建设协调方面有东京湾港湾联协推进协议会，该机构是由日本政府的国土交通省一个下属机构牵头，由东京湾所有的地方政府一起参加，协议会事务局设置在横滨市。在港湾建设上，东京湾港湾联协推进协议会会同国土交通省关东地方整备局港湾空港部、湾内地方政府以及相关的企业，共同对港口间的协作建设进行协商。1967 年，港湾局提出《东京湾港湾计划的基本构思》，该计划根据各个港口的特点，明确了各个港口服务的区域或对象，承担的主要职责和功能等（见表 1–10）。各港口在维持独立运作的同时，保持了有机整体性，既避免了恶性竞争又实现了优势互补，形成广域港湾，以港口群整体的实力与世界其他港口竞争，并有效提升了东京湾区的综合竞争力。

表 1–10　东京湾主要港口职能分工

港口	港口级别	服务区域或对象	职能
东京港	特定重要港口	东京	输入型港口、商品进出口、内贸、集装箱
横滨港	特定重要港口	京滨工业区	国际贸易、工业品输出、集装箱货物集散
千叶港	特定重要港口	京叶工业区	能源输入港、工业港
川崎港	特定重要港口	企业专用码头	原料进口、成品输出
木更津港	地方港口/重要港口	君津钢铁厂、旅游	地方商港，旅游港
横须贺港	重要港口	军事、当地企业	军港兼贸易

资料来源：王宪明. 日本东京湾港口群的发展研究及启示［J］. 国家行政学院学报，2008（01）：99–102. 经作者整理。

本章小结

复习思考题

1. 简述湾区和湾区经济的含义。
2. 湾区经济的形成必须具备哪些主要条件？
3. 湾区经济的主要特征有哪些？
4. 简述纽约湾区的发展模式和发展经验。
5. 简述旧金山湾区的发展模式和发展经验。
6. 简述东京湾区的发展模式和发展经验。

第二章　粤港澳大湾区地理、经济空间形态及交通概况

学习目标

本章主要讲解粤港澳大湾区地理空间环境、经济空间形态和交通基础设施特征。要求了解粤港澳大湾区内部各港口、机场、公路与轨道交通的功能定位及特征；熟悉粤港澳大湾区独特的地理空间环境及对城市经济空间形态的影响；掌握粤港澳大湾区经济空间形态的形成和演变趋势。

第一节　粤港澳大湾区地理空间形态

粤港澳大湾区地处华南地区，是中国开放程度最高、经济活力最强的区域之一，也是世界四大湾区之一。粤港澳大湾区包括香港特别行政区、澳门特别行政区以及广东省广州市、深圳市、珠海市、佛山市、惠州市、东莞市、中山市、江门市、肇庆市（以下称珠三角九市），总面积 5.6 万平方千米[①]。

一、地形地貌

地形地貌是地势高低起伏变化所形成的地理空间，可分为高原、山地、平原、丘陵、盆地、台地等形态。地形地貌对区域经济产业发展具有重要影响。

广东省地势大致北高南低，呈现北部山区、南部平原、濒临海洋的地形地貌格局，山地、丘陵和台地分别占全省总面积的 49.78%、17.62%、12.82%，平原仅占 19.78%[②]。同时，拥有多姿多彩的地貌造型，如喀斯特地貌、丹霞地貌、海岸地貌等。

其中，粤港澳大湾区位于广东省南部，其东、北、西三面被丘陵、台地环抱，南面是南海，中间为珠江三角洲平原，地势低平。其大致可分为 4 种地貌：中北部为高平原；南部近海为低平原，为围垦而来；西北部为望田（积水地）；人工地貌桑基鱼塘及蔗基鱼塘分布在佛山市顺德区及其周边区县。此外，香港为典型滨海丘陵地，平原主要集中在北部。澳门半岛原为海中小岛，后西江上游来沙冲积成沙堤而将该岛与内地相连。大湾区拥有广东省面积最大，也是中国南亚热带最大的冲积平原，非常有利于生产生活的集

① 中共中央，国务院. 粤港澳大湾区发展规划纲要. 新华网，2019-02-18.

② 广东年鉴编纂委员会. 广东年鉴 2022［M］. 广州：广东年鉴社，2022：1.

聚和经济的发展。

二、土地利用

土地利用是人类对土地进行的使用、保护和改造的过程，反映了人类对土地自然属性的利用方式和利用状况，是自然、经济、社会等因素综合作用的结果。一般使用土地利用结构和土地开发强度等指标来衡量。

土地利用结构是各类用地占总土地面积的比重。从 2018 年广东全省土地利用结构来看（见表 2-1），林地占全省土地总面积的比重最高，达到 56.19%；其次是耕地、城镇村及工矿用地，分别占全省土地总面积的 14.56%、9.28%；其余依次是水域及水利设施用地（8.44%）、园地（7.05%）、交通运输用地（1.86%）、草地（1.79%）和其他用地（0.83%）。相比之下，珠三角地区土地利用结构中，城镇村及工矿用地、交通运输用地、水域及水利设施用地显著高于全省水平，各类农用地（除园地外）均低于全省水平，说明珠三角地区城镇化水平和经济发展强度明显高于全省其余地区。从分城市土地利用结构来看，珠三角九市的城镇村及工矿用地占比除肇庆市和惠州市外，均明显高于全省水平；珠三角九市的耕地占比除江门市外，均低于全省水平，土地利用空间差异明显。香港特区的城镇村及工矿用地占比略高于珠三角地区平均值，交通运输用地占比居粤港澳大湾区首位，林地约占土地面积的一半，耕地、园地、草地等其他农用地较少。

表 2-1 2018 年粤港澳大湾区各市土地利用结构[①]

单位：%

区域	耕地	园地	林地	草地	城镇村及工矿用地	交通运输用地	水域及水利设施用地	其他用地
广东省	14.56	7.05	56.19	1.79	9.28	1.86	8.44	0.83
珠三角九市	11.13	7.19	49.01	1.13	15.44	2.57	12.89	0.64
广州市	10.98	14.39	34.98	0.34	21.16	4.48	13.09	0.58
深圳市	1.82	10.38	29.46	1.13	43.58	5.38	7.81	0.44
佛山市	9.64	2.82	19.16	1.27	34.21	4.17	28.16	0.57
东莞市	5.27	12.33	13.89	4.12	44.52	5.16	14.47	0.24
珠海市	10.71	3.45	23.15	0.86	26.03	3.41	32.31	0.08
中山市	6.52	10.06	16.70	0.90	36.71	2.41	26.61	0.09
江门市	16.53	4.02	48.49	0.90	9.40	1.95	17.85	0.86
肇庆市	9.97	5.03	70.25	1.12	5.28	1.19	6.41	0.75
惠州市	12.40	7.97	60.19	1.21	7.91	2.02	7.61	0.69
香港特区	5.94	0.00	48.60	16.83	18.72	6.03	2.79	1.09
澳门特区	—	—	—	—	—	—	—	—

① 珠三角九市数据根据广东省自然资源厅《2018 年广东省土地利用现状汇总表》计算；香港数据根据《香港统计年刊 2019》计算，其用地分类标准与内地不同，统计口径略有出入；缺少澳门用地分类数据。

土地开发强度为本区域建设用地面积与土地总面积的比值。一般而言，土地开发强度越高，土地利用经济效益越高。但是，过高的土地开发强度又会给本区域的生态环境带来巨大挑战，国际上土地开发强度的合理阈值（警戒线）是 30%。从 2018 年土地开发强度数据看，广东省、珠三角地区分别为 11.36%、16.75%，均处于合理范围（见表 2-2）。但粤港澳大湾区内部空间差异较大，可大致分为三个层次：深圳市、东莞市、中山市、佛山市已显著高于 30% 的阈值，环境压力巨大；珠海市、广州市、香港特区达到或接近 30% 的阈值；江门市、惠州市、肇庆市土地开发强度较低，只有 10% 左右。

土地开发强度空间差异较大程度影响了各城市土地开发目标方向。深圳市、东莞市、中山市、佛山市、珠海市、广州市应严格限制土地增量发展，加强盘活存量用地。江门市、惠州市、肇庆市应适当提高土地开发强度和效益。

表 2-2　2018 年大湾区各市土地开发强度[①]

城市	土地面积（平方千米）	建设用地（平方千米）	土地开发强度（%）
广东省	178 150	20 241	11.36
珠三角九市	54 132	9 069	16.75
广州市	7 201	1 860	25.83
深圳市	1 946	992	50.98
佛山市	3 740	1 466	39.20
东莞市	2 429	1 196	49.24
珠海市	1 624	495	30.48
中山市	1 769	702	39.68
江门市	9 419	1 194	12.68
肇庆市	14 831	979	6.60
惠州市	11 173	1 102	9.86
香港特区	1 111	275	24.75
澳门特区	33	—	—

三、气候环境

广东省地处中国大陆南端，属南亚热带和热带季风气候，高温多雨，是全国光、热、水资源最丰富的地区之一。按气候带划分，广东省自北至南可以分为中亚热带气候带、南亚热带北缘气候带、南亚热带气候带和北热带气候带，不同地带有不同的气候环境，对农业生产及经济活动产生了一定影响。

粤港澳大湾区大部分区域位于南亚热带气候带（肇庆市中北局部属南亚热带北缘气候带），具有终年高温、光照充足，夏季长、霜期短，降水丰沛，水热季节配合较好等气候

① 珠三角九市数据根据广东省自然资源厅《2018 年广东省土地利用现状汇总表》计算；香港数据根据《香港统计年刊 2019》计算，其用地分类标准与内地不同，统计口径略有出入；缺少澳门用地分类数据。

特征（见表 2-3）。珠三角地区年平均气温 22~23℃，降水以夏季最多，春季次之，秋冬季最少。香港特区四季分明，冬季吹西北季风，夏季吹东南季风，偶有寒潮，最冷月平均气温 15~18℃。澳门特区冬暖夏热，气候湿润多雨，干湿季明显，全年平均气温 20~26℃。

表 2-3　2020 年粤港澳地区气候情况①

区域	代表性观测站	平均气温（℃）	年降水量（mm）	年日照时数（h）
粤北	韶关市	21.2	1 719.5	1 581.8
粤东北	梅州市梅县区	22.5	1 122.7	1 830.7
粤西北	清远市	23.1	1 057.4	1 724.0
粤东	汕头市	23.9	1 207.5	2 426.4
粤西	湛江市	24.3	1 568.9	1 803.9
粤中	广州市	22.7	1 916.2	1 661.4
香港特区		24.4	2 395.0	2 013.5
澳门特区		23.3	1 713.2	1 856.3

四、水文环境

水文条件对城市的形成发展、产业经济、城市环境具有重要的影响。首先，水文条件是城市形成的重要前提。河流由于重力作用把上游泥沙土壤带到中下游，在凸岸堆积形成冲积平原，其土壤具有丰富矿物质，利于农作物生长，同时也有较宽阔的土地，适合形成村落和城市，也有了“凸岸建城，凹岸建港”之说。其次，河流水运对城市交通与大宗货运贸易具有重要作用。河流及其沿岸往往陆路、水路交通均方便，如中国长江沿岸的重庆、武汉、上海均得益于长江水运的便利。最后，河流对调节大气温度、减轻城市热岛效应、防洪排涝、美化城市环境等发挥了重要作用。国内外主要大城市都分布在河流沿岸和河口三角洲地区。

广东省河流众多，全省集水面积在 100 平方千米以上的干支流 500 余条，其中独流入海的河流 52 条②。西江、北江、东江和韩江流域面积较大，是广东省四大河流。其中，粤港澳大湾区位于西江、北江、东江下游，包括西江、北江、东江和三角洲诸河 4 大水系，水道纵横交错，流经虎门、蕉门、红奇河、横门、磨刀门、鸡啼门、虎跳门、崖门注入南海。但是，广东省水资源时空分布不均，夏秋易洪涝，冬春常干旱。沿海台地和低丘陵区不利蓄水，缺水现象突出，尤以粤西的雷州半岛最为典型。香港特区、澳门特区的淡水资源更是依靠内地输送。

粤港澳大湾区的河网密布和水道纵横交错成就了该区域的人口聚集与城市繁荣。以佛山为例，佛山因内河交通航运而得以兴起，西南涌、佛山涌都是西北江进入广州的通道。广州港的发展繁荣，需要一个内港作为大宗货物转运，佛山市便成为中转口岸，也成就了佛山市成为古代“四大名镇”（汉口、景德、朱仙、佛山）、天下“四聚”（佛山、北京、汉口、

① 广东省统计局，国家统计局广东调查总队. 广东统计年鉴 2021［M］. 北京：中国统计出版社，2021. 澳门特别行政区政府统计暨普查局，《澳门统计年鉴 2020》，2020. 香港特别行政区政府统计处，《香港统计年刊 2021》，2021.

② 广东省志编纂委员会. 广东省志（1979—2000）2 资源 · 环境卷［M］. 北京：方志出版社，2014：153.

苏州）的经济地位。

五、其他环境资源

（一）海洋资源

广东省是海洋大省，海域面积 41.93 万平方千米[①]。其中，粤港澳大湾区海洋资源丰富，是国家重要的海洋水产区；拥有众多港口资源，许多地方可以建设大型深水良港；滨海旅游资源丰富，沿海地区的风能、潮汐能都具有较大的开发潜力。

（二）矿产资源

广东省分布有南岭、粤东和粤西 3 条重点成矿带，广东省现有矿产 151 种（截至 2021 年年底）[②]，矿产资源处于全国中等禀赋水平，优势矿产资源主要有铌钽、锆、油页岩、高岭土、玻璃用砂、锡等。

（三）植被和生物资源

广东省的南亚热带地域最广，光、热、水充沛，为动植物繁衍生长创造了有利条件，野生动植物资源丰富，列入国家重点保护野生动物名录的动物有 254 种，列入国家重点保护野生植物名录的植物有 161 种[③]。

另外，粤港澳大湾区栽培作物具有热带向亚热带过渡的鲜明特征，药用植物、经济植物、观赏植物等均对该区域的土地用途及经济发展产生重要影响。珠三角地区是全国商品粮基地和重要的甘蔗生产基地，主要作物有水稻、甘蔗、香蕉、菠萝、荔枝，以及各种药用植物和花卉植物等。

总体来看，粤港澳大湾区经济因湾而聚、依港而生、靠海而兴，拥有广东省最大平原，地形平坦、光照充足、降水丰沛、河网密布、海岸线长、港口资源好。优越的地理环境有利于人类生产生活，土地利用效率高，为粤港澳大湾区的经济社会发展创造了良好基础，使之成为具有国家重要战略地位的区域。

第二节　粤港澳大湾区经济空间形态

一、粤港澳大湾区经济空间的形成

珠三角地区最早的城市出现在广州（古称番禺），标志着岭南城市文明的开始。从魏晋至宋元时期，广州在全国的经济地位逐渐提高，并成为我国重要的贸易港市。明清至民

① 国家海洋信息中心官方网站（中国海洋信息网）。
② 广东年鉴编纂委员会. 广东年鉴 2022. 广州［M］: 广东年鉴社，2022：2.
③ 广东年鉴编纂委员会. 广东年鉴 2022. 广州［M］: 广东年鉴社，2022：2–3.

国时期，珠三角地区形成了自身的水运体系，广州成为水运中枢，佛山、江门、澳门、小榄、石龙都是当时重要港口。便利的水运交通带动了农业区域和手工业中心发展，珠三角城镇化与经济一体化发展趋势开始显现。

新中国成立后，珠三角地区的空间格局以广州为中心，向南单向辐射。改革开放后，广东率先实行改革，使广东社会经济获得新的生机。珠三角地区凭借枕山面海、紧邻港澳的独特区位，华侨、港澳同胞众多，地域文化的巨大包容性和相关政策、制度支持，有力地引导了市场要素的相对集聚，成为我国沿海发展战略的重要组成部分。

（一）从“南番顺”到“三个都市圈”

20世纪80—90年代，珠三角地区处于村镇工业化阶段①，城镇化不断向农村地区扩张，在城市空间扩张和乡村城镇化的双向作用下，城镇规模、数量迅速增长，并形成了各具特色的“珠江模式”。其中，以“南（海）番（禺）顺（德）”的发展最为典型。南海在改革开放初期全面发展各种所有制企业，多种经济成分共同发展，形成“南海模式”。顺德在20世纪80年代进行改革，20世纪90年代以产权改革为突破口，大力发展工业带动乡镇企业和市属、村办企业发展，农村工业化进程加快，打破了城乡空间分化，形成“顺德模式”。20世纪90年代后期，随着广州的重现生机和传统经济中心城市的发展，“番禺模式”也成为珠三角发展模式的重要组成部分。

珠江三角洲，也称珠三角地区，原先只是地理概念。它作为经济概念出现是在改革开放之后。1985年，中央确定珠三角为经济开发区，范围仅4市13县；1987年，扩容为7市21县；1994年，广东省委在七届三次全会上正式提出建设“珠江三角洲经济区”，后调整扩大为现在的9个城市，即“小珠三角”。此后，珠三角地区以产业发展为基础，以城市为发展单元，大中小城市与中心镇协调发展，形成以城带乡、城乡一体发展的新格局。珠三角地区的城市格局也由传统的“南番顺”单级发展向“广佛肇”“深莞惠”“珠中江”三大都市圈的融合发展演变。

（二）从“小珠三角”到“大珠三角”

20世纪90年代后期，“大珠三角”概念出现，包括了珠三角九市、香港和澳门。其中，港澳在“小珠三角”区域的投资较多，以出口加工、房地产、娱乐、餐饮等为主，“小珠三角”成为港澳经济重要腹地。几十年来，粤港澳的合作经历从前店后厂，到平行竞争，再到全面合作的发展阶段，建立了紧密的经济合作关系。

从“小珠三角”到“大珠三角”，反映了珠三角经济区从封闭到开放的演化。在当时，香港成为国际金融、物流服务中心，澳门成为国际旅游中心，珠三角九市则成为世界制造业基地之一，区域功能分工越来越明确。

（三）从“大珠三角”到“泛珠三角”

随着粤港澳合作深入，“大珠三角”在实施中取得了显著成效。然而，随着区域合作的深入，大区域合作成为新的趋势与诉求，“大珠三角”亟待突破行政区域限制，建立一个包含华南地区乃至更大区域的合作空间。

---

① 姚士谋，周春山，王德，等. 中国城市群新论［M］. 北京：科学出版社，2016：247-250.

“泛珠三角”概念在2003年提出，包括广东、福建、江西、广西、海南、湖南、四川、云南、贵州9省（自治区）以及香港、澳门两个特别行政区，即“9+2”区域。“9+2”区域在资源、产业、劳动力等方面具有一定互补性，具有较大的合作发展潜能。

从“大珠三角”到“泛珠三角”,反映了市场经济条件下城市集聚辐射发展的演化。“大珠三角”有资金、技术、人才、市场的优势，可以为周边省区提供辐射“引擎”，周边省区则为“大珠三角”提供了广阔的市场和充裕的劳动力。

（四）粤港澳大湾区的形成

2016年,国家“十三五”规划明确提出“支持港澳在泛珠三角区域合作中发挥重要作用，推动粤港澳大湾区和跨省区重大合作平台建设”。2019年，中共中央、国务院印发了《粤港澳大湾区发展规划纲要》，粤港澳大湾区成为国家战略。

粤港澳大湾区是一个地缘经济概念。从“南番顺”到“三个都市圈”，从“小珠三角”到“大珠三角”“泛珠三角”，再到“粤港澳大湾区”，是发展与创新的改革历程，是不断突破地理空间与行政区划限制，不断扩展经济合作的历程。珠三角九市拥有地理和政策优势，发挥好临海天然优势和特区政策优势，港澳更要充分利用广东所提供的便利措施和条件，充分挖掘“一国两制”的重要内涵。泛珠三角区域合作发展的特殊性使其更加注重合作的联系性，更加强调合作的优势互补以及资源的合理利用。粤港澳大湾区作为一个整体区域，要求充分发挥其协调性、互补性与包容性，顺应区域与城市发展的规律去引导和推进，而不是约束和限制。同时，也要注意粤港澳大湾区“一国、两制、三关税区”的特殊性，做到多层次合作发展，齐头并进，将粤港澳大湾区区域经济带入一个崭新的空间。

二、粤港澳大湾区城市体系与经济形态

（一）等级规模结构

等级规模结构、经济及职能结构、城市空间结构并称区域城市体系的三大结构。调整、协调和优化三大结构，建立完善的区域城市体系是打造完整的产业链体系，促进区域产业结构转型升级，提升区域国际竞争力的重要途径。

人口等级规模是一个区域社会经济发展的重要指标，人口迁移和经济繁荣紧密联系。在统一市场和要素无障碍流动的前提下，区域人口和经济分布会在空间上趋于一致，在集聚中走向平衡。

粤港澳大湾区是我国重要的人口集聚区之一。2000年，粤港澳大湾区常住人口为5 000.07万人，到2010年达到6 379.43万人，2020年突破8 000万，2000—2020年粤港澳大湾区常住人口增加3 639.96万人，年均增长率达到2.77%。其中，珠三角九市常住人口占粤港澳大湾区人口总量从2000年的85.79%上升到2020年的90.55%①。

① 相关数据分别来源于：（1）广东省统计局，国家统计局广东调查总队. 广东统计年鉴2021［M］. 北京：中国统计出版社，2021.（2）香港特别行政区政府统计处，《香港统计年刊2021》，2021.（3）香港特别行政区政府统计处，《香港统计年刊2011》，2011.（4）澳门特别行政区政府统计暨普查局，《澳门统计年鉴2021》，2020.（5）澳门特别行政区政府统计暨普查局，《澳门统计年鉴2010》，2010.

从近二十年来人口演变趋势来看（见表 2-4），粤港澳大湾区城市常住人口逐年增长，人口集聚地和经济聚集地趋于统一。深圳市、广州市成为吸纳人口的重要地区，常住人口增量分别达到 1 062.14 万和 879.23 万人。第二梯队的佛山市和东莞市，吸纳人口均超过 400 万。惠州市、中山市、珠海市人口增量均超过 100 万。

城市首位度是反映城镇体系中人口要素在最大城市的集中程度，包括二城市指数、四城市指数、十一城市指数等指标。这三个指标值越大，说明城市人口越集聚，反之人口趋于分散。按照位序—规模理论，二城市指数理想值为 2，说明单中心结构明显，接近 1 时则说明区域向双中心结构演变。但是，仅靠二城市指数容易片面化，较难反映区域全貌，需要进一步将四城市指数、十一城市指数作为补充，分析区域人口的集散状况。四城市指数理想值为 1，值越低则多中心结构越明显，人口朝着前四位城市集聚，人口分散度变大；十一城市指数越低，则说明区域人口更加趋于分散。指标具体算法为：将某特定年份该区域的所有城市按人口规模从大到小排序，设为 P_1、P_2、……、P_{11}。则 S_2、S_4、S_{11} 分别表示二城市指数、四城市指数、十一城市指数：

$$S_2=P_1/P_2 \qquad \text{公式 2.1}$$

$$S_4=P_1/(P_2+P_3+P_4) \qquad \text{公式 2.2}$$

$$S_{11}=P_1/(P_2+P_3+\cdots+P_{11}) \qquad \text{公式 2.3}$$

从粤港澳大湾区城市首位度变化来看（见表 2-4），二城市指数从 1.42 降至 1.06，四城市指数仅从 0.49 升至 0.50，说明粤港澳大湾区已由过去的单中心结构（广州）向多中心结构（广州市、深圳市、东莞市、佛山市）演变，几大城市均明显具有人口聚集效应；十一城市指数从 0.25 调整至 0.28，说明相对粤港澳大湾区整体来看，广州市作为首位城市的人口集中程度略有提升。

表 2-4　2000—2020 年大湾区常住人口变化情况①

城市	2000 年（万人）	2010 年（万人）	2020 年（万人）	增量（万人）	年均增长率（%）
广州市	994.80	1 270.96	1 874.03	879.23	3.22
佛山市	534.05	719.91	951.88	417.83	2.93
肇庆市	337.69	392.22	411.69	74.00	1.00
珠海市	123.65	156.16	244.96	121.31	3.48
中山市	236.47	312.27	443.11	206.64	3.19
江门市	395.24	445.08	480.41	85.17	0.98
深圳市	701.24	1 043.76	1 763.38	1 062.14	4.72
东莞市	644.84	822.48	1 048.36	403.52	2.46
惠州市	321.80	460.11	605.72	283.92	3.21
香港特区	666.50	702.42	748.18	81.68	0.58

① 相关数据分别来源于：（1）广东省统计局，国家统计局广东调查总队. 广东统计年鉴 2021［M］. 北京：中国统计出版社，2021.（2）香港特别行政区政府统计处，《香港统计年刊 2021》，2021.（3）香港特别行政区政府统计处，《香港统计年刊 2011》，2011.（4）澳门特别行政区政府统计暨普查局，《澳门统计年鉴 2020》，2020.（5）澳门特别行政区政府统计暨普查局，《澳门统计年鉴 2010》，2010.

续表

城市	2000 年（万人）	2010 年（万人）	2020 年（万人）	增量（万人）	年均增长率（%）
澳门特区	43.79	54.06	68.31	24.52	2.25
合计	5 000.07	6 379.43	8 640.03	3 639.96	2.77
二城市指数	1.42	1.22	1.06	—	—
四城市指数	0.49	0.49	0.50	—	—
十一城市指数	0.25	0.25	0.28	—	—

等级规模结构可反映城市在区域中的分布状况及城市人口集中或分散的程度，有助于认识城市体系中城市所处等级及影响作用。根据国家最新城市规模划分标准（见表 2–5），2000 年，珠三角地区特大城市包括广州市、深圳市、香港特区、东莞市、佛山市，小城市包括澳门特区，其余城市均为大城市；到 2010 年，广州市、深圳市上升为超大城市，东莞市、佛山市、香港特区为特大城市，澳门特区上升为中等城市，其余为大城市；到 2020 年，超大城市包括广州市、深圳市、东莞市，特大城市包括佛山市、香港特区、惠州市，大城市包括江门市、肇庆市、中山市、珠海市，中等城市为澳门特区。人口等级规模不断优化调整，广州市、深圳市、东莞市等核心城市的虹吸效应显著。

表 2–5　大湾区人口等级规模结构[①]

城市类型	规模标准（万人）	2000 年	2010 年	2020 年
超大城市	1 000 以上	—	广州市、深圳市	广州市、深圳市、东莞市
特大城市	500（含）~1 000	广州市、深圳市、香港特区、东莞市、佛山市	东莞市、佛山市、香港特区	佛山市、香港特区、惠州市
Ⅰ型大城市	300（含）~500	江门市、肇庆市、惠州市	惠州市、江门市、肇庆市、中山市	江门市、肇庆市、中山市
Ⅱ型大城市	100（含）~300	中山市、珠海市	珠海市	珠海市
中等城市	50（含）~100	—	澳门特区	澳门特区
Ⅰ型小城市	20（含）~50	澳门特区	—	—
Ⅱ型小城市	20 万以下	—	—	—

（二）经济及职能结构

1. 经济空间结构变化

粤港澳大湾区各城市地区生产总值（GDP）空间差异显著（表 2–6）。2000 年，香港特区 GDP 遥遥领先，广州市、深圳市在珠三角九市处于最高。2010 年，香港特区、广州市、深圳市逐渐缩小差距。2020 年，粤港澳大湾区 GDP 约 11.37 万亿元。其中，深圳市完成 GDP 为 27 670.24 亿元，居粤港澳大湾区第一位；广州市、香港特区居第二、三位，分别

① 国务院关于调整城市规模划分标准的通知（国发〔2014〕51 号），2014–10–29.

为 25 019.11 亿元和 22 615.30 亿元。此外，佛山市和东莞市经济水平逐年增长，达到万亿元水平左右，发展势头迅猛。粤港澳大湾区内核心城市发展强劲，经济中心向东南方向集中，整体空间协调性增强。

表 2-6　2000-2020 年粤港澳大湾区地区生产总值变化情况

城市	2020 年（亿元）	2010 年（亿元）	2000 年（亿元）	增量（亿元）	年均增长率（%）
深圳市	27 670.24	10 069.06	2 219.20	25 451.04	13.45
广州市	25 019.11	10 640.67	2 505.58	22 513.53	12.19
佛山市	10 816.47	5 665.45	1 050.38	97 66.09	12.37
东莞市	9 650.19	4 339.85	821.14	8 829.05	13.11
惠州市	4 221.79	1 723.56	439.19	3 782.60	11.98
珠海市	3 483.94	1 241.74	335.92	3 148.02	12.40
江门市	3 200.95	1 574.73	504.66	2 696.29	9.68
中山市	3 151.59	1 808.48	345.44	2 806.15	11.69
肇庆市	2 311.65	965.12	249.78	2 061.87	11.77
香港特区	22 615.30	15 139.49	14 213.50	8 401.80	2.35
澳门特区	1 587.51	1 870.25	560.43	1 027.08	5.34
合计	113 726.74	55 038.40	23 245.22	90 481.52	8.26

数据来源:（1）广东省统计局，国家统计局广东调查总队. 广东统计年鉴 2021［M］. 北京：中国统计出版社，2021.（2）国家统计局. 中国统计年鉴 2021［M］. 北京：中国统计出版社，2021. 相关汇率采用中国外汇管理局各年年末汇率中间价。

进一步比较 GDP 占比（表 2-7），粤港澳大湾区经济分布具有较明显的核心圈层特性。广州市、深圳市和香港特区是经济中心。2000 年，广深港 GDP 合占粤港澳大湾区 81.48%。2010 年，三大城市合占 65.13%。2010—2020 年期间，广东自贸区建立，广深创新、制造同步发展。香港特区 GDP 占比波动下降，而广州市和深圳市则逐渐成长。到 2020 年，深圳市已反超广州市、香港特区，成为大湾区 GDP 最高地区，占比 24.33%，另外两地分别占比 22.00% 和 19.89%。此外，佛山市、东莞市等处于经济发展的第二梯队。

表 2-7　2000—2020 年大湾区地区生产总值占比变化情况

城市	2020 年（%）	2010 年（%）	2000 年（%）
深圳市	24.33	18.29	9.55
广州市	22.00	19.33	10.78
佛山市	9.51	10.29	4.52
东莞市	8.49	7.89	3.53
惠州市	3.71	3.13	1.89
珠海市	3.06	2.26	1.45
江门市	2.81	2.86	2.17

续表

城市	2020 年（%）	2010 年（%）	2000 年（%）
中山市	2.77	3.29	1.49
肇庆市	2.03	1.75	1.07
香港特区	19.89	27.51	61.15
澳门特区	1.4	3.4	2.41

2. 职能结构变化

区域职能结构是区域各城市合理定位与产业层级化、错位化发展的保证。《珠江三角洲地区改革发展规划纲要（2008—2020 年）》与《粤港澳大湾区发展规划纲要》是本区域 21 世纪发展的领航式的纲要文件，其区域定位与城市职能分工划分对本区域经济发展具有指引意义。

《珠江三角洲地区改革发展规划纲要（2008—2020 年）》提出珠三角地区的区域定位为"探索科学发展模式试验区""深化改革先行区""扩大开放的重要国际门户""世界先进制造业和现代服务业基地""全国重要的经济中心"。其中，广州市要强化国家中心城市、综合性门户城市和区域文化教育中心的地位，建设成为广东省宜居城乡的"首善之区"，建成面向世界、服务全国的国际大都市；深圳市要强化全国经济中心城市和国家创新型城市的地位，建设中国特色社会主义示范市和国际化城市；珠海市要加快建设珠海高栏港工业区、海洋工程装备制造基地、航空产业园区和国际商务休闲旅游度假区，建成现代化区域中心城市和生态文明的新特区，争创科学发展示范市。

《粤港澳大湾区发展规划纲要》提出粤港澳大湾区要打造"充满活力的世界级城市群""具有全球影响力的国际科技创新中心""'一带一路'建设的重要支撑""内地与港澳深度合作示范区""宜居宜业宜游的优质生活圈"，成为"发展活力充沛、创新能力突出、产业结构优化、要素流动顺畅、生态环境优美的国际一流湾区和世界级城市群"。① 其中，香港要巩固和提升国际金融、航运、贸易中心和国际航空枢纽地位，强化全球离岸人民币业务枢纽地位、国际资产管理中心及风险管理中心功能，推动金融、商贸、物流、专业服务等向高端高增值方向发展，大力发展创新及科技事业，培育新兴产业，建设亚太区国际法律及争议解决服务中心，打造更具竞争力的国际大都会；澳门要建设世界旅游休闲中心、中国与葡语国家商贸合作服务平台，促进经济适度多元发展，打造以中华文化为主流、多元文化共存的交流合作基地；广州要充分发挥国家中心城市和综合性门户城市引领作用，全面增强国际商贸中心、综合交通枢纽功能，培育提升科技教育文化中心功能，着力建设国际大都市；深圳要发挥作为经济特区、全国性经济中心城市和国家创新型城市的引领作用，加快建成现代化国际化城市，努力成为具有世界影响力的创新创意之都。

区域定位体现两个方面：①打造世界级城镇群和国际一流湾区是一直不变的区域定位；②进一步强化科技创新动能，强调从"中国制造"向"中国智造"升级，推动粤港澳大湾区区域协调发展，促进构建新发展格局。

① 中共中央，国务院. 粤港澳大湾区发展规划纲要. 新华网，2019-02-18.

（三）城市空间结构

城市空间结构是城市要素通过内在机制相互空间作用表现出来的空间形态，对于研判城市经济发展方向和资源优化配置具有重要指导意义。

《珠江三角洲地区改革发展规划纲要（2008—2020 年）》将珠三角九市分为两个层级：①中心城市，包括广州市、深圳市、珠海市；②节点城市，其中以东莞市、惠州市为珠江口东岸节点城市，以佛山市、江门市、中山市、肇庆市为珠江口西岸节点城市。其中，中心城市是指具有全局意义的、辐射力和影响力强的核心城市；节点城市是指次于中心城市，具有地区关键节点作用的城市。

《粤港澳大湾区发展规划纲要》进一步提出粤港澳大湾区要打造中心城市和节点城市两个层级，城市的职能进一步进行了优化调整。①中心城市，包括香港特区、澳门特区、广州市、深圳市。中心城市将构建开放型区域协同创新共同体，推进“广州—深圳—香港—澳门”科技创新走廊建设，建设粤港澳大湾区大数据中心和国际化创新平台。②节点城市，包括珠海市、佛山市、惠州市、东莞市、中山市、江门市、肇庆市。节点城市要增强发展的协调性，强化与中心城市的互动合作，带动周边特色城镇发展，共同提升城市群发展质量。

由两个规划纲要对比看出：①中心城市由“广州市、深圳市、珠海市”向“香港特区、澳门特区、广州市、深圳市”变化，粤港澳大湾区将进一步深化港深、澳珠合作，充分发挥香港特区—深圳市、广州市—佛山市、澳门特区—珠海市强强联合的引领带动作用。②强调区域协同，推进深圳前海、广州南沙、珠海横琴等粤港澳合作发展平台，带动粤港澳全面合作。具体如表 2-8 所示。

根据《粤港澳大湾区发展规划纲要》，未来粤港澳大湾区将“坚持极点带动、轴带支撑、辐射周边，推动大中小城市合理分工、功能互补，进一步提高区域发展协调性，促进城乡融合发展，构建结构科学、集约高效的大湾区发展格局”。一方面，深化港深、澳珠合作，加快广佛同城化建设，通过香港—深圳、广州—佛山、澳门—珠海强强联合发挥引擎作用。另一方面，加强轴带支撑。依托大湾区快速交通网络与港口群和机场群，构建区域经济发展轴带，形成主要城市间高效连接的网络化空间格局。

表 2-8　大湾区空间结构变化

时间	2008 年	2019 年
职能依据	《珠江三角洲地区改革发展规划纲要（2008—2020 年）》	《粤港澳大湾区发展规划纲要》
区域定位	探索科学发展模式试验区，深化改革先行区，扩大开放的重要国际门户，世界先进制造业和现代服务业基地，全国重要的经济中心	充满活力的世界级城市群，具有全球影响力的国际科技创新中心，“一带一路”建设的重要支撑，内地与港澳深度合作示范区，宜居宜业宜游的优质生活圈
中心城市	广州市、深圳市、珠海市	香港特区、澳门特区、广州市、深圳市
节点城市	以东莞市、惠州市为珠江口东岸节点城市，以佛山市、江门市、中山市、肇庆市为珠江口西岸节点城市	珠海市、佛山市、惠州市、东莞市、中山市、江门市、肇庆市

第三节　粤港澳大湾区交通发展概况

改革开放以来，大湾区交通基础设施建设取得了很大成就，实现了多种运输方式的紧密衔接，在跨江通道、港口航运、空港群建设方面加强布局，通过不断加强交通基础设施建设，打造现代化的综合交通运输体系，“一小时生活圈”初步形成。

一、航空

截至 2020 年，大湾区拥有 7 座运输机场。其中，香港国际机场、广州白云国际机场、深圳宝安国际机场为国际航空枢纽（4F 级），澳门国际机场、珠海金湾机场为地区性枢纽机场（4E 级），佛山沙堤机场和惠州平潭机场为军民合用支线机场（4C 级）。从通航城市看，广、深、港三大机场在亚太地区航点占比呈鼎足之势，香港国际机场在欧美等其他地区占有绝对优势。

下文重点介绍广州白云国际机场、深圳宝安国际机场、香港国际机场的基本情况。

（一）广州白云国际机场

广州白云国际机场于 20 世纪 30 年代始建，现有两座航站楼、三条跑道，飞行区等级为 4F 标准，标准机位 271 个[①]。2020 年，机场旅客吞吐量 4 376.04 万人次，货邮吞吐量 175.93 万吨，起降 37.34 万架次，分列全国内地第 1 位、第 2 位和第 1 位，旅客吞吐量更是居世界第 1 位[②]。

作为国内三大门户复合枢纽机场之一（另 2 个为北京首都国际机场、上海浦东国际机场），广州白云国际机场是国家“一带一路”倡议和“空中丝绸之路”的重要国际航空枢纽之一，粤港澳大湾区核心枢纽机场。未来，广州白云国际机场将打造集航空、高铁、地铁、城轨和高速公路于一体的综合交通枢纽，形成东南亚 4 小时、全球 12 小时航空交通圈，构建以之为核心的粤港澳大湾区世界级空港群。

（二）深圳宝安国际机场

深圳宝安国际机场于 1991 年 10 月建成通航，现有一座航站楼、两条跑道，飞行区等级为 4F 标准，标准机位 199 个[③]。2020 年，机场旅客吞吐量 3 791.61 万人次，货邮吞吐量 139.88 万吨，起降 32.03 万架次，均列全国内地第 3 位[④]。

深圳宝安国际机场 2003 年跨入全球百强机场行列，2007 年跨入世界最繁忙机场行列，未来，深圳宝安国际机场将形成“全球 12 小时”航空圈，构建面向亚太、连接欧美澳热点城市、衔接“一带一路”节点城市的国际航线网络，最终建成粤港澳大湾区世界级机场

① 机场概况. 广州白云国际机场官方网站，2021.

② 中国民用航空局发展计划司. 2020 年民航机场生产统计公报. 中国民用航空局，2021-04-09.

③ 中国民用航空局空港简介. 深圳宝安国际机场官方网站，2022.

④ 中国民用航空局发展统计司. 2020 年民航机场生产统计公报. 中国民用航空局，2021-04-09.

群重要的核心机场、“一带一路”倡议中更具辐射能力的重要国际航空枢纽。

（三）香港国际机场

香港国际机场于 1998 年 7 月建成通航，机场现有两座航站楼、两条跑道，飞行区等级为 4F 标准。2020 年，机场旅客吞吐量 883.60 万人次，货邮吞吐量 446.80 万吨，起降 16.10 万架次[①]。其中货邮吞吐量居全球第 2 位。香港国际机场曾多次入选全球最佳机场、亚洲最佳机场。未来，香港国际机场将建成大湾区世界级机场群重要的核心机场。

二、港口

粤港澳大湾区滨江临海，经济发达，拥有得天独厚的港口发展条件，是世界上通过能力最大、水深条件最好、常年不冻的区域性港口群之一，区域港口吞吐量位居世界各大湾区之首。粤港澳大湾区 11 个城市均有港口，其中广州港、深圳港、香港港、东莞港、珠海港、江门港等 6 个港口已迈入亿吨货物吞吐量的大港行列，以粤港澳大湾区为核心的世界级港口群正加速形成。下文重点介绍广州港、深圳港和香港港。

（一）广州港

广州港由海港和内河港组成。其中，海港包括内港、黄埔、新沙、南沙等四个港区和珠江口水域锚地；内河港包括番禺、五和、新塘三个港区。2020 年，广州港货物吞吐量达 6.36 亿吨，居全国第 4 位；集装箱吞吐量 2 317 万标准箱，居全国第 4 位。

广州港是千年海上丝绸之路始发港之一、中国最大内贸集装箱枢纽港、华南最大综合性主枢纽港和集装箱干线港，也是全国四大汽车进出口业务枢纽港之一，华南最大的能源、粮食和散杂货枢纽港。

（二）深圳港

深圳港分为西部港区和东部港区。其中，西部港区位于珠江口东岸入海口，包括蛇口、赤湾、妈湾、东角头、福永等港区；东部港区位于南海大鹏湾西北部，包括盐田、沙渔涌、下洞等港区；此外还有内河港区。2020 年，深圳港货物吞吐量达 2.65 亿吨（其中外贸吞吐量 1.89 亿吨），居全国第 16 位；集装箱吞吐量 2 655 万标准箱，居全国第 3 位。

深圳港是国际枢纽海港和全球集装箱枢纽港，国家综合运输体系重要枢纽，华南地区超大型船舶的首选港。

（三）香港港

香港港在香港岛和九龙半岛之间，包括香港仔、青山（屯门）、长洲、吉澳、流浮山、西贡、沙头角、深井、银矿湾、赤柱（东）、赤柱（西）、大澳、大埔、塔门和维多利亚等 15 个港区。2020 年，香港港货物吞吐量达 2.49 亿吨，集装箱吞吐量 1 796 万标

① 香港国际机场官方网站。

准箱[①]。香港港区是全球最繁忙和最高效率的国际集装箱港口之一，也是全球供应链上的主要枢纽港。

根据《粤港澳大湾区发展规划纲要》《广东省港口布局规划（2021—2035年）》等规划战略，粤港澳大湾区将形成以香港港、广州港、深圳港为核心，以珠海港等周边港口为支撑，建设错位发展、合作共赢的世界级港口群。其中，香港港口将进一步巩固国际航运中心地位，发展船舶管理及租赁、船舶融资、海事保险、海事法律及争议解决等高端航运服务业，并为内地和澳门企业提供服务；广州港、深圳港将进一步加强国际航运综合服务功能，全面建成世界一流港口；珠海港将达到世界一流水平。

三、公路与轨道交通

（一）公路建设

2020年，大湾区已建成通车高速公路约4 894千米，核心区高速公路密度达每百平方千米8.9千米，辐射至泛珠三角地区的主骨架路网基本形成。

通道建设上，截至2020年，粤港澳大湾区已建成黄埔大桥、南沙大桥、虎门大桥、港珠澳大桥4条跨江通道。未来还将规划建设深中通道（在建）、黄茅海通道（在建）、狮子洋通道（在建）、深珠通道（规划）等。其中，深中通道、深珠通道将使深圳市与中山市、深圳市与珠海市分别纳入“半小时交通圈”；黄茅海通道将形成“香港—珠海—江门—粤西”大通道，推动粤港澳大湾区主要城市“1小时通勤圈”；狮子洋通道将连通南沙自贸区和东莞滨海湾新区两大平台，减轻虎门大桥与南沙大桥通勤压力。跨江通道的完善将为粤港澳大湾区打造100千米“黄金内湾”，加强粤港澳大湾区与粤西、粤东的交通联系。

（二）轨道交通建设

粤港澳大湾区正在加快推进城际铁路网络化建设，促进粤港澳大湾区人流、物流、资金流、信息流互联互通，产业链条实现深度融合。城际铁路建设将进一步与粤港澳大湾区内高铁、普速铁路、市域（郊）铁路等轨道网络融合衔接。粤港澳大湾区初步形成以广州市枢纽为中心，连通珠三角地区和粤东西北地区，辐射华东、中南、西南地区的放射性路网格局。

根据《粤港澳大湾区发展规划纲要》《粤港澳大湾区城际铁路建设规划（2020—2030年）》，粤港澳大湾区将形成“轴带支撑、极轴放射”的多层次铁路网络，构建粤港澳大湾区主要城市间1小时通达、主要城市至广东省内地级城市2小时通达、主要城市至相邻省会城市3小时通达的交通圈，打造“轨道上的大湾区”。粤港澳大湾区将依托国际航空枢纽、国际枢纽海港和国际铁路枢纽建设，强化广州市、深圳市国际性综合交通枢纽功能，建设珠海市全国性综合交通枢纽，完善广佛—深港、广佛—珠澳以及跨珠江口通道布局，联合港澳共同打造粤港澳大湾区枢纽集群。

① 香港特别行政区政府统计处官方网站。

本章小结

复习思考题

1. 粤港澳大湾区的地理空间形态具有哪些特征？对城市经济发展产生哪些影响？
2. 简述粤港澳大湾区经济空间的形成演化过程。
3. 简述粤港澳大湾区等级规模结构特征及变动趋势。
4. 简述粤港澳大湾区经济及职能结构特征及变动趋势。
5. 简述粤港澳大湾区空间结构特征及变动趋势。
6. 粤港澳大湾区的交通发展格局具有哪些特征？

第二篇　产业结构篇

第三章　珠三角地区产业结构及其发展

学习目标

本章主要讲解珠三角地区经济发展总体情况、产业结构的演进及其主要产业现状。要求了解珠三角地区经济总体情况、产业结构的演进及其主要产业现状，掌握该地区的主要产业政策及其效果，重点理解珠三角地区产业结构特征及其发展趋势。

第一节　珠三角地区经济与产业结构演进

一、珠三角地区经济概况

（一）综合概况

珠三角地区包括广州市、深圳市、珠海市、佛山市、江门市、东莞市、中山市、惠州市和肇庆市，土地面积约 5.54 万平方千米，占广东省全省面积的 30.5%。2022 年年末，广东省常住人口 12 656.80 万人，其中珠三角地区常住人口 7 829.43 万人，占比达到 61.86%。2022 年，珠三角地区固定资产投资 37 653.62 亿元；社会消费零售总额 34 959.60 亿元；地方一般公共预算收入 9 049.47 亿元。无论从人口总量，投资总额，市场规模还是财政收入上来看，珠三角地区都是一个规模庞大的经济圈。

改革开放以来，珠三角地区经济高速发展。1990—2022 年期间，以当年价格计算，珠三角地区九市的 GDP 总量由 1 006.89 亿元增长到 104 681.81 亿元，平均每年增长 15.62%。同期人均 GDP 从 4 612 元增长到 133 437 元，平均每年增长 11.09%。从全省范围来看，珠三角地区经济是广东省经济的关键所在，2022 年珠三角地区九市的 GDP 占广东省 GDP 比重为 81.07%，见表 3–1 所示。

表 3–1　珠三角地区与广东省 GDP 年度指标比较

单位：亿元

年份	珠三角 GDP	广东省 GDP	珠三角/广东省（%）
1990	1 006.89	1 559.03	64.58
1995	4 077.74	5 940.34	68.64
2000	8 471.28	10 810.21	78.36
2005	18 426.64	21 962.99	83.90
2010	38 028.65	46 036.25	82.61

续表

年份	珠三角 GDP	广东省 GDP	珠三角/广东省（%）
2011	43 890.08	53 072.79	82.70
2012	47 939.37	57 007.74	84.09
2013	53 472.83	62 503.41	85.55
2014	57 844.44	68 173.03	84.85
2015	62 541.37	74 732.44	83.69
2016	68 196.86	82 163.22	83.00
2017	74 953.26	91 648.73	81.78
2018	80 440.72	99 945.22	80.48
2019	87 213.05	107 986.92	80.76
2020	89 850.38	111 151.63	80.84
2021	100 914.59	124 719.53	80.91
2022	104 681.81	129 118.58	81.07

资料来源：广东统计年鉴；广东统计信息网。

珠三角地区经济长期保持高速增长态势，经济总量不断实现跨越式突破，已成为我国重要的经济中心区域，也是我国综合实力最强的三大城市群之一。根据世界银行2015 年的报告，珠三角地区早已超越日本东京都市圈，成为世界上人口和面积最大的都市区。

（二）经济总量[①] 构成

1. 固定资产投资

固定资产投资对于经济发展有显著的拉动作用。从 2000—2022 年，珠三角地区固定资产投资维持了快速的增长态势，年均增长率达到 14.8%，这也正是珠三角地区经济腾飞的重要支撑。根据广东统计年鉴数据计算，2000 年至 2008 年，固定资产投资年均增长达到 16.1%。这个时期的固定资产投资主要集中在第二产业的投资，以此来实现快速的工业化过程。2008 年至 2022 年，珠三角地区固定资产投资年均增长 14.0% 左右，较上一阶段增速有所放缓。这一时期，工业化和城镇化已经达到比较高的水平，经济发生转型，第三产业逐渐成为主导，固定资产投资主要集中在大规模的基础设施建设，为服务业的发展提供重要保障。2022 年，珠三角地区固定资产投资为 37 653.62 亿元，较上一年增长 0.4%，占全国固定资产投资的 6.6% 左右。

2. 消费

消费在珠三角地区经济发展中的基础作用是十分显著的。珠三角地区社会消费品零售总额从 2000 年的 3 244.82 亿元稳步上升到 2022 年的 34 959.60 亿元，以年均约 7.7% 的增速水平稳定增长。随着珠三角地区城镇化和工业化水平进一步上升，消费水平也不断提高。2022 年，广东实现社会消费品零售总额 4.49 万亿元，居全国第一，其中珠三角地区社会

① 经济总量一般指国内生产总值，即 GDP，主要由消费、投资和进出口组成。

消费品零售总额为 34 959.60 亿元，占全省的 78%。自 2010 年以来，珠三角地区以电子商务为重点，挖掘重点领域消费潜力，加强构建夜间经济体系，继续完善物流配送体系，促进城市和乡村消费发展，助力在规模和质量上进一步实现消费升级。

3. 对外贸易

广东省是全国外贸第一大省，珠三角地区在全国对外贸易上处于举足轻重的地位，进出口总额在全省占比达九成左右，是广东省对外贸易的核心所在。2000 年至 2022 年年均增长幅度约为 10.1%。2022 年，珠三角地区进出口总额从 2000 年的 1 590.92 亿美元增长到 11 905.82 亿美元，对外贸易增长水平总体在高位运行。在粤港澳大湾区建设背景下，珠三角将借力港澳地区，进一步融入全球市场体系，不断扩大对外贸易的广度和深度。

珠三角地区的固定资产投资、消费、对外贸易和投资年度指标如表 3-2 所示。

表 3-2　珠三角地区固定资产投资、消费、对外贸易和投资年度指标

年份	固定资产投资（亿元）	社会消费品零售总额（亿元）	进出口总额（亿美元）	实际外商直接投资额（亿美元）
2000	2 364.71	3 244.82	1 590.92	103.87
2005	5 328.37	6 017.12	4 110.76	113.34
2006	5 964.60	6 983.89	5 069.42	130.86
2007	6 909.74	8 136.58	6 101.13	151.88
2008	7 829.03	9 820.96	6 569.69	169.21
2009	9 603.55	11 177.86	5 848.23	175.08
2010	11 355.80	13 061.13	7 513.03	183.47
2011	12 366.76	15 125.61	8 742.89	195.29
2012	13 974.24	16 934.22	9 433.65	215.53
2013	16 030.78	19 023.38	10 474.31	230.62
2014	17 542.28	21 253.37	10 291.54	248.61
2015	20 048.69	23 411.58	9 752.06	256.24
2016	22 321.24	25 748.56	9 101.75	225.90
2017	25 463.54	28 335.47	9 612.30	218.11
2018	28 239.07	30 796.88	10 391.85	204.12
2019	31 712.47	33 237.60	9 901.13	211.64
2020	34 693.44	31 212.07	9 778.63	224.93
2021	37 503.61	34 412.76	12 215.73	270.90
2022	37 653.62	34 959.60	11 905.82	255.73

资料来源：广东统计年鉴；广东统计信息网。

二、珠三角地区产业结构的演进趋势

（一）产业结构演进

1. 产业结构与经济增长

产业结构是指产业内部各生产要素、产业、时间、空间、层次的五维空间关系，是指国民经济中三次产业和各个产业、部门以及产业部门内部的内在生产关系和数量构成比例，通常是由一个国家所拥有的劳动力、固定资产和各种其他资源在产业部门之间的分配以及作为其结果的各产业产值的比重构成。三次产业是指农业、工业和服务业。农业产业又称第一产业，包括农、林、牧、渔业（不含农、林、牧、渔专业及辅助性活动）；工业产业又称第二产业，是指采矿业（不含开采专业及辅助性活动），制造业（不含金属制品、机械和设备修理业），电力、热力、燃气及水生产和供应业，建筑业；服务业产业又称第三产业，是指除第一产业、第二产业以外的其他行业，包括：批发和零售业，交通运输、装卸搬运、仓储业和邮政业，住宿和餐饮业，信息传输、软件和信息技术服务业，金融业，房地产业，租赁和商务服务业，科学研究和技术服务业，水利、环境和公共设施管理业，居民服务、修理和其他服务业，教育，卫生和社会工作，文化、体育和娱乐业，公共管理、社会保障和社会组织，国际组织，以及农、林、牧、渔业中的农、林、牧、渔专业及辅助性活动，开采专业及辅助性活动，制造业中的金属制品、机械和设备修理业等。一般来说，产业结构与经济增长互为因果、相互促进。合理的产业结构能使社会各部门协调发展，资源得到优化配置，有利于经济的发展；高度化的产业结构意味着产业技术先进，发展层次高，能够实现对资源的高效利用，带动经济持续健康协调发展。

2. 珠三角地区产业结构的演进趋势

改革开放初期，珠三角地区与港澳之间“前店后厂”的分工协作模式，充分释放了珠三角地区的劳动力与土地资源潜力，运用了港澳便捷的贸易网络和领先的生产服务能力，使港澳和珠三角地区的比较优势得以极大发挥。珠三角地区的产业结构总体上属于农业为主体，工业快速增长阶段。到了 20 世纪 90 年代，工业产值的高速增长带来了工业规模的不断扩大，持续积累的固定资产投资推动了工业的高速发展。以制造业为主体的第二产业对 GDP 的贡献持续上升，由 1990 年的 43.86% 上升到 2006 年的 51.53%，第一产业占比逐年下降，第三产业占比稳步上升，形成了“二三一”的产业发展格局（见表 3–3）。珠三角地区以劳动密集型轻工业和装配加工工业为主的制造业生产基地，成为广东工业化进程的核心地带。这不仅得益于改革开放的政策导向、内地大规模的劳动力输入，还得益于港澳地区对广东持续的资金输入。根据广东省统计局数据，2008 年之前，港澳一直充当着珠三角地区最大的直接投资者的角色。从 20 世纪 80 年代开始，港澳的劳动密集型制造业大规模地向内地，尤其是珠三角地区转移，持续不断的大规模投资极大地促进了珠三角地区经济的发展。自 2009 年以来，珠三角地区在第一产业比重保持相对稳定的情况下，第三产业比重开始超越第二产业，形成了“三二一”的产业发展格局（见表 3–3）。

表 3-3　珠三角地区产业结构历年变化

年份	第一产业占 GDP 的比重	第二产业占 GDP 的比重	第三产业占 GDP 的比重
1990	15.27%	43.86%	40.86%
1995	8.51%	48.67%	42.83%
2000	5.43%	47.74%	46.83%
2005	3.03%	50.89%	46.07%
2006	2.60%	51.53%	45.88%
2007	2.43%	50.69%	46.88%
2008	2.31%	50.01%	47.68%
2009	2.14%	48.37%	49.49%
2010	2.03%	49.06%	48.91%
2011	2.00%	48.83%	49.18%
2012	1.94%	47.29%	50.77%
2013	1.84%	46.40%	51.76%
2014	1.78%	46.27%	51.95%
2015	1.72%	44.93%	53.36%
2016	1.69%	43.61%	54.70%
2017	1.58%	42.70%	55.72%
2018	1.57%	42.31%	56.11%
2019	1.64%	41.26%	57.10%
2020	1.75%	39.96%	58.29%
2021	1.70%	40.73%	57.57%
2022	1.75%	41.50%	56.75%

资料来源：广东统计年鉴；广东统计信息网。

（二）珠三角地区产业结构的演进特征

1. 产业结构从鼓形结构演进为金字塔形结构

珠三角地区毗邻香港、澳门，在历史上有长期的开放通商史，并且在改革开放的国家政策推动下，得益于其地理位置、历史底蕴、制度等因素。改革开放后，第一产业在 GDP 中的占比逐年下降，1995 年第一产业占比为 8.51%，完成了由农业经济体向工业经济体的转变，在短时间内迅速实现了工业化。与之对应的是，第二、第三产业占 GDP 的比重持续上升，尤其是第二产业发展迅速占 GDP 比重有较大幅度的提升，第三产业占比也稳步上升，在 2005 年第二产业占比首次超过 50%，并在 2006 年达到峰值 51.53%，形成了第二产业占优势的鼓形产业结构，这也标志着珠三角地区产业结构演进的第一阶段完成。

2008 年之后，第一产业比重稳步下降，到 2022 年第一产业占比仅为 1.75%，第二产业占 GDP 比重也开始下降，从 2008 年的 50.01% 逐年下降到 2022 年的 41.50%，第三产业占 GDP 比重由 2008 年的 47.68% 上升到 2022 年的 56.75%，其中在 2012 年占比首次超过 50%。服务业在这一阶段得到迅速发展，吸引大量就业人口迁移，规模进一步扩大，第三产业总产值由 14 405.68 亿元上升至 59 409.60 亿元，增长达 3 倍。此时，珠三角地区的产业结构由第二产业占优势地位的鼓形结构转变为第三产业占优势地位的金字塔形结构。

表 3-4 的数据显示，这一阶段产业结构演进过程的转折发生在 2008 年前后。2008 年至 2012 年期间，第二产业和第三产业占 GDP 比重交替上升，表现为产业结构深化前的短期震荡。其原因在于，经过几十年的工业化发展，珠三角地区以劳动密集型的轻工业和装配加工工业为主的初级阶段逐步转变为生产高级化、复杂化，加工程度高，技术附加值高和资本密集型工业。加之 2008 年国际金融危机的影响，珠三角地区经济增长速度开始放缓，其中劳动密集型的制造业受到较大冲击，导致就业吸纳能力下降，借此机会，服务业接收大量劳动力迁入，在总量上得到迅猛增长。第三产业增加值开始超越第二产业，两者的差距逐步扩大，“退二进三”的趋势已经基本形成。服务业在地区生产总值的地位不断提升，成为珠三角地区第一大产业，其比值基本维持逐年增长的态势，表明珠三角地区已从“二三一”产业发展格局转变为“三二一”产业发展格局。珠三角地区进入了新的产业结构转型升级阶段，即产业结构高度化阶段。

表 3-4 珠三角三次产业地区生产总值指标

单位：亿元

年份	地区生产总值	第一产业	第二产业	第三产业
1990	1 006.89	153.77	441.65	411.46
1995	4 077.74	346.94	1 984.48	1 746.32
2000	8 471.28	460.17	4 044.38	3 966.73
2005	18 426.64	559.23	9 377.60	8 489.80
2006	21 866.00	567.69	11 266.58	10 031.73
2007	25 971.88	631.40	13 165.60	12 174.88
2008	30 212.28	698.72	15 107.89	14 405.68
2009	32 478.00	694.61	15 709.73	16 073.65
2010	38 028.65	772.96	18 655.55	18 600.14
2011	43 890.08	876.91	21 430.14	21 583.03
2012	47 939.37	928.85	22 670.54	24 339.99
2013	53 472.83	984.03	24 809.05	27 679.75
2014	57 844.44	1 030.07	26 763.44	30 050.94
2015	62 541.37	1 073.87	28 097.17	33 370.33
2016	68 196.86	1 153.92	29 741.79	37 301.15
2017	74 953.26	1 181.53	32 004.91	41 766.82
2018	80 440.72	1 265.53	34 038.02	45 137.18
2019	87 213.05	1 430.38	35 748.98	50 033.69
2020	89 850.38	1 576.19	35 942.30	52 331.89
2021	100 914.59	1 705.36	41 360.66	57 848.57
2022	104 681.81	1 839.82	43 432.38	59 409.60

资料来源：广东统计年鉴；广东统计信息网。

2. 产业结构高度化日趋显著

产业结构高度化是指产业结构向着产业内生产率水平、技术结构水平更高的方向演化的过程。这个过程是在既定的产业生产力条件下，通过产业结构的调整尽可能合理地组织现有生产要素，从而提高经济效益的过程。这个过程包括产业重点依次转移、各种要素密集度依次转移、产品形态依次转移等。其中，产业重点依次转移是指在产业结构变动的过程中，第一产业占优势比重向第二、三产业占优势比重演进；各种要素密集度依次转移是指产业结构中由劳动密集型产业占优势比重逐级向资金密集型、技术知识密集型占优势比重演进；产品形态依次转移是指产业结构中由制造初级产品的产业占优势比重逐级向制造中间产品、最终产品的产业占优势比重演进。反映产业结构高度化的指标主要有 SI 和 TS。[①]SI=A1+2A2+4A3，其中 A1、A2、A3 分别为第一、二、三次产业增加值占 GDP 的比重。数值越高，说明产业结构高度化程度越高。TS=Y3/Y2，其中 Y2、Y3 分别为第二、三次产业的增加值。比值越大，说明第三产业占比越高，产业结构高度化程度越高。

从表 3–5 中可以看到，2000 年至 2010 年期间，产业结构层次缓慢提升。其中 2000 年至 2005 年这六年间产业结构高度化几乎没有进步，产业结构高度化指标 SI 增长幅度非常小，同时产业结构高度化指标 TS 出现了大幅度下滑的情况。自 2010 年后，产业结构层次稳步提升，2021 年产业结构高度化指标 SI 达到 3.13，TS 达到 1.41，较 2010 年分别提升了 0.17 和 0.41，超过 2000—2010 年的增长幅度。这表明 2000—2010 年期间珠三角产业结构一直处于调整期，未能与经济发展同步实现产业结构向更高阶段迈进。原因在于，在 2008 年以前，珠三角地区主要发展劳动密集型产业，在高新技术产业和资本、技术密集型产业并不占优势，以外商投资企业为主导、核心技术和关键设备依赖进口，自主研发和创新能力严重不足的情况下，产业结构就难以向技术、资本密集型占优势的阶段演进。2008 年后，珠三角部分工业企业积极求变，借助危机下先进设备价格下降的机会，采取加大固定资产投资力度的经营策略，形成了一批有竞争力的高新技术企业，推动产业结构走向高度化。2021 年末，广东省规模以上工业企业 66 329 家，工业总产值达到 171 979.82 亿元，利润总额达到 11 278.35 亿元。这一系列数据侧面反映了珠三角地区产业升级的成果。

表 3–5 2000—2021 年珠三角产业结构高度化指标变化趋势

年份	产业结构高度化指标 SI	产业结构高度化指标 TS	年份	产业结构高度化指标 SI	产业结构高度化指标 TS
2000	2.88	0.98	2013	3.02	1.12
2005	2.89	0.91	2014	3.02	1.12
2006	2.89	0.89	2015	3.05	1.19
2007	2.91	0.92	2016	3.08	1.25
2008	2.93	0.95	2017	3.10	1.31
2009	2.97	1.02	2018	3.11	1.33
2010	2.96	1.00	2019	3.13	1.38
2011	2.96	1.01	2020	3.14	1.46
2012	3.00	1.07	2021	3.13	1.41

① SI 代表三次产业结构高度化指标，TS 代表第三次产业与第二次产业的比值。

2020 年起，新冠疫情对全球经济造成了深远影响，珠三角地区也受到明显冲击。为增强产业链供应链自主可控水平，保障产业链供应链安全稳定，广东省委、省政府提出培育发展十大战略性支柱产业集群和十大战略性新兴产业集群的“双十”产业目标，加快建设产业基础高级化和产业链现代化，促进产业高质量发展。可以预见，积极的产业政策将会推动珠三角地区产业结构升级进入一个全新的阶段。

第二节　珠三角地区主要产业

一、广州市主要产业

主要产业一般是指产值占 GDP 的比重较高，在产业结构中处于主导地位，是经济发展所依托的重点产业。这些产业对于经济整体发展和相关产业发展具有较强的前拉后推作用。

（一）先进制造业

先进制造业包含机器人产业、无人机产业、交通运输制造业、航空航天制造业和装备制造业等。广州在机器人产业、无人机产业和交通运输制造业方面均在全国同类产业中处于领先地位，其中机器人产业通过引进新松机器人南方总部基地、广州国际机器人产业园两大智能制造总部，建设广州国际人工智能产业研究院等措施，总体发展实力稳步增强。广州机器人产业已基本形成以产业应用为引导、以技术攻关为核心、以基础软硬件为支撑的较为完整的产业链条，同时又集聚了中山大学多媒体实验室和人机互联实验室、华南理工大学广州市脑机交互关键技术及应用重点实验室等一批高校基础科研平台，技术攻关加速布局，算法、算力、数据等领域的科技专项支持力度不断提升，一大批科技创新成果成功落地转化。

广州市的无人机及紧密配套企业主要分布在广州开发区、番禺区、南沙区、花都区等制造业发达的地区。未来，广州将努力成为国际领先的“空中交通智慧城市”，无人机的应用将得到进一步扩展。

交通运输制造业也是广州的重点发展产业之一。广州是全国三大造船基地之一，有船舶企业 40 多家，其中具有船舶建造能力的企业 20 多家，船舶制造覆盖集装箱船、成品油船、大型多功能化学品船、滚装船、客滚船、半潜船等领域。造船业是广东自贸区南沙片区发展高端制造业、建设国际航运中心和对接“一带一路”的重要引擎。船舶制造业的兴起也为广州建设枢纽型网络城市、国际航运中心、物流中心、贸易中心打下良好的基础。

（二）战略性新兴产业

战略性新兴产业是指以重大技术突破和重大发展需求为基础，对经济社会全局和长远发展具有重大引领和带动作用，成长潜力巨大的产业，是新兴科技和新兴产业的深度融合，既代表着科技创新的方向，也代表着产业发展的方向，具有科技含量高、市场潜力大、带动能力强、综合效益好等特征。

1. 新一代电子信息产业

2021 年，广州工业企业电子与信息技术总产值较高，在智能终端、信息通信、集成电路设计等领域具有良好的产业基础。广州市电子产品制造业主要分布在黄埔区、天河区、番禺区、花都区、南沙区等区域，优势电子产品有平板显示、移动通信基站设备、北斗导航设备、光电一体打印机、手机摄像头、数字音视频等。其中海格通信、中海达、南方测绘、广州润芯等在国内卫星导航通信领域保持技术领先地位的高科技企业，以及北斗技术大众应用型的企业聚合成北斗产业“广州军团”。

此外，广州市在全市范围内规划建设互联网产业“一核五基十镇”集聚区，琶洲互联网创新集聚区吸引阿里巴巴、腾讯、复星集团、唯品会、国美集团、小米、欢聚时代 YY、环球市场集团等 20 家地区总部及职能公司进驻，广州开发区大数据产业园获首批省级大数据产业园。广州希望通过大量的产业引进和招商工作来做大做强电子信息产业，将新一代电子信息产业作为推动广州市经济高质量发展的支柱性产业，加快制造业迈向全球产业链高端，努力抢占未来产业发展制高点。

2. 生物医药产业

生物医药产业是创新最为活跃的新兴产业之一，广州正走在前列，打造世界级生物医药产业集群。广州生物医药产业先后被纳入首批国家级战略性新兴产业集群、全国“百城百园”行动实施主体名单。在 2019—2021 年期间，广州生物医药产业保持年均 10% 的增速，生物医药企业数目由 3 800 多家上升至 6 400 多家，企业数量已经位居全国第三。据不完全统计，2020 年以来，新增 8 家上市公司，上市企业数接近 50 家，市值居全国第四。这些数字的背后，正是广州市围绕构建涵盖上游技术研发、临床试验，中游转化中试、生产制造，下游上市应用、流通销售的完整产业链，重点培育出了一大批科技含量高、市场前景好、发展潜力大的生物医药企业。

此外，根据广州市生物产业联盟研究院统计，广州市建成了广东省全部 6 家药物非临床安全性评价机构（GLP）和全省近半、共 39 家药物临床试验机构（GCP）以及生物医药领域重点实验室、工程中心等一大批新药研发平台。2021 年以来，广州实验室、人类细胞谱系等“航母级”战略科研力量落地；白云山汉方、暨大基因两家国家工程研究中心纳入国家新序列管理；香雪制药和万孚生物获批国家级企业技术中心；增设新药申报服务中心和创新药物临床试验服务中心等。综观广州国家生物产业发展总体框架，目前已形成研发在生物岛、中试在科学城、制造在知识城，广州健康医疗中心、白云生物医药产业基地、国际医药港等特色园区协调发展的“三中心辐射多区域”发展新格局。

3. 新能源新材料产业

2021 年，广州市新能源汽车产量为 14.99 万辆，占全国新能源汽车产量的 4.2%。广州市高度重视新能源汽车产业，并将其作为重点产业发展。《广州市智能与新能源汽车创新发展“十四五”规划》提出，要抢抓全球汽车产业“换道超车”的战略机遇，将智能与新能源汽车产业发展作为广州汽车产业由大变强的重要突破口，将广州市打造成为全球知名的万亿级“智车之城”。到 2025 年，新能源汽车产能超 200 万辆，进入全国城市前三名。

此外，新能源和节能环保产业是广州开发区近年来重点培育的战略新兴产业，产业链条涵盖能源生产和供应、能源装备制造、能源服务三大领域。广州开发区不断加速氢能全产业链布局，目前已引进现代氢能、中德氢能源研究院、鸿基创能等 20 多个氢能产业项目，推动全市首条氢燃料电池公交示范线和多个加氢站投运，区内已形成涵盖燃料电池催化剂、电堆、系统、车载氢系统与加氢设备、整车装备制造、检验检测等环节的氢能产业链。

（三）现代服务业

服务业已成为我国经济增长的新动力和结构转型的主引擎，现代服务业更是广州市实现高质量发展的重要支撑。2021 年广州市服务业对 GDP 的贡献超七成，广州市做优做强现代服务业，建设国家绿色金融改革创新试验区，获批国家服务型制造示范城市。近年来，广州市一大批传统制造企业通过加大服务投入，延伸和提升价值链，实现了从生产型制造向服务型制造转变，成为新兴服务业态。如“互联网 + 家具定制”模式中，多家企业应用信息通信技术开展定制化服务，增强个性设计和柔性制造能力，形成对消费需求具有动态感知能力的设计、制造和服务新模式。随着人工智能技术的发展，一大批无人便利店进驻广州市场，店内没有服务员，消费者可以自己挑选商品，到相应区域自助扫码结账。

广州市的现代广告和创意服务业近年也获得了长足发展，设计服务、商标著作权转让服务、知识产权服务、广告服务和会议展览服务业发展迅猛；同时，新型数字媒体艺术服务业发展较快，新兴服务业态和服务模式不断涌现，传统服务业向数字化、信息化转变，服务业向集聚、集群、集约发展。

（四）海洋产业

海洋经济可分为海洋传统产业、海洋新兴产业、海洋服务产业三部分。其中，海洋传统产业可分为海洋油气业、海洋船舶工业、海洋化工业、海洋工程建设业、海洋渔业、海洋水产品加工业、海洋矿业及海洋盐业；海洋新兴产业可分为海洋工程装备制造业、海洋生物医药业、海洋可再生能源利用业、海水利用业；海洋服务产业可分为海洋交通运输业及海洋旅游业。

海洋经济已成为广东省经济发展的新增长极，广东也成为我国海洋经济发展的核心区之一，广州市在其中充当着极其重要的角色。广州港货物吞吐量、集装箱吞吐量一直稳居全球十大港口行列。2021 年，广州港集团完成货物吞吐量 5.51 亿吨、集装箱吞吐量 2 303 万标准箱，同比增长 3.6% 和 6.0%。新华 • 波罗的海国际航运中心发展指数排名中，广州港由 2019 年的全球第 16 位跃升至 2021 年的第 13 位，国际航运综合服务能力逐年提升。在海洋优势产业方面，广州市的海洋交通运输、海洋工程建筑、海洋科研教育管理服务等产业持续提质升级。在海洋科技方面，广州市拥有国家和省属涉海科研院所 17 所，省部级海洋重点实验室、重点学科 25 个，国家级海洋科技创新平台 3 个，海洋科技服务人员超 5 万人。对外开放水平高、海洋产业集聚优势大、科技创新实力强，是广州市发展海洋经济的三大优势。

二、深圳市主要产业

深圳市的产业结构凸显“三个为主”：经济增量以新兴产业为主；工业以先进制造业为主；第三产业以现代服务业为主。其中，深圳市的四大主导产业为金融业、战略性新兴产业、文化创意产业、现代物流业;战略性新兴产业包括新一代信息技术产业、高端装备制造产业、安全节能环保产业等。

(一)金融业

深圳市的金融业顺应改革开放大势，逐步实现跨越式发展，不仅是深圳市的主导产业，而且对于全省金融发展也做出了非常重要的贡献。从表 3-6 中可以发现，深圳市金融业产值在广东省金融业产值占比从 1990 年 29.12% 增长到 2006 年的最高峰 50.09%，随后虽有小幅度减少，但稳定维持在 45% 左右。

表 3-6 1990—2021 年深圳金融业产值与其全省占比变化

年份	深圳市金融业产值(亿元)	广东省金融业产值(亿元)	深圳市/广东省(%)
1990	24.02	82.46	29.12
1995	88.79	229.27	38.73
2000	221.54	443.69	49.93
2005	305.68	681.73	44.84
2006	462.66	923.73	50.09
2007	765.70	1 716.57	44.61
2008	969.36	2 019.35	48.00
2009	1 108.91	2 372.87	46.73
2010	1 340.66	2 890.11	46.39
2011	1 607.17	3 326.82	48.31
2012	1 778.41	3 757.12	47.33
2013	2 039.56	4 498.84	45.34
2014	2 315.01	4 872.81	47.51
2015	2 661.92	6 119.66	43.50
2016	3 017.55	6 570.01	45.93
2017	3 160.24	7 311.19	43.22
2018	3 351.89	7 962.26	42.10
2019	3 609.74	8 764.09	41.19
2020	4 236.26	10 016.11	42.29
2021	4 738.81	11 058.06	42.85

资料来源：根据《广东统计年鉴》数据计算整理。

从表 3-6 数据显示，深圳市的金融业发展在“十一五(2006—2010)”“十二五(2011—2015)”“十三五(2016—2020)”三个时期分别跨越了三个不同的阶段。“十一五”期间，深圳市加强了金融业基础设施建设，推动“金融产业配套服务基地”和“国际基金产业园区”建设。充分利用金融产业的集聚效应，结合城市总体规划，建设深圳金融中心区，强化金融产业资金流、信息流、人才流等要素资源在深圳的聚集。加快罗湖蔡屋围和福田中心区两个金融聚集区建设，吸引金融机构在深圳注册或设立地区业务总部。大力推动深圳“金融产业配套服务基地”的开发建设，吸引和组织金融机构的数据处理中心、票据处理中心、银行卡中心、灾难备份中心、研发中心等后台业务及相关服务机构进驻该基地。借鉴国外模式，在深圳设立“国际基金产业园区”，为国内外基金产业聚集深圳提供良好的条件。金融基础设施建设成效显著，支付结算系统建设取得新成绩，金融科技网络和反洗钱网络建设不断完善。此外，深圳市金融业促进政策体系进一步完善，金融生态环境不断改善。

“十一五”期间，国务院先后批准实施《珠江三角洲地区改革发展规划纲要（2008—2020 年）》《粤港合作框架协议》《深圳市综合配套改革总体方案》和《前海深港现代服务业合作区总体发展规划》。深圳市政府在国家宏观政策的引领下，先后颁布实施《关于加快深圳金融业改革创新发展的若干意见》《关于加快保险业改革发展建设全国保险创新发展试验区的若干意见》《深圳市小额贷款公司试点管理暂行办法》《关于促进股权投资基金业发展的若干规定》。深圳市人大常委会 2008 年在全国率先通过了《深圳经济特区金融发展促进条例》，这为深圳市金融业的改革创新、对外开放和区域合作创造了良好的制度环境。

经过五年发展，深圳市金融总量快速增长，金融中心影响力显著提升。2010 年金融业实现增加值 1 279.27 亿元，居全国第三，比 2005 年增长了 316%，五年年均复合增长率达到 33.0%；金融业增加值占 GDP 和第三产业增加值的比重分别达到 13.5% 和 25.7%，居全国第一，分别比 2005 年提高了 7.2 个百分点和 12.5 个百分点。2010 年末深圳市金融业资产总额达 4.24 万亿元，居全国第三，比 2005 年底增长了 322%，五年年均复合增长率达到 26.3%。2010 年深圳证券交易所当年企业 IPO 数量达 321 家，排名全球第一；直接融资总额达 4 083 亿元，排名全球第二；全年股票基金交易额 25.55 万亿元，排名全球第五；在 2011 年 3 月发布的第九期“全球金融中心指数”（GFCI）中，深圳市排在全球 75 个金融中心的第十五名，在全球金融中心体系中确立了自身的地位。

“十二五”期间，深圳市针对金融业的发展，强调引导金融机构积极参与中小企业投融资体系建设，深化中小企业间接融资渠道。根据《深圳市小企业金融服务体系建设工作方案》，引导金融机构发挥金融创新功能，针对中小企业融资特点创设新机构、建立新机制、开发新产品。鼓励商业银行加强与股权投资公司、融资担保公司、小额贷款公司等中小企业专业服务机构的战略合作，不断完善深圳市中小企业的融资服务体系。推动商业银行设立专门服务中小企业的信贷机构，继续探索开展应收账款质押贷款、知识产权抵押贷款、租金收入质押贷款、小额循环贷款、无抵押贷款等业务，加大金融机构对中小企业的信贷支持。此外，大力扶持中小企业专业融资服务机构发展，丰富金融业态。积极引导民间资本进入小额贷款公司行业，发起设立更多小额贷款公司，鼓励小额贷款公司发挥各自优势，增加服务内容，做大规模，增强实力，提升中小企业的可持续发展能力。

2010—2015 年间，深圳市金融业保持快速健康发展，规模效益稳步增长，支柱产业地位进一步提升，全国金融中心建设成效显著。2015 年，深圳市金融业实现增加值 2 542.82 亿元，较 2010 年增长 98.8%，2015 年末，深圳金融业资产总额达 8.61 万亿元，比 2010 年底翻了一番；全市金融机构本外币存款余额和贷款余额分别为 5.78 万亿元和 3.24 万亿元，金融业增加值、总资产及金融机构本外币存贷款余额均居全国大中城市第三位。这一系列的傲人成绩也为“十三五”乃至未来更长时期可持续健康发展奠定了坚实基础。

“十三五”期间，深圳市重点强调支持金融利用互联网新技术规范发展。支持互联网金融规范发展，推动网络借贷信息中介机构、私募股权众筹融资平台等合规经营，建立线上、线下相结合的投融资服务体系，满足创新创业型中小微企业的多元化金融需求。支持符合条件的互联网企业发起设立或参股商业银行、证券、保险、基金、期货公司以及消费金融、汽车金融、金融租赁等机构，拓宽互联网企业进入金融领域渠道。引导金融机构与互联网企业深度合作，支持探索利用云计算、移动通信、大数据等技术手段，提供多样化、个性化、精准化的金融产品和服务。支持企业依法建立互联网金融信用信息共享平台，支持具备资质的信用中介组织开展互联网金融企业信用评级。支持金融机构加强对区块链、数字货币等新兴技术的研究探索。

数据显示，2021 年，深圳市金融业实现增加值 4 738.81 亿元，实现税收居各行业首位，贡献了全市超过七分之一的 GDP 和近四分之一的税收，已成为经济增长的“压舱石”。在以互联网金融为重点的金融科技产业领域，深圳市的金融科技产业规模超过百亿元，已初步形成了产业集聚特征，其主要指标继续居全国前列。2020 年，银行领域，深圳市银行机构资产总额 11.27 万亿元，居全国大中城市第三，仅次于北京市和上海市；证券领域，深圳市 22 家证券公司营业收入、净利润均居全国第一，基金公司（注册地口径）32 家，数量位列全国第二，期货公司 14 家，数量位列全国第三；境内上市公司 372 家，沪深交易所深圳上市公司总市值约为 9.09 万亿元，位居全国第二；北交所深圳上市公司总市值 739.56 亿元，位居全国第一；保险领域，保险法人机构总资产 5.75 万亿元，居全国第二。2021 年，深圳市已有 20 家金融科技企业被纳入香蜜湖金融科技指数，数量约占国内的 1/4，金融科技企业数量初具规模，形成了较为良好的产业梯队基础。在 2021 年的第 32 期“全球金融中心指数”（GFCI）中，深圳市列第 9 位，跻身全球前十行列，排名渐趋稳定。从排名历史来看，深圳市成为排名中上升最快、最年轻的城市，超过巴黎、首尔等城市，国际影响力日益提升。

（二）战略性新兴产业

1. 新一代信息技术产业

2021 年，电子信息制造业是深圳工业第一支柱产业，占全市规模以上工业增加值近六成，产业规模约占全国五分之一。深圳市数字经济核心产业增加值突破 9 000 亿元，占全市 GDP 比重 30.6%。入选中国电子信息竞争力百强企业数量全国排名第一；10 家企业入选全国年度软件和信息技术服务竞争力百强，总量居全国大中城市第二位。深圳市持续以基础创新、技术驱动和应用引领为抓手，完善新一代信息技术产业生态，补强基础短板，培育应用市场，努力将深圳市打造成为具有国际竞争力的信息产业发展高地，建设具有世界竞争力的全球电子信息产业集群。

2. 高端装备制造产业

深圳市在先进制造业、高新技术制造业领域发展基础雄厚且具有先发优势，持续推动新一代信息技术与制造业深度融合，攻关先进感知与测量、高精度运动控制等产业共性技术，鼓励智能制造技术、工艺及产品在制造业领域的深入应用。深圳市整个智能装备产业链中，高端制造装备主要包括智能制造装备、海洋工程装备、轨道交通装备、航空产业、卫星及应用产业。根据 2020 年深圳市统计年鉴数据，深圳市高端装备制造业年增加值为 1 380.69 亿元。涉及智能装备产业企业涵盖上下游全链条，其产业重点布局于上游核心部件和中游的智能制造装备。

根据 2021 年发布的《深圳市国民经济和社会发展第十四个五年规划和二〇三五年远景目标纲要》，深圳市高端装备制造将重点发展工业母机、工业机器人等智能装备领域，攻关先进感知与测量等技术，鼓励智能制造技术、工艺及产品在制造业领域深入应用，加快发展智能网联汽车，建设 3D 打印制造业创新中心。

3. 安全节能环保产业

深圳市“20+8”产业集群政策中，将安全节能环保产业列入战略性新兴产业集群。深圳市提出以深圳国际低碳城开发建设为重点，大力推动绿色低碳产业发展，开展低碳政府、低碳园区、低碳企业、低碳社区等多层级、多维度的低碳试点示范。

深圳市还将实施低碳城品牌提升行动，包括打造集应用研发、高端制造、中试、科普展示于一体的氢能源产业园区，争取国家碳排放权交易平台分中心、国家能源创新中心落户低碳城，推动成立全新型研究机构——粤港澳大湾区碳中和发展研究院等。此外，深圳市国际低碳城在产业升级方面，还在加快形成低碳生活、创意生活、通用电子元器件、绿色能源产业的高质量聚集。根据《深圳市培育发展安全节能环保产业集群行动计划（2022—2025 年）》，到 2025 年，深圳市安全节能环保产业增加值突破 600 亿元，培育年产值超百亿企业 3 家以上、年产值超 10 亿元企业 20 家以上、专精特新企业 100 家以上。

（三）文化创意产业

深圳市在全国率先确立“文化立市”战略。近年来，深圳市文化创意产业发展迅速，深圳市是全国第一个获得联合国教科文组织“设计之都”称号的城市。从 2018 年开始，深圳市文化创意产业占深圳 GDP 的比重首次达到 10%，在全国名列前茅，2021 年深圳市文化创意产业更进一步，产业增加值 2 566 亿元，占全市 GDP 的比重提高到 8.37%。作为全国第一个被联合国教科文组织授予“设计之都”称号的城市，建筑设计、室内设计、服装设计等占据国内较大市场份额，设计产业年产值超过 1 000 亿元，“深圳设计周”“创意十二月”等品牌活动在全国具有较大影响。

2022 年 6 月，深圳市被国务院认定为“文化产业和旅游产业发展势头良好、文化和旅游企业服务体系建设完善、消费质量水平高的地方”。利用市场经济成熟、高新技术发达、产业资本活跃等优势，深圳市提出把文化产业打造成为支柱性产业的目标，形成了“文化 + 科技”“文化 + 旅游”“文化 + 金融”“文化 + 创意”等“文化 +”产业发展的新模式和新业态。在推动文化产业发展中，深圳市培育建设了一批能起到示范效应和产业拉动作用的文化产业园区，产业集聚效应逐步显现。2021 年 6 月，深圳市出台《深圳市培育数字创意产业集群行动计划（2022—2025 年）》指出，坚持创新驱动和科技支撑，加快推进数字技术在文化生产、传播、消费等各环节的全面赋能。

（四）现代物流业

现代物流是现代服务业的支柱产业之一。在《中国城市物流竞争力报告（2021）》中，深圳市综合排名第二，城市物流竞争力指数、城市物流吸引力指数、城市物流辐射力指数排名均进入前三。深圳市物流业多年全国领先，2021 年增加值达 3 083.45 亿元，较上年增长 8.7%，是深圳市四大支柱产业之一。数据显示，目前深圳市物流企业约 8 万家，其中上市企业 10 家、市重点物流企业数量 103 家、供应链服务企业超 4 000 家，数量占全国 80% 以上，供应链服务能力不断提升。

深圳市物流业的主要产业园区包括前海湾保税物流园区、盐田物流园区、大空港航空物流园、平湖物流基地、华南物流园等。这些行业领先的物流企业，持续围绕新产业、新业态、新模式培育新的增长点，不断为实体经济赋能。此外，在数字化浪潮下，智慧仓储、无人配送、人工智能等技术不断被创新、应用，加速了传统物流体系变革，带动深圳市物流企业逐渐从劳动密集型向技术驱动型转变。根据《深圳市综合交通“十四五”规划》，深圳市将加速建设高效集约的全球性物流枢纽城市，到 2025 年，物流业增加值将占 GDP 比重 10% 左右，快递业务量将达到 100 亿件。

三、其他城市主要产业

（一）珠海市的主要产业：集成电路产业

珠海市在战略定位上以芯片设计为主力，以化合物半导体生产研发为突破点，形成与深圳市南山区隔珠江东西呼应的珠江西岸集成电路设计业和化合物半导体集聚区。发展路径以系统应用和市场培育为牵引，大力发展芯片设计、化合物半导体、封装测试、模组制造等集成电路产业环节，通过构筑人才引进与培养平台，建设产业园区，完善产业要素资源配置，建立具有高新区特色的集成电路产业生态。发展目标为，到 2025 年，高新区集成电路企业年度总营收突破 300 亿元；形成一个两百亿级设计研发型集群（芯片设计）、一个百亿级制造型集群（化合物半导体、封装测试、模组制造），汇聚大量高学历的集成电路从业人员，建成在全国具有较强影响力的集成电路产业集聚区。

（二）佛山市的主要产业：高端装备制造业

佛山市已形成以智能测控设备、关键智能基础装备、重大智能制造成套设备等为主导的智能制造装备产业基地，如美的集团、万和电气、格兰仕等。企业加快与海外智能装备企业的合作步伐，通过企业并购、成立新企业、研发新项目的形式，向全球输出佛山市先进装备与智能制造技术。其中，在传统制造端，美的集团完成生产流程的自动化、运营的数字化，同时完成与全球机器人四大家族之一的日本安川电机合资成立公司，对德国机器人巨头库卡的收购以及将以色列高创公司收入版图。一鼎科技自主研发的绿色智能系统，成为佛山市陶瓷生产从自动化走向智能化的助力。全市汽车行业机器人应用率达 50% 以上，一汽–大众佛山分厂的应用率达 80%；陶瓷行业应用工业机器人超千台，自动化程度处于全国先进水平，东鹏公司建立起全国首家建陶智能化工厂。

（三）江门市的主要产业：纺织服装业和金属制造业

2021 年，江门市布产量 13 832.20 万米，服装产量 7 176.60 万件，化学纤维产量 16.06 万吨，是江门市传统优势产业。江门市是广东省重要的纺织服装及化纤生产基地，拥有国家火炬计划江门纺织化纤产业基地（江门）、中国纺织服装产业基地（开平市）。

江门市金属制造业主要分布在蓬江区、新会区、台山市和开平市。坚持“工业立市、制造强市”的江门市，提出打造一批超 1 000 亿元、超 500 亿元的产业集群，而这当中，金属制造业便是目标“超 1 000 亿元”的集群之一。随着 2021 年 5 月江门“链长制”的实施，以及《广东省制造业高质量发展“十四五”规划》的出台，金属制造业被摆到了更加重要的位置，也迎来了全新的发展机遇。

（四）东莞市的主要产业：电子信息制造业

东莞市电子信息制造业极为发达，可以说，全球每 4 部手机，就有一部“东莞造”。全市有华为终端、华为机器、欧珀移动、步步高等龙头企业，以及三星电子等一批世界 500 强企业，形成了从基础零部件到终端产品制造、从消费类产品到投资类产品的完整产业体系。松山湖以华为为龙头的信息技术产业，已经发展成为数千亿规模的支柱产业，在电子设备、智能终端等领域达到世界先进水平。滨海湾新区则引来紫光芯云产业城、OPPO 智能制造中心等重大项目。如今，东莞市电子信息产业正通过科技创新提升产业能级，不断补链强链，把握 5G 时代新机遇，为建设世界级产业集群积蓄力量。

（五）中山市的主要产业：生物医药产业

生物医药产业是战略性新兴产业，也是中山市着力打造的重点产业。2021 年，中山市生物医药产业实现规模以上工业总产值 404 亿元，同比增长 6.4%，形成包括生物制药、化学药、现代中药、医疗器械、诊断试剂、保健品、医药流通、健康服务业等多领域的产业集群，并建立起涵盖研发、中试、检验检测、金融资本、孵化加速等全过程的创新体系。

中山市还布局生物医药产业园区，汇集对接海内外健康医药产业资源。中山市积极统筹布局健康医药主题产业园，主要覆盖火炬开发区（含民众街道）、翠亨新区（含南朗街道）为主的东部片区，规划建设有国家健康科技产业基地、华南现代中医药城、西湾生物医药和健康产业园、翠亨生物医药智创中心、深中医疗器械产业园、国际医疗城等具体产业园区，逐步形成“综合型园区 + 专业特色型园区”的总体布局。这些产业园区聚集了国内外知名企业和创新型企业，形成了涵盖生物制药、化学药、现代中药、医疗器械、诊断试剂、保健品、数字医疗、医药流通、健康服务业等多领域的健康医药产业集群，建立起涵盖研发、中试、检验检测、金融资本、孵化加速等过程的创新体系。

（六）惠州市的主要产业：石化能源新材料产业

2022 年，惠州市石化能源新材料产业集群规模达 3 450 亿元，在现有中海油 2 200 万吨炼油、中海壳牌 220 万吨乙烯的基础上，埃克森美孚、恒力石化等世界 500 强石化龙头企业先后密集落户。大亚湾石化区集聚了 13 家世界 500 强企业，引进了 20 多个国家和地区的 65 家化工企业，综合实力已连续四年排名全国石化园区综合竞争力第一。惠州市大亚湾石化区是广东省唯一的国家重点发展的七大石化产业基地之一。

惠州市将推进世界级石化能源新材料产业集群建设，打造世界级绿色石化产业基地。坚持“一核心、三集群”产业发展路径，发展壮大炼油大乙烯“核心”，壮大发展石化中下游深加工、高端化学品和化工新材料、为石化产业配套的生产性服务业“三集群”，延伸发展产业链，促进产业关联高质量发展。该区企业之间“隔墙供应”成常态，园区循环经济产业链关联度85%，原料就地转化率71%；碳二、碳三、碳四、碳五、碳九等优势产业链形成。2020年9月，惠州市新材料产业园开始建设，又一千亿级产业园正式进入建设实施阶段。预计到2035年，产业园总投资将达到1 500亿元，年产值约2 000亿元；远景将进一步扩园扩区和产业升级，向4 000亿元年产值迈进，助力惠州市打造万亿级石化能源新材料产业集群。

（七）肇庆市的主要产业：节能环保产业

肇庆市是广东省最早把节能环保作为主导产业的城市之一，当地政府高度重视环保产业招商引资和培育工作，先后与丹麦、全国工商联环境商会开展了环保产业共建合作，依托中丹环保产业园等平台载体，强化粤港澳大湾区生态科技园、西江未来科技城等龙头项目带动，努力建设全国节能环保产业发展高地。2021年底，肇庆市在节能环保产业方面已引进博天集团高端膜材料生产基地、暨南大学绿色发展研究院等高端项目，并规划建设全国环保公司总部大楼。依托节能环保产业，肇庆市已累计完成投资近300亿元，65平方公里核心区主要骨架路网初步形成，18平方公里起步区城市框架基本成型，8平方公里核心区初具雏形，成功引进总投资约1 400亿元的优质产业项目。利用区位、交通、产业、平台、成本、生态等优势，积极与全国工商联环境商会携手，努力打造节能环保超千亿元产业集群。

第三节　珠三角地区产业政策及产业发展展望

一、产业政策及其分类

产业政策是指一个国家或者地区为了实现特定的产业发展目标，运用经济、法律和行政等手段，对企业市场行为进行干预或对市场竞争机制进行维护和促进的一系列政策。产业政策包括：推动产业结构升级、引导产业发展方向、调整产业结构和国民经济协调健康发展等。根据政策导向的不同，又可以将产业政策分为产业组织政策、产业结构政策和产业布局政策，等等。

产业组织政策是产业政策的核心内容，主要目的是促进和维护市场竞争，限制垄断。对于企业采取的鼓励或限制性的政策措施，根据对市场竞争的影响程度，可分为以下四类：竞争限制型、竞争促进型、竞争维护型和约束垄断型。产业组织政策还需对企业规模和有效竞争这两方面进行权衡，分别有促进企业规模扩张的产业扶持导向政策和促进竞争的市场竞争导向政策。如对超大型互联网平台企业的垄断进行限制就是产业组织政策。

产业结构政策是指政府依据在一定时期内的产业结构现状，遵循产业结构演进的一般规律和一定时期的变化特征，制定并实施的有关产业部门之间资源配置方式、产业间及产业部门间的比例关系，通过影响与推动产业结构的调整和优化，以促进产业结构向协调化和高度化方向发展的一系列政策措施的综合。其政策目标在于促进本国产业结构优化，进而推动经济增长。如政府通过税收和补贴对高新技术产业进行扶持就是产业结构政策。

产业布局政策是指政府依据经济发展的阶段、产业演进的具体情况和特征，对区域内的重要产业的空间布局进行合理规划和科学引导的政策措施。从本质上讲，产业布局政策就是政府在追求区域产业布局合理化过程中的具体手段和方式，使资源在不同区域、不同产业内部进行配置，从而实现资源在空间布局上的最优配置。如广东省出台的珠三角地区产业和劳动力的双转移就是产业布局政策。

产业政策引导国家产业发展方向，引导推动产业结构升级，协调国家产业结构，使国民经济健康可持续发展。产业政策主要通过制定国民经济计划、产业结构调整计划、产业扶持计划、财政投融资、货币手段、项目审批等实现。为了保证国家产业政策的实施，各部门和各省、自治区、直辖市及计划单列市人民政府，应根据国家产业政策，结合本部门、本地区的特点，拟定实施办法，并报国务院备案。如果需要对国家产业政策做某些补充规定，须报国务院审批。省以下各级人民政府不再层层拟定实施办法。要处理好实行经济承包责任制和实施产业政策的关系。全国是一个统一的市场，各地必须执行国家的产业政策，不能因局部和短期利益而破坏国家的整体和长期利益。

二、产业政策的作用

（一）优化资源配置

依靠市场机制虽然可以较好地实现资源的有效配置，但市场的力量往往是盲目的，其作用主要是事后调节，因而不可避免地伴随着大量的资源浪费。通过制定和实施产业结构政策，可以有效地支持未来主导产业和支柱产业的成长壮大，促进产业结构优化升级，避免不必要的资源闲置和浪费。尤其对于追赶型经济的后进国家来说，可以充分利用发达国家产业结构演进的经验，发挥后发优势，通过国家干预，较快地实现资源配置优化。

（二）弥补市场失灵缺陷

产业政策形成的逻辑起点，在于政府有责任弥补“市场失灵”的缺陷。由于规模经济、公共产品、外部性等市场失灵现象的存在，仅靠市场机制无法避免垄断、不正当竞争、基础设施投资不足、环境污染、资源浪费等现象的发生和蔓延。历史经验表明，各国产业政策的最普遍作用就是弥补市场失灵的缺陷，通过实施各种产业政策解决上述问题。

（三）增强产业国际竞争力

产业国际竞争力是建立在本国资源的国际比较优势、骨干企业的生产力水平、技术创新能力和国际市场的开拓能力基础之上的。产业政策对于提高本国企业产品的竞争力、改善进出口结构，更好地发挥本国比较优势参与国际竞争等方面都具有重要作用。例如，美国政府通过制定“信息高速公路”和“星球大战计划”，加强对研究开发活动的投资，通过采取多种配套措施加快高新技术研究开发和产业化进程，有力地促进了技术创新和高新技术产业的发展。

（四）推动实现超常规发展

产业政策是贯彻国家经济发展战略的有效工具。相对于先进国家来说，后进国家的产业水平一般处于较低的层次，因此，后进国家就可以从先进国家引进、学习并模仿已有的知识与经验。以产业保护与扶植作为基本政策取向的后进国家都十分强调政府在产业经济发展中的主导作用。政府依据产业结构的演进规律，选择、确立战略性的、具有“后向联系”和“前向联系”效应的主导产业部门，通过运用财政、金融等政策手段，大力给予政策上的倾斜，保护和扶持其发展，以促进产业竞争力的提高，推动产业结构高度化，带动经济增长。凭借这种后发优势，后进国家可以少走弯路，大大缩短工业化所需的时间，尽快赶超先进国家的经济水平。例如，第二次世界大战以后，以日本、韩国为代表的实行产业政策的追赶型经济，取得了巨大的成功，是很多发展中国家模仿的榜样。20 世纪 60 年代初，日本的计算机工业还处于起步阶段，而到了 80 年代初，该产业已进入高速发展阶段，并成为国民经济的一个主导产业。其发展速度之快、效益之显著，关键就在于日本产业政策有力地推动了技术创新活动的开展。

三、珠三角地区产业政策

（一）主要产业政策

1. 产业布局政策

广东省在国家整体发展规划和重大战略指引下，制定了一系列战略意图明确的规划和指引，优化调整珠三角地区产业发展格局。2008 年 5 月，广东省出台了《中共广东省委、广东省人民政府关于推进产业转移和劳动力转移的决定》及 8 个配套文件，通过产业和劳动力双转移，珠三角地区迁出或淘汰区域内低端产业，引入并发展高端产业，从而完成区域内的产业置换、产业结构调整和产业升级①。2016 年初，为实现制造业高质量发展和提高制造业核心竞争力，抢占未来经济和科技发展制高点，广东省实施了《广东省先进制造业发展“十三五”规划》（下文简称《广东“十三五”规划》）。在产业空间布局部分，《广东“十三五”规划》提出以重大产业集聚区为载体，以点带面，沿交通轴线和海岸线整体展开，打造珠江东岸高端电子信息制造产业带、珠江西岸先进装备制造产业带、沿海石油化工及新材料制造产业带、环珠江口先进轻纺制造及生物医药产业集聚区、粤东西北配套产业集聚区“三带两区”总体空间布局。

2. 产业结构政策

广东省先进制造业未来重点发展 6 大产业、23 个细分领域。其中，6 大产业分别是高端电子信息制造业、先进装备制造业、石油化工产业、先进轻纺制造业、新材料制造业、生物医药及高性能医疗器械产业。在重点任务部分，《广东“十三五”规划》推动广东制

① 该政策也通俗地称为腾笼换鸟政策。腾笼换鸟具体指：珠三角地区劳动密集型产业向东西两翼、粤北山区转移；而东西两翼、粤北山区的劳动力一方面向当地第二、第三产业转移，另一方面其中的一些较高素质劳动力向发达的珠三角地区转移。

造向广东创造转变，广东速度向广东质量转变，广东产品向广东品牌转变。《广东“十三五”规划》对于先进制造业高质量发展、基本建成先进制造业产业体系、打造具备国际竞争力的世界先进制造业基地也具有重要的战略意义。

（二）珠三角地区产业政策效果

1. 产业协同效果

粤港澳大湾区规划核心是要将“9+2”城市群打造成为与美国纽约湾区、旧金山湾区和日本东京湾区比肩的世界四大湾区之一，是国家建设世界级城市群、提高国家竞争力的重要区域发展战略。通过产业政策的实施，初步形成“一核一带一区”制造业协同发展格局。作为大湾区“9+2”城市群的重要组成部分，珠三角地区 9 个城市充分发挥各自产业的比较优势，利用科研网络、交通运输等协同发展体系，推动了产业的集聚成长。

2. 优化布局效果

珠三角地区通过产业政策较好解决了发展过程中出现的种种不平衡、不协调的问题。例如，珠三角内部城市经济发展总量的不平衡正在逐步缩小，产业同质化现象正在逐步降低；此外，区域内各城市资源整合、产业互补方面显著加强；各地区因地制宜，因势利导，在产业政策制定、产业规划和产业布局上加强协调与配合，降低了产业集群分工深化的交易成本，提高了珠三角区域整体产业竞争力，打造出了具有经济集群效应、服务业高度发达、创新能力主导以及金融配套服务完善的发达经济模式。

3. 产业高度化效果

通过特殊支持政策大力发展现代服务业，构建现代金融服务体系。加快发展航空运输和临空产业，支持航运业务创新、航运交易平台建设，鼓励物流配送企业规模发展和创新发展。夯实文化创意、体育、旅游等产业基础，推动商旅文融合发展。支持商贸流通、融资租赁、货物贸易、服务贸易、电子商务、会议展览等产业和业态发展。经过产业政策的实施和不断优化，珠三角地区制造业供给侧结构性改革不断深化，制造业发展水平上了一个新的台阶。2021 年，广东省形成 7 个产值超万亿产业集群，包括新一代电子信息、绿色石化、智能家电、先进材料、现代轻工纺织、软件与信息服务、现代农业与食品。5G 产业和数字经济规模，汽车、智能手机、4k 家电、水泥、塑料制品等产品居全国首位，家电、电子信息等部分产品产量全球第一。

4. 区域创新效果

通过政策支持研发和创新，设立产业发展专项资金，用于支持产业核心技术攻关、创新能力提升、产业链关键环节培育和引进、重点企业发展、产业化项目建设等。培育科技型标杆企业和创新企业，支持企业加大研发投入以及建设众创空间和孵化器等。鼓励科技成果交易，推动科技成果转化。构建知识产权运用和保护长效机制。对创新创业团队以及新产品、新技术、新工艺研发攻关项目予以资助。强化对产业高端人才的奖励。截至 2022 年，广东省创新水平稳居全国前列，连续 6 年全国排名第一。研发经费支出、研发人员、高新技术企业、发明专利有效量、PCT（《专利合作条约》）国际专利申请量等主要科技指标均保持全国首位。深圳—香港—广州创新集群在提升创新能力方面效果显现。下一步，珠三角地区将建设更高水平的国际科技创新中心，打造全球的科创高地。

四、珠三角地区产业发展展望

改革开放以来，珠三角地区凭借大规模廉价劳动力优势和充足的土地供应，在承接港澳产业转移的同时，于港澳的“前店后厂”模式下实现了经济高速发展。从 2008 年开始，珠三角地区积极推动产业结构升级，逐渐不再依赖“前店后厂”模式，在制造业转型升级和扩大服务业规模上稳步迈进，进入新的产业发展模式。2019 年 2 月 18 日，中共中央、国务院印发《粤港澳大湾区发展规划纲要》。按照规划纲要，对粤港澳大湾区的战略定位有五个：一是充满活力的世界级城市群；二是具有全球影响力的国际科技创新中心；三是“一带一路”建设的重要支撑；四是内地与港澳深度合作示范区；五是宜居宜业宜游的优质生活圈。与此同时，广东省新的区域协调发展战略——“一核一带一区”中，珠三角地区依然被定位为新阶段的核心发展区，是全省的重要辐射源和领头雁，也是“双十”产业的集聚区和增长极。作为粤港澳大湾区的重要组成部分，珠三角地区未来产业发展已进入新的历史发展节点，面临着新机遇、新挑战，珠三角地区产业需再次转型升级。

（一）在畅通国内国际双循环中发展产业

2020 年 11 月，习近平总书记在《求是》杂志上发表的重要文章《国家中长期经济社会发展战略若干重大问题》中指出，要优化和稳定产业链、供应链。产业链、供应链在关键时刻不能掉链子，这是大国经济必须具备的重要特征。当前，珠三角地区要积极推进“围绕产业链部署创新链，围绕创新链布局产业链”。从工业基础和贸易规模来看，珠三角地区工业门类齐全、贸易规模稳步增长。从企业层面来看，龙头企业和小微企业数量优势明显，市场活力强；在珠三角地区的主要城市中，逐步形成各自的发展优势和产业协同的差异化定位，珠三角地区已经具备畅通国内国际双循环的基本条件。

因而，“双循环”新发展格局是未来相当长一段时期构建珠三角地区稳定与安全的产业链供应链的背景蓝图，也是确保实现珠三角地区产业链供应链不断升级的制度与机制保障。在国际环境日益复杂，国际贸易体系出现诸多不稳定因素的形势下，只有以内为主、内外兼顾，才能积极主动应对各种不利因素的干扰，不断地推动产业链供应链的优化升级，摆脱频频“被限制”“被制裁”“被清单”的不利局面。

（二）加快发展先进制造业

在粤港澳大湾区的总体布局中，珠三角地区珠江东岸和西岸分别加快打造高端信息技术产业集群和先进装备制造产业集群。高端信息技术产业主要包括新一代通信网络终端设备、集成电路、新型显示及关键元器件、激光器件，先进装备制造产业则主要包括智能制造装备、新能源装备、节能环保装备、海洋工程和航空航天装备等。珠江西岸还要大力发展生物医药产业和新材料产业。例如广州、珠海、中山等市可以发挥其原有的医药业基础优势，在蛋白类等生物医药、高端医学诊疗设备、基因检测等领域实现突破。同时，可以推动江门市和肇庆市在先进基础材料、关键战略材料、前沿新材料等方面加快建设一批特色新材料基地，为区域内其他高端制造业提供材料支持。

在明确珠三角地区各个城市的先进制造业总体布局规划之后，利用产业结构优化升级来科学引导城市间的产业合理布局积极调整各城市间的产业构成，充分发挥每个城市的比较优势，也是珠三角地区产业协同的必由之路。其中，技术进步对于产业结构优化升级意义重大。加快技术创新，大力发展高新技术产业，提高产业附加值，是先进制造业发展的重要途径。这就需要利用政策鼓励加工贸易企业更新设备、引进技术和进行新产品研究开发。同时，对外商投资、加工贸易企业创建品牌、技术创新、设立研发机构以及进口研发所需仪器设备也要给予一定资金支持，使技术进步的成果能够尽快推动先进制造业规模扩大和质量提高。依靠技术进步促进产业结构优化升级，依靠产业结构优化升级促进先进制造业在珠三角地区各个城市间合理布局，是该地区产业发展的方向和重要路径。

值得注意的是，如果缺乏政策协同，各地区追逐类似的高端制造业发展，往往会导致区域内部的产业趋同和同质化现象。珠三角地区也面临着产业同质化的问题，区域内各城市在竞争中互相制约，难以形成协同效应，大大减缓了技术进步和产业发展的进程。因而，在各个城市积极出台政策促进技术进步的同时，珠三角地区要制定产业协同和产业融合的协调政策，各城市重点突破具有比较优势的关键核心技术，充分发挥技术的协同效应，以协同效应优化产业布局，加强先进制造业之间的良性互动。

（三）积极发展现代服务业

从第三产业占比来看，广州、深圳两个珠三角地区核心城市的服务业已经较为成熟，而其他七市的服务业占比还有很大提升空间。除了广州、深圳两个核心城市，珠三角地区其他七市，在做大商贸、餐饮、运输和仓储等传统服务业的同时，金融、信息服务、法律、财会、咨询与调查、广告、人力资源、会务和行政管理等各类专业服务业也要提高比重，以此促进现代服务业加快发展。各主要城市应结合自身优势，通过在关键服务领域提前布局、推动自身制造业服务化、加强与周边区域分工协作等途径将政策资源重点向现代服务业倾斜。

广州市和深圳市应当加快建立现代服务业体系，与珠江西岸和东岸其他城市的制造业形成良性互动关系，提升服务业质量。首先，广州市作为全国性的国际商贸中心、综合交通枢纽，需要继续巩固航运物流等方面的服务业优势。同时依托于其市内众多高校，大力发展科技服务业和商业服务业，为珠三角地区的高端制造业提供技术支持和会计、咨询等商务服务。其次，深圳市应当继续将其在信息软件服务业方面的优势发扬光大，加快5G、移动互联网、人工智能、区块链、大数据和物联网等新兴领域方面的研究与运用，为传统制造赋能，为珠三角地区提供全面的数字化、信息化支持。最后，广州市和深圳市都需要继续拓展金融服务，但应当实现差异化发展。深圳市应当加快发展以深交所为核心的资本市场，同时拓展风险投资市场和金融科技等，致力于支持大湾区内的创新型企业。广州市则应当建设完善区域性私募股权交易市场、产权和大宗商品区域交易中心。

本章小结

复习思考题

1. 简述不同经济发展阶段的产业结构特征。
2. 试述珠三角产业结构演进的规律。
3. 利用本章所学的知识，挑选一个我国的城市分析其产业政策及其效果。
4. 现代服务业包括哪些内容？试述其在产业结构高度化演进过程中的作用。
5. 珠三角地区为何存在产业同质化的现象？如何解决这一难题？
6. 为什么战略性新兴产业如此重要？如何理解战略性新兴产业对产业结构演进的作用。

第四章　香港特别行政区产业结构及其发展

学习目标

本章主要讲解香港经济发展的总体情况，要求了解香港经济发展的历史进程和各阶段产业结构变化，掌握香港各阶段经济发展与产业结构转变的背景、具体政策演变与影响，重点理解香港经济发展状况与产业结构调整的背景及意义。

第一节　香港经济与产业结构演进

一、香港经济概况

（一）综合概况

香港（Hong Kong），全称中华人民共和国香港特别行政区，位于中国南部，珠江口以东，西与澳门隔海相望，北与深圳相邻，区域范围包括香港岛、九龙、新界和周围 262 个岛屿。陆地总面积为 1 106.34 平方公里，海域面积 1 648.69 平方公里①。香港属亚热带气候区，气候宜人，利于发展经济。

香港有得天独厚的地缘区位优势。从地缘条件上看，香港位于东亚大陆南端，位处大湾区的心脏、亚洲中点，拥有天然的深水良港，是太平洋和印度洋航运要冲，又是东南亚乃至世界的重要交通枢纽和商业中心；同时，香港背靠水量丰沛的珠三角平原，能够以祖国大陆腹地作为支撑。香港背靠内地、面向世界的独特地理位置，使得内地企业在“走出去”的过程中不仅能够顾及东南亚和欧美市场，还能保持与内地的紧密联系，是连接海陆、沟通中外的重要节点；此外，香港是国家“一带一路”倡议和粤港澳大湾区建设的海陆空枢纽及策略性门廊，香港地处“21 世纪海上丝绸之路”的枢纽，是国家开放格局中的重要门户。

香港是一座高度繁荣的贸易港和国际大都市，与纽约、伦敦并称为“纽伦港”。香港是国际金融、航运和贸易中心，经济发达。香港的营商环境长期处于全球前列，根据世界银行发表的《2020 年营商环境报告》②，香港地区在全球排名第三，是全球营商最便捷的地方之一。香港一直保持开放透明的商业环境，以促进商贸活动。香港优越的营商环境得益于法制建设、低税率、金融市场发达以及货币体系独立四个方面。法制建设方面，香港以《中

① 中央人民政府驻香港特别行政区联络办公室官方网站。
② 世界银行官方网站。

华人民共和国香港特别行政区基本法》为根基，具有完善的法制建设和法律援助制度。税率方面，香港实行低税率的简单税制，个人薪俸税超过免税额后按不同比例计征，最高不超过 17%，不考虑特殊抵扣情况的公司利得税的税率为 16.5%，低于绝大多数发达国家和地区[①]。金融方面，香港是世界闻名的金融中心，拥有发达的金融市场，尤其在联结内地与国际金融市场方面起到了重要作用。香港的联系汇率制度保证了港币币值的基本稳定，对香港金融市场的健康发展具有重要作用。香港发达的金融市场体现在外汇市场、股票市场、债券市场以及衍生品等市场。货币方面，港币是香港自行发行的法定流通货币，建立了港币发行与美元挂钩的联系汇率制，外汇基金所持的美元就为港币的稳定提供了支持。

（二）经济概况

香港 GDP 总量核算由私人消费、政府消费、固定资本形成、存货增减、货品净出口和服务净出口构成，长期保持高速增长态势（见表 4–1）。特别是 2000—2021 年期间，香港的 GDP 总量由 1.34 万亿港元增长到 2.86 万亿港元，增长 113.43%。

香港经济实力雄厚。2021 年，香港私人消费总量达到 1.86 万亿港元，政府消费总量为 0.36 万亿港元，占 GDP 总量的 77.68%。固定资本形成从 2015 年以来增速较为缓慢，服务净出口呈现顺差状态，而货物净出口呈现逆差状态。2021 年，香港商品贸易进口额为 5.31 万亿港元，商品贸易出口额为 4.96 万亿港元，其中，香港自内地进口 2.43 万亿港元，向内地出口 2.95 万亿港元，内地是香港最大的贸易伙伴，香港是内地最重要的贸易转口港[②]。在大湾区建设背景下，香港将借力优越的地理位置和港口优势，构建开放型经济新体制，继续融入全球市场体系，进一步扩大对外贸易规模，这也为全国建设现代化经济体系作出示范。

表 4–1 2000—2021 年香港 GDP 核算数据

单位：亿港元

年份	GDP 总量	私人消费	政府消费	固定资本形成	存货增减	货品净出口	服务净出口
2000	13 375.01	7 843.23	1 252.94	3 545.16	143.99	1 596.33	−1 006.64
2005	14 121.25	8 116.54	1 305.66	3 021.52	−47.61	2 415.11	−689.97
2010	17 763.32	10 902.34	1 573.71	3 868.52	375.22	255.64	787.89
2015	23 982.80	15 930.91	2 312.63	5 372.05	−205.8	−1 773.02	2 346.03
2020	26 753.14	17 772.26	3 396.89	4 550.26	520.08	−413.25	926.90
2021	28 616.20	18 640.59	3 588.18	5 010.66	19.87	215.74	1 141.16

数据来源：香港特别行政区政府统计处官方网站。

（三）产业结构的特征

香港产业结构呈现出以服务业为主的“三二一”产业结构。经济发展规律表明，随着生产力的发展和社会的进步，第一、第二产业比重逐步下降，第三产业比重日趋提高，并

① 中央人民政府驻香港特别行政区联络办公室官方网站。

② 香港特别行政区政府统计处官方网站。

成为国民经济增长的主要动力。从香港的经济发展历程来看，产业结构的发展也符合这种发展趋势。

在服务业内部，各产业增加值逐年递增，形成以资讯及通信、金融业、专业及商用服务业为主的产业结构。截至 2020 年，香港批发业增加值 169.39 亿港元，零售业增加值 478.83 亿港元，运输、仓库、邮政及速递服务业增加值 1 151.22 亿港元，资讯及通信、金融业及保险业增加值 6 916.56 亿港元，地产、专业及商用服务业增加值 2 449.55 亿港元，呈现稳定的增长态势，服务业在香港经济发展中的基础性作用十分显著（见表 4-2）。在粤港澳大湾区整体中，香港发挥着促进对外发展、加强对内融合的作用，尤其是作为全球金融中心之一，成为大湾区对外开放的渠道，发挥贸易中心、航运中心等作用。

表 4-2　2000—2020 年香港主要服务业增加值

单位：亿港元

年份	批发业	零售业	运输、仓库、邮政及速递服务业	资讯及通信、金融业及保险业	地产、专业及商用服务业
2003	107.20	260.17	953.60	2 083.18	1 033.09
2009	132.31	472.22	992.08	3 037.93	1 739.03
2014	198.54	906.84	1 376.58	4 457.50	2 394.34
2015	195.06	882.70	1 500.73	4 907.46	2 527.14
2016	194.22	792.39	1 497.42	5 131.11	2 661.39
2017	199.76	819.78	1 533.59	5 673.79	2 748.22
2018	216.98	882.77	1 584.40	6 265.75	2 808.43
2019	202.00	727.89	1 515.74	6 768.76	2 764.97
2020	169.39	478.83	1 151.22	6 916.56	2 449.55

数据来源：香港特别行政区政府统计处官方网站。

二、香港产业结构的演进趋势[①]

（一）第一次转型：从转口港到工业化

1. 转口港的崛起与发展

香港自古以来都是中国领土，1840 年，第一次鸦片战争爆发，第二年英国强占香港。1842 年，英国强迫清政府签订中国近代史上第一个不平等条约——《南京条约》，割让香港岛。英国利用香港这一天然良港优势和逐步建立起的国际贸易网络，抢占中国乃至亚洲的庞大市场，期望从转口贸易和航运中获取巨额收入。以洋行为首的英资财团率先进驻香港，欧美洋行也陆续改在香港设立总部或分行，以香港为基地开展各种形式的对外贸易活动。此后世界各地的货物、资金和人才也开始聚集到香港，本地转口贸易迅速发展。香港

① 王春新. 香港经济转型与两地经济合作［M］. 广州：广东经济出版社，2019：4-15.

先是取代广州成为华南的货物配送中心，其后又提升为中国的沿海贸易中心。与此同时，与转口贸易相配套的航运业（货运、港口、码头、船务、代理、货仓）、金融业（银行、保险、租赁）以及邮电、通信和法律等产业也应运而生，形成了以转口贸易为中心、其他相关产业配合支持的特殊经济结构。金融业主要由汇丰、渣打等英资大银行支撑，但也仅局限于商业银行存贷款及保险业务。

分阶段看，1841—1897 年是香港转口港的形成期；1898—1950 年是香港转口港的发展期。虽然在 1941 年 12 月日本占领香港后的 3 年 8 个月时间里，转口贸易几乎全部停摆，为数不多的加工制造业也出现萎缩，但在 1945 年日本宣布投降以后，香港对外贸易很快重回正轨，在数年时间内就恢复了转口港地位。

2. 向工业化转型

1952—1970 年是香港由转口港转向工业化的阶段。香港工业化的成功，带动整体经济加快发展。从 1952 年至 1970 年，香港贸易总额从 66.8 亿港元增长至 328.5 亿港元，增长了近 4 倍。其中整体出口额从 29 亿港元增长至 152.4 亿港元，增长 4.3 倍，平均每年增长 10.2%（见表 4–3）。在 20 世纪 60 年代，香港整体出口额增长 2.9 倍，年均增速高达 14.5%，远高于其他国家和地区同期的增长水平，使香港成为“亚洲四小龙”之首。到 1970 年，制造业提供 53.9 亿港元的增加值，占 GDP 比重达到 30.9%，是香港经济中规模最大的行业，远高于第二位的批发零售、贸易和酒店业（占 24.8%）。

表 4–3　1952—1970 年香港外贸及 GDP 数据

单位：亿港元

年份	贸易总额	出口额	进口额	名义 GDP
1952	66.8	29.0	37.8	—
1957	62.5	25.3	37.2	—
1960	98.0	39.4	58.6	74.3*
1965	155.0	65.3	89.7	139.1
1970	328.5	152.4	176.1	230.2

数据来源：王春新. 香港经济转型与两地经济合作［M］. 广州：广东经济出版社，2019：7. —表示当年数据缺失，* 为 1961 年的数据。

香港从转口港向工业化转型，主要得益于以下两个方面：一是拥有良好的外部条件。第二次世界大战后世界经济结构发生了很大变化，西方发达国家的工业结构从劳动密集型产业向资本密集型产业和技术密集型产业转型，劳动密集型制造业大量向外转移，这为劳工成本较低廉的香港产品提供了市场。二是拥有齐备的内部要素资源。内地迁入香港的企业家，带来了大量资金、设备、技术和人才。大量流向香港的人工，降低了香港的劳动力成本，这些都为香港工业发展提供了良好条件。香港从此迈开加工制造的发展步伐，真正进入工业化创业时期。

（二）第二次转型：从工业化到服务业

从 20 世纪 70 年代开始到 90 年代上半期，香港从工业化转向服务型经济。这是香港经济的第二次转型，其间又经历了经济多元化和高度服务业两个阶段，前者是服务型经济的定型阶段，后者是服务型经济的提升阶段，香港完成这一次深度转型，前后共用了逾20年时间，直到回归祖国前夕。

1. 迈向服务型经济

1971—1981年是香港迈向多元化发展的阶段。香港服务业创造的增加值占GDP比重在1981年已经提高到67.4%左右，成为香港经济发展的主要动力。其中金融、保险、地产和商用服务业是香港发展最快的产业，其占本地生产总值比重从1970年的14.9%大幅增长到1981年的23.8%，且是香港有GDP统计以来首次超过工业，成为香港的主要产业。制造业得到发展，但在GDP中的占比从1970年的30.9%降至1981年的22.8%（见表4-4）。其间由加工制造业带动的香港外贸总额增长6倍，年均递增19.3%，增速甚至超过工业化阶段，GDP年均增长9.6%，保持了高速增长势头[①]。

表4-4　1970—1981年香港主要经济指标

年份	名义GDP（亿港元）	金融、保险、地产和商用服务业占比（%）	制造业占比（%）	外贸总额（亿港元）	整体出口（亿港元）
1970	231	14.9	30.9	328	152
1971	267	17.5	28.1	374	172
1972	322	20.5	26.9	412	194
1973	413	19.2	26.5	550	260
1974	172	17.6	25.8	642	300
1975	496	17.0	26.9	633	298
1976	632	17.9	28.3	849	416
1977	733	19.6	27.2	935	448
1978	858	20.7	26.9	1 170	539
1979	1 127	21.4	27.6	1 618	759
1980	1 436	22.8	23.8	2 099	982
1981	1 736	23.8	22.8	2 605	1 222

数据来源：王春新. 香港经济转型与两地经济合作［M］. 广州：广东经济出版社，2019：11.

2. 转向高度服务化

20世纪80年代初，世界经济开始出现衰退。欧美主要工业国纷纷采取严厉的贸易保护措施，国际市场竞争更加激烈，香港出口困难不断加大，企业投资意愿锐减。固定资本投资增长率从1980年的19.7%下降到1982年的1.7%，1983年更大跌8.5%，导致房地产市场低迷，金融业也承受着很大压力。1984年《中华人民共和国政府和大不列颠及北爱尔兰联合王国政府关于香港问题的联合声明》公布后，社会对香港发展前景又充满信心。在内地推进沿海、沿江扩大对外开放政策的推动下，香港与内地经济联系发展到一个新阶段，建立了“前店后厂”的合作新模式，为香港转向高度服务化提供了条件。“前店后厂”模式是指港澳地区利用海外贸易窗口优势，承接海外订单，从事制造和开发新产品、新工

① 王春新. 香港经济转型与两地经济合作［M］. 广州：广东经济出版社，2019：10.

艺，供应原材料、元器件，控制产品质量，进行市场推广和对外销售，扮演“店”的角色；珠江三角洲地区则利用土地、自然资源和劳动力优势，进行产品的加工、制造和装配，扮演“厂”的角色。

至此，香港形成了以金融、贸易、航运、旅游和专业服务等多功能服务中心为主体的现代服务体系，香港经济的第二次转型，即从工业化转向服务型经济已经完成。由于高端服务业带来更多的附加值，香港这一仅占全国面积万分之一的地区，在 20 世纪 90 年代初创造出相当于全国 1/3 的经济总量，香港经济到达了前所未有的高度。

（三）第三次转型：迈向创新型经济

香港经济在 20 世纪 90 年代走向高度服务化之后，按照世界产业的发展规律，理应强化创新驱动，进一步向创新型经济转型。适逢香港回归祖国，两地经济关系更加密切，大大拓展了香港与内地深化经贸合作的空间，加上全球贸易和投资加快发展，香港的现代服务优势得到充分发挥，服务业在整体经济中的占比又进一步得到提升，使香港经济进一步走向全面服务化，并提升到一个新的水平。但由于香港内部存在诸多障碍，迈向创新型经济始终步履艰难，迄今为止，香港第三次经济转型仍是一项未完成的工作。

第二节　香港主要产业

一、四大支柱产业

香港回归祖国 20 多年来，经济进一步迈向高度服务化，服务业内部结构也出现了新的变迁。金融业、旅游业、贸易及物流业、专业服务及其他工商业支持服务业已经成为香港的四大支柱产业。

（一）金融业

香港金融业的涵盖范围广泛，包括银行、保险、证券经纪、资产管理及其他金融服务。金融业是服务业向四大支柱产业集中的主要动力。在四大支柱产业中金融业是 GDP 占比提升幅度最大的产业，香港服务业结构向四大支柱产业集中主要是由金融业带动的。

香港是一个国际金融中心，为本地金融市场、海外金融市场提供多元化的产品及服务。香港是全球主要银行中心之一，2022 年年底香港金融管理局认可的银行业机构共 179 家，其中，持牌银行、有限制持牌银行和接受存款公司分别有 152 家、15 家和 12 家，银行体系认可机构资产总额 27 万亿港元。香港股市在全球具有较大影响力，2022 年年底在香港交易所挂牌（主板和创业板）的上市公司达 2 597 家，股票总市值达 35.7 万亿港元。香港是全球规模最大的离岸人民币业务枢纽、融资及资产管理中心，2022 年香港的人民币存款总额保持在一万亿元人民币左右的水平，2022 年香港人民币跨境结算总额达

9.3 万亿元。[①]

香港金融业做大做强，与内地的发展息息相关。内地经济高质量发展将继续为香港金融业提供强有力的支持。香港在进一步发展人民币产品和工具、积极探索金融科技、大力发展绿色金融等方面大有可为，在助力国家发展过程中，持续提升香港国际金融中心地位。《粤港澳大湾区发展规划纲要》肯定并支持香港作为国际金融中心、全球离岸人民币业务枢纽、国际资产管理中心和风险管理中心的地位，也支持香港发展成为绿色金融中心和服务“一带一路”倡议的投融资平台。

（二）旅游业

旅游业是香港四大支柱产业中增长最快的产业。旅游业包括入境旅游及外访旅游。入境旅游包括零售业、住宿餐饮服务、运输及其他个人服务等。外访旅游包括过境客运服务及旅行代理、代订服务及相关活动。旅游业的发展直接带动餐饮、酒店、交通、通信、金融、保险、零售服务等相关产业的发展，对各行各业都有联动带动效应。

香港更致力于加强作为亚洲区内首选会展旅游目的地的吸引力，希望通过香港自由流通的营商环境，把握粤港澳大湾区推进建设的绝佳机遇，鼓励香港旅游业重整出发、振兴市场，获得全新发展。

香港、澳门与粤港澳大湾区九个内地城市，共同成立粤港澳大湾区城市旅游联合会及粤港澳大湾区“9+2”城市旅游市场联合监管协作体，以推动区内的旅游合作及发展。《粤港澳大湾区文化和旅游发展规划》于 2020 年底正式印发，为粤港澳大湾区的发展提供指导方向，引领粤港澳大湾区成为中西文化交流的枢纽及世界级旅游目的地。香港是亚太区经济合作组织旅游工作小组及亚太旅游协会的成员，也是联合国世界旅游组织的准成员。

（三）贸易及物流业

贸易及物流业是指筹划、实施和控制货物、服务及相关资讯从来源地至使用地的运送及储存的过程，贸易公司与物流活动有紧密的联系。香港地理位置优越，又具备世界级的基础设施和有利的营商环境，机场和海港口岸效率高、服务可靠且四通八达。

香港作为全球最繁忙及最有效率的国际货柜港，是发展地区或跨国物流及供应链业务的理想地点。香港优越的地理位置，为工业生产、运输物流业创造重要机遇。航空方面，近年本地商务及休闲旅客人数增加，飞机租赁业务上的税项优惠更提高了香港作为国际航空枢纽的地位。海运方面，香港船运港口在设施、效率和竞争力方面都属全球首屈一指。物流方面，近年内地与邻近地区贸易活动增加，卓越、创新的物流服务和技术大有市场。至于艺术品和名酒等贵重物品的储存和运送业务，香港的优势就更为显著。

粤港澳大湾区的发展有利于全面整合区内运输网络，包括航空货运、陆上运输及仓储服务。不仅是香港，邻近的广州白云国际机场和深圳宝安国际机场的航空货运物流也在快速增长。服务提供者可以紧密合作，把握机遇，为航空运输建立策略性合作平台。港珠澳大桥是连接香港、珠海与澳门三地的超大型跨境基建设施，大桥旨在改善三地之间的交通联系，并缩短往来行程。由于陆路行车时间有所减少，货车司机每日往来三地的次数倍增，

① 香港金融管理局 2022 年年报. 香港金融管理局官方网站，2023-04-28.

而香港与珠三角西部地区之间的货物流动也可进一步加快。

（四）专业服务及其他工商业支持服务业

专业服务及其他工商业支持服务业包括法律服务、会计服务、核数服务、建筑设计及测量活动、工程活动、技术测试及分析、科学研究及发展、管理及管理顾问活动、资讯科技相关服务、广告、专门设计及相关服务等。

香港专业服务及其他工商业支持服务业服务提供给本地、内地以至全球的客户。其中，法律服务方面，全球有很多国际律师事务所在香港设有网点，当中包括众多全球百大律师事务所。香港有众多法律人才，对外资律师行业门槛低，有利于外国法律服务提供者来香港发展。工商业支持服务业方面，在过去数十年，多种工商业支持服务在香港急速发展，当中包括进出口、货物运输、贸易融资及货物保险。

未来香港将建设成为“一带一路”专业服务支援中心。“一带一路”沿线各类投资项目风险日益突出，需要进一步完善风险管理体系，在使用更多市场化风险管理工具的基础上，应充分发挥各类专业服务机构识别风险、分担风险的功能，为“一带一路”相关项目提供专业支援服务。长期以来，众多专业服务业公司善用香港作为亚洲商业中心的地理优势，服务本地及亚太区各地客户，形成了涵盖法律及仲裁、会计、人力资源、咨询、教育和培训、投资专案评估、工程承包、专案管理和推介，以至商贸物流和各类中介服务等的专业服务体系。

二、六大新兴产业

受2008年全球金融危机影响，香港提出关于发展六大新兴产业的建议，包括文化及创意产业、检测和认证产业、环保产业、创新科技产业，以及教育产业、医疗产业。由于六大新兴产业是知识经济的主要载体，这些产业的加快发展，说明香港向知识型经济转型已开始起步，虽然前路艰难，但是大湾区的建设必然会融入深圳、广州等地的知识智慧与发展经验，给香港带来成功的希望。

（一）文化及创意产业

在六大新兴产业中，最重要的是文化及创意产业。香港是亚洲地区的重要商业都会，大量跨国公司和中小企业云集，也帮助文化及创意产业的蓬勃发展。

香港提出发展文化及创意产业后的多年时间内，持续地投入产业发展所需的基础设施建设，提供财政资助，改革政府架构，以推动文化及创意产业发展。这些基础设施包括政府和非政府机构，商业和教育组织等，在香港文化及创意产业发展过程中发挥了巨大的作用。香港重视扶持相关产业的发展，如香港创建的西九文化区（West Kowloon Cultural District），是为提升香港文化水平及世界地位的发展项目。香港成立“香港设计中心”，该非营利性组织创立之初就提出了“创意城市设计驱动，为香港成就设计愿景”的主题口号，其主要角色是协助特区政府所提出的推动香港成为“亚洲设计之都”战略的实施。香港设立香港知专设计学院（Hong Kong Design Institute），目的是培养专业的设计人才和推动香港创意产业发展。香港已成立“创意香港”专责办公室，加速推动创意产业的发展。PMQ元创方（Police Married Quarters）是香港标志性的创意中心。香港拥有完善的供应链网络，加上与大湾区内城市互联互通，其优势成功令香港成为亚洲创意之都。

（二）医疗产业

香港具有全世界先进的医疗体系，不仅声名卓著，而且在多个医疗领域领先全球。香港的公私营医疗机构提供全面的医疗服务，其中公营医疗服务收费低廉，为市民提供医疗安全网，确保不会有人因经济困难而得不到医疗服务。香港的内科、外科、妇科、产科、儿科等各科水平都很高，病人来自世界各地，也为香港打下了巩固的医疗中心基础。香港医疗产业涵盖私家医院、诊所、医生提供的医疗服务、护理和提供给长者、药物滥用者及残疾人士的服务，以及医疗相关活动，包括零售医疗用品和医疗保险。香港医疗水平高，在国际上率先辨别出人类肝癌肿瘤中的癌肿瘤干细胞，并识别出有扩散癌细胞能力的干细胞群。

香港的医疗保障制度完善，医疗环境和就医秩序堪称“模范”。香港采取政府为主、市场为辅的二元医疗体系。香港的公立医疗服务是通过政府医院及辅助医院提供的，所有资金由政府供给，主要由香港医院管理局统一和加强整个公立医院体系的管理，提高医疗资源使用效率。私营采取市场化运作，门诊诊治费用自主定价，提供差异化、更高质量和更舒适的医疗服务，体现出公私“双轨制”的特点。香港医院把大量的资金投入到医疗器械、设备和员工学习、培训当中，医院各种常规仪器齐全，还拥有许多世界上最先进的诊疗仪器，为提供优质的医疗服务质量奠定了良好的物质基础。

（三）教育产业

香港教育产业涵盖幼稚园、私营小学及中学（牟利及非牟利）、补习学校、自资专上及其他大学课程（包括提供非本地学生的大学课程），以及其他教育相关服务。香港国际课程的选择多元化，来港求学的学生来自众多国家，学生能在校园和课外活动中与各国的老师和学生交流不同地区的文化，学会尊重各国文化，进而培养国际视野、批判性思维。香港有众多国际学校，这些国际学校的知名度、公信力和认可度都很高。香港拥有香港大学、香港中文大学、香港科技大学、香港城市大学、香港理工大学、香港浸会大学、岭南大学等多所世界著名高校。

（四）创新科技产业

香港凭借卓越的研发能力、健全的知识产权保障制度、世界一流的科技基础设施，以及国家发展所带来的机遇，吸引海外和内地顶尖研究机构落户，并积极激发创新，开拓商机，从而发展成为国际创新科技中心。

创新科技活动涵盖研究及发展（研发）活动，以及将研发成果商业化的经济活动。这些经济活动能帮助有关机构研发及推出技术崭新或显著优化的产品或程序作商业用途。软件及相关服务是香港信息与通信技术（ICT）的核心产业，香港是跨国公司和中小企业的集中地，吸引大量国际知名软件公司在香港开设业务。

（五）检测和认证产业

检测和认证服务涵盖以从事技术测试及分析，验货、抽样检验及称量，以及医疗及 X

光检验作为其主要经济活动的工商机构单位。香港的检测和认证产业机构众多，这些机构大部分是私营实验所。多年来，香港凭借健全的认可制度、卓越的专业水平以及优良的声誉，检测和认证产业已奠定稳固的基础。检测和认证产业为海外买家提供服务，测试及检验在珠三角地区制造的消费品，也为这些产品及相关的品质管理系统提供认证服务。此外，市场对私营实验所提供的食品测试服务需求日增。香港拥有健全的认证制度及良好的国际声誉，可为内地企业提供第三方品质认证及产品测试服务，提高海外及本地买家对内地产品的信心。香港的检测和认证产业，无论在专业水平、认受性和诚信方面，都深得用户称许。

为推动检测和认证业的发展，香港成立检测和认证局，其首要工作是为产业制定发展蓝图。此外，香港房屋委员会为提升建筑物的质量，率先推动制定产品认证计划的工作。至于建筑材料的出口方面，香港的检测和认证产业可为大量由内地制造及出口的建筑材料提供更全面的技术支援。此外，为促进本地餐饮业的食品安全文化，香港理工大学首创食品卫生标准认证系统，也有潜力为内地食品贸易商提供食品测试服务。

（六）环保产业

香港的环保产业主要覆盖六个业务领域，包括节约用水及污染控制、空气及臭味污染控制、节约能源、废物处理及回收、噪声控制及降低、环境顾问服务等。香港环保产业最大的优势是有全球金融的支撑，项目国际化程度高。除此之外，香港环保企业在环保项目管理、工程设计与实施、环境评估及工程咨询等方面也拥有丰富经验，善于将优势技术进行商业化和产业化运作。

香港成立了创新及科技基金，一直在资助环境技术相关的研发项目，自成立以来已经批准了众多研发项目。香港以税务优惠和政策措施支持环保技术发展，例如香港科技园公司所提供的培育计划便惠及不少发展有关技术的公司。香港消费者重视环保，而且接受新技术。过去数十年，香港建设了不少世界级的环保基础设施，吸引了很多国际合伙人的顾问公司及承办商来港开业，应用最新的环保技术及专业管理知识，香港企业在污染防控方面积累了丰富经验，并且善于将环保技术商业化。

第三节　香港产业政策与产业发展展望

一、产业政策

20 世纪 70 年代后期开始，香港将经济政策修订为“积极不干预”（Positive Non-intervention），即除非有明显证据证明市场失效，否则政府对私营企业不作任何干预。在微观层面，除土地政策外，香港未通过政府贷款、保护或补贴来引导产业，政府也不提供有目标的财政激励，征税也只是为了财政收入。

一直以来，香港产业政策较少且涉及产业领域较为单一。随着粤港澳大湾区的建设逐步深化，推进粤港澳大湾区建设是我国形成全面开放新格局的重要举措，也是在“一国两制”体制下作出的新探索。2019 年中共中央、国务院印发《粤港澳大湾区发展规划纲要》，该规划纲要成为指导粤港澳大湾区合作发展的纲领性文件，要求构建具有国际竞争力的现代产业体系。

战略性新兴产业是指以重大技术突破和重大发展需求为基础，对经济社会全局和长远发展具有重大引领带动作用，成长潜力巨大的产业，是新兴科技和新兴产业的深度融合，既代表着科技创新的方向，也代表着产业发展的方向，具有科技含量高、市场潜力大、带动能力强、综合效益好等特征。粤港澳三地政府都重视战略性新兴产业的发展，不断加强合作共同促进发展，在此过程中三地政府出台了很多政策措施，因此，以战略性新兴产业为例，说明香港产业支持政策及效果。

《国务院关于加快培育和发展战略性新兴产业的决定》（国发〔2010〕32 号）明确将节能环保、新一代信息技术、生物、高端装备制造、新能源、新材料和新能源汽车七大产业作为战略性新兴产业。粤港澳三地的新兴产业政策都是地方适应性政策，但由于粤港澳的城市功能定位、产业结构差异性，各地出台的战略性新兴产业政策有较为显著的地缘性特征，差异主要表现在政策主体、政策工具等方面。

（一）政策主体

香港战略性新兴产业政策主体较为多元化，部分战略性新兴产业受国务院政策的直接影响，如 2020 年国家出台的《财政部 工业和信息化部 科技部 发展改革委关于调整完善新能源汽车补贴政策的通知》（财建〔2020〕86 号）对香港的新能源汽车产业影响较深。政策类型多为合作性协议，其中以粤港政策协同最为显著，如 2015 年香港和广东省人民政府签订的《关于内地在广东与香港基本实现服务贸易自由化的协议》。因此，香港战略性新兴产业政策主体以国务院为主，或由香港与广东省人民政府、澳门共同颁布。香港已出台的战略性新兴产业政策以与广东省的合作性政策为主，强调进一步深化与珠三角地区城市的产业合作交流，联合打造一批产业链完善、具有国际竞争力的战略性新兴产业集群，增强经济发展新动能。

（二）政策工具

以 2017 年《深化粤港澳合作推进大湾区建设框架协议》、2019 年《粤港澳大湾区发展规划纲要》两个重要文件为时间划分依据，可将香港战略性新兴产业政策工具的选择演变分为三个阶段，如表 4–5 所示。香港在政策工具选择顺序上优先使用环境型政策工具，仍以制度法规、目标规划为主要调节工具，而后根据不同的发展时期对政策工具的选择使用作出调整。

2000—2016 年为大湾区战略性新兴产业发展初期探索阶段，产业的发展需要政府宏观目标引导及法规管制营造良好的政策环境。因此，三地政府重点出台相关制度及阶段性的政策，为实现阶段性目标实施相应的规划设计。环境型政策则是以战略规划为主，为战略性新兴产业发展提供阶段性的实施方案、规划目标。

2017—2019 年，三地加大了对战略性新兴产业发展的重视与扶持力度。在此阶段政策主体仍以环境型政策工具为主，但逐步兼顾对其他类型政策工具的综合使用。以调整战略性新兴产业供需状况为辅助目标，以供给性措施、对外交流为主要调整工具。供给端提供资金支持、人才激励、公共服务等。

表 4–5　大湾区战略性新兴产业政策工具的时间分布及特征

地区	初期探索阶段（2000—2016 年）		加速发展阶段（2017—2019 年）		转型升级阶段（2019 年以后）	
	工具数量/种	工具特征	工具数量/种	工具特征	工具数量/种	工具特征
香港	13	环境型工具为主，以阶段性目标规划为主要调整工具	5	环境型为主，供需型为辅，以供给性措施、对外交流为主要调整工具	2	供给型、环境型工具，以财政补贴、策略性措施为主要调整工具
澳门	10	环境型工具为主，以阶段性目标规划为主要调整工具	6	环境型工具为主，以综合性的具体措施方案为主要调整工具	1	供给型政策工具，通过资金投入、支持人才引进为主要调整手段
广东	29	环境型工具为主，以目标规划、具体实施意见征集为主要调整工具	17	组合、供给、环境型工具混合使用，以法规管制、公共服务、资金支持等为主要调整工具	2	组合型、环境型工具，以综合性全面措施及制度完善为主要调整工具

资料来源：张龙鹏，刘俊杰. 粤港澳大湾区战略性新兴产业政策比较研究［J］. 科技管理研究，2020，40（22）：39–47.

2019 年以后，三地战略性新兴产业结构全面深度优化，以供给型、组合型的政策工具为主要调节工具，逐步从单一的政府调控形式过渡到以政府调控为主、市场调节为辅，更好地促进战略性新兴产业全面发展。政府调控主要形式就是政府给予财政补贴、税收优惠的形式，策略性措施主要是出台相关企业限制性进入和退出的文件。

二、产业发展展望①

（一）机遇和优势

香港经济转型方向触及两个核心问题：一是在由经济全球化、知识化和中国经济迅速崛起带动的新的产业分工中，香港可以扮演什么角色、能否胜任这一角色。二是香港在担当这一角色的同时，如何解决现实经济中存在的诸多问题。改革开放以来，香港经济转型方向和策略已经明朗化，那就是全面融入国家发展大局，紧紧抓住全球经济重心东移和新时代加快现代化建设带来的历史机遇，以推动科技创新和知识型服务作为“国家所需、香港所长”的结合点，努力消除要素流动障碍及化解内部深层次矛盾，全面推动香港加快向创新型经济转型。香港新一轮的经济转型面临以下机遇：

① 来源：王春新. 香港经济转型与两地经济合作［M］. 广州：广东经济出版社，2019：164–170.

1."三机叠加"的历史性机遇

第一，2008年全球金融危机的一个正面效应，是开启全球经济重心向东转移的历史进程。具有全球一半消费人口、善于利用信息技术和互联网接受新知识以及提升自主创新能力的亚洲地区，特别是东亚地区，成为全球经济增长的主要引擎。

第二，随着创新驱动发展战略的实施，中国经济将真正走上高质量发展之路，科技创新、新型城镇化、区域协调发展等都将带来源源不断的增长动力。未来中国推动高质量发展等战略，更需要先进的服务业，特别是金融、商贸、科技和专业服务的支持，香港有机会发展成为中国的主要服务中心。

第三，国家"一带一路"倡议将是中国、亚洲乃至全球的一件大事，发展潜力巨大，前景看好。不仅全球经济流向将因此而发生重大转变，而且本区域也将形成真正的命运共同体和利益共同体，进而带动人类社会进入更和谐、更均衡、更美好的发展阶段。

香港若能抓住这样一个"三机叠加"的历史性机遇，立足大湾区，面向世界，服务全球，大力发展以知识为本的创新型经济，就有机会从亚洲都会进一步提升为世界级都会。

2. 优势仍存，无以取代

香港一直拥有自由开放、市场体制和地理条件三大基础优势，由此形成的金融服务、对外贸易、交通运输、生产制造、国际旅游和专业服务等产业都具有较强的竞争力。

第一，自由开放方面。香港是全球经济最开放的地区之一，并且可长期保持经济开放优势。

第二，市场体制方面。香港的市场体制较为完善，产权保护、市场规则、法律制度和商业文化等方面的成熟度，在亚洲都是首屈一指的。特别在最重要的产权保护和市场规则两方面，香港具有明显的比较优势。

第三，地理条件方面。香港位于亚太区中心和中国南大门的优越条件是过去发展的重要基础，也是未来进一步发展的条件。现代科学技术特别是通信手段的发展，只能降低地理条件的相对重要性，但不能完全消除这种优势。

（二）香港产业结构发展方向

未来香港经济转型的基本方向，主要包括如下三个方面：

一是立足自身发展现状，这是香港经济转型的根本出发点。一方面要通过科技创新和政策推动，把更多的经济活动引向香港，大力发展以香港为基地的科技创新产业和对外服务业；另一方面也要推动能够促进本地消费和投资的产业，尤其是以居住为本的房地产及相关产业，在提升对外服务的基础上搞好本地经济，促进香港整体经济的良性循环。

二是服务"一带一路"倡议，并在其中充当枢纽和支持角色。香港需要借助新时代国家扩大对外开放和亚洲经济加快整合的有利时机，进一步扩展现代服务业发展的市场空间，使香港的服务范围覆盖到整个亚洲地区，以满足这些地区对高增值服务业和专业服务的需求。

三是要运用新知识、新技术，推动香港传统服务业的转型升级，巩固和提升金融、商贸、航运和专业服务中心地区，在与周边地区的竞争和合作中，形成香港主要服务产业的核心竞争能力。

（三）香港转型急须解决的矛盾与障碍

推动经济转型，关键是解决香港经济中存在的矛盾和问题，扫清经济发展的诸多障碍。具体而言：

一是推动经济转型与解决就业问题的矛盾。推动经济转型需要更高的定位，为此需要大力发展高增值产业，但香港有一半以上的劳动力属于低技术、低技能的劳工，不能适应发展高增值产业的需要，这是当前香港面临的难题。推动经济转型确实需要为这些劳工寻找出路，把就业问题一并加以考虑。

二是降低成本与稳定经济的矛盾。香港成本过高是众所周知的事实，解决高成本问题，一方面要靠发展高附加值产业，另一方面也要适当降低成本。香港营商成本与周围地区相比，总体上仍然偏高。但是如果调整过快就会引发更大的经济波动，进而影响经济转型。因此，考虑经济转型问题还需要在控制成本和稳定经济之间取得平衡。

三是涉外经济与内部经济脱节的矛盾。近些年来香港经济存在“外热内冷”和“外冷内热”交替出现的异常现象。如果经济转型只考虑涉外经济活动，而忽视内部经济实际上也存在转型要求，就无法把香港经济导入良性循环的轨道。

本章小结

复习思考题

1. 简单概括香港经济发展的总体情况。
2. 简述转口港的崛起与发展。
3. 简述香港特区政府在经济转型中的作用。
4. 简述香港服务业内部结构转变的因素。
5. 总结“前店后厂”模式成功的原因。
6. 思考香港服务业接下来应该如何进行新的转型。

第五章　澳门特别行政区产业结构及其发展

学习目标

本章主要讲解了澳门整体经济概况、澳门微型经济特点及其经济结构特征，要求了解澳门产业结构的历史演变过程以及澳门产业结构特点，掌握澳门的支柱产业和各类现代新兴产业的发展情况，重点理解澳门产业多元化发展前景。

第一节　澳门经济概况

一、总体经济概况

（一）综合概况

澳门是中国领土不可分割的一部分，位于中国东南沿海，珠江出口西侧，香港西南方。澳门由澳门半岛、氹仔岛和路环岛三部分组成，陆地总面积为 33 平方千米，2020 年末总人口 68.31 万人[①]。澳门自 1999 年 12 月 20 日回归祖国以来，其经济取得了迅速发展，本地生产总值连续多年保持较为稳定的增速，2019 年澳门本地生产总值达 4 455.30 亿澳门元（见表 5-1），其后有所下降。

表 5-1　1991—2021 年澳门 GDP、人均 GDP 及增长率

年份	本地生产总值（亿澳门元）	本地生产总值增长率（%）	人均本地生产总值（澳门元）	人均本地生产总值增长率（%）
1991	301.38	—	85 704	—
1992	391.79	30.0%	105 636	23.3%
1993	451.41	15.2%	117 561	11.3%
1994	502.39	11.3%	126 618	7.7%
1995	561.42	11.7%	137 165	8.3%
1996	571.74	1.8%	137 734	0.4%
1997	579.61	1.4%	138 897	0.8%
1998	542.38	−6.4%	128 434	−7.5%
1999	523.28	−3.5%	122 431	−4.7%

① 澳门特别行政区政府统计暨普查局官方网站。

续表

年份	本地生产总值（亿澳门元）	本地生产总值增长率（%）	人均本地生产总值（澳门元）	人均本地生产总值增长率（%）
2000	543.69	3.9%	126 271	3.1%
2001	551.12	1.4%	127 015	0.6%
2002	592.20	7.5%	135 079	6.3%
2003	661.47	11.7%	149 113	10.4%
2004	853.82	29.1%	187 793	25.9%
2005	974.15	14.1%	205 753	9.6%
2006	1 190.14	22.2%	239 417	16.4%
2007	1 481.81	24.5%	284 495	18.8%
2008	1 686.39	13.8%	313 785	10.3%
2009	1 723.63	2.2%	320 275	2.1%
2010	2 259.97	31.1%	420 915	31.4%
2011	2 954.38	30.7%	538 165	27.9%
2012	3 450.80	16.8%	605 740	12.6%
2013	4 117.39	19.3%	692 289	14.3%
2014	4 385.16	6.5%	705 180	1.9%
2015	3 597.08	−18.0%	560 729	−20.5%
2016	3 603.44	0.2%	557 938	−0.5%
2017	4 048.39	12.3%	623 790	11.8%
2018	4 462.83	10.2%	675 931	8.4%
2019	4 455.30	−0.2%	661 515	−2.1%
2020	2 033.99	−54.3%	298 524	−54.6%
2021	2 411.57	18.6%	353 007	15.4%
2022	1 772.69	−36.0%	261 459	−25.9%

资料来源：澳门特别行政区政府统计暨普查局官方网站。

（二）澳门经济发展历史

澳门自 1557 年开埠至今已历经 460 余年，其经济发展在前 400 多年相对迟缓，真正快速发展主要集中在最近 50 年的时间，澳门近现代经济发展历史大致可分为以下四个阶段。

第一阶段：16 世纪中叶到 19 世纪中叶。当时的交通工具以帆船为主，澳门为亚热带季风气候，常年受东南季风的影响，这使得澳门成为由西南方向驶入船只的落脚点。加之清政府颁布的《南洋航令》规定，澳门成为中国对外贸易的唯一经商口岸，中国在这一时期的对外贸易几乎被澳门独占，澳门经济也随之达到鼎盛。

第二阶段：19 世纪中叶到 20 世纪 50 年代。这一时期的交通工具逐渐由帆船改为汽轮，受气候影响的程度降低，此外澳门供船只停泊的港口较小，水也较浅，不利于新型运输船只停靠和进行装卸活动，对外贸易受阻，进而使澳门经济衰退，澳门的经济结构也发生改变，由对外贸易逐渐转向了消费娱乐行业。

第三阶段：20 世纪 60 年代至 70 年代。澳门的博彩业在合法化背景下发展成为最发达的行业。1961 年，葡萄牙将澳门作为旅游区，澳门旅游业和博彩业兴盛的同时也带动了其他行业，如建筑业和对外贸易服务的发展。在 1971 年到 1981 年的十一年时间里，澳门经济的年平均增长达到 16% 左右，增长速度在当时世界范围来说是相当可观的。

第四阶段：20 世纪 80 年代至今。在这一时期，制造业和金融业迅速崛起，澳门原有的经济结构产生了较大改变。20 世纪 60 年代以前，澳门的传统工业主要是爆竹、火柴和神香，60 年代之后增加了纺织业和制衣业，但工业结构仍然相对单一。直至 70 年代后期，澳门工业才得到更加多元化的发展，1984 年澳门的工业在生产总值中超过旅游业，占总产值的三分之一，排名第一。澳门的金融业也步入了空前的发展时期。

二、澳门经济发展特点

澳门是典型的微型经济体。微型经济体主要是指经济活动规模有限，不具有全球性或地区性影响但自成体系、独立运作的人口较少国家（地区）的经济体。微型经济体的定位主要从五个方面决定，即人口、经济规模、独立性、产业外部依赖性以及经济地位的国际认可度。一般具有以下三大特点：一是作为社会经济主体的人口不超过 100 万人；二是作为经济经营单位的企业规模十分细小；三是社会经济自成一体，有自己的货币和独立的运作系统。

澳门人口稀少，地区面积也极为有限。在细小的区域内，社会经济自成独立体系，独立发行货币——澳门元，并且在地区外挂牌兑换。与其他微型经济体相比，澳门微型经济亦有其自身的特点。

（一）小海岛外向型的依附经济

澳门地区由一个半岛和两个海岛组成，自然资源匮乏，生活用品和生产资料都依靠外部输入，甚至劳力、技术和资本都要引入以满足社会发展的需求。因此，澳门属于对外开放的完全外向型经济，主要依附中国内地和香港，特别是广东地区资源丰富，人口众多，地域空间广阔，是澳门发展的强大经济支撑。

（二）依赖外部的夹缝经济

澳门和香港分别位于珠江口两侧，澳门经济发展主要依托内地与香港的支持，或者在内地和香港的经营范围之外寻找成长空间。

现代澳门经济的发展，从香港因素分析，主要得力于两个方面：第一，西方发达国家因调整产业结构将一些劳动密集型的加工业，如纺织、成衣、手袋等，逐渐向发展中国家和地区转移，香港企业利用澳门低成本和拥有西方纺织品配额的优势，纷纷到澳门投资设厂；第二，澳葡政府于 20 世纪 60 年代正式批准开辟澳门为恒久性的博彩区，此举提升了整个博彩业的水平，吸引越来越多的香港游客来澳门游玩。

从内地因素分析，改革开放后，中国内地需要借助澳门作为窗口和门户，引进资金、技术和管理，加强内地和澳门间的联系。澳门亦顺应内地的需求，从中寻找到了发展的空间，经济因此腾飞。

（三）小而多元的经济

澳门与其他微型经济体不同，不是只有一两个行业的单一化经济，而是慢慢呈现以博彩旅游为“龙头先导行业”，出口加工业、建造业和金融地产业为三大支柱的多元经济。面对复杂多变的外部环境，《中华人民共和国国民经济和社会发展第十四个五年规划和2035年远景目标纲要》和《珠江三角洲地区改革发展规划纲要（2008—2020年）》明晰了澳门作为世界旅游休闲中心以及商务合作平台的服务发展定位，为澳门的产业结构走向多元发展方向创造了条件。澳门整体经济在博彩业、旅游业及其他服务业等主流行业的带动下保持了持续稳定的发展。

三、澳门产业结构演进及特征

（一）澳门产业演进历史

澳门经济经历了初期的繁荣、衰退、再繁荣、停滞和向现代社会缓慢演进等几个历史时期。作为经济发展核心力量的澳门产业，其内部结构演变经历了四个主要阶段。

1. 转口贸易阶段

1557年至1641年为澳门对外贸易的全盛时期，堪称远东最重要的国际贸易口岸之一。在这一时期，澳门基本垄断了中国至葡萄牙、欧洲、日本、墨西哥和美洲等国际航运的贸易，成为中国南方最大的商埠。随着澳门对外贸易的快速发展，相关的手工业如铸炮、造船和神香等部门也相应发展起来，其生产的产品除满足澳门本地的需求外，还销往中国内地及越南。澳门所处水域浅海渔业资源丰富，渔业发达，在社会经济生活中占有重要位置。渔业的发展带动了造船业的发展，成为这一时期的重要手工业部门。1840年鸦片战争爆发后，清政府被迫割让香港，并开放广州、厦门和福州为通商口岸。香港凭借其天然深水港的有利条件迅速崛起，澳门远东国际贸易中心的地位逐渐被取代，经济随之衰退。

2. 博彩娱乐业兴起阶段

1847年澳葡政府宣布赌博合法化，仅几年时间里澳门就有了200多家赌馆，博彩逐渐发展为澳门主要的行业，并带动以博彩为主的娱乐服务业迅速成长，逐渐成为繁荣的世界赌城。澳葡政府对全澳门的赌场业务采取投标承办的方式展开，承办赌场的公司从中获利，随后向澳葡政府缴纳赌税，赌税成为澳门的主要财政收入来源之一。第二次世界大战以后，中国香港和日本、韩国等通过战后复兴发展计划相继进入了一个较长时间的黄金发展期。澳门由于经济规模小，积累薄弱，缺乏现代工业基础，加之澳葡政府对经济事务放任自流，没有明确的政策引导与扶持，导致澳门经济处于随波逐流的缓慢发展状态。

3. 出口加工业占主导地位阶段

20世纪60年代起，欧美国家开始限制香港生产的成衣和纺织品进入，部分港资另辟蹊径西移澳门，重点投向出口加工业。香港的投资活动和内地廉价劳动力促进了澳门出口加工业的迅速发展，成衣、鞋类、玩具等制造业后来居上。以出口加工业为主的澳门工业凭借优势配额制度[①]以及低成本低税率政策在20世纪70年代得到巨大发展，在80年代中期一跃成为澳门的第一大产业，加工产品出口也连续多年保持增长。随着内地尤其珠三角地区的率先改革开放，许多厂商看好澳门的自由港（不受海关管辖的港口或港区）优势纷纷来到澳门进行投资，建立厂房，这也推动了澳门加工出口业的不断成熟，其最发达时曾经占到澳门生产总值的35%[②]，是澳门经济不容忽视的支柱性产业。但这类厂商具有劳动密集型特征，工厂规模较小，产品附加值低，再加上对欧美配额的依赖，当配额制度取消时，原有的比较优势逐渐消失。进入90年代后，澳门出口加工业日趋萎缩，开工严重不足，工厂大量外移，1997年下半年开始的亚洲金融危机更使澳门的对外贸易雪上加霜。伴随着博彩业的迅速发展，加工业在澳门整体经济中所占据的比例逐步下降。

4. 旅游博彩业复兴阶段

20世纪90年代，以服务业为主的第三产业则愈加发达，博彩旅游业成为澳门经济的主要支柱，由其引起的连锁效应也促进了酒店业、娱乐业等相关行业的发展。如今以博彩业为首的第三产业，已经占澳门GDP比重的90%以上，逐步替代了加工业的龙头地位成为第一支柱产业，是澳门财政收入的主要来源，也是澳门经济社会发展的核心动力。

（二）澳门产业结构演变情况

1. 澳门回归之前

在回归祖国之前，澳门的产业结构包括传统的第一产业，第二产业和第三产业。第一产业以农业、渔业等为代表;第二产业包括采矿业、制造业、建筑业等;第三产业包含最广，其中以博彩、酒店、餐饮等行业较为突出。到了20世纪80年代末，第二产业和第三产业几乎占据了澳门生产总值的全部份额，其中又以第三产业占比最大，而以农业为主的第一产业基本消失。根据1999年的统计数据显示，第一产业的比重几乎为零，第二产业所占比重为13.9%，而第三产业所占比重最高，为86.1%[③]。

2. 澳门回归之后

澳门在1999年12月20日回归祖国后，在“一国两制”方针指引下，澳门经济实现了更加快速的增长，生产总值连续多年保持高速增长，失业率达到了有史以来的最低水平，同时澳门的知名度也不断提高。在2002年赌权开放[④]和2003年“自由行”政策实施后，第三产业更加迅速发展，第二产业的市场和资源也因此受到挤占，从澳门的产业增加情况也可以看出第三产业占据了绝大部分产值增长。澳门的第二产业按行业分为制造业、采矿业、水电及气体生产供应业和建筑业四大类，第三产业统计分为13类，第三产业分类更多更丰富，占比也最大。

（1）澳门三次产业结构演变

澳门现有产业结构中，第一产业几乎可以忽略不计，第二产业日益萎缩，第三产业产

① 配额制是在国际贸易范畴内的定义，即一国（地区）为了保护本国（地区）产业不因进口产品过量而受损害，或者为了防止本国（地区）产品过度出口而主动或者被动地控制产品进出口数量或者价值。

② 褚俊虹.澳门产业结构调整：第二产业发展的一些观点［J］.学术论坛，2008（08）：147-149+154.

③ 澳门特别行政区政府统计暨普查局官方网站。

④ 澳门特别行政区政府通过公开竞投，将三个博彩经营牌照分别批给了银河娱乐场股份有限公司、永利度假村（澳门）股份有限公司、澳门博彩股份有限公司，宣告了在澳门实行65年的博彩业独家专营制度的终结。

值占据了生产总值的主体。1999 年澳门第二产业在本地生产总值所占比例为 13.9%，到 2019 年，第二产业在本地生产总值中仅占 4.3%。1999 年，第三产业在本地生产总值中所占比例为 86.1%，而到 2019 年，第三产业在澳门本地生产总值中所占比重高达 95.7%，几乎占据了澳门经济的全部（见表 5–2）。

表 5–2　1999—2021 年澳门产业结构演变

年份	第二产业（亿澳门元）	第二产业占比（%）	第三产业（亿澳门元）	第三产业占比（%）
1999	64.56	13.9	401.03	86.1
2000	62.30	12.4	438.71	87.6
2001	54.13	10.7	451.45	89.3
2002	54.68	9.8	503.08	90.2
2003	63.17	10.1	562.61	89.9
2004	71.89	9.2	705.35	90.8
2005	106.87	11.7	803.08	88.3
2006	167.83	15.3	927.74	84.7
2007	204.26	14.3	1 222.19	85.7
2008	199.04	12.2	1 432.71	87.8
2009	126.11	7.6	1 538.45	92.4
2010	108.67	4.9	2 123.89	95.1
2011	122.93	4.1	2 839.58	95.9
2012	139.24	4.1	3 298.20	95.9
2013	153.14	3.7	3 961.13	96.3
2014	220.97	5.1	4 134.77	94.9
2015	276.83	7.7	3 299.31	92.3
2016	238.58	6.7	3 344.80	93.3
2017	202.06	5.1	3 786.51	94.9
2018	182.24	4.2	4 208.06	95.8
2019	188.36	4.3	4 173.62	95.7
2020	171.77	8.7	1 803.63	91.3
2021	190.55	7.7	2 271.10	92.3

资料来源：澳门特别行政区政府统计暨普查局官方网站。

（2）澳门经济结构变动

澳门的第二产业主要由采矿业、制造业、水电及气体生产供应业和建筑业构成。采矿业在第二产业中占比十分微弱，自 2014 年起就不再进行核算。制造业和水电及气体生产供应业分别占据了澳门第二产业总产值的十分之一，而建筑业在第二产业中占比虽有波动，但总体保持在 70% 以上，在第二产业总产值中占比最高，贡献最大。

从澳门第三产业的产业构成上来看，博彩业及博彩中介业生产总值占据了第三产业的半壁江山，是第三产业发展的主要力量。虽然自 2014 年以来，博彩业及博彩中介业在第三产业中所占比重有所下降，但其所占比重仍然最大，且远高于其他行业。同时，其他相关行业对第三产业产值也作出了一定的贡献，但相较于博彩业及博彩中介业，其占比还是相对微小。

博彩业不仅是第三产业的主要发展力量，也是澳门经济发展的核心动力，是澳门经济发展的主导产业。自澳门回归以来，其社会经济快速发展，多项政策为博彩旅游业带来了大批游客，很大程度上推动了博彩业的进一步快速发展，使其稳坐澳门经济主导产业的位置，远超过其他产业。澳门回归祖国后，其产业结构形成了博彩业“一业独大”的格局，同时澳门经济也在博彩业的带动下得到快速发展。

1999 年，澳门博彩业在本地生产总值中所占比例仅为 26.9%[①]。在 2002 年赌权开放和 2003 年“自由行”政策支持的背景下，到 2011 年，博彩业在本地生产总值中所占比例高达 63.2%，12 年间共增长约 36 个百分点，平均每年增加 3 个百分点。自 2014 年起，澳门博彩业出现负增长趋势，2019年其在澳门本地生产总值中占比 49.9%；主要非博彩业自 2011 年以来则处于较为平稳的正向增长的态势，博彩业带动的饮食业和酒店业等也有了较好的发展。澳门经过资源的市场化调配以及各项政策辅助推动后，落后产业逐步退出，支柱产业日趋壮大，产业总体向多元化方向发展。

（3）澳门就业结构变化

澳门就业人口主要分布于 14 个种类的行业中。其中第二产业中制造业和水电及气体生产供应业的就业人口在近十年内波动性下降，建筑业的就业人口总数也出现波动，在总就业人口中占比接近十分之一。第三产业中，文娱博彩及其他服务业就业人口始终最多，其次是酒店业、饮食业、批发及零售业，分别在总就业人口中占比 10% 左右。其他行业的就业人口总体呈增长的趋势，特别是金融、不动产及工商服务、教育、医疗卫生及社会福利和家务工作行业的就业人数均有明显的增长。

截至 2021 年，澳门总就业人数中，排在前三的分别是文娱博彩及其他服务业、酒店及饮食业和批发及零售业，占比分别为 23.55%、13.30% 和 11.47%，三者均属于第三产业，且三者之和接近 50%，而三者之中，文娱博彩及其他服务业占比最大，接近一半。由此可见，澳门的产业结构存在高度的集中和单一化。

（三）澳门产业结构特点

1. 产业结构单一化

（1）产业类别单一化

澳门的产业类别并不齐全，分布也较为集中。澳门的第一产业占比十分微小，几乎可以忽略不计；第二产业在澳门本地生产总值中占比也日趋下降；第三产业以博彩业为核心，几乎占据了半壁江山，造成了产业结构的单一化情况。

（2）产业空间分布不均衡

澳门由澳门半岛、路环岛、氹仔岛三部分组成，但澳门的产业空间布局主要集中在半

① 澳门特别行政区政府统计暨普查局官方网站。

岛区。半岛区占澳门土地面积的36.4%，而澳门96.3%的人口及几乎全部工商企业都聚集在此[①]。路环区和氹仔区仍处于半开发状态，开发力度较小，其产业空间布局还有待协调。

2. 产业关联度不高

澳门经济缺乏完整性，各产业之间关联度较低，处于一种相对松散和孤立的状态。现有主要非博彩业虽然依附博彩业的发展，但产业间带动和影响与之相关的上下游产业的发展能力较弱，即各产业的发展之间尚未形成“连带效应”。因此，澳门经济总体的产业关联度仍有很大的提高空间。

3. 产业对外依赖性强

（1）资金对外依赖性强

国际资本是澳门产业发展过程中资本的主要来源，博彩业作为澳门支柱产业，对国际资本存在很强的依赖性。在2003年至2008年间，澳门博彩业的外来直接投资累计总额在外来直接投资总额中的占比从58%增长到69%，在2009年至2017年间基本呈下降趋势，在2020年占比为41%，所占比重仍然可观[②]。对外来资本的依赖性会影响澳门经济体的稳定性，从而影响澳门内生经济动力的形成。

（2）外劳需求依赖性强

澳门的企业在经营过程中会遇到诸多困难和问题，其中最大的问题之一便是人力资源短缺的问题。一方面，澳门地理面积狭小，资源短缺，人口老龄化问题加剧，当地的劳动力供给远远不能满足其就业市场对人力的巨大需求。另一方面，澳门从业人员的学历普遍较低，高学历人才较为缺乏。根据2017年的数据显示，澳门从业人员中具有大学及以上学历者的占比为35.5%，2018年为36.4%[③]。这一比例较回归祖国时已经有很大程度的提高，但相较于香港来说还是很低。因此，即使是在澳门特区政府采取保护本地居民的就业政策下，外来劳动力的需求依然逐年增加。澳门外来劳动力人数由1999年的32 183人增加到2018年的188 480人，近20年的时间增长了4.86倍[④]。在澳门经济蓬勃发展的背景下，各行业对从业人员学历及专业方面的要求仍然迫切，澳门的人力资源短缺问题仍然需要依靠大量输入来缓解。

第二节　澳门主要产业

一、博彩业

博彩，即是在赌博或比赛中得到彩头。博彩又称博彩业，即投注社会福利彩票、各种体育彩票、地方发展彩票等的经济活动，也被称作专门靠博彩来维持增加收入的个人、机构的一种行业，是一种由旅游、酒店、赌场、娱乐场所以及其他辅助性服务行业构成的综

① 卢平平. 澳门产业适度多元化研究［D］. 广州：暨南大学，2016.

② 澳门特别行政区政府统计暨普查局官方网站。

③ 陈章喜. 澳门经济结构演化特征与适度多元发展［J］. 统一战线学研究，2020，4（05）：37-44.

④ 陈章喜. 澳门经济结构演化特征与适度多元发展［J］. 统一战线学研究，2020，4（05）：37-44.

合性产业。博彩业在澳门已有 150 多年历史，是澳门经济的支柱产业。

1999 年澳门回归后，澳门特区政府借助澳门旅游娱乐有限公司专营权期满，开始引入外国资本，参与国际竞争，为澳门博彩业的发展提供了一种全新的思路。自 2002 年以来，澳门博彩业的开放经营、逐步引进竞争机制和市场运作的推行，使澳门博彩产业发展出现新契机。博彩业在澳门经济中所占比重不断上升，成为澳门经济振兴的主要动力和政府财政收入的主要来源。

（一）经济总量

澳门博彩业发展迅速，博彩业毛收入和增长率逐年增长。2004 年澳门博彩业毛收入为 435.11 亿澳门元，2019 年达到 2 933.12 亿澳门元，增长了 5 倍多[①]。在澳门的各种博彩活动中，幸运博彩占绝对主导地位，超过 99% 的博彩毛收入都来自幸运博彩（见表 5–3）。

表 5–3　2016—2021 年澳门博彩业毛收入及比例

年份	澳门博彩业毛收入及比例	总数	幸运博彩	其他
2016	博彩毛收入（亿澳门元）	2 241.28	2 232.1	9.17
	比例（%）	100	99.59	0.41
2017	博彩毛收入（亿澳门元）	2 666.07	2 657.43	8.64
	比例（%）	100	99.68	0.32
2018	博彩毛收入（亿澳门元）	3 038.79	3 028.46	10.33
	比例（%）	100	99.66	0.34
2019	博彩毛收入（亿澳门元）	2 933.12	2 924.55	8.56
	比例（%）	100	99.71	0.29
2020	博彩毛收入（亿澳门元）	610.47	604.41	6.06
	比例（%）	100	99.01	0.99
2021	博彩毛收入（亿澳门元）	875.55	868.63	6.93
	比例（%）	100	99.21	0.79

资料来源：根据澳门经济适度多元发展统计指标体系整理得到。

截至 2019 年，澳门 9 家企业经营博彩业，全职雇员有 58 225 人，实现博彩及相关服务收益共 2 933.80 亿澳门元，增加值总额达到 2 050.73 亿澳门元，实现盈利 1 825.42 亿澳门元，盈利比率达到 62.2%（见表 5–4）。其中幸运博彩承批公司 6 家，分别是永利度假村（澳门）股份有限公司、澳门博彩股份有限公司、威尼斯人（澳门）股份有限公司、美高梅金殿超濠股份有限公司、新濠博亚博彩（澳门）股份有限公司以及银河娱乐场股份有限公司，共有娱乐场 41 间，赌桌 6 739 张，角子机 17 009 部[②]。2021 年，受疫情影响，博彩及相关服务收益 882.74 亿澳门元，较 2019 年下降近三分之二，实现盈利 424.61 亿澳门元，盈利比率为 48.1%。

① 澳门特别行政区政府统计暨普查局官方网站。
② 澳门特别行政区政府统计暨普查局官方网站。

表 5-4　2016—2021 年澳门博彩业主要指标

指标	2016	2017	2018	2019	2020	2021	2022
企业数目（间）	10	10	10	9	9	9	9
全职雇员（人）	55 794	56 634	57 246	58 225	56 613	54 839	52 174
博彩及相关服务收益（亿澳门元）	2 256.95	2 678.62	3 041.86	2 933.80	612.80	882.74	435.28
其中：博彩（亿澳门元）	2 242.45	2 665.39	3 028.56	2 923.44	603.23	875.08	427.56
购货、佣金及客户回赠支出（亿澳门元）	494.79	608.56	684.36	564.27	94.29	111.41	37.26
员工支出（亿澳门元）	198.60	213.34	223.70	225.32	197.11	202.68	188.06
增加值总额（亿澳门元）	1 523.06	1 790.71	2 043.80	2 050.73	418.45	627.28	303.66
盈利（亿澳门元）	1 324.46	1 577.37	1 820.10	1 825.42	221.34	424.61	115.60
盈利比率（%）	58.7	58.9	59.8	62.2	36.1	48.1	26.6

资料来源：澳门特别行政区政府统计暨普查局官方网站。

（二）客源结构

澳门具有较为明显的区位优势，3 小时的航空航程范围内覆盖近 10 亿的人口，这为澳门博彩旅游业的发展提供了稳定而庞大的客源。自内地于 2003 年推行并实施了个人赴港澳自由行制度以来，内地游客占澳门旅游客源比重持续增加，成为入境旅客主要来源。

澳门博彩业的区位发展优势带动产业发展是必然的。首先，内地旅游政策逐渐放松，为内地旅客赴澳门提供政策支持；其次，中国人口众多，居民消费能力强以及可支配收入持续增长，访澳经济基础增加；最后，地区间的来往运输工具越来越便捷。澳门博彩游客市场对周边地区的吸引态势在内外因素的共同影响下日益明显。

（三）国际比较

拉斯维加斯是美国内华达州最大的城市，以博彩业为中心形成的旅游、购物、度假产业享有盛誉，是世界四大博彩之都之一，拉斯维加斯还享有“世界娱乐之都”和“结婚之都”的美称。

1. 自然环境

澳门地理环境相对优越。澳门特区位于中国东南部，在珠江三角洲西岸，共 33 平方千米，包括澳门半岛、氹仔岛和路环岛。2020 年末总人口已达 68.31 万人。拉斯维加斯土地面积 352 平方公里，2023 年总人口 65.3 万人[①]。澳门的人口密度约是拉斯维加斯的 10 倍。由于人口密度和自然资源的限制，澳门自然环境劣于拉斯维加斯。然而拉斯维加斯地处沙漠中心且缺水，其位于内华达州的谷地，周围是荒芜的沙漠和半沙漠，雨量稀少，夏季炎热，冬季寒冷。

两地景观各具当地特色。尽管澳门和拉斯维加斯均以博彩业著称，但后者博彩业逐步

① https://worldpopulationreview.com/us-cities/las-vegas-nv-population.

转型，游客大多从博彩转向综合休闲娱乐。拉斯维加斯的城市景观也成为游客们前往的一个重要原因，包括拉斯维加斯大道，拉斯维加斯大道两侧的埃菲尔铁塔、沙漠绿洲、自由女神像、众神雕塑等，以及米高梅酒店。澳门的人文景观与拉斯维加斯相比略有欠缺，但其汇聚了中西文化的精髓，著名景致众多，是一个富含"博物馆式"城市风貌和丰富历史文化遗产的城市。其中以澳门八大景点最为出名，分别是妈阁紫烟、三巴圣迹、普济寻幽、灯塔松涛、卢园探胜、龙环葡韵、黑沙踏浪及镜海长虹。

2. 博彩业经营

澳门博彩业营收额更高，拉斯维加斯博彩业辐射能力更强。澳门与拉斯维加斯博彩及相关产业的总体就业人数比例大致相同，分别占 30.24% 和 32.45%；但澳门直接从事博彩产业的就业比例则高于拉斯维加斯，二者分别为 44.3% 和 18.59%，这说明拉斯维加斯博彩产业辐射能力强于澳门[①]。尽管澳门在 2006 年超越了拉斯维加斯，成为博彩业营收冠军，但是拉斯维加斯博彩业在长期发展转型过程中，已不局限于单一产业，它开创了综合赌场度假村的概念，对当地旅游业、饭店、餐饮业、会展业、交通运输、建筑制造、商业金融等行业的发展都带来极大推动作用，对比澳门博彩业更具辐射性。目前，澳门博彩业也在一定程度上带动了当地旅游业、酒店餐饮业、会展业等产业的发展，但产业之间关联度有限。

拉斯维加斯博彩业发展更加多元化。拉斯维加斯的博彩业发展更具特点，经营上的竞争机制促使管理者在经营管理以及经营环境上做出改进和提高，游客可以拥有更优质全面的体验。澳门赌场数目与拉斯维加斯相差不大，但赌桌和角子机的数量结构却非常不同。比如拉斯维加斯的赌场，里面摆放着数以千计的老虎机，每一家赌场都有自己的会议室、宴会厅、餐厅、健身中心等，甚至有些赌场拥有上千间客房，拉斯维加斯博彩业真正做到了产业多元化。

两地客源结构相似。自澳门回归后，旅游业迅速发展，入境人数逐年增长，内地（大陆）与香港、台湾游客一同构成入境旅客主要来源。拉斯维加斯年平均游客次数在美国所有主要城市中排名第一，达到 3 600 万人次，80% 的游客来自美国各州，其中美国西部各州占 50% 以上，两者的客源构成都比较单一[②]。从地理位置上看，拉斯维加斯距主要客源地约 1 605 千米，而澳门与主要客源地距离更近，约 117 千米。与此同时，澳门三个小时的空中航线覆盖了超十亿的人口，巨大消费群体可以促使澳门的赌博业快速发展，而拉斯维加斯则缺乏如此庞大的人口基础支撑。

二、会展业

会展业是会议业和展览业、节庆活动和奖励旅游的总称。它是一个新兴的服务行业，也是发展潜力很大的行业之一，其影响面广，关联度高，对经济的带动作用非常明显，在国际文化交流与贸易中也起着举足轻重的作用。会展活动并不局限于一个产业，它包含了多个行业所提供的服务，如提供场地、住宿和餐饮、广告业和会议展览的筹备服务、场地设计和搭建、活动宣传及公关服务等。

2002 年澳门会议展览业协会成立，填补了澳门会展业的空白，开启了澳门会展新纪元。

---

① 袁持平，刘洋. 澳门博彩业发展新特征及内部多元化发展战略分析［J］. 港澳研究，2016（01）：62-71+95.

② 袁持平，刘洋. 澳门博彩业发展新特征及内部多元化发展战略分析［J］. 港澳研究，2016（01）：62-71+95.

2006 年，澳门特区政府提出以会展业为主业促进澳门经济多元化。《中华人民共和国国民经济和社会发展第十三个五年规划纲要》明确提出，要大力扶持澳门发展会展、商贸等行业，推动澳门经济的多元化、可持续发展。澳门特区政府也一直坚持"会议为先"的原则，促进会展产业的发展，并于 2016 年 9 月发布《澳门特别行政区五年发展规划（2016—2020 年）》，重申澳门将重点发展会展业的思想，以促进澳门经济的适度多样化。同时，为保障会议及展览活动拥有优质理想的举办环境，特区政府推出了多项扶持政策，其中包括"国际性会议及专业展览支持计划""会展活动激励计划"及"会展专业人才培训支持计划"等，以制订适合澳门会展产业与市场需求的发展计划，提升澳门的会展业竞争力。

自 2010 年起，澳门会展产业取得全面的发展，多个高规格会议包括："中国—葡语国家经贸合作论坛部长级会议""国际基础设施投资与建设高峰论坛"以及"APEC 亚太经合组织旅游部长会议"等。在澳门会展业的长足发展过程中，其与内地建立了友好合作关系，双方的交流与协作也在不断加深。以"一程多站""一会两地"等合作方式为依托，澳门与内地在参展、对外联合宣传、吸引客商等领域持续加强合作，促进了澳门会展服务的快速发展。

澳门会展业与宏观经济关系密切，其经济指标走势也与其他宏观经济指标呈现趋同态势，一定程度上，澳门会展业在澳门的经济发展和进出口贸易中起着重要的推动作用。会展业的总增加值从 2015 年的 13.7 亿澳门元增加到 2019 年的 29.4 亿澳门元，增幅为 114.6%，2019 年会展业增加值占所有行业增加值总额的 0.7%，比 2015 年的 0.4% 提高了 0.3 个百分点[①]。

澳门会展业有着产业链条长、产业关联性强的特点。会展业与其他产业的营运状况相互关联，其既能促进相关产业发展，对第三产业的内部结构有一定的调节作用，也受到相关产业发展进程的影响。澳门统计暨普查局公布的官方资料显示，截至 2019 年，澳门各主要产业对展会的需求总量从 2015 年的 23.6 亿澳门元增加到了 48.8 亿澳门元。2021 年会展活动对主要相关行业带来的经济贡献有明显的增长，当中博彩业（+136.9%）、酒店业（+109.7%）及零售业（+107.7%）的升幅最为显著。

澳门统计暨普查局公布的官方资料显示，澳门在 2019 年共举办会展活动 1 536 项，较上年增长 109 个（+7.6%），会展活动涉及"商业、贸易及管理""资讯及其他科技"与"医疗健康"等主题。在"会议为先"的政策持续推动下，2019 年在澳门举办的会议按年增加 117 项（+8.7%）至 1 459 项会议，包括公司会议及协会或组织会议。2021 年会展活动逐步有序恢复，全年共举办 449 项会展活动，同比增加 68 项（+17.8%），与会者/入场观众亦增加 53.2% 至 140.1 万人次。

三、文化创意产业

文化创意产业是在全球经济一体化的大环境下诞生的一种新兴产业，由人们的文化生活推动形成行业形态。文化创意产业的核心是由个体（团体）通过技术、创意和产业化的方式来开发和销售知识产权。创意产业最早起源于欧美，是西方国家在工业革命后提高产业附加值实现经济转型的成功范例。

① 澳门特别行政区政府统计暨普查局官方网站。

澳门的文化创意产业正日益成为澳门经济发展领域的一颗崛起的新星，并逐渐成为促进澳门经济多元发展的一个重要的新兴行业。澳门具有悠久的历史和文化资源，又处于粤港澳大湾区，区位优势也是澳门发展文化创意产业的一个重要因素。澳门文化创意产业的发展是澳门经济发展的重点之一，受到了包括特别行政区政府在内多方的关注与重视。自特区政府成立“文化产业委员会”“文化产业基金”等系列机构推进产业发展，结合2014年公布的《文化产业发展政策框架》从宏观层面确立澳门文化产业的定位与目标，至今文化产业已形成较为明显的市场效应。此外，为了让不同领域的文化创意企业健康、可持续发展，特区政府亦持续做好引领与辅助的工作，支持成立文创产业孵化中心与平台。2018年以前文化产业基金主要资助服务平台的建立与营运，在设计、时装、文化展演、出版、电影等领域为企业提供市场拓展策划、品牌推广及海外参展等不同类型的服务。同时，特区政府一直重视文化普及教育和文化产业保育，从2019年起打造各类品牌活动，结合基础教育、高等教育、文化产业界、博彩企业、文化和旅游等部门，共同为澳门营造文化艺术氛围。

澳门文化创意产业总体发展呈增长趋势，在澳门2019年的整体行业产业增加总值中，文化创意产业的增加值总额占比约为0.7%，共29.77亿澳门元；其机构数量达到2 455间，年增长210间；在职员工增长7.0%至13 691名；服务收益年上升8.9%至79.26亿澳门元。截至2021年，机构共有2 764间，按年增加248间，在职员工12 067人，增加1.4%，收益增加12.3%至56.7亿澳门元。

2021年澳门文化创意产业中的“创意设计”“文化展演”“艺术收藏”及“数码媒体”四大领域得到了不同程度的发展。其中“数码媒体”的服务收益（27.95亿澳门元）和增加值总额（12.14亿澳门元）所占份额最大，分别占49.3%和56.6%。“创意设计”“文化展演”及“艺术收藏”在文化创意产业整体的服务收益和增加值总额占比依次降低。

四、中医药产业

在澳门的新兴产业中，中医药产业是推动澳门经济适度多元化的重要部署。在中医药研究与发展方面，澳门有着深厚的民众基础和政策支持，对实现澳门经济与中医药国际化的结合具有重要作用。2019年2月，国家发展和改革委员会与澳门特区政府签署《国家发展和改革委员会与澳门特别行政区政府关于支持澳门全面参与和助力“一带一路”建设的安排》，提出了有关澳门中医药发展的相关政策，并提出了支持澳门大力发展中医药工业、加强中医药科研、人才培养、成果转化等工作；同时，还对粤港澳中医药科技产业园的建设给予了大力支持，并在园区内大力推进与中医药有关的贸易与宣传，将中医药产品与技术引入葡语国家，以及“一带一路”合作国家、区域，促进其国际化。

2019年，澳门中医药产业增加值总额为3.16亿澳门元，较2015年增长0.67亿澳门元。2010年底，澳门被批准设立中药质量研究国家重点实验室，为促进中药的国际化、规范化奠定了坚实的基础。自澳门设立了全国第一个中药质量研究国家重点实验室以来，澳门在推进中药质量鉴定技术、药理研究、参与标准制定和产业化方面做出了重要贡献。在澳门特别行政区五年发展计划中，中医药产业被列入四大重点产业的行列。

与澳门相邻的珠海横琴，也是澳门发展中医药产业的重要空间。粤澳合作中医药科技产业园于 2011 年 4 月 19 号在横琴新区奠基，这是粤澳合作产业园区第一个落地项目，由澳门和横琴联合组建，共同负责开发、施工、经营和管理。澳门可以依托现有的传统中医药优势，将香港的项目建设管理模式引进到澳门，协同推动广药等企业在澳门建立国际总部，并将“以医带药”模式推向国际化。

粤澳中医药科技产业园建设用地 50 万平方米，建设规模达 140 万平方米，围绕“中医药国际化、发展大健康产业交流平台”的核心目标，以及打造“中医药产业与文化‘一带一路’的国际窗口”的优势定位，以搭建产学研一体化平台、推动中医药国际化、发展大健康产业为思路与规划开展工作，逐渐形成一定的产业集聚氛围。2019 年，共有 167 家企业登记注册，涵盖了中医药、保健品、医疗器械、生物医药、医疗服务等行业。截至 2021 年，共有 216 家企业登记注册。

五、特色金融业

特色金融业是金融服务产业不断升级、金融产品不断延伸、金融技术不断创新的结果。作为澳门具有较强竞争力的产业之一，金融业在保持稳定、健康增长趋势的同时，在中央政府和澳门特区政府高度重视、大力支持下发展特色金融。

2016 年，澳门特区政府在施政报告中提出要发展澳门的特色金融。此外，在《澳门特别行政区五年发展规划（2016—2020 年）》中，将发展特色金融产业编入，并出台一系列的扶持政策和措施。2016 年 10 月，时任国务院总理李克强在“中国—葡语国家经贸合作论坛”第五届部长级会议上，正式表示要大力支持中国—葡语国家的金融服务平台在澳门的成立。

自澳门回归以来，澳门打破了过去具有局限性的本地“小银行、小银号”的局面，从仅限于地方业务突破了地理界限，跨境服务水平大幅提升。此外，澳门无外汇限制，资金进出自由，国际化程度高，享有境外重要金融市场的优惠。截至 2020 年年底，澳门现有 30 家银行，包括 11 家澳门注册银行及 19 家外地注册银行的分行，保险公司共有 25 家，再保险公司 1 家，其他获许可金融机构 31 家。

澳门银行业的资产规模持续增长，截至 2020 年年底，总资产达到 22 204 亿澳门元，此外，各项金融稳健指标在理想水平。2020 年澳门银行业的净利息收入为 208.75 亿澳门元，增加 2.0%。营运成本方面，银行业的总营运费用上升 8.1% 至 119.71 亿澳门元，其中人事费用占总营运费用的 41.3%。银行体系的营运利润在 2020 年轻微上升 0.8% 至 170.63 亿澳门元，与此同时，现金流量同比上升 8.1% 至 202.14 亿澳门元，各项数据反映澳门银行业保持了稳健的盈利能力及财务状况。

银行业界切实推动特色金融发展，取得了丰硕的成果。首先，在财富管理建设方面，业界相继代理、分销和发行了大湾区债等特色债券，创造了澳门乃至全球债券发行史上的多个“第一”。其次，在打造葡语国家人民币结算中心方面，充分体现了中葡金融服务合作平台的合作内涵。最后，在在金融科技推广方面，多家银行推出了各类金融科技产品，以全方位、便捷的金融服务提升澳门居民的获得感和幸福感。最后，发挥澳门作为中葡平台的纽带作用，可以为中葡及“一带一路”经贸投资深化合作注入新的动力。因此，对澳门的特色金融业进行横向发展，并通过金融创新，持续提高澳门经济和社会的影响力，将会不断推动澳门产业结构的优化和升级。

六、海洋产业

海洋产业一般可以分为海洋经济产业和海洋科研教育管理服务业。在此基础上，进一步将海洋经济产业细分为三个层次，以便对各类海洋产业在海洋经济系统中的地位和功能进行明晰，这三个层次分别是：核心层、支撑层和外围层。核心层是主要的海洋产业，包括海洋渔业、海洋油气业、滨海旅游业等；支撑层为海洋科研教育管理服务业，包括海洋信息服务业、海洋技术服务业、海洋教育等；外围层是指海洋相关产业，包括海洋设备制造业、海洋农林业等。澳门在城市发展的进程中，已形成了以海洋运输、滨海旅游业、海洋生物医药等为主的涉海产业。

2019 年 2 月中共中央、国务院印发的《粤港澳大湾区发展规划纲要》明确提出要将澳门建设为世界旅游休闲中心的任务，并提出澳门要基于长期发展规划进一步部署海洋旅游、涉海金融、海洋生物、海洋科技等海洋经济产业。

作为中国最早对外开放的口岸，澳门于 19 世纪中叶成为自由贸易港口。19 世纪 70 年代后，澳门加快港口建设并建成了深水港，经济蓬勃发展。特别是回归祖国以后，澳门再度承担转口港口角色，充分发挥了自由港的功能，形成了海洋运输为主的涉海产业。

澳门充分利用其地理条件优势，通过填海造地增加了更多的陆地空间，为其经济和社会发展提供了极其珍贵的土地资源。4 000 多年的中西方文化交汇的历史及因海而兴的特点，使澳门拥有许多著名的景点和独特的海洋文化，澳门的滨海旅游正逐渐与其特有的区域文化相融合。澳门滨海旅游业增长强劲，极具代表性并成为澳门海洋经济的重要支柱。此外，澳门世界旅游休闲中心的建设也已经取得了长足的进步，成为国内国际旅游的重要目的地之一。

在发展海洋生物医药产业方面，澳门也具备雄厚的科研实力。澳门科技大学、澳门海洋研究所等相关高校和科研院所，多次联合组织并举办了澳门海洋生物医药行业发展论坛。澳门和广东省联合在横琴建立的中医药科技产业园，为发展海洋生物医药产业打下了良好的基础。依托现有中医药产业基础，大力发展海洋生物制药，推动海洋药物和海洋微生物产品的研发，促进形成多元化的海洋生物医药产业格局。

总体而言，澳门特区政府“精准发力”，针对不同产业实施不同的策略促进发展。会展业发展以“会议为先”为指导；文化创意产业在“澳门文化创意产业系列补助计划”下稳步发展；中医药产业发展水平在澳门高等院校与国家重点实验室和世界卫生组织传统医药合作中心的创新合作中得以提升；同时，依托博彩旅游业以及酒店业推动新兴产业的发展。

第三节　澳门产业发展政策与展望

一、澳门产业发展的政策支持

粤港澳大湾区建设是习近平总书记亲自谋划、亲自部署、亲自推动的重大国家战略，是新时代推动形成我国全面开放新格局的重大举措。中央高度重视促进澳门经济多元化发展，粤港澳大湾区城市群发展规划强调了澳门在湾区中的功能与定位，要求发挥澳门独特优势，并明确提出将澳门建设为世界旅游休闲中心，推动澳门经济多元化发展。地方层面，澳门特区政府也颁发了相关政策表示要积极发挥澳门作为中国与葡语系国家经贸合作的平台作用，推动中国与葡语国家在各领域的合作与交流；积极响应并全面参与和助力“一带一路”建设，发挥澳门在世界旅游休闲中心、中葡商贸合作服务平台、中医药及文化创意发展等方面的积极作用。

（一）粤港澳大湾区建设为澳门发展提供了新机遇

2017 年《政府工作报告》指出，要进一步加强深化粤港澳的合作，研究制订粤港澳大湾区城市群的发展战略，充分利用港澳特色，提高其在我国经济发展和对外开放中的作用。粤港澳大湾区是中国最发达、最具活力的都市群，地理位置得天独厚，经济基础雄厚。2018 年 3 月，中央工作报告再次提到，要进一步加强深化粤港澳的合作。2019 年 2 月，中共中央、国务院印发了《粤港澳大湾区发展规划纲要》，明确要提高香港、澳门、广东省九个城市的人流、物流、资金流的流通速度和质量，并将粤港澳大湾区的建设以及澳门世界旅游休闲中心的建设推向了新的高度。伴随粤港澳大湾区的发展，快速高效的交通网络体系逐渐形成，粤港澳大湾区之间的旅游合作将会有很大的发展空间。

粤港澳地区经济合作已经成为国家战略，粤港澳大湾区的建立为澳门经济发展提供了前所未有的机会，澳门在粤港澳大湾区建设中发挥着重要作用，是粤港澳大湾区重要组成部分。珠江口岸一系列大规模的跨境运输基础设施建设，为澳门和珠三角地区的合作发展创造了有利交通条件。港珠澳大桥于 2018 年 10 月正式通车，成为澳门物资交换的重要渠道。另外，粤澳新通道、广珠城际轨道交通及广珠西线等工程建设，使澳门与周边各大城市之间的时空距离大幅缩短，有利于资源、生产要素的流动，有利于资源的整合与共享，使澳门与珠三角地区的合作空间进一步扩大。2021 年 9 月，中共中央、国务院印发了《横琴粤澳深度合作区建设总体方案》，对粤澳两地在新的形势下共同发展横琴作出了重要指示。粤澳合作产业园、横琴澳门青年创业谷、粤澳合作创新示范区等一系列全新的平台和载体，为粤澳合作带来了新一轮发展机遇。

（二）国家系列政策助力澳门建设世界旅游休闲中心

旅游和休闲业在澳门的发展中起着举足轻重的作用，《珠江三角洲地区改革发展规划纲要（2008—2020 年）》定位澳门为世界旅游休闲中心，《中华人民共和国国民经济和社会发展第十四个五年规划和 2035 年远景目标纲要》明确提出要支持澳门建设世界旅游休闲中心，《粤澳框架合作协议》在内地和澳门的区域合作方面，也反映出广东和澳门共同打造世界旅游休闲中心的构想。此外，澳门特别行政区政府已将世界旅游休闲中心的建设作为澳门战略、民生、发展、善治的重要指导方针，并致力于宜居城市建设。可以说，澳门的世界旅游休闲中心的定位已经成为澳门社会发展的总目标，其建设也将对澳门经济产生巨大的影响。

（三）澳门作为中国与葡语系国家经贸合作平台的作用日益凸显

澳门与众多葡语国家，如葡萄牙、巴西、佛得角、圣多美、普林西比、几内亚比绍、安哥拉、莫桑比克、东帝汶等都有联系，是四大洲中唯一与葡语国家建立特殊关系的中国城市。澳门是中葡两种语言人才的集中地，弥补了珠三角地区葡语翻译人才短缺的不足，在中介、服务等方面，将中葡两方连接起来，使双方在经贸合作方面更加精准、更加深入，吸引更多葡语国家的企业和资本流入澳门，是中国和葡语国家之间贸易合作的重要平台。2003 年 10 月，中国—葡语国家经贸合作论坛（澳门）部长级会议在澳门召开，中国同 7 个葡语国家签署了《经贸合作行动纲领》。此后，澳门又分别于 2006 年、2010 年、2013 年和 2016 年举办了中国—葡语国家经济贸易合作论坛（澳门）部长级会议，并签订了四份《经贸合作行动纲领》，2019 年中葡论坛常设秘书处按照第五届部长级会议提出的举措和签署的成果文件，促进中国和葡语国家在多领域的合作和交流。中国和葡语国家之间的经贸合作日益密切，澳门在中国和葡语国家间的经济贸易合作中发挥着越来越重要的作用。

（四）澳门参与国家“一带一路”建设获得发展红利

中国与“一带一路”沿线的许多国家拥有良好的贸易往来关系，“一带一路”倡议坚持互利共赢的贸易原则，提倡国家在贸易中进行平等的交流和合作，减少贸易障碍，提高贸易效率，推动经济发展。作为葡语国家的“联系人”，澳门在文化基础以及地理位置上都具有得天独厚的优势，可助推“一带一路”合作国家的贸易互补以及旅游业的发展；同时“一带一路”合作国家的游客来澳旅游，也为澳门旅游业发展带来新发展机遇。澳门将继续与区域旅游合作单位携手，在“一带一路”倡议下，积极探索“一程多站”，推动澳门旅游业的国际化发展。2018 年 12 月，国家发展和改革委员会与澳门特区政府签署了《关于支持澳门全面参与和助力“一带一路”建设的安排》，助力澳门建设世界旅游休闲中心以及中葡商贸合作服务平台的建设，也为澳门中医药及文化创意产业提供有力支撑。新时代发展格局下，澳门正处在多重机遇交汇之地，拥有广阔的发展空间以及光明的发展前景。

二、澳门产业发展趋势

博彩业“一业独大”虽然可以短期提升澳门整体的竞争力，但是从长期来看“一业独大”难以保持澳门经济长期健康且可持续发展。澳门产业适度多元化发展从长远来看是合理的，但是结合澳门的区位以及经济环境的实际情况来看，在澳门盲目追求建立“大而全”的产业结构是不现实且不必要的。首先，应在充分保持澳门博彩业主导地位的前提下，寻找推动经济发展的新支点，以国际服务中心为主导方向，有意识、有节制地发展第二产业，以达到与第三产业相辅相成的目的。其次，以会展业、文化创意产业、中医药产业、金融产业为主要产业，促进澳门经济的多元化发展。最后，要实现澳门的产业结构多样化，就必须从根源上解决澳门经济长期存在的内驱力不足、外依赖性强、自主性差的问题，逐步强化澳门经济自主增长、自主创新能力，使其向具有内生增长动力的自主型经济体转变。如此，才能在保留澳门原有的经济特点和竞争优势的同时，相对分散风险，推动澳门的整体经济发展，为将澳门打造成为国际旅游综合服务中心奠定坚实的基础。

（一）发展“适度多元化”的产业结构

澳门不具有博彩业“一业独大”的长期可持续发展的经济基础条件。由于澳门微型经济体发展存在规模经济、市场规模和资源缺乏等局限性，因此从资源配置的有效性角度分析，澳门产业多元化发展无须面面俱到、事事领先，而是适度发展。其龙头产业本身就富含适度多元化的思想，以本土的创造性资产和资源为基础，具有强大的内生竞争力，以及丰富的上下游产业链，可以充分带动其他产业的发展。而澳门博彩业并非根植于本土资本和资源，上下游产业链也极短，很难激发和孕育本土的“创造性资产”，从现实的比较优势及其产业特点来看，不是一种基于地区比较优势基础上形成的优势产业。

将形成支柱产业组合型经济结构作为澳门适度多元化的战略目标。澳门经济适度多元化，决不应仅限于博彩业“一业独大”的适度多样化，而是将有限的资源集中在少数行业，形成几个支持澳门经济发展的支柱产业或组合。从发展的长期性来看，博彩业可以作为澳门经济发展的一个重要组成部分，但不能作为决定澳门经济发展的决定性因素。因此，应采取适当的经济多元化，培育澳门的新兴产业，并通过多个产业集群，形成一个适度的多元化产业结构。因此，澳门经济有必要从单一博彩龙头产业主导转向多支柱产业共同发展的产业结构。对于长期以来缺乏内在动力的澳门微型经济体来说，这既是澳门经济实现适度多元化的战略选择，也是澳门增强综合竞争力，参与国际竞争，形成崭新的、可自主发展的经济模式的主要手段。

（二）博彩旅游业纵向多元化发展

博彩旅游业的纵向多元化发展是澳门经济适度多元化的一个主要策略。澳门多年的发展历史决定了澳门经济本质上是一个综合发展的旅游经济体，这是历史积累的比较优势，也是历史发展的必然结果。因此必须将其作为一种长远的发展策略，将澳门博彩旅游业发展成为垂直的、多样化的、具有新的经济元素和活力的产业链。如今，澳门产业结构已经发生变动，澳门经济也有必要向非博彩产业转型；同时，目前旅客消费逐步趋向多元化，澳门产业的发展空间也会越来越大。因此，要充分把握好时机，以博彩业带动与旅游业紧密相关的产业，如酒店、商务、会展、文化、娱乐等，实现博彩业的纵向多元化发展。

1. 把握政策机会，开发多元产品

澳门要把握政策机会，顺应时代的需要，积极扶持发展非博彩旅游业。首先，为改变单一客源结构的不利因素，应充分发掘其潜在的商机和市场，努力开发出一批有市场导向、有地方特色的旅游产品；并根据不同的目标市场，开发具有不同特点的产品和宣传主题。其次，澳门要充分发挥本身“博彩之都”的美誉，结合当地独特的自然环境和人文旅游景观，打造并发展具有澳门特色的旅游胜地和旅游形象，以吸引更多游客。再次，澳门博彩旅游业的发展可以不断发掘其文化内涵，与澳门的历史相融合，让其不仅具有娱乐性，更兼具文化性、历史性，更好地吸引游客。最后，可以依托旅游业发展手工业，发扬推广澳门的饮食文化，把澳门特色手信杏仁饼、猪肉脯、蛋黄卷等融入旅游产品中，推动文化融合。

2. 探索运营模式，优化结构

酒店业是澳门旅游产业的重要组成部分，也是澳门旅游经济发展的重要支撑。然而，澳门的旅游产品发展不够完善，旅游吸引力相对单一，叠加地域狭窄的原因，澳门观光景

点的发展也受到一定的制约，澳门酒店业一直存在住宿率低的问题。但客观而言，澳门是一个集聚多元文化的地方，拥有历史街区的世界文化遗产，澳门酒店业可以积极探索酒店的经营运作方式，与旅游、观光等相结合，提升酒店的住宿率，进而促进优化酒店结构。

（三）会展业转型升级发展

推动会展业发展，增强澳门多元经济竞争力。会展业是澳门展示自身实力的一个重要方式，是发挥澳门综合竞争力的重要力量，也是澳门工业适度多样化、发展支柱产业组合不可缺少的一部分。澳门会展业适当合理地发展，可以提高澳门的对外吸引力。此外，澳门会展业和博彩业在澳门社会经济发展方面存在着一定的联系。一是两者在客源和需求上存在着共性，尤其是在客源供应和服务设施方面，二者有着密不可分的联系。二是会展业与博彩业的融合与结合，也与澳门正着力建设世界旅游休闲中心的战略目标相吻合。因此，在会展业的转型升级发展中，要注重博彩业之间的关联性，促进两者相互依存、共同发展。

1. 重视会展业与博彩业的融合发展

由于澳门自身的地理条件，大型设施建设受到限制，在举办大型展会上有一定的缺陷。然而，以其最大的经济支柱博彩业带动其他行业发展是澳门经济的一大特色，澳门可以充分利用旅游业、博彩业等行业的资源大力发展会展业。将会展与高品质的都市生活、现代化的酒店、会议、博彩娱乐等有机地融合在一起，并持续开发国际会议、中小型娱乐、消费、时尚、文化艺术等特色展会，推动澳门会展业与博彩旅游业的融合，提高澳门会展业的服务水平，打造一个高品质的会议旅游城市。

2. 与香港、珠三角区域联合发展

基于国内外会展业的发展模式，会展业的总体发展趋向是强强合作，走向国际化经营。越来越多的大型国际会展组织不再单打独斗，而是不断努力提高自身实力，纷纷联手合作，实现优势互补。澳门会展业完全可以吸取国际经验，首先将粤港澳大湾区的会展业资源进行整合，加强粤港澳大湾区会展业深度合作，深化粤港澳会展业一体化发展，提升三地的国际竞争力；然后与国外会展组织进行多层次合作，补充会展业市场结构，提高澳门会展业的世界知名度。

（四）文化创意产业走向集群化，扩大发展空间

文化创意产业发展将为澳门经济注入新动力。在澳门产业适度多元化进程中，对文化创意产业提高重视，发挥其独特优势，把澳门特有本土文化和形象传递给世界。此外，随着区域经济的融合，文化创意产业的集聚并逐步走向集群化也是必然趋势。在区域经济一体化发展的背景下，各城市积极寻求地区合作是实现高质量发展的必要途径。作为一个高度国际化、经济结构单一而又资源匮乏的微型经济体，澳门需要突破自我局限，向外寻找自身的专业分工，依托地区合作，扩大文化创意产业生存与发展的空间。

1. 打造文化创意产业园，发挥聚集效应

澳门特区政府是推动文化创意产业发展的重要力量，应积极采取相应的扶持措施。首先，特区政府可以给予文化创意产业相关单位和个人一定的优先权，在场所租金上给予一定优惠。其次，特区政府可以建立大型服务中心为文化创意产业提供孵化平台，

推动未来逐步发展成具有一定规模的文化创意产业园。在项目引进、推进的过程中，可以考虑引入创意设计、文化展览、艺术收藏、数字传媒等单位，在保持原有建筑风格的基础上，充分发挥产业集聚效应。最后，进一步引进旅游、餐饮、住宿等商业设施，充分发挥和利用文化创意产业的优势，改变过去没落的工业经济状况使其重新焕发生机。

2. *跨地区合作实现长足发展*

首先，澳门文化创意产业想要实现长足的发展，就必须要进行跨地区合作，改变澳门市场狭窄、经营成本负担沉重状况。目前，珠海横琴粤港澳文化创意园区已经在“先行先试”方面给予了港澳文化产业园区一些优惠政策，并在今后的发展方向上，致力于将其整合成一条完整的产业链，在文化创意产业上逐渐形成一定的规模和示范作用，使之成为亚洲地区的文化创意之都，甚至是世界文化创意中心。其次，深圳前海、中山翠亨等地把文化创意产业列为重点发展的行业，具有很大的发展空间。澳门要抓住跨地区合作的机遇，基于粤、港、澳文化创意企业之间的合作，优势互补，提高整体发展水平，推动澳门的整体经济发展。最后，澳门要发展文化创意产业，必须加强人才培养，拓展融资渠道，寻求与其他产业的融合发展。

（五）中医药产业提质增效发展

中医药产业发展将成为澳门经济的新亮点。澳门回归之前，中医药产业未得到重视，在政府的卫生保健体系和医学教育领域中几乎没有立足之地。回归之后，澳门特区政府加强了中医药在民众卫生保健方面的应用，历届行政长官都十分关注澳门中医药产业发展，这些都是澳门中医药产业后期得以迅速发展的重要因素。此外，“一带一路”倡议的实施切实推动了澳门与沿线国家和地区的合作与交流，也为澳门中医药产业在国际上的发展提供了新的机会。

1. *产学研结合培养高端人才*

针对澳门特区政府对中医药产业的定位，澳门中医药产业相关从业人员的培养和储备人才水平仍有较大提升空间。可以从以下方面来加强人才的培育：首先，传承、创新、发展名老中医的学术特点和深厚理论造诣，树立中医药旗帜；其次，重点培育、引进具有创新的知识体系、掌握现代科学技术方法以及具有丰富的中医基础和临床经验的人才；最后，在培养方式上，秉持科研和临床深度融合的引导方针，结合学院教育、师承教育、继续教育等，为中医药产业储备高端人才。

2. *利用自身优势实现跨区域互动*

澳门拥有国际化的自由港、良好的投资环境和卓越的国际化商务平台等优势，加强澳门的对外交流与合作，是推动其发展的一个重要手段。首先，澳门可以在政策管理、人才培养、科技研发、产品研发等多个领域进一步加强与内地的中医科研院所的交流与合作，提升自身创新能力，加快科技成果的传播与转化；并与有想法的中医专家进行深层次沟通，从中吸取经验。其次，要加强与国外的合作与交流。通过举办国际传统医学合作活动，组织学术交流，推动中医药在世界范围内的推广和贸易。最后，澳门还可以通过建立区域合作机制，建立具有区域性特点的中医药研究中心和咨询中心，促进地区间的跨区域信息交流与资源共享。

本章小结

复习思考题

1. 思考澳门近现代经济发展历史的特点。
2. 什么是微型经济?
3. 简述澳门微型经济的特点。
4. 试述澳门的产业结构特征。
5. 对比拉斯维加斯博彩业，分析澳门博彩业的发展优势。
6. 试分析澳门新兴产业发展的思路与策略。
7. 思考澳门产业结构多元化发展方向与前景。

第六章　粤东西北地区产业结构及其发展

学习目标

本章主要讲解了粤东西北地区整体经济概况、产业结构演进与产业发展概况，要求了解粤东西北地区产业结构的演进过程与产业结构特点，掌握粤东西北地区主要产业的发展情况，重点理解粤东西北地区的产业政策与产业发展前景。

第一节　粤东西北地区经济概况与产业结构演进

一、粤东西北地区经济概况

（一）综合概况

在广东省内，粤东地区、粤西地区和粤北地区习惯上合称为“粤东西北地区”。粤东地区包括汕头市、汕尾市、潮州市和揭阳市 4 个地级市；粤西地区包括湛江市、茂名市和阳江市 3 个地级市；粤北地区包括韶关市、河源市、梅州市、清远市和云浮市 5 个地级市。粤东西北地区总面积约为 12.49 万平方千米，占广东省土地总面积的 69.5%。截至 2021 年年底，粤东西北地区常住人口 4 823.4 万人，占全省的 38.03%，城镇人口为 2 590.85 万人，城镇化率 53.71%。

（二）自然资源禀赋

粤东地区地处闽粤交界，临近港澳台，拥有潮汕平原和三列东北—西南走向的莲花山脉、罗浮山脉、九连山脉，山地丘陵中散布着盆地和谷地。潮汕平原是广东省第二大平原，主要由韩江三角洲、榕江平原、练江下游平原组成[①]，地势平坦，土壤肥沃，是著名的水稻高产区。潮州市水资源充沛，可供开发的水能达 14.48 万千瓦时，拥有银、钨、锡、铍、铁、磷矿、水晶、黄铁矿、花岗岩、钾长石和高岭土等 20 余种矿藏种类，其中初步探明的高岭土储量高达 1 亿多吨。粤东地区海岸线长超过 1 000 千米，优良港湾众多，海洋旅游资源丰富。汕头港是粤东地区唯一的国家沿海主要港口，是“一带一路”重点建设的 15 个港口之一。汕头南澳岛具有十分丰富的风力资源，有“风县”之称，是全国三大风力发电场之一。

① 凌恳，朱世博，李瑞，等. 广东潮汕平原第四系一个新的岩石地层单位——炮台组［J］. 地层学杂志，2022，46（01）：101-108.

粤西地区的土地类型以山地丘陵、台地、平原为主，其中湛江属平原与台地，自然资源优势明显，发展农业、矿产开发、海洋产业具有得天独厚的优势。粤西地区处于亚热带，是全国最大的香蕉、荔枝、龙眼等果蔬生产与运输基地，全国橡胶、剑麻、糖蔗等作物生产基地，全省最大的蚕桑、南药、花生、松香、山地养鸡基地。粤西地区近海原油储藏量丰富，矿产资源丰富，还拥有以建材为主的非金属矿产资源，其中，茂名市拥有矿藏近 100 种，潜在价值 4 000 亿元以上，高岭土与油页岩的质量和储量位居全国第一。绵长的海岸线是粤西地区海洋产业发展的基础，其中湛江市海岸线长达 1 556 千米，坐拥 140 余个岛屿。粤西地区优良港口众多，茂名市的博贺港是广东省三大渔港之首，湛江港是全国八大深水良港之一。粤西地区水产品产量位居全国第一，阳江市、湛江市水产品总产量占全省的 27% 左右。

粤北地区也称作广东省北部生态发展区，其地形以丘陵山地为主，河谷盆地分布集中，平原面积较少，部分位于生存条件极其恶劣的石灰岩地带，地形复杂。粤北地区水资源丰富，珠江三大支流均流经于此，在地形、土壤和水资源的有机结合下，使得粤北地区的农业发展具备先天的优势，十分适宜种植中药、蔬菜和茶叶等农作物。此外，粤北地区林木、矿产资源丰富，山川秀丽、空气清新，拥有丰富的自然景观资源，如连州地下河、丹霞山风景名胜区等。

（三）历史发展基础

自古以来粤东的潮汕地区都是中国与东南亚乃至世界经贸往来的重地。潮汕有狭义和广义之分，狭义指汕头、潮州、揭阳三市，从古揭阳县到潮州府到 1991 年的汕头市同属一个市行政区，并且民系、地缘、血缘、文化相同，合称潮汕三市；广义包括汕尾市，汕尾市近代和当代曾隶属潮汕管辖，并且民系、地缘、血缘、文化与潮汕三市相近，合称潮汕四市。潮汕地区作为粤东、闽西南、赣南地区进出海口、主要交通枢纽和商品集散地的中心，曾经是广东经济的第二增长极。汕头市是我国最早成立的经济特区之一，一直到改革开放前，汕头市都是广东仅次于广州的第二大城市。汕头港是中国最早对外开放的港口城市之一，于 1860 年开埠，商贸历来比较发达，是“一带一路”重点建设的国家一类口岸之一，与世界 57 个国家和地区的 268 个港口有货运往来。潮汕地区的历史文化悠久独特，国际化营商历史底蕴丰厚，是著名的侨乡，约有 1 500 万海外潮籍侨胞，是广东省加强与东盟等国际经济区域合作、深化粤港澳台经贸合作的重要门户。

粤西地区的对外贸易历史悠久。在秦朝，湛江徐闻港是广东省的主要贸易港口之一。两汉时期，海上丝绸之路从中国广东番禺、徐闻、广西合浦等港口出发往西航行，与从地中海、波斯湾、印度洋沿海港口启航向东航行的海上航线，在印度洋上相遇并实现了对接，湛江徐闻港成为中国最早有正史记载的“海上丝绸之路”的始发港。雷州半岛地区也一直是海上丝绸之路的重要节点。1984 年，湛江市成为首批沿海开放城市之一。2015 年，湛江市成为“一带一路”海上合作战略支点城市之一。

粤北地区在历史上开发较早，在唐朝以前，经济文化长期处于岭南领先地位。至唐宋，粤北地区保持良好发展势头，成为仅次于广州市的要州大郡。但两宋后，珠三角地区崛起，粤北地区则逐渐衰落，成为岭南经济较落后的地区之一。原因在于其地形以山地丘陵为主，修桥铺路盖房子等基础设施的造价高于平原地区，平原面积狭小且交通不便，使得粤北地区与外界的经济交往较少，其经济发展处于滞后的状态。粤北地区的农业历史悠久，自“八五”期间的适度规模化经营以来，已积累大量的生态农业方面的经验，逐步向现代化与产业化迈进。

从经济基础差异来看，粤东西北地区与珠三角的地区经济发展基础是不同的。从宋代以后，珠三角地区一直保持着对外经济联系，工商业较为活跃，拥有中国主要的贸易口岸和世界著名的贸易港。改革开放以后，珠三角地区凭借厚重的海洋文化底蕴、商业文化底蕴与市场底蕴，率先完成了由计划经济向市场经济的转型，迅速融入全球产业链和价值链。然而，由于区位特征、产业基础、交通条件和政策环境方面的劣势，粤东西北地区经济基础相对薄弱，吸引的外商直接投资较少，人力资本也不断地向高速发展的珠三角地区聚集，没有及时跟上改革开放的步伐，远远落后于珠三角地区。

（四）重大战略与政策

2002 年，中共广东省第九次代表大会首次提出“区域协调发展战略”。之后，广东省委、省政府多次出台旨在推动粤东西北地区经济发展的政策。其中重大战略与政策包括：2005 年，广东省政府发布的《关于我省山区及东西两翼与珠江三角洲联手推进产业转移的意见（试行）》提出，推动珠江三角洲部分产业转移至山区及东西两翼，产业转移的具体推进则以“产业转移工业园”为空间和制度载体。2008 年，广东省委、省政府进一步出台《关于推进产业转移和劳动力转移的决定》（简称“双转移”战略）。“双转移”战略是指通过政策推动珠三角地区劳动密集型产业向欠发达的粤东西北地区转移，而粤东西北地区的劳动力，经过技能培训后，一方面向当地第二产业、第三产业转移；另一方面，一些较高素质劳动力向发达的珠三角地区转移。广东省将产业转移战略升级为产业与劳动力“双转移”战略，加大了区域协调发展的推进力度。2013 年，广东省出台《中共广东省委　广东省人民政府关于进一步促进粤东西北地区振兴发展的决定》，明确提出以交通基础设施建设、产业园区扩能增效、中心城区扩容提质为“三大抓手”，推动粤东西北地区加快发展，实现与珠三角地区“双轮驱动”。2017 年，广东省政府发布的《广东省沿海经济带综合发展规划（2017—2030 年）》中进一步明确粤东和粤西地区未来经济发展方向。2019 年，广东省委、省政府出台《关于构建“一核一带一区”区域发展新格局促进全省区域协调发展的意见》，其中就粤东西北地区的经济发展提出政策和规划。粤东西北地区的各地级市就落实《中共广东省委　广东省人民政府关于进一步促进粤东西北地区振兴发展的决定》，相继出台了行动方案或实施意见，以及促进产业园区高质量发展的政策和规划。广东省委、省政府一系列区域政策的出台推动了粤东西北地区的经济发展，其农业综合开发、产业发展、交通基础设施、扶贫开发建设成效显著。

（五）主要经济指标运行情况

1. 地区生产总值与人均地区生产总值

自 2000 年以来，粤东西北地区经济总量和人均 GDP 的增长速度取得较大的进步。2000 年粤东西北地区 GDP 为 2 775.2 亿元，人均 GDP 为 6 578 元；2010 年，粤东西北地区 GDP 达 9 529.3 亿元，为 2000 年的 3.43 倍，人均 GDP 达 23 612 元，为 2000 年的 3.59 倍；2020 年，粤东西北地区 GDP 达 21 237.0 亿元，为 2000 年的 7.65 倍，人均 GDP 达

44 245 元，为 2000 年的 6.73 倍。虽然粤东西北地区经济总量的增速较快，但是在全省经济总量的占比却没有显著变化，一些地区仍缺乏强有力的优势特色主导产业。虽然果、菜、茶、南药等传统农业已具备一定规模，但是初级农产品的附加值不高，还没有形成配套的产业链与支撑服务体系，无法成为推动本地经济发展的主导力量。其 GDP、人均 GDP 指标与珠三角地区依然存在巨大差距，且差距呈现扩大的趋势。粤东西北地区与珠三角地区的 GDP 差距从 2000 年的 5 696.1 亿元扩大至 2020 年的 68 286.9 亿元，人均 GDP 差距从 13 702 元扩大至 70 508 元。2020 年广东省 GDP 为 110 760.94 亿元，粤东西北地区占比 19.2%，珠三角地区占比 80.8%。2000—2020 年，粤东西北地区占全省生产总值的比重一直维持在 14.4%~22.0% 之间。总体来看，粤东西北地区属于广东省内经济欠发达地区（见表 6-1）。

表 6-1　2000—2020 年粤东西北地区、珠三角地区 GDP 与人均 GDP

指标	2000 年	2005 年	2010 年	2015 年	2020 年
粤东西北 GDP（亿元）	2 775.2	4 640.4	9 529.3	15 722.0	21 237.0
珠三角 GDP（亿元）	8 471.3	18 426.6	38 028.7	62 541.4	89 523.9
粤东西北人均 GDP（元）	6 578	10 028	23 612	33 047	44 245
珠三角人均 GDP（元）	20 280	40 446	69 002	107 010	114 753

资料来源：广东统计年鉴；广东省国民经济和社会发展统计公报。

分区域来看，2005—2020 年，粤东、粤西、粤北三大区域的经济发展水平稳步提升。粤东地区 GDP 从 1 540.9 亿元增加至 7 053.5 亿元，粤西地区 GDP 从 1 716.4 亿元增加至 7 740.0 亿元，粤北地区 GDP 从 1 383.1 亿元增加至 6 443.5 亿元（见表 6-2）。

表 6-2　2005—2020 年粤东、粤西、粤北三大区域生产总值及所占广东省比重

时间 \ 地区	粤东地区		粤西地区		粤北地区	
	GDP（亿元）	比重（%）	GDP（亿元）	比重（%）	GDP（亿元）	比重（%）
2005	1 540.9	7.0	1 716.4	7.8	1 383.1	6.3
2006	1 762.2	6.8	2 027.9	7.8	1 674.8	6.5
2007	2 080.5	6.6	2 330.9	7.3	2 054.3	6.5
2008	2 462.3	6.7	2 760.7	7.5	2 407.7	6.6
2009	2 685.7	6.8	2 899.6	7.3	2 544.1	6.4
2010	3 107.1	6.8	3 487.3	7.6	2 934.9	6.4
2011	3 617.4	6.8	4 164.2	7.8	3 402.1	6.4
2012	4 042.3	7.1	4 609.2	8.1	3 697.0	6.5
2013	4 485.4	7.2	5 189.9	8.3	4 054.4	6.5
2014	4 877.9	7.2	5 644.1	8.3	4 407.6	6.5
2015	5 191.9	6.9	5 867.3	7.9	4 663.0	6.2
2016	5 693.8	6.9	6 223.2	7.6	5 081.2	6.2

续表

时间＼地区	粤东地区		粤西地区		粤北地区	
	GDP（亿元）	比重（%）	GDP（亿元）	比重（%）	GDP（亿元）	比重（%）
2017	6 076.1	6.6	6 768.3	7.4	5 467.5	6.0
2018	6 514.5	6.5	7 207.3	7.2	5 782.7	5.8
2019	6 957.1	6.5	7 609.2	7.1	6 205.7	5.8
2020	7 053.5	6.4	7 740.0	7.0	6 443.5	5.8

资料来源：广东统计年鉴；广东省国民经济和社会发展统计公报。

通过相关区域政策，特别是2013年后的振兴粤东西北战略的实施，粤东西北地区12个地级市经济总量均有所增加。2013—2020年，汕头市GDP从1 569.58亿元增加至2 730.58亿元，增长达1 161亿元；茂名市GDP从2 186.93亿元增加至3 279.31亿元，增长达1 092.38亿元；湛江市GDP从2 031.80亿元增加至3 100.22亿元，增长达1 068.42亿元，茂名市、湛江市、汕头市三个城市一直稳居粤东西北地区前三位，韶关市、河源市、梅州市、汕尾市、云浮市、潮州市六个地级市则相对较落后，2020年广州GDP为25 019.11亿元，这六个地级市GDP均为广州的1/20左右（见表6-3）。

表6-3　2013—2020年粤东西北地区12个地级市的GDP

单位：亿元

市别	2020	2019	2018	2017	2016	2015	2014	2013
汕头	2 730.58	2 694.08	2 503.08	2 368.16	2 097.48	1 869.53	1 710.57	1 569.58
韶关	1 353.49	1 318.41	1 217.48	1 133.62	1 040.69	987.86	961.90	898.41
河源	1 102.74	1 080.03	1 006.98	968.10	847.80	768.68	734.84	668.92
梅州	1 207.98	1 187.06	1 127.24	1 086.59	1 029.74	943.58	870.73	790.82
汕尾	1 123.81	1 080.30	1 004.00	904.57	843.92	766.86	729.36	678.22
阳江	1 360.44	1 292.18	1 167.73	1 142.24	1 117.03	1 108.12	1 066.82	971.17
湛江	3 100.22	3 064.72	2 944.48	2 744.98	2 487.25	2 319.49	2 201.88	2 031.80
茂名	3 279.31	3 252.34	3 095.11	2 881.07	2 618.91	2 439.73	2 375.38	2 186.93
清远	1 777.15	1 698.22	1 575.32	1 474.54	1 404.30	1 266.26	1 194.42	1 099.54
潮州	1 096.98	1 080.94	1 005.30	960.68	948.16	891.11	833.19	772.28
揭阳	2 102.14	2 101.77	2 002.09	1 842.67	1 804.26	1 664.39	1 604.73	1 465.36
云浮	1 002.18	921.96	855.67	804.63	758.68	696.60	645.74	596.67

资料来源：广东统计年鉴；广东省国民经济和社会发展统计公报。

2. 主要经济指标增速情况

2005—2020年期间，粤东西北各地级市的国民经济和社会发展的增速有所差异。一般预算收入方面，河源市、清远市和阳江市的增长最快，分别为2005年的9.37倍、9.33倍和7.56倍；社会消费品零售总额方面，增长最快的是揭阳市、湛江市和茂名市，分别为

2005 年的 7.27 倍、5.66 倍和 5.62 倍；进出口总额方面，河源市和茂名市增长速度远超其他地级市，分别为 2005 年的 6.78 倍和 6.64 倍，其增长动力均源自出口额的快速增长，分别是 2005 年的 9.99 倍和 8.66 倍。

二、粤东西北地区产业结构演进

（一）20 世纪 80—90 年代粤东西北地区产业结构演进

1978 年 12 月召开的中国共产党第十一届中央委员会第三次全体会议标志着中国开始实行对内改革、对外开放的政策，即改革开放。1979 年 7 月，中央正式批准广东和福建在对外经济活动中实行特殊政策、灵活措施，这项政策在 20 世纪 80—90 年代深刻改变了广东省的经济环境，也给粤东西北地区带来了机遇和挑战。一方面，汕头经济特区的成立使得粤东地区成为中国对外交流的重要窗口，促进了当地经济飞速发展；另一方面，珠三角地区的发展使得资金、人才、政策等资源逐渐从粤东西北地区转移到珠三角地区，延缓了粤东西北地区的经济发展。

1. 第一产业比重大幅度下降，第二、三产业比重持续增加

在对外开放基本国策的经济背景下，粤东西北地区不断进行产业结构优化，三次产业结构从 1990 年的 41.70 : 32.15 : 26.15，发展至 1999 年的 25.97 : 41.62 : 32.41，第一产业的比重大幅度下降，而第二产业和第三产业的比重持续增加（见表 6-4）。尤其是粤北地区，在 1985—1995 年期间，其经济社会发生翻天覆地的转变。在耕地面积减少的情况下，粤北地区农业总产值大幅度提高，从 62.1 亿元增加至 339.36 亿元，工业总产值从 52.62 亿元增加至 969.5 亿元。同时，得益于工业总产值超过 10 倍的增长，粤北地区经济快速发展，地方财政收入大幅增加，居民储蓄存款也有了质的飞跃。在 1990—1999 年期间，粤北地区以农业为代表的第一产业稳步发展，比重由 42.6% 下降至 33.6%，第二产业比重由 32.4% 增加至 37.7%，第三产业比重由 25.0% 增加至 28.7%，使得产业结构呈现第一产业比重下降，而第二产业、第三产业比重上升的局面。

表 6-4　1990—1999 年粤东西北地区各产业占 GDP 的比重

单位：%

时间	第一产业	第二产业	第三产业
1990	41.70	32.15	26.15
1995	30.04	39.19	30.77
1999	25.97	41.62	32.41

资料来源：广东统计年鉴。

2. 粤东地区的对外贸易发展较快，粤西地区依托第一产业改善当地经济状况

1981 年 11 月，汕头经济特区正式成立，极大地发挥了汕头这一港口城市的作用，推动着粤东和闽西南对外经济往来，同时也奠定了汕头在粤东地区的地位。经过十余年的探索，粤东地区的对外贸易发展较快，这促使粤东的地区生产总值与粤西地区旗鼓相当。1995 年粤东地区出口总额为 35.66 亿美元，国内生产总值为 647.77 亿元，第二产业和第

三产业占比均高于粤西地区，数项指标遥遥领先于粤西地区。虽然两个地区生产总值接近，但其产业结构明显不同，粤西地区第一产业占比 32.57%，而粤东地区第一产业占比 20.99%，相较于粤东地区，粤西地区更多地通过第一产业的发展促使当地经济状况持续改善。

3. 旅游业呈现持续上升的强劲态势

粤东西北地区拥有种类繁多、质量过硬的旅游资源。随着粤东西北地区产业结构优化升级，旅游业在 1996—1999 年期间取得较快发展，并且主要是国内旅游发展带动整体旅游行业发展。旅游业收入最高的城市是汕头市和湛江市，其收入大幅高于粤东西北其他城市；旅游外汇收入反映的是城市吸引外来游客消费的能力，汕头在这一方面独占鳌头；在国内旅游方面，各城市之间的收入差距有所缩小，但差距仍然较大。从区域情况分析，粤东地区旅游业发展较好，主要体现为粤东地区更能吸引外国游客；由于湛江市旅游业收入大幅下降，阳江市和茂名市旅游业规模过小，从而导致粤西地区旅游业收入大幅下滑，且其旅游外汇收入是三个区域中最低的；虽然清远市的旅游收入下降较多，但得益于粤北地区其余城市旅游业的良好发展，使得粤北地区于 1999 年旅游收入超过粤西地区（见表 6–5）。

表 6–5　粤东西北地区 1996 年、1999 年地区旅游业收入对比

单位：亿元

市别	收入合计		旅游外汇收入		国内旅游收入	
	1996 年	1999 年	1996 年	1999 年	1996 年	1999 年
汕头	25.00	30.41	7.26	8.70	17.74	21.71
韶关	7.04	9.68	0.39	0.28	6.65	9.40
河源	2.71	6.08	0.04	0.11	2.67	5.97
梅州	1.87	4.56	0.86	0.85	1.01	3.71
汕尾	8.34	10.18	0.22	0.16	8.12	10.02
阳江	7.95	8.78	0.07	0.11	7.88	8.67
湛江	29.97	22.53	0.70	0.48	29.27	22.05
茂名	3.96	4.87	0.13	0.13	3.83	4.74
清远	11.39	5.13	0.42	0.41	10.97	4.72
潮州	8.16	7.04	0.92	1.15	7.24	5.89
揭阳	5.38	5.94	0.53	0.56	4.85	5.83
云浮	8.42	10.92	0.37	0.51	8.05	10.41
按区域划分						
粤东地区	46.88	53.57	8.93	10.57	37.95	43.00
粤西地区	41.88	36.18	0.90	0.72	40.98	35.46
粤北地区	31.43	36.37	2.08	2.16	29.35	34.21

资料来源：广东统计年鉴。

（二）2000—2012 年粤东西北地区产业结构演进

1. 第一产业处于滞后发展，第二、三产业呈快速发展态势

为了改变广东省产业结构不合理、粤东西北地区经济规模和发展水平偏低、区域发展不平衡的状态，2005 年，广东省委、省政府提出珠三角地区与粤北山区及粤东粤西地区共建产业转移工业园，推进产业转移，促进粤东西北地区经济社会发展的战略举措。随着一系列政策的落地实施，粤东西北产业园区得到快速发展，推动了区域间产业共建和一批省级产业园建设，构建了全省一体化发展新格局。2008—2012 年期间，政府安排了 400 余亿元资金，从改善基础设施、扶持重点产业发展、建设产业转移园、实施政府有效引导的产业转移政策、实施免费技能培训、鼓励贫困农村适龄青年掌握职业技能等多方面扶持粤东西北地区经济发展[①]。产业结构深入优化升级和“双转移”政策,推动了粤东西北地区第二产业的发展。2008—2012 年期间，粤东西北地区第二产业发展主要由规模以上工业增加值靠前的汕头市、湛江市、茂名市和揭阳市四个城市起引领作用，带动其经济区域内城市发展，从而推动广东省东西翼工业的持续稳定增长；粤北地区虽然城市较多，但清远市规模以上工业增加值波动较大，无法承担起示范作用，其他城市工业发展水平较为接近，进而规模以上工业发展相较于东西翼地区慢，且从 2010 年起呈下降趋势。与此同时，珠三角地区各城市都在极力推动企业向粤东西北地区转移，既为珠三角地区转型升级腾出发展空间，又为粤东西北地区经济快速发展提供动力。从总体上看，2000—2012 年粤东西北地区第一产业处于滞后发展状态，第二产业和第三产业呈快速发展的态势（见表 6-6）。

表 6-6　2000—2012 年粤东西北地区三大产业比重

单位：%

时间	第一产业	第二产业	第三产业
2000	26.18	37.98	35.84
2005	19.44	42.88	37.69
2010	15.05	44.95	40.00
2011	15.19	46.15	40.20
2012	14.92	45.93	41.11

资料来源：广东统计年鉴。

2. 先进制造业和高新技术制造业发展较快

在粤东西北地区承接珠三角地区产业转移的过程中，大量的传统制造业进驻粤东西北地区，这不仅使当地环境承载力饱和、造成严重的环境污染，也导致产业转型升级困难等一系列问题。先进制造业和高新技术制造业相对于传统制造业而言，具有优质、高效、低耗等特性，能够获得更高的附加价值和促进产业转型升级。因而，粤东西北地区着力加快发展先进制造业和高新技术制造业。以 2012 年为例，湛江市和茂名市先进制造业增加值占规模以上工业比重超过 50%，引领粤西地区先进制造业增加值达到 698 亿元，占规模

① 罗彬. 粤东西北城镇化，产业支撑在哪？[J]. 广东经济，2013（07）：28-31.

以上工业增加值比重为 51.7%。粤北地区则着重发展高新技术制造业，深入打造建设高新技术开发区，不断引入高附加值企业，河源市和梅州市高新技术制造业增加值占比均超过 10%。粤东地区的汕尾市高新技术制造业增加值占规模以上工业比重 19.9%，位列粤东西北地区 12 个地级市之首，揭阳市高新技术制造业增加值为 60.23 亿元，汕头市高新技术制造业增加值为 31.28 亿元，远远高于粤西和粤北地区。

（三）2013 年以来粤东西北地区产业结构演进

通过相关区域政策，特别是 2013 年后的振兴粤东西北战略的实施，粤东西北地区经济快速发展，广东省区域发展差距持续拉大的状况也得到一定程度的改善。

1. 第三产业占比稳步上升

2013—2020 年，粤东西北地区人均 GDP 增长率除 2017 年低于珠三角地区 0.01%，其余年份均高于珠三角地区。2020 年粤东西北地区三次产业结构调整为 15.06∶36.16∶48.77，产业结构深入优化升级，其中第三产业占比近年来稳步上升，从 2013 年的 41.89% 增加至 2020 年的 48.77%（见表 6-7）。2013—2020 年粤东西北地区服务业增长的特征主要表现在以下三点：①消费性服务业是各地区服务业增长的“优势行业”，其中又以房地产业、批发和零售业、住宿餐饮业为主导产业。消费性服务业也是新增就业的主要来源，2013—2020 年期间，新增就业 14.26 万人。②公共性服务业是各地区服务业增长的“衰退行业”，虽然吸纳的就业量最大，但是增长缓慢且产业竞争力较弱。从公共性服务业的内部结构来看，只有卫生、社会保障和社会福利业有微弱竞争优势。③生产性服务业是各地区服务业增长的“劣势行业”，新增就业量最低，增长乏力且产业竞争力最弱。粤东地区的潮州市、粤西地区的阳江市、粤北地区的梅州市和韶关市增长最慢，而粤东地区的汕头市、汕尾市，粤西地区的湛江市、茂名市，粤北地区的河源市、云浮市则具有后发优势，但是新兴生产性服务行业与珠三角地区差距较大，他们的优势产业仍集中在传统生产性服务行业[①]。

表 6-7　2013—2020 年粤东西北地区三大产业比重

单位：%

时间	第一产业比重	第二产业比重	第三产业比重
2013	13.96	44.15	41.89
2014	13.52	44.42	42.06
2015	13.65	42.53	43.82
2016	13.80	40.83	45.37
2017	13.26	38.63	48.11
2018	13.18	37.74	49.08
2019	14.07	37.03	48.89
2020	15.06	36.16	48.77

资料来源：广东统计年鉴。

① 刘红英，胡小娟. 粤东西北地区服务业增长及其影响因素的实证研究［J］. 科技与经济，2018，31（02）：11-15.

2. 主动承接珠三角产业转移

2013—2020 年，粤东西北地区积极承接珠三角地区产业转移，主动融入珠三角地区产业链条，乃至联合珠三角地区直接切入全球产业链条。汕尾市比亚迪项目、河源市中兴通讯项目的实施，就是粤东西北地区主动融入珠三角产业链条的成功案例。粤东西北地区深入推进供给侧结构性改革，积极融入粤港澳大湾区和“一核一带一区”建设，积极调整经济结构，加快发展实体经济，私营、民营经济成为经济高质量发展的新主体。具体而言，从制造业结构来看，粤东地区的揭阳市、汕尾市，粤北地区的梅州市、河源市在发展高新技术产业方面取得一定成效，但整体而言，粤东西北地区高新技术制造业所占比重仍显著低于珠三角九市。从服务业结构来看，生产性服务业发展较快，粤北地区的韶关市和河源市表现突出。从投资结构来看，粤东西北地区国有企业数量较少，民营企业相对较多，民营企业投资比重居前六位的城市分别是揭阳市、汕头市、汕尾市、云浮市、阳江市和茂名市[①]。

第二节　粤东西北地区主要产业

一、农业

由于内外部因素影响，粤东西北大部分地区不适合发展重工业和生产性服务业，大多数地区长期以来以农业作为产业基础，为珠三角地区提供了丰富多样的农产品，因此，大力发展农业成为粤东西北经济发展的重中之重。

（一）粤东地区的海洋渔业、水果产业与茶叶产业

粤东地区的农业资源具有独特优势与基础，如海洋渔业发达、优稀水果与茶叶产量丰富。遵循农业资源发展路线，汕头市、汕尾市、揭阳市大力发展海洋捕捞业、水产养殖业、水产品加工与贸易等海洋渔业。揭阳市惠来县神泉港是粤东地区最大的天然良港，被广东省列为一级渔场，也是国家一级渔港，盛产鱿鱼、墨鱼、带鱼、龙虾、马鲛鱼、石斑鱼、鲍鱼、金龙鱼等海鲜鱼类。普宁市是全国闻名的水果之乡，盛产青梅、竹蔗、橄榄、蕉柑等水果。青梅制品是普宁市出口创汇的拳头产品，80% 以上出口到日本、韩国、俄罗斯等十多个国家和地区。潮州市、揭阳市大力发展茶叶产业。2020 年，潮州全年茶叶产量 2.25 万吨，同比增长 13.5%；揭阳市茶叶产量 2.51 万吨，增长 30.4%。凤凰单丛茶是粤东地区特色农业的代表，其始于南宋末年，已有 900 多年历史，现培育发展至 80 多个品系，主要种植于潮州市潮安区。2010 年原国家质检总局批准对“凤凰单丛茶”实施地理标志产品保护，2020 年凤凰单丛茶入选中欧地理标志首批保护清单。

---

① 广东省社会科学院经济研究所课题组.《广东产业转型升级指数评价研究报告（2019）》发布［J］. 南方经济，2020（03）：2+131.

（二）粤西地区的海洋渔业与热带特色农业

粤西地区气候炎热，拥有绵长的海岸线，依托这一优势条件，粤西地区大力发展水产养殖业、海洋捕捞业等海洋渔业，以及热带水果与农作物等特色农业。湛江市海产丰富、海鲜种类多、价格便宜，盛产乌贼、石斑、八爪鱼、红鱼、马鲛鱼、花蟹和海螺。茂名市水产养殖享誉盛名，是“中国罗非鱼之都”。茂名市还是全国的水果之乡，盛产荔枝、香蕉、龙眼等水果，种植面积及产量均居全省首位，是“中国最大的水果生产基地”。湛江市徐闻县是粤西地区热带水果种植的示范地区，其土层深厚肥沃、日照充足、雨水充沛且水质较好，十分适宜菠萝生长，菠萝种植面积约占广东省的 43%，年产量约占中国的三分之一，被誉为“中国菠萝之乡”。2021 年糖蔗产量约占广东省 91.13%，其中湛江市遂溪县是粤西地区种植糖蔗的主要产地，素有“全国第一甜县”之称。2021 年粤西地区从事农林牧渔业的人数为 200.15 万人，占其就业人员的 28.26%，实现农林牧渔总产值为 2 493.05 亿元，占粤东西北地区总产值的 46.35%，其中农业产值为 1 189.71 亿元，远远高于粤东和粤北地区。

（三）粤北地区的温带果树、有机蔬菜、山区特色养殖与粮食产业

粤北地区生态资源丰富，已形成以温带果树、有机蔬菜、山区特色养殖与粮食产业为主的产业带。韶关市乐昌市实施农业品牌战略，构建“一市多园、一镇一业、一村一品”的现代农业产业体系[①]。2020 年，九峰镇入选全国农业产业强镇建设名单，九峰镇、北乡镇入选全国“一村一品”示范镇。梅州市依托良好生态环境，大力发展梅州柚、嘉应茶、寿乡水等特色农业产品，创建 1 个国家级现代农业产业园、14 个省级现代农业产业园，总量居全省前列，率先实现省级产业园全覆盖。粤北地区作为广东省重要粮食基地之一，2021 年稻谷、大豆种植面积和产量均为广东省各经济区的首位，充分保障了广东省的粮食供应。

二、文化旅游产业

粤东西北地区的文化旅游资源非常丰富，地域特色和民族特色明显，发展潜力巨大。“十三五”期间，广东省创建了三批 25 个广东省文化旅游融合发展示范区。其中，粤东西北地区有 13 个示范区入选。广东省开展了两批文化和旅游特色村认定工作，共认定 204 个特色村，其中粤东西北地区共有 129 个特色村入选。

（一）粤东地区的潮州文化旅游、滨海旅游与红色文化旅游产业

潮州市历史悠久，文化底蕴深厚，以潮州菜、潮州工夫茶、潮州民俗、潮州方言、潮剧、潮州传统工艺等为代表的地方特色文化享誉全世界，是国家历史文化名城、国家园林城市、中国瓷都、中国著名侨乡。潮州市拥有多项国家级“非物质文化遗产”，被汉学家誉为“中原文化典橱”。潮州市古有以大文豪韩愈为代表，今有以国学大师饶宗颐为代表的一大批文化名人。韩愈文化、畲族文化、潮商文化、饶宗颐学为龙头的潮州文化在国内外

① 柯清标，周灿芳，徐一菲，等. 广东区域农业特色产业现状分析及评价［J］. 广东农业科学，2009（07）：267-269.

具有重大影响。潮州凤凰山是全国 70 多万畲族同胞公认的民族发祥地，凤凰山畲族文化是潮州一笔珍贵的无形资产。2019 年潮州市荣获“文旅融合特色创新示范市”，2020 年潮州古城文化旅游区被广东省推荐为创建国家文物保护利用示范区，成为全省唯一被推荐的城市。

粤东地区的汕头市、汕尾市均属南亚热带季风气候区，海洋性气候明显，全年温和湿润，阳光充沛，光、热、水资源丰富，全年适宜旅游，汕头南澳岛、汕尾红海湾已成为滨海旅游的著名景点。汕尾海陆丰地区作为革命老区，红色文化旅游资源丰富。汕尾市海丰县是全国爱国主义教育基地、全国第一个县级苏维埃政权诞生地，有彭湃同志的故居、红军墓、海丰红四师师部旧址和中国第一个县级苏维埃政权的红宫红场等红色旅游景点。陆丰市有渡海纪念碑、总农会旧址、龙山革命旧址等红色旅游景点。

（二）粤西地区的雷州文化与滨海旅游产业

雷州市作为中国的历史文化名城，是多民族多地域文化的荟萃之地，素有“天南重地”之称，其历史悠久，文化源远流长。由于历史的渊源地缘关系，它成为历史上土著文化、楚越文化、海洋文化、闽南移民文化、中原文化的交汇地，多元文化的融合构成了熠熠生辉的雷州文化体系。湛江湖光岩国家地质公园是雷州半岛上山清水秀、风景奇特、人文景观荟萃的游览胜地，也是我国著名的火山口旅游区。这些厚重的地域文化积累，昭示了湛江市历史文化的成就和软实力。

粤西地区拥有广东省最长最美最天然的海岸线，总长度 2 585 公里，占广东省海岸线总长度 3 752 公里的 69%。湛江市总海岸线长达 2 023.6 公里，是全国最长海岸线的地级市。湛江市东海岛、吴川鼎龙湾、金沙湾观海长廊都是滨海旅游的著名景点。茂名市旅游资源丰富，人文古迹与自然山水交相辉映，地方特色鲜明，中国第一滩、浪漫海岸、放鸡岛等一些旅游资源在广东省内甚至国内都有比较优势。阳江市也是依山傍海，东北为天露山，西北为云雾山，海陵岛、沙扒湾等景观独具魅力。

（三）粤北地区的韶文化与红色旅游产业

韶关市是广东北大门，北靠南岭，接壤湖南、江西，南接珠三角地区，江河通南海，具有重要的战略地位。在新民主主义革命的历史进程中，中国共产党在韶关这块红色的土地上写下了不朽的诗篇，毛泽东、朱德、周恩来、邓小平、陈毅、彭德怀等老一辈无产阶级革命家都曾数次来到韶关开展革命活动，留下了光辉的历史篇章、丰富的红色遗迹并凝聚成为韶关的精神命脉，激励着一代又一代韶关儿女为理想和信仰拼搏奋斗。广东省拥有红色革命遗址 1 245 处，其中韶关市拥有重要红色革命遗址 502 处，是广东省红色旅游资源最丰富的地区之一，具有发展红色旅游的独特优势。

三、石油化工产业

粤东西北地区的茂湛石化基地和汕潮揭石化基地具备完善的石化产业链条，中石化、中石油、中海油等企业纷纷在此布局炼能，地方炼厂亦蓬勃发展，正朝着世界级石化产业带蝶变。

（一）粤西地区的茂湛石化基地

粤西地区的茂湛石化基地建设最早，包括茂名石化区和湛江石化工业、中科炼化一体化项目等。茂湛石化基地位于泛珠三角和泛北部湾经济区交界处，是“一带一路”倡议实施的核心承载腹地，具有得天独厚的地理优势，拥有天然深水良港、雄厚的石化工业基础、巨大的资源和市场空间。茂湛石化基地成品油可管道输送至珠三角地区和西南市场，也可水运至港澳和东南亚。茂名市、湛江市充分利用粤港澳大湾区和“一核一带一区”的政策红利，着力拓展石油化工产业链，引进沿海重大建设项目，以大项目推动产业量质提升，以专业产业园、引进龙头骨干企业等形式，形成粤西区域石化产业集群。茂湛石化基地作为中国石化四大基地中最先启动的基地，是中国石化与广东省战略合作的重要内容。

（二）粤东地区的汕潮揭石化基地

粤东地区的汕潮揭石化基地包括汕头南区化工区、汕头海洋集团聚苯乙烯基地、潮州三百门港、揭阳惠来等沿海石化发展基地。汕头石化以化为主而不是以油为主，产品都是高效益产品，像乙烯、丙烯、丁烯等产品，都是国内的紧缺品。2003—2012 年，国内规模最大的聚苯乙烯生产企业汕头海洋集团在汕头南区建设高新技术石油化学工业区，总投资 304 亿元，建设以芳烃为主的高新技术石油化工工业区，采用世界一流的 HCC 技术，生产出 30 多种石油化工产品。潮州三百门港是液化石油气的仓储、集散基地。“十三五”期间，揭阳市一批石化大项目相继落地。2020 年广物控股集团计划分期投资超 500 亿元，在揭阳市大南海石化工业区建设化工产业基地；泛亚石油化工集团有限公司在揭阳市大南海石化工业区投资 150 亿元，建设 7 个芳烃产业链项目；中石油广东石化炼化一体化项目选址在揭阳市大南海石化工业区，投资 654 亿元。这些石化项目建成后，将吸引更多的下游企业入驻揭阳，改变揭阳市产业结构布局。

四、轻工纺织业

粤东和粤西地区已形成了一批特色轻工产业集群，其中纺织服装、陶瓷、工艺玩具等产品产量居全国前列，具有较强的国际竞争力。

（一）粤东地区的纺织服装、工艺玩具等轻工业

汕头市现有纺织服装、工艺玩具、日用化工制造、塑料制品、印刷包装等轻工业产业集群。汕头市纺织服装行业年产值已达千亿级规模，以工艺毛衫、针织内衣、家居服装为主，已形成从捻纱、织布、染整、经编、刺绣、辅料到成品的完整产业链，是汕头市规模最大的支柱产业。汕头市澄海区是我国三大玩具礼品生产基地之一，先后获得“国家火炬计划澄海智能玩具创意设计与制造产业基地”“产业集群区域品牌建设试点单位”等称号。揭阳市拥有数个纺织服装专业镇，在纺织服装原材料及辅料、制品研制、设备制造等产业链具有比较优势。此外，揭阳市还着力发展工艺雕塑、抽纱刺绣、艺术陶瓷、工艺玻璃、编织工艺、漆器、现代工艺礼品、玉器等工艺美术产品以及玩具、童车、自行车等产品。潮州市作为“中国瓷都”，陶瓷产品畅销全球。在 2020 年潮州市主要商品出口统计中，陶瓷

产品出口总额为 61.79 亿元，远超其他出口产品。

（二）粤西地区的茧丝绸与羽绒纺织产业

茂名市是广东省茧丝绸产业的主产区，茧丝绸产业基础扎实。2017 年 12 月，广东省丝纺集团与茂名市政府在茂名签署战略合作框架协议，开展在茧丝绸与蚕桑资源综合开发利用等领域的战略合作。茂名市政府支持广东省丝纺集团在茂名建立纺织服装设计研发中心和纺织服装产业园，共同打造茂名纺织服装产业发展孵化器。同时，依托广东省丝纺集团与世界 180 多个国家和地区建立的服务网络，带动茂名丝绸纺织等特色轻工产业快速发展、走向世界。

羽绒纺织行业是湛江市传统特色行业，经过四十多年的发展，已形成鸭鹅养殖、绒毛加工、羽绒制品生产和销售等成熟完善的羽绒产业链条，产品出口欧美、东南亚等 20 多个国家和地区。《湛江市制造业高质量发展“十四五”规划》将羽绒纺织产业纳入制造业高质量发展重点产业体系中。为推动羽绒纺织产业转型升级，向数字化、自动化、智能化发展，湛江建设各类公共服务平台，为羽绒产业提供全方位的服务。

五、先进装备制造业

围绕广东省委、省政府振兴粤东西北和加快发展先进装备制造业战略部署，粤东西北地区积极发展先进装备制造业，粤东地区的汕头市、粤西地区的阳江市和湛江市、粤北地区的韶关市先进装备制造业发展势头较好。

（一）粤东地区的先进装备制造业

早在 2003 年，汕头市装备制造业就已经占全市工业总产值的 1/10，成为汕头市重要支柱产业之一。经过多年发展，汕头市初步形成了塑料机械、食品包装机械、印刷机械、输配电设备等特色拳头产品和优势产业群，部分龙头企业的产品技术及生产规模在国内同行业中居领先地位，是“中国包装印刷和装备生产开发基地”，国家火炬计划输配电设备制造、光电机、轻工机械装备产业基地。2020 年，先进装备制造业增加值 37.51 亿元，增长 2.5%。2021 年先进装备制造业增加值增长 11.8%，较上年上涨 9.3 个百分点。

（二）粤西地区的先进装备制造业

2014 年以来，阳江市先后被纳入珠江西岸先进装备产业带、“中国制造 2025”试点示范城市群。阳江市将发展先进装备制造业作为“头号工程”，珠江西岸先进装备产业带是阳江市首次与佛山市、珠海市、中山市等珠三角地区核心城市在先进装备制造业领域展开分工协作，也是全省非珠地区与珠三角地区成功进行产业分工协作的典范。阳江市以四大产业园区为平台，重点加快不锈钢和风电装备制造产业集群发展。不锈钢产能规模居华南地区首位，完善的合金材料产业体系打造出专属的高端全产业链，已形成千亿级产业集群。此外，阳江市已构建较为完善的海上风电产业服务体系，风电装备产业飞速发展。

湛江市装备制造业具备良好的发展基础，其拥有钢铁、石化、造纸三大产业体系，湛海仪表、湛江机械厂、三星汽车等企业盛极一时。随着湛江市水产加工产业的蓬勃发展，带动了恒润机械、半岛集团等水产饲料加工机械的快速发展。尤其是《中国制造 2025》的全面实施与宝钢湛江钢铁基地的投产，为湛江市先进装备制造业提供了重大发展机遇。在新一轮产业结构优化升级的过程中，湛江市将大力培育发展以造船、海洋工程、汽车及零部件等为代表的先进装备制造业。

（三）粤北地区的先进装备制造业

韶关市是广东省装备制造业主要基础零部件基地与配套基地，装备制造业也是韶关市最大的工业产业体系。韶关市充分发挥其装备制造、矿产冶炼的比较优势，通过产业错位发展，精选特钢、铸锻件、汽车零部件三大产业，为珠江西岸先进装备制造产业带提供优质的基础原材料，形成以生产加工铸锻件、工程机械成套设备、发配电成套设备、汽车零配件、液压油缸等为主导产品的装备工业体系。2020 年，韶关市装备制造业增加值比 2019 年增长 5.8%，占规模以上工业增加值的比重为 13.8%，同比提高 0.6 个百分点。2021 年实现装备制造业投资 52.21 亿元，增速 72.6%，装备制造业增加值 58.68 亿元，增速 27.9%，两项数据增速均在珠江西岸先进装备制造产业带排名第一[①]。

六、先进材料产业

依托珠江西岸的产业基础和自然资源优势，粤东西北地区大部分城市均设立了先进材料产业基地。

（一）粤东地区的先进材料产业

汕头市拥有聚酰亚胺、透明聚酰亚胺薄膜、锆系列产品、专用化学产品制造等先进材料产业链，部分产品在国内先进材料细分行业处于领先地位，如锆系列产品在国内锆行业中处于技术领先地位。经过多年发展，汕头市已形成一批国内先进材料领军企业，如两家企业入选“中国化学试剂行业十强企业”。汕头市正在谋划布局生态环境材料、绿色石油化工材料、新型有机材料等绿色材料项目，加强先进金属材料、先进结构陶瓷材料、锂电池产业新材料、生物医用材料、3D 打印等材料的研发与产业化应用，进一步推进先进材料产业高质量发展。

（二）粤西地区的先进材料产业

湛江市依托石化产业，大力发展以化工新材料、有机原料、合成材料、专用与精细化学品为主体的高端化工材料基地。宝钢湛江钢铁基地项目的落实使湛江具备大规模生产超高强钢铁的实力，热轧板、冷轧薄板、冷轧超高强钢、热镀锌板、电工钢及宽厚板源源不断走向世界，满足“一带一路”新兴经济体对中高端钢铁产品的需求。

茂名市石化产业基础厚实，是其发展先进材料产业的比较优势之一。茂名市不仅乙烯生产规模居行业前列，而且合成树脂和有机化工产品品种丰富，其中高密度聚乙烯、高压聚乙烯、共聚及高刚高韧聚丙烯等高技术含量产品产量居国内首位，尤其是利用本土资源

① 韶关两项先进装备增速数据排珠西产业带第一. 韶关日报，2022-02-13.

研发改性塑料、热塑材料等产品具有广阔的市场前景。

阳江市以建设大湾区重要基础原材料生产集聚地为目标，积极推进完善合金材料从基础原料到金属制品的完整产业链条，在打通产业链热轧、冷轧、深加工等中下游方面发力，加快推动形成高端不锈钢产业集群，着力培育千亿级合金材料产业集群。

（三）粤北地区的先进材料产业

韶关市充分利用地域铅锌铜、稀土、钨等有色金属矿山资源集聚与铝加工材优势，加快形成有色金属先进材料产业集群，以满足国内对有色金属资源的需求以及粤港澳大湾区对高端金属材料旺盛的市场需求。以宝武集团广东韶关钢铁有限公司为龙头，韶关市加快建设绿色钢铁产业链。2021 年 6 月，依托东莞和韶关两市长期以来建立的良好合作机制，松山湖材料实验室与韶关先进材料研究院、韶钢开启更加广泛深入的合作，积极探索松山湖材料实验室节能低碳新材料、新工艺、新技术和新产品在韶钢的实际应用，助力韶关市绿色钢铁先进材料产业发展。

云浮市石材资源丰富，拥有世界一流的石材机械设备，石材生产加工技术一直保持国内外领先地位。云浮市场经营的石材品种几乎涵盖建筑上所需的大部分产品，产品畅销珠三角、华东、华北、东北等地区，远销美国、加拿大、澳大利亚等国家。由于发展成绩显著，云浮市被中国石材工业协会授予“中国石材基地中心”称号，被中国建筑材料流通协会授予“中国石材流通示范基地”称号。清远市利用地域原材料集聚园区的优势，在先进材料重点细分领域方面，重点发展绿色水泥、高端建筑陶瓷等建材产业，铜、铝等再生有色金属回收重熔以及有色金属铸件、铜加工材、铝加工材等有色金属产业，水泥、陶瓷、有色金属已成为清远市的支柱产业。

河源市围绕汽车制造、装备制造、电子信息等市场需求，打造先进材料特色产业链条，加强先进材料产业与汽车、工程机械、电子信息等产业的协同融合，重点发展生态和环境友好型高分子材料、循环再利用技术及产品，发展低微纳米材料、先进半导体材料等前沿新材料，大力建设粤东西北地区新材料产业创新示范基地、广东省先进材料产业集群重点城市。

梅州市铜箔产业起步早，拥有以嘉元科技、超华科技、威华集团等为代表的铜箔企业，铜箔产能达 4.9 万吨/年，已形成铜箔、覆铜板、电路板等上下游一体化的产业发展格局。梅州市铜箔产业被列入《广东省发展先进材料战略性支柱产业集群行动计划（2021—2025 年）》中的“河梅先进材料产业集群”。

七、电子信息产业

广东省新一代电子信息产业区域分布相对集中，主要分布在珠三角地区。粤东西北地区电子信息产业占比较少，主要分布在粤东地区的潮州市和汕头市、粤北地区的河源市和梅州市。

（一）粤东地区的电子信息产业

早在 20 世纪 70 年代，潮州市已经开始发展电子工业。随着数十年来经济环境的变化，潮州市的电子信息产业逐步地发展壮大，成为其支柱产业之一。印制电路板、晶体管的生产规模和产品质量在全国同行均处于领先位置。虽然规模以上的企业数量较少，但是由于龙头企业在全国处于领先地位，从而带动着整个行业稳步发展，其中最为著名的企业是潮州三环（集团）股份有限公司，它是欧洲市场上最大的 SOFC 单电池供应商，也是全球最大的 SOFC 电解质隔膜供应商。

（二）粤北地区的电子信息产业

电子信息产业是河源市工业第一大主导产业，其主要集聚于 2003 年开发建设的河源高新技术开发区。河源高新技术开发区被中国电子信息行业联合会评为“中国电子信息行业重点推介产业园区”，聚集了一大批如华为、中兴通讯、西可通信等电子信息及手机生产配套产业链企业，为珠江东岸电子信息产业提供完善配套的同时，承接了众多附加值较低的电子信息企业，已拥有 50 多家涉及整机、显示屏、芯片、电池、PCB、摄像头、结构件、配件等一系列完整的产业链条。2020 年，河源市电子信息产业总产值超 434 亿元，增加值 88.85 亿元，占全市比重达 31.6%。

梅州市充分发挥侨乡的区域优势，坚持“龙头推进，产业集聚”的方针，推动电子信息产业转型升级，着力打造包括以铜箔产业为主的电子信息产业在内的产业集群，培育发展了博敏电子、志浩电子、龙宇电子等一批铜箔中游相关企业。

第三节　粤东西北地区产业政策与产业发展展望

一、粤东西北地区产业政策

（一）广东省支持粤东西北产业发展的政策

1. 东西两翼产业政策

2005 年广东省政府出台的《广东省东西两翼地区经济发展规划意见（2005—2010）》（以下简称《规划意见》）指出，广东省东西两翼经济建设虽然取得了很大成绩，但与全省平均水平相比仍有相当差距，特别是产业结构仍处在较低层次、经济发展水平与全省平均发展水平的差距有扩大趋势。针对产业结构存在的问题，《规划意见》提出实现东西两翼经济快速发展的关键在于大力推进工业化。东西两翼在工业化进程中要始终坚持“工业强市”的发展战略，把发展工业摆在经济工作重中之重的地位。依靠东西两翼沿海的区位优势，发展具有优势资源的产业，例如东翼做大做强工艺玩具、音像制品、纺织服装、食品、陶瓷等现有基础较好、轻工类劳动密集型加工工业，积极培育化工、电子、医药、机械和高技术产业；西翼努力发展壮大石化、轻纺、家电、五金和以高岭土为主的资源深加工、皮革加工、农产品加工等产业，大力培育钢铁、造纸、医药、电子、机械等行业，同时东西两翼要积极发展园区经济和构建海洋经济区。

从推进工业化方面来看，东西两翼通过发展园区经济和构建海洋经济区，形成了“经济开发试验区”和“海洋经济带”。东翼“经济开发试验区”有汕头高新技术产业开发试验区、揭东开发试验区、潮州经济开发试验区；西翼“经济开发试验区”有湛江经济技术开发区、茂名石化工业区、阳江高新技术开发试验区。东翼“海洋经济带”以汕头市为龙头，发展临港工业、能源工业、海洋资源性产品精深加工、滨海旅游；西翼“海洋经济带”以湛江市和茂名市为龙头，发展临港工业、滨海旅游、外向型渔业。2003 年东西两翼生产总值共计 2 849.02 亿元，2008 年东西两翼生产总值共计 5 243.15 亿元，增长了 84.03%。2003—2008 年，东西两翼第一产业、第二产业和第三产业分别由 584.96 亿元、1 238.11 亿元和 1 025.41 亿元增加至 824.75 亿元、2 542.93 亿元和 1 875.47 亿元，涨幅分别为 41.1%、100.5% 和 82.9%。

2. “双转移”政策及效果

2008 年 5 月，广东省委、省政府发布《中共广东省委　广东省人民政府关于推进产业转移和劳动力转移的决定》，这一决定又简称为“双转移”政策。该政策的主要作用对象是珠三角地区、东西两翼和粤北山区，即对广东四大空间区域就产业转移和劳动力转移方面建立互动联系。关于产业转移方面的互动联系是：珠三角地区实施“腾笼换鸟”的政策，即将部分低附加值劳动密集型产业转移到东西两翼和粤北山区的产业转移园，把高端技术产业引入珠三角地区。东西两翼和粤北山区通过承接珠三角地区转移来的产业，加上劳动力资源优势，形成一批布局合理、产业特色鲜明的产业集群。政府通过加强产业转移规划引导，开展省级产业转移园认定工作。关于劳动力转移方面的互动联系是：东西两翼、粤北山区的劳动力，一方面向当地第二、第三产业转移，另一方面其中的一些较高素质劳动力，向发达的珠三角地区转移。政府出台加强东西两翼和粤北山区农村劳动力的技能培训政策与就业培训载体建设，为珠三角地区输出高素质、高技能的劳动力，也为珠三角地区转移到东西两翼及粤北山区的企业提供当地农村劳动力。

广东省实施“双转移”政策三年后，产生了巨大的经济效益。35 个省级产业转移园累计创造产值逾 4 400 亿元，税收逾 240 亿元。“环珠三角产业转移带”加速形成，尤其是临近珠三角的韶关、梅州、清远等城市已成为承接珠三角地区产业转移的热土。2011 年粤东西北地区三大产业结构比重为 15.2∶46.4∶38.4，与 2007 年相比，第三产业比重有所上升，第一产业和第二产业比重有所下降，产业结构不断升级[①]。产业转移也带来了就业转移，珠三角地区和粤东西北地区的劳动力结构不断优化升级。随着产业升级，污染严重的企业从市区搬迁出去，改善了环境污染，蓝天绿树得以重现。以佛山市为例，经过产业转移、“腾笼换鸟”政策的实施，佛山市一方面让制造环节在迁往外地过程中进行技术改造，解决污染能耗问题，另一方面把核心技术、研发、会展、总部等仍然留在佛山市，腾出了更大的发展空间，换来了传统产业的强大、战略性新兴产业鱼贯而入。

3. 粤东西北地区振兴政策及效果

2011 年以来，广东省委、省政府为振兴粤东西北先后发布一系列具体政策措施（见表 6-8）。2013 年 7 月，广东省委、省政府出台《关于进一步促进粤东西北地区振兴发展的决定》，将加快粤东西北地区的发展作为关系广东发展全局的重要战略。《关于进一步促进粤东西北地区振兴发展的决定》指出，粤东加快建设汕头、潮州、揭阳资源共享、一体

① 谢宝剑，袁萌. 区域政策对粤东西北区域空间结构影响及优化路径［J］. 中国公共政策评论，2020，16（01）：208-224.

化融合发展的特色城市群；粤西加快建设湛江、茂名、阳江功能清晰、协同发展的临港经济带；粤北加快建设以韶关、河源、梅州、清远、云浮城区为重要节点，广大山区为支撑的绿色发展示范区。具体核心内容主要包括：一是加强交通基础设施建设。改善粤东西北地区的交通便利条件，大力推进县县通高速工程，构建快速交通运输体系，形成全省一体化发展格局。二是促进产业园区扩能增效。通过提升产业园区集聚集约发展水平、完善产业园区配套服务功能、健全产业园区投资建设运营机制，实现从产业转移到产业共建，加快粤东西北地区工业化进程。三是对中心城区提质扩容。制定推动粤东西北地区地级市中心城区扩容提质的实施方案，坚持新区开发与旧区改造相统一，集聚发展与组团布局相协调，加快城镇化进程，提升中心城区的承载力、竞争力和辐射带动力，打造区域发展的增长极。《关于进一步促进粤东西北地区振兴发展的决定》还提出“强化珠三角的对口帮扶责任”，即珠三角地区要主动拓宽发展空间，明确新一轮结对帮扶关系，继续完善合作共建产业园区帮扶机制，加大力度推进合作共建产业园区建设，进一步加大对共建产业园区的资金支持力度，探索建立产业合作园区利益共享机制。2016 年 12 月，广东省委、省政府出台《关于深化珠三角地区与粤东西北地区全面对口帮扶工作的意见》，对 2017—2019 年对口帮扶工作做出全面部署，并提出力争到 2020 年，粤东西北地区每个市形成产值超 500 亿元的产业集群。2013—2017 年，省财政已统筹安排 144.7 亿元支持产业园区提质增效等相关工作；2017 年起，省财政和相关城市财政再安排约 210 亿元支持珠三角地区与粤东西北地区产业共建。

表 6-8　粤东西北地区振兴政策一览表

时间	振兴粤东西北地区的政策措施
2011 年 12 月	《粤东地区经济社会发展规划纲要（2011—2015 年）》 《粤西地区经济社会发展规划纲要（2011—2015 年）》 《粤北地区经济社会发展规划纲要（2011—2015 年）》
2013 年 7 月	《关于进一步促进粤东西北地区振兴发展的决定》
2015 年 4 月	《促进粤东西北地区振兴发展 2015 年重点工作任务》
2016 年 4 月	《促进粤东西北地区振兴发展 2016 年重点工作任务》
2016 年 11 月	《广东省促进粤东西北地区产业园区提质增效若干政策措施》
2016 年 12 月	《关于深化珠三角地区与粤东西北地区全面对口帮扶工作的意见》
2016 年 12 月	《关于支持珠三角与粤东西北产业共建的财政扶持政策》
2017 年 2 月	《粤东西北产业园区发展“十三五”规划》
2017 年 5 月	《促进粤东西北地区振兴发展 2017 年重点工作任务》

资料来源：根据广东省人民政府网站整理。

自 2013 年实施粤东西北振兴发展的一系列政策以来，粤东西北地区基本实现了“园区县域全覆盖”和“县县通高速”，城市化进程显著加快。产业园区规划和营商环境不断优化升级，产业园区所属城市郊区发展成为城市的副中心，硬件设施逐步完善，软环境逐步优化，注重生态功能的建设，形成了“生产＋生活＋生态”的城市功能区。粤东西北地区产业承接能力和投资吸引力显著增强，形成了大建设、大发展的新格局。

4.“一核一带一区”区域发展新格局的战略部署

2018年6月，中共广东省第十二届委员会第四次全体会议通过的《中共广东省委关于深入学习贯彻落实习近平总书记重要讲话精神奋力实现“四个走在全国前列”的决定》中提出“一核一带一区”区域发展新格局，具体要求是以构建“一核一带一区”发展格局为重点，加快推动区域协调发展。2019年7月，广东省委、省政府出台《关于构建“一核一带一区”区域发展新格局促进全省区域协调发展的意见》。“一核一带一区”的具体功能定位与发展方向见表6-9。

“一核一带一区”跨越了原有的区域划分，沿海经济带形似一张弓，广深科技走廊形似一支箭，以广深核心城市为箭，拉弓射箭，为各个区域赋能。最显著莫过于沿海经济带，彻底打通了珠三角和粤东、粤西，比如广州、深圳、珠江口西岸、汕潮揭、湛茂5大都市圈的提出。广州、清远两市把握“一核一带一区”的区域协调发展战略机遇，广清一体化再提速。2020年5月28日，两地携手举行中新广州知识城、广清经济特别合作区重大平台建设启动暨广州开发区、广州高新区2020年第二季度重大项目集中动工活动，142个项目总投资高达1 842亿元。2020年6月17日，深圳市委大湾区办公布《粤港澳大湾区建设深圳指引》。作为深圳第“10+1”区，深汕特别合作区的定位为新兴产业新城。按规划，到2035年，深汕特别合作区人口规模达到150万人，建设用地达到145平方公里，建成中等规模的滨海城市。粤东粤西大力发展海岸经济、海洋经济、临港经济，多个世界级重大项目落地，打造新的增长极，与珠三角沿海地区共同构筑广东经济重点发展地带。

表6-9　“一核一带一区”功能定位与发展方向表

功能区		功能定位	区域范围	发展方向
一核	珠三角地区	引领全省发展的核心区和主引擎	广州、深圳、珠海、佛山、惠州、东莞、中山、江门、肇庆	对标建设世界级城市群，推进区域深度一体化，加快推动珠江口东西两岸融合互动发展，携手港澳共建粤港澳大湾区，打造国际科技创新中心，建设具有全球竞争力的现代化经济体系，培育世界级先进制造业集群，构建全面开放新格局，率先实现高质量发展，辐射带动东西两翼地区和北部生态发展区加快发展
一带	沿海经济带	新时代全省发展的主战场	珠三角沿海7市（广州、深圳、珠海、惠州、东莞、中山、江门）	珠三角沿海地区，发展方向同上
			东西两翼地区7市（汕头、汕尾、揭阳、潮州、湛江、茂名、阳江）	推进汕潮揭城市群和湛茂阳都市区加快发展，强化基础设施建设和临港产业布局，疏通联系东西、连接省外的交通大通道，拓展国际航空和海运航线，对接海西经济区、海南自由贸易港和北部湾城市群，把东西两翼地区打造成全省新的增长极，与珠三角沿海地区串珠成链，共同打造世界级沿海经济带，加强海洋生态保护，构建沿海生态屏障

续表

功能区		功能定位	区域范围	发展方向
一区	北部生态发展区	全省重要的生态屏障	韶关、梅州、清远、河源、云浮	以保护和修复生态环境、提供生态产品为首要任务，严格控制开发强度，大力强化生态保护和建设，构建和巩固北部生态屏障。合理引导常住人口向珠三角地区和区域城市及城镇转移，允许区域内地级市城区、县城以及各类省级以上区域重大发展平台和开发区点状集聚开发，发展与生态功能相适应的生态型产业，增强对珠三角地区和周边地区的服务能力，以及对外部消费人群的吸聚能力，在确保生态安全前提下实现绿色发展

（二）粤东西北各地级市促进产业园区高质量发展的政策

参照广东省的做法，粤东西北各地级市相继出台促进产业园区高质量发展的政策和规划，如梅州市印发了《梅州市进一步深化穗梅产业共建工作方案（2017—2020 年）》，云浮市出台了《佛山云浮产业共建行动计划》，清远市与广清对口帮扶指挥部共同编制了《清远产业共建相关政策汇编》等。为提高产业园区发展质量，吸引优质项目落地，韶关市出台了一些针对新兴产业的优惠政策，如《进一步加快县（市、区）共建产业园区发展的意见》《加强全市产业园区招商引资工作意见》等系列政策文件，从明确产业园区定位、健全产业园区管理架构、开展产业园区绩效考核等九方面措施，推动产业园区高质量发展。

粤东西北各地级市促进产业园区高质量发展的相关政策取得显著成效。肇庆、阳江、清远、云浮、韶关等市靠近珠江西岸先进装备制造产业带的产业园区主动承接珠三角机械、装备制造产业转移，积极发展上下游配套企业，推进产业园区创新载体建设，加快推动中小微企业创新创业，力求发展成为机械、装备制造产业集群。根据产业园区高质量发展的情况，广东省政府有关部门也给予鼓励和扶持。如 2016 年以来广东省商务厅认定一批省加工贸易梯度转移承接示范基地，如深圳（汕尾）产业转移工业园、深圳（河源）产业转移工业园、广州海珠（丰顺）产业转移工业园、汕头龙湖工业园区、韶关产业转移园等，分别给予这些示范基地 1 000 万元的扶持资金，大幅提高了产业园区的发展质量。

二、粤东西北地区产业发展展望

（一）推广绿色种养与智慧农业，做大做强支柱产业

粤东西北地区是粤港澳大湾区最便捷的肉菜供应市场，也是粤港澳大湾区最主要的农产品供应基地，为保障大湾区肉菜和粮食供应提供了强有力支撑。随着粤港澳大湾区居民生活品质的不断提升，对肉菜、蔬果、粮食供应提出了新的要求，不仅要求供应数量要充足、品种要丰富，还对农产品的绿色、健康、无毒、环保、卫生等方面提出了严格要求。粤东西北地区大力发展绿色种养，既是新时代人民美好生活的需要，也是发展现代农业与提升农业附加值的需要，还是保护优美生态环境的需要。依托亚热带和山区资源优势，粤东西

北地区要以“菜篮子”工程建设和现代农业产业园建设为抓手，改变传统种养方式，推广绿色种养、科学种养技术，增加绿色环保健康农产品的种养，提升农业附加值与产值。要对粤港澳大湾区肉菜、蔬果、粮食市场需求进行充分调研，根据市场需求变化，丰富种养类型，调整种养品种，在保障农产品销路和价值的同时，最大限度地满足大湾区居民的消费需求。

2018 年以来，党中央、国务院在建设数字中国、实施乡村振兴战略等重大战略部署中，把发展智慧农业作为重要内容。2018 年 9 月，中共中央、国务院印发《乡村振兴战略规划（2018—2022 年）》，提出要“大力发展数字农业，实施智慧农业工程”。2019 年 5 月，中共中央办公厅、国务院办公厅印发《数字乡村发展战略纲要》，做出“打造科技农业、智慧农业”的战略部署。2021 年 3 月，《中华人民共和国国民经济和社会发展第十四个五年规划和 2035 年远景目标纲要》明确指出，要“加快发展智慧农业，推进农业生产经营和管理服务数字化改造”。智慧农业是重塑粤东西北地区现代农业的重大战略举措，也是带动粤东西北地区农业农村快速发展的重要抓手。顺应“智慧农业”的发展趋势，以省级现代农业产业园创建工作为契机，粤东西北地区要建立集生产示范、创新孵化、乡村文旅和农事体验一体化发展的智慧农业新业态；利用大数据、云计算、物联网及雷达技术构建完整“互联网 + 可视化”农业体系，构建农村地区“一二三”产业深度融合的供应链体系，把控种养、加工、销售、品控和物流等关键环节；借力粤港澳大湾区资金优势，发展第三方电商平台，使农户与商家及消费者进行有效对接，彻底打通优质农产品的销售渠道，建立以市场为导向的“以产定销”“产销连环互动”“订单农业”的科学发展模式，有效降低生产风险，实现农民增收致富。

（二）建设国家海洋产业集聚区，加快培育新能源战略性新兴产业

粤东地区和粤西地区同属于东南亚经济圈，都拥有相当优良的海岸线、天然的港湾、充足的光照和雨水、种类丰富的海洋生物、雄厚的石化工业基础。借助海洋优势，粤东和粤西可以着力发展海洋产业，加快培育新能源战略性新兴产业，继续推进临海工业、海洋渔业、港口运输、滨海旅游等产业协同发展。2017 年 12 月，广东省政府发布《广东省沿海经济带综合发展规划（2017—2030 年）》，提出构建“一心两极双支点”发展总体格局，即要进一步提升珠三角地区整体发展能级，培育壮大汕潮揭、湛茂发展增长极，增强两极的集聚力和辐射力，增强汕尾、阳江衔接东西两翼和珠三角的战略支点功能，强化中心、支点、增长极之间的有机联系。2021 年 12 月，广东省政府发布《广东省海洋经济发展“十四五”规划》（以下简称《广东省“十四五”规划》）。《广东省“十四五”规划》提出，以汕头为中心建设东翼海洋经济发展极和以湛江为中心建设西翼海洋经济发展极，明确各城市海洋经济功能定位，将与大湾区串联成珠，形成世界级沿海经济带。此次《广东省“十四五”规划》重点提出，从海岛旅游、滨海旅游、旅游景区以及邮轮游艇等方面，打造东西两翼沿海城市海洋旅游产业集群；建设粤东、粤西千万千瓦级海上风电基地；发展湛江东海岛石化基地和茂名石化基地；建设东西两翼现代海洋渔业产业集群，海洋工程装备制造产业集群。《广东省培育新能源战略性新兴产业集群行动计划（2021—2025 年）》提出，阳江、云浮将建设核能产业集聚区，潮州、揭阳、茂名等地建设天然气及其水合物产业集聚区，云浮、湛江建设氢能产业集聚区。一系列利好政策将加快推动粤东和粤西培

育新能源战略性新兴产业，建设国家海洋产业集聚区。

（三）大力发展休闲康养与文化旅游产业，打造粤港澳大湾区“后花园”

粤东西北地区拥有山林绿水，处于全省“一核一带一区”协调发展新格局中的“沿海经济带”以及“生态发展区”，是广东省的生态屏障，具备发展休闲康养与文化旅游的基础。随着粤港澳大湾区居民生活水平的不断提升，人们的旅游消费观念也在发生转变，旅游方式已经从单纯的观光式旅游发展为休闲式、体验式、康养式旅游。粤东西北地区要积极融入大湾区，就要千方百计满足人们对美好生活的向往，力争成为大湾区休闲康养的首选地。粤东西北地区拥有非常丰富的文化旅游资源，包括红色文化、潮汕文化、雷州文化、客家文化、少数民族文化等，要积极保护和开发这些文化资源，改造升级原有旅游项目，重新规划调整旅游资源和旅游项目布局，促进文化与旅游深度融合发展，吸引粤港澳大湾区各类机构前来举办各类会议、培训、竞赛和会展活动。同时，发挥乡村优势，促进三产融合，大力发展乡村旅游，打造集观光、休闲、体验、康养于一体的旅游产业集群。粤东西北地区拥有优美的生态环境、较为低廉的生活成本，有望成为粤港澳大湾区的养老目的地之一。为此，粤东西北地区要对接大湾区养老需求，大力开发养老项目和养老配套，提升养老服务水平和医疗水平，抢占粤港澳大湾区养老服务市场。

（四）深化粤东西北地区与粤港澳大湾区产业共建，推动产业链跨区域布局

产业共建是在珠三角地区与粤东西北地区对口帮扶中形成的成功经验，对于扩展珠三角地区发展空间、促进粤东西北地区高质量发展具有重要意义。在建设粤港澳大湾区和“一核一带一区”区域发展新格局的背景下，珠三角地区与粤东西北地区帮扶双方要把握好推进产业共建的窗口期，依托深圳前海、广州南沙、珠海横琴等国家级战略平台，引领区域合作模式创新与经济高质量发展，提高珠三角地区的辐射带动作用，逐步实现和粤东西北地区的产业共建、区域共荣。粤东西北地区要打牢产业基础，做大经济总量，使其成为粤港澳大湾区先进生产力延伸区与产业拓展首选地。帮扶双方要明确共建产业园区的特色主导产业，制定产业共建规划，建立定期对接机制，落实双方责任，创新产业共建的合作模式，探索推广“总部＋基地”“研发＋生产”等共建模式。珠三角地区与粤东西北地区在共建产业园布局上，要加大基础设施投资，狠抓产业共建龙头项目，发挥好龙头企业牵引和行业协会商会组织带动作用，推动产业链跨区域布局，力争每年都有大企业大集团和一批重大优质项目在粤东西北地区落户，从而带动一系列相关产业快速发展，形成聚集效应、规模效应和品牌效应。

本章小结

复习思考题

1. 分别阐述粤东、粤西、粤北三大区域的自然资源禀赋情况。
2. 简述 2013 年以来粤东西北地区产业结构演进及特征。
3. 分别阐述粤东、粤西、粤北三大区域的农业发展现状。
4. 分别阐述粤东地区和粤西地区的石油化工产业发展现状。
5. 简述粤东西北地区振兴政策及效果。

第三篇　营商环境篇

第七章　粤港澳大湾区的政务营商环境

学习目标

本章主要讲解粤港澳大湾区的政务营商环境，即粤港澳大湾区的政府机构设置及财经管理机构职能、政府经济管理方式及内容、财政税收体系、金融监管体系、财税监管体系、市场监管体系等内容。要求了解粤港澳大湾区政务营商环境的现状和特点，重点理解粤港澳大湾区三地政务营商环境的各自优势。

第一节　粤港澳大湾区政府机构设置及财经管理机构的职能

一、广东省政府管理机构的设置及主要财经管理机构的职能

（一）广东省政府管理机构的设置

广东省政府管理机构包括省人民政府办公厅、省政府组成部门、省政府直属特设机构、省政府直属机构、部门管理机构、省政府直属事业单位、部门管理的副厅级以上事业单位以及其他机构。

广东省政府组成部门有：省发展和改革委员会、省教育厅、省科学技术厅、省工业和信息化厅、省民族宗教事务委员会、省公安厅、省民政厅、省司法厅、省财政厅、省人力资源和社会保障厅、省自然资源厅、省生态环境厅、省住房和城乡建设厅、省交通运输厅、省水利厅、省农业农村厅、省商务厅、省文化和旅游厅、省卫生健康委员会、省退役军人事务厅、省应急管理厅、省审计厅。

广东省政府直属机构有：省市场监督管理局、省广播电视局、省体育局、省统计局、省医疗保障局、省人民政府港澳事务办公室、省地方金融监督管理局、省政务服务和数据管理局、省人民政府参事室。

广东省部门管理机构有：省信访局、省粮食和物资储备局、省能源局、省社会组织管理局、省监狱管理局、省戒毒管理局、省林业局、省中医药局、省药品监督管理局、省海洋综合执法总队。

（二）广东省政府主要财经管理机构的职能

1. 省发展和改革委员会的职能

拟订、实施国民经济和社会发展战略、中长期规划和年度计划、综合性产业政策、区域协调发展战略规划和重大政策、省级政府年度投资计划、国民经济动员规划计划，协调

实施乡村振兴战略规划，研究提出利用外资和境外投资的战略、规划和重大政策；统筹提出全省国民经济和社会发展主要目标，监测预测预警宏观经济和社会发展态势趋势，提出政策建议；指导推进和综合协调经济体制改革有关工作；负责全省投资综合管理，拟订全社会固定资产投资总规模、结构调控目标和政策；负责重大基础设施的综合协调和全省社会发展与国民经济发展的政策衔接；推动实施创新驱动发展战略、可持续发展战略、生态文明建设和改革，协调生态环境保护与修复、能源资源节约和综合利用等工作；管理粮食和物资储备局、能源局等。

2. 省工业和信息化厅的职能

拟订工业、信息化领域的地方性法规和规章草案，发展规划（含工业园区中长期发展规划），产业政策（含产业转移规划政策），产业技术规范和标准，企业技术改造创新专项资金年度计划，能源节约、循环经济、资源综合利用和清洁生产促进的专项规划及政策措施，促进中小企业和民营经济发展的政策措施、企业技术改造投资的措施和意见、优化工业布局、结构的政策建议等并组织实施。

监测分析工业、信息化领域运行态势并做好相关信息发布、引导，协调解决行业运行发展中、工业园区发展中、中小企业和民营经济发展中的重大问题，指导技术的进步、创新、引进、消化吸收、国产化、研制工作，推进科研成果产业化，审核、上报和办理须经国家和省审批、核准的企业技术改造投资项目，推进国民经济和社会信息化应用，负责中小企业和民营经济发展的宏观指导和服务，承担促进数字经济和大数据产业的发展工作，协调烟草工业生产和专营管理等。

3. 省科学技术厅的职能

拟定有关科技发展规划、计划、政策措施（含基础与应用基础研究政策措施、重大科技专项计划、重点领域研发计划）并组织实施、协调和监管，推动科技体制改革，推进创新体系、科研体系、科研创新基础能力、企业科技创新能力、科技创新激励机制、重大科技决策咨询制度、科技管理平台、科研项目管理机制、全省技术转移体系、全省科技公共服务体系、科技企业孵化育成体系、国省级高新技术产业开发区、国省级重点实验体系、科研条件保障、科技资源开放共享、多元化科技投入体系等的建设。

提出优化配置科技资源的政策措施建议，统筹关键共性技术、前沿引领技术、现代工程技术、颠覆性技术研发和创新，主动对接国家重大科技项目，牵头组织重大技术攻关和成果应用示范，指导科技服务业、技术市场和科技中介组织发展，培育高新技术企业，推动科技创新基地与平台规划布局并组织实施，组织实施创新调查和科技报告制度，开展科技创新合作与交流工作等。

4. 省财政厅的职能

贯彻执行国家财税方针政策和法律法规，起草财政、财务、会计管理等方面的地方性法规、规章和制度并监督执行，拟订财税发展规划、政策和改革方案并组织实施，组织起草地方税收政策及调整方案，代编年度财政预算草案，汇总编制财政总决算，参与拟订宏观经济政策，提出运用财税政策实施宏观调控和综合平衡社会财力的建议。

牵头推进政府和社会资本合作，建立健全基本公共服务均等化的财力支撑机制，管理各项财政收支，组织制定经费开支标准、定额，审核批复部门（单位）年度预决算，受省政府委托向省人民代表大会及其常委会报告财政预算、执行和决算等情况。

负责政府非税收入管理、政府性基金管理、行政事业性收费管理、财政票据管理、彩票管理、国库集中收付管理、国库现金管理、政府债务管理、国有资产管理、政府采购管理、预算绩效管理、财政预算内行政事业单位和社会团体的非贸易外汇管理、财政资金调度和财政总预算会计管理、社会保险基金管理，组织编制政府财务报告，监管行政事业单位会计核算，组织会计决算报表编报和分析工作，组织实施企业财务制度等。

5. 省住房和城乡建设厅的职能

贯彻执行有关住房和城乡建设工作的方针政策和法律法规，组织起草有关地方性法规、规章草案，组织编制相关规划和年度计划，拟订相关政策、标准并指导和监督实施，提出房地产行业发展规划和产业政策。

承担推进住房改革与发展和保障城镇低收入家庭住房的责任，负责住房公积金监督管理，承担规范房地产市场秩序、监督管理房地产市场的责任，指导城镇土地使用权有偿转让和开发利用工作，承担指导城市建设的责任，承担规范、指导村镇建设的责任，监督管理建筑市场，指导全省工程建设、建筑业的行业改革发展，制定和发布工程建设全省统一定额、工期定额和有关技术标准并监督和指导实施，承担建筑工程质量安全监管的责任，承担推进建筑节能减排和行业科技发展的责任等。

6. 省商务厅的职能

贯彻执行国家商务管理及口岸工作有关方针政策和法律法规，起草有关地方性法规、规章草案并组织实施，拟订全省商务和口岸发展战略、规划、计划并组织实施，推进现代市场体系、商业体系、商贸服务平台（含电子商务服务体系）、商务信用体系、商贸流通体系、贸易促进体系、服务外包平台、海外经贸网络等建设，推动商务和口岸管理改革，整顿、规范市场经济秩序和商贸流通秩序，优化流通产业管理，推进现代流通方式发展，优化服务贸易管理、促进服务贸易发展。

促进引进外资和对外投资以及境内外商务合作交流，承担口岸建设管理、开发区建设管理、加工贸易进出口管理，承担组织协调反倾销、反补贴、保障措施及其他进出口公平贸易相关工作，依法组织产业损害调查及其他贸易救济措施，指导协调国外对本省出口商品的反倾销、反补贴、保障措施的应诉工作等。

7. 省交通运输厅的职能

贯彻执行国家和省有关交通运输工作的方针政策和法律法规，起草有关地方性法规、规章草案和政策措施并监督实施，组织拟订交通行业发展规划，参与拟订物流业发展战略和规划。

负责涉及综合运输体系的规划协调工作，组织编制综合运输体系规划，组织制定道路、水路运输有关政策、准入制度、技术标准和运营规范并监督实施，指导、协调交通运输枢纽规划和管理，承担运输市场监管责任，指导城乡客运及有关设施规划和管理工作，指导出租汽车行业管理工作，负责路政、运政和港口管理，负责水路运输、水路运输服务、外轮理货、船舶代理、引航、航道、港口及港航设施建设使用岸线布局的行业管理工作。

负责政府拨款的公路建设资金的监督和管理和公路水路的规费管理，承担交通建设市场监管责任，组织协调重点交通工程建设和工程质量、安全生产及造价的监督管理工作，指导交通运输基础设施管理和维护等。

8. 省农业农村厅的职能

统筹研究和组织实施“三农”工作的发展战略、中长期规划、重大政策。组织起草农业农村有关地方性法规、政府规章草案，参与农业农村经济与发展重大问题的调查研究并提出政策建议，拟订深化农村经济制度改革和巩固完善农村基本经营制度的政策，提出促进大宗农产品流通的建议。

指导乡村特色产业、农产品加工业、休闲农业和乡镇企业发展工作，培育、保护农业品牌，统筹推动发展农村社会事业、农村公共服务、农村文化、农村基础设施和乡村治理，负责农业投资管理，组织构建现代农业产业体系、生产体系、经营体系，指导农业标准化生产，推动农业科技体制改革和农业科技创新体系建设，牵头开展农业对外合作工作，承办政府间农业涉外事务，组织开展农业贸易促进和境内外农业交流合作，参与执行有关农业援外项目等。

组织农业生产资料市场体系建设，拟订有关农业生产资料地方标准并监督实施；组织兽医医政、兽药药政药检工作，负责执业兽医和畜禽屠宰行业管理；负责农业防灾减灾、农作物重大病虫害防治；负责全省动物卫生监督管理工作；指导动植物防疫检疫体系建设，组织、监督动植物防疫检疫工作，发布疫情并组织扑灭。

9. 省审计厅的职能

贯彻执行国家和省有关审计工作的方针政策和法律法规，起草有关地方性法规、规章草案，制定并组织实施审计工作发展规划、专业领域审计工作规划和年度审计计划，对直接审计、调查和核查的事项依法进行审计评价，做出审计决定或提出审计建议。负责对省级财政收支和法律法规规定属于审计监督范围的财务收支的真实、合法和效益进行审计监督，维护财政经济秩序，保障国民经济和社会健康发展，对审计、专项审计调查和核查社会审计机构相关审计报告的结果承担责任，并负有督促被审计单位整改的责任。

向省人民政府和审计署提出年度省本级预算执行和其他财政收支情况的审计结果报告，受省人民政府委托向省人大常委会提出省本级预算执行和其他财政收支情况的审计工作报告、审计发现问题的纠正和处理结果报告，向省人民政府和审计署报告对其他事项的审计和专项审计调查情况及结果，向省人民政府有关部门和地级以上市人民政府通报审计情况和审计结果。

直接审计有关预算执行情况、决算和其他财政收支、省财政转移支付资金、省属事业单位和社会团体的财务收支，省政府投资建设项目的预算执行情况和决算以及法律法规规定应当由省审计厅审计的其他事项，出具审计报告等。

按规定对有关单位和部门负责人实施经济责任审计，组织实施与省本级财政收支有关的特定事项进行专项审计调查，依法检查审计决定执行情况，督促纠正和处理审计发现的问题，依法办理被审计单位对审计决定提请行政复议、行政诉讼或省人民政府裁决中的有关事项。协助配合有关部门查处相关重大案件，指导和监督内部审计工作和农村集体经济审计工作，核查社会审计机构对依法属于审计监督对象的单位出具的相关审计报告。

10. 省人民政府国有资产监督管理委员会的职能

履行出资人职责，承担国有资产保值增值的监督职责，维护国有资产出资人权益；承担全省国企改革工作的统筹协调职责，研究解决国企改革中的重难点问题，对国资国企改革发展提出意见建议，指导国企改革；负责规范国有资本运作，优化国有资本布局结构，研究提出省属国有经济布局优化和结构战略性调整的政策建议；负责组织所监管企业上交国有资本收益，起草企业国有资产监管的地方性法规、规章草案，参与拟订国有资本经营预算有关管理制度和办法，负责所监管企业国有资本经营预决算编制和执行，组织所管企业实施全面预算管理；推进国有企业的现代企业制度建设，指导完善公司治理结构；负责企业国有资产的产权界定、产权登记、资产评估监管、清产核资、资产统计、综合评价等基础管理工作。

此外，广东省市场监督管理局和广东省地方金融监督管理局作为财经管理机构，也承担许多重要的财经管理职能，其具体职能见本章第四节。

二、香港特别行政区政府管理机构的设置及主要财经管理机构的职能

（一）香港特别行政区政府管理机构的设置

香港特别行政区政府是香港特别行政区行政机关，其首长是香港特别行政区行政长官。行政长官下设政务司司长、财政司司长、律政司司长、公务员叙用委员会、申诉专员公署、廉政公署、审计署等。香港特别行政区政府组织机构设置情况如图 7–1 所示。

（二）香港特别行政区政府主要财经管理机构的职能

1. 商务及经济发展局的职能

开展对外贸易关系，拓展自贸协定网络，参与国际经济贸易组织，务求为本港的货物及服务争取有利条件进入内地及国际市场；吸引和保留外来直接投资，在业务筹划、开展以至扩展各个阶段，均为企业免费提供专业意见及支持服务；负责监督支持中小型企业的整体政策，推行多项资助计划，协助中小型企业取得商业贷款和开拓新市场，并通过“四个中小型企业服务中心”提供商业资讯和技术意见。中小型企业亦可在网上平台“中小企连线”获取全面的资讯和支持服务；负责制订与香港邮政服务有关的政策及计划，包括确保香港邮政持续发展，以切合市场不断转变的需求，特别是电子商贸增长所带来的需求；推动企业可持续竞争，禁止妨碍、限制或扭曲竞争的行为；制定与知识产权保护及贸易有关的政策；制定有关保障消费者（包括本港居民及游客）合理权益的政策，确保在本港供应的消费品安全、符合合理的安全标准，以及按良好的营商手法提供给消费者。本局亦采取措施以处理消费者的投诉，并协助消费者通过法律途径寻求赔偿；提供便利商贸服务；发展香港成为亚洲领先的电讯枢纽。

2. 财经事务及库务局的职能

专责香港有关财经事务及政府库房，具体包括维持并提高香港作为主要国际金融中心的地位，维持香港金融体系的健全及稳定，确保金融市场有效和有秩序地运作，并受到审慎而适当的监管，营造公开、公平及有利金融市场发展的营商环境。财经事务科致力通过下列方法，达到上述宗旨：就银行制度、证券及期货市场、资产财富管理业、保险业、强制性公积金（强积金）计划及职业退休计划、公司法、信托法、放债、公司清盘、个人破产、会计事宜，以及与内地的金融合作事宜，制定政策及/或提交立法建议；协助财政司司长监督有关规管机构，包括证券及期货事务监察委员会、保险业监管局、强制性公积金计划管理局及财务汇报局；统筹及促进推行有关金融基础设施的新措施，以加强香港的竞争力；促进市场创新，以增加市场的深度和广度；监督政府统计处、公司注册处及破产管理

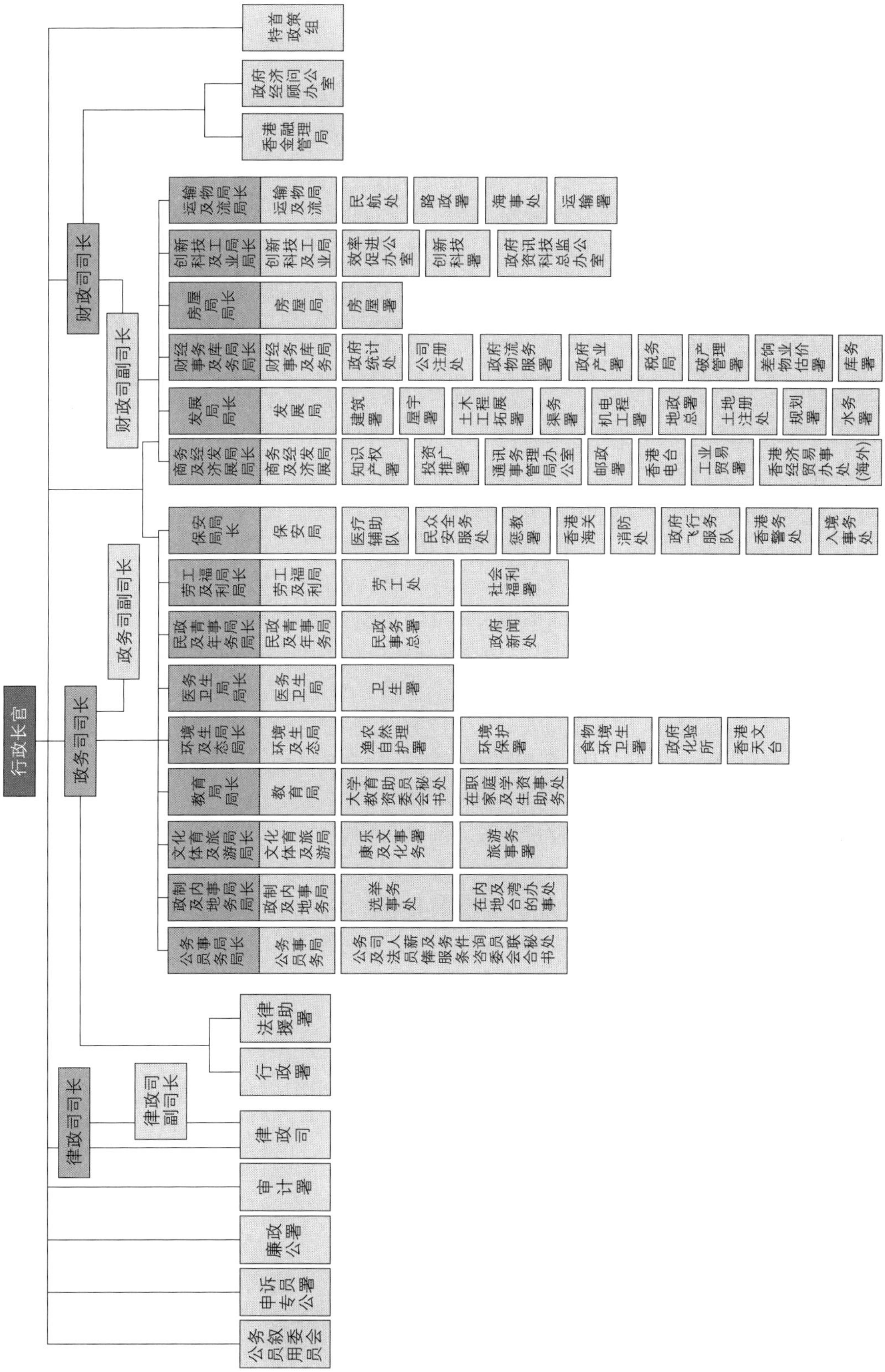

图 7-1　香港特别行政区政府组织结构图（修订日期：二〇二三年七月）

署的运作。库务科负责公共财政、一般收入及税收政策、政府采购、财政相关计划、财务顾问服务公司登记等事务。

3. 发展局的职能

通过有效的土地用途规划及稳定而充足的土地供应，促进香港持续发展；尽量善用土地资源，使土地管理制度保持高效率；使土地注册制度以有效率的方式运作；推广和确保楼宇安全与适时维修；通过改善旧区的建筑环境和居住条件，全面落实市区更新政策；确保有效规划、管理和落实公营部门的基建发展和工务计划，同时确保计划能以既安全又符合成本效益的方式依时进行，并维持高质素和标准；确保有可靠、充足和优质的食水供应，并提供有效率的供水服务；负责制定与发展有关的文物保育政策；为政府部门提供政策指引，就绿化、环境及树木管理，采用综合管理方式；督导九龙东转型为另一个具吸引力的核心商业区。

4. 运输及物流局的职能

负责制定香港的运输和物流政策，发展航空服务、陆路及水上交通和物流。在本地运输方面，继续以铁路为公共运输系统的骨干，并有序和及时地推进铁路项目，同时推进各项道路基建项目，推动智慧出行，兴建新的跨境运输基础设施和提升现有设施。在航空运输方面，扩展香港的航空服务网络，与机场管理局合作，把香港国际机场发展为机场城市和通过其国际航空学院推动人才培训。促进航空运输安全和效率；与国际组织（如国际民用航空组织和国际航空运输协会）开展合作。在海运发展方面，发展和巩固香港作为高增值海运服务中心和亚太区重要转运枢纽的地位，继续保持香港港口效率高、联系性强和覆盖面广的优势，并推动航运和港口业更广泛地在业务流程和运作上应用数码科技；提升国际航空枢纽和海运的基础设施和人才培训，提高香港物流业的竞争力。发展高增值物流服务并鼓励物流业界进一步应用科技以提高效率及生产力，通过提升多式联运以加快推动粤港澳大湾区物流信息和货物的互联互通，积极支持业界发展，通过专业培训和推广增加人力供应。

5. 创新科技及工业局的职能

加强对创新及科技界的支持；促进资讯及通信科技业的蓬勃发展；加强各利益相关人的联系以产生更大的协同效应；鼓励私营机构参与研发及推动研发成果商品化；协调各决策局就研发及科技事宜的政策制定工作；加强与其他经济体系的合作以推动科学及科技交流；加强对培育创新及科技人才的支持；促进创新及科技发展以推动再工业化及先进制造业的发展；促进智慧城市和数字经济发展。

6. 工业贸易署的职能

巩固及提升与贸易伙伴的良好关系，并促进双边及区域经贸合作；维护公正稳健的贸易制度，并确保香港履行其国际义务；积极参与国际贸易组织，并推动贸易投资自由化和便利化；协助香港企业拓展外地市场；支持香港企业，尤其是中小型企业，并鼓励企业为其产品或服务增值，以加强竞争力。

7. 投资推广署的职能

积极鼓励有意在香港设立公司或拓展业务的内地企业、中小型企业及跨国公司以香港作为业务发展的首要据点；从业务筹划到实施扩展的各个阶段，为投资者免费提供专业意见及支持服务，致力引进有利于香港经济及发展策略的海外投资项目，并鼓励这些投资项目持续留在香港发展；除香港总办事处外，投资推广署的代表遍布全球多个重要的商业城市，确保为投资者提供快速便捷、完善可靠的服务。

8. 知识产权署的职能

负责就知识产权政策及法例向香港特别行政区政府提供专业意见，就知识产权事宜向政府提供民事法律意见，提高市民对知识产权的意识和尊重。推行政府把香港发展成为区域知识产权贸易中心的措施，管理商标注册处、专利注册处、外观设计注册处及版权特许机构注册处。

9. 公司注册处的职能

为公司、有限责任合伙、有限合伙基金、开放式基金型公司、信托公司和注册受托人法团提供办理注册成立或登记的服务，并登记公司及其他实体按照有关条例规定须交付的文件；向公众提供本处所备存公司和其他实体的资料的查册服务；确保公司和其他实体及其高级人员履行相关法例下的责任；执行信托或公司服务提供者的发牌制度；处理放债人牌照的申请/续牌及备存放债人登记册以供公众查阅；就与公司法及相关法例有关的政策及立法问题，向政府提供意见；快捷及有效地达到上述各项目标，并在客户可接受的收费水平及时间范围提供服务。

10. 香港经济贸易办事处（海外）的职能

香港在海外设有 14 个经济贸易办事处（经贸办）作为代表。经贸办负责提高全球对香港独特优势的认识、促进香港的经贸利益，以及支持海外企业在香港拓展业务。经贸办与投资推广署、香港旅游发展局及香港贸易发展局的全球办事处网络通力合作，以加强香港的国际联系。

11. 审计署职能

进行审核账目是否妥善的工作，向立法会提供总体保证，确保政府和公益或半公益性质基金的财政及会计账项，均属妥善，而且符合公认的会计标准；进行衡工量值式审计工作，就任何决策局、政府部门、专责机构、其他公众团体、公共机构或账目须受审核的机构在履行职务时所达到的节省程度、效率和效益，向立法会提供独立资料、意见和保证。

12. 政府经济顾问办公室的职能

负责向市民提供香港经济的最新资讯，并进行经济分析和就政府的政策提供相关专业意见。其具体职能包括：监察经济发展和定期编制经济报告和预测；在制订财政预算时提供资料和分析；就经济事宜向政府各局和部门提供专业意见；评估政府各项政策、措施和计划对经济的影响。

13. 政府资讯科技总监办公室的职能

负责制定资讯科技策略、计划和措施，协助发展全港资讯科技基建，制定技术和专业标准，在政府内部提供资讯科技服务及支持，协助各局/部门善用资讯科技，推广和促进工商界及市民更广泛使用资讯科技，开放更多政府数据供公众免费使用。

三、澳门特别行政区政府管理机构的设置及主要财经管理机构的职能

（一）澳门特别行政区政府管理机构的设置

澳门特别行政区政府是澳门特别行政区行政机关，其首长是澳门特别行政区行政长官。行政长官下设行政长官直属机关、经济财政司、行政法务司、保安司、社会文化司、运输

工务司、立法司法范畴的行政部门。此外，澳门特别行政区还设廉政审计部门，即廉政公署和审计署。

经济财政司包括经济财政司司长办公室、经济及科技发展局、财政局、旅游局、博彩监察协调局、劳工事务局、澳门贸易投资促进局、澳门金融管理局、科学技术发展基金、统计暨普查局、消费者委员会、中国与葡语国家经贸合作论坛常设秘书处辅助办公室。

行政法务司包括行政法务司司长办公室、行政公职局、法务局、身份证明局、市政署、退休基金会、法律及司法培训中心、印务局。

保安司包括保安司司长办公室、警察总局、中华人民共和国澳门特别行政区海关、治安警察局、司法警察局、消防局、惩教管理局、澳门保安部队事务局、澳门保安部队高等学校、金融情报办公室。

社会文化司包括社会文化司司长办公室、教育及青年发展局、文化局、体育局、卫生局、药物监督管理局、社会工作局、社会保障基金、文化发展基金、澳门大学、澳门理工大学、澳门旅游学院、北京协和医院澳门医学中心/澳门医院筹备办公室。

运输工务司包括运输工务司司长办公室、土地工务局、公共建设局、海事及水务局、环境保护局、交通事务局、民航局、邮电局、房屋局、地图绘制暨地籍局、地球物理暨气象局。

廉政审计部门包括廉政公署、审计署。立法司法范畴的行政部门包括终审法院院长办公室、检察长办公室、立法会辅助部门。

（二）澳门特别行政区政府主要财经管理机构的职能

1. 经济及科技发展局的职能

研究澳门特别行政区的经济政策，并在该政策内建议和执行有利于经济适度多元及促进工商业发展的措施；营造和完善公平的营商环境；推动电子商务的应用及发展；签发对外贸易活动准照，制定对外贸易活动的限量制度并跟进相关的工作，以及签发澳门特别行政区产地来源证明文件；筹备和协调澳门特别行政区参与经济合作组织及会议的工作，并在经济及科技发展局活动领域内确保履行已作的承诺；落实澳门特别行政区政府的科技发展政策，推动科技产业及科技创新行业的成长和发展；协调各公共部门及实体筹备并执行科技创新及智慧化事宜的相关工作；营造有利于科技创新行业发展的环境；参与国家及区域重大科技项目的建设；促进企业开展与科技应用相关的研究或项目，推动研发成果产业化及商品化；研究及落实知识产权的政策和执行有关工作；签发依法属经济及科技发展局负责签发的工业或非工业牌照，并进行有关监督工作；监察对规范澳门特别行政区产品制造程序的法律规定及其他属经济及科技发展局职责范围内的法律的遵守情况；执行法律规定或上级指示的其他工作。

2. 财政局的职能

组织“公共会计系统”及“澳门特别行政区预算”，促进并指导其运作及执行，以及确保澳门特别行政区财政的正常管理；建议适当且有效的短期及中期资源分配措施；如有需要，建议抵销赤字或运用盈余的措施；协助制定澳门特别行政区公营部门投资政策，就有关方案发表意见，并确保行政当局投资与发展开支计划的编制及执行；确保公库与代理银行及其他实体的联系，监管公款的调动及进行出纳活动，并组织有关的账目系统及做记账活动；进行澳门特别行政区的税务管理，促进其与税务法律的配合，并在公共利益受侵犯时，维护及重建公共利益；执行税务政策，并不断评估其在财政、经济及社会范畴内的效益；在税务及公共财政方面进行监察，以预防及纠正异常状况；按法律规定，确保澳门特别行政区耐用财产的管理；跟进为澳门特别行政区带来资源或其他利益的合同的履行；协助吸纳公款活动的进行，并监管有关还本付息的活动，以及评估在中期及长期财政计划上所产生的相应影响；监管财政活动，并对澳门特别行政区，以及其部门、自治基金组织及市政署在给予担保的政策上或在取得及转让财务资产方面提供必要的咨询性意见；开发与其职责有关的辅助整个行政当局的共同活动资讯项目；就与其职责有关的法规草案或澳门特别行政区合同草案发表意见；为制定及完善与其工作有关的政策，进行必要的研究及调查工作，并制定适当的法律文书；与澳门金融管理局或货币、金融及外汇领域的其他实体相互配合，制定及执行货币、金融及外汇政策；在其职责范围内确保澳门特别行政区参与国际团体或其他国际机构的工作；协助参与有关税务的国际公约谈判，并执行源自有关公约的跟进工作。

3. 旅游局的职能

分析、协助制订并推行旅游政策；向各主要及新兴旅游市场推广旅游产品与服务，并致力于评估、开拓及发展具有潜力的市场，令来澳的客源更趋多元化；与海外旅游业界加强联系，并与地区及国际旅游组织交流联络；优化旅游产品及推动其多元化发展，宣传、筹办及协办大型旅游活动和盛事；确保业界严格按照法律规定运作；为旅游业界的服务素质定下标准，并与培训机构及旅游单位合作，协力为本地业界人士提供更多培训机会；制定旅游危机应急预案，管理澳门特区旅游警示系统，保障旅游安全。

4. 澳门贸易投资促进局的职能

促进澳门出口的多元化发展，对外举办推广澳门出口商品的活动，协助举办国际贸易中不同领域的培训活动；向本地区出口商提供咨询服务及技术辅助，向潜在的投资者推广澳门，并宣传投资机会；接待、指引投资者，并通过适当的内部结构及机制，确保解释及安排处理与实现投资相关的问题；跟进贯彻、发展及落实投资所需的行政程序的进展；就新工业项目批出土地发出意见书；发展新投资，尤其是服务业方面的投资；与其他负责执行经济政策的官方机构合作，以确保有适当的协调；建立资讯基、接待及伙伴关系，以及在本地区企业与其他经济区域、地区或国家的潜在投资者之间创造接触机会；与住所设于或非设于澳门的其他公共或私人实体合作，并促进有利于其所开展活动的联系、协议或伙伴关系；推动会展业发展；促进澳门特别行政区作为中国与葡语国家商贸合作服务平台的作用。

5. 科学技术发展基金的职能

对有助于提升澳门特别行政区的科研实力、创新能力及竞争力的各类项目提供资助，对设在澳门特别行政区的科研平台提供资助；负责澳门特别行政区科学技术奖励的相关工作，并可应内地及其他国家或地区知名科学技术奖励颁发机构的邀请，推荐澳门特别行政区的科研机构和人员申报有关奖励；负责向科技委员会提供技术及行政辅助。

6. 消费者委员会的职能

协助澳门特别行政区政府制定、推广和推行关于保护消费者权益的政策及措施，并就执行该政策及措施的事宜发表意见、提交报告、进行研究和提出建议；接收和处理消费者的投诉，通过协调争议双方以及进行机构调解及仲裁，协助当事人解决消费争议，以及转介和跟进属行政当局的其他部门职责范围的投诉；执行法律规定属消费者委员会职权的监察工作；搜集关于保护消费者权益的资讯；对提供予消费者的零售商品及服务的价格进行调查研究；对各类零售层面商品进行比较测试；促进与澳门特别行政区或外地的公共部门及实体以及私人实体在保护消费者权益范畴的交流和合作；鼓励及促进行业诚信自律；推动关于保护消费者权益的宣传及教育工作；公布与消费者权益相关的资讯性资料；履行依法获赋予的其他职责。

7. 中国与葡语国家经贸合作论坛常设秘书处辅助办公室的职能

加强中国与葡语国家之间的经贸交流，发挥澳门联系中国与葡语国家的经贸平台作用，促进中国与葡语国家之间的合作，促进中国内地、葡语国家和澳门的共同发展。

8. 交通事务局的职能

负责研究、筹备和执行关于道路及交通的整治与规划的工作，以及关于交通设备和道路工程的事务；负责研究、筹备和执行关于陆路运输、陆路跨境客运、供公众使用的停车场及公共道路泊车位的运作的工作；专责协调及监察各项临时交通措施的执行，并配合治安部门的需要，移走违例停泊车辆；负责各项车辆牌照、驾驶执照、驾驶考试、车辆检验等工作。

9. 审计署的职能

审计特区总账目，并对公共行政领域的部门及机构，以及大部分经费由财政支付的实体等"审计对象"进行账目及运作上的各项审计工作，执行审计监督。

此外，澳门博彩监察协调局负责澳门特别行政区博彩业的管理，澳门金融管理局负责澳门特别行政区银行业和保险业管理（具体职能见本章第四节）。

第二节　粤港澳大湾区的政府经济管理方式及内容

一、广东省政府经济管理方式及内容

（一）广东省政府经济管理方式

广东省政府经济管理是指广东省政府从社会经济生活宏观角度规划、协调、服务、监督广东国民经济，包括广东省政府采取的组织和干预社会经济活动的方法、方式、手段。

1992 年，党的第十四次全国代表大会首次提出市场要在国家宏观调控下，对资源配置起到基础性作用。党的十八届三中全会正式提出要发挥市场在资源配置中的决定性作用，对政府经济管理职能转变提出了新要求，强调激发市场活力，一方面要简政放权，改革审批制度，另一方面要整合机构，转变政府职能。党的十九届五中全会通过的《中共中央关于制定国民经济和社会发展第十四个五年规划和二〇三五年远景目标的建议》，明确了完善政府经济管理的战略方向和重点举措。伴随着党和国家改革的推进，广东省政府经济管理方式、手段也在不断调整和变革，从改革开放前以政府管理为主的方式逐步向以市场调节为主、以政府宏观调控为辅的方式转变。

广东省政府对经济的宏观调控管理以广东省发展规划为导向，以财政和货币政策为手段，辅以就业、投资、环保和消费等相关政策的配合，对广东省经济活动进行宏观规划、协调、服务、引导和监督；开展预期管理，建立市场行为引导机制，把预期管理作为政府经济管理的重要内容；开展跨周期政策设计，健全逆周期调节机制，加强中长期、跨周期

宏观经济政策预研，增强宏观调控的前瞻性，着力提高逆周期调节能力；完善参与国际宏观经济政策协调机制，以适应国内大循环为主体、国内国际双循环相互促进的新发展格局；兼顾发展好国内、国外两个市场，统筹利用好国内、国际资源；针对复杂多变的国内外形势，加强基于大数据的经济监测预警能力建设，提升宏观经济监测预警和风险防控能力，完善经济景气预报体系。

（二）广东省政府经济管理内容

1. 农村经济管理

在新型工业化、信息化、城镇化、农业现代化持续推进，农村经济社会深刻变革的大背景下，农村经济管理涉及范围更广，包括经济、政治、文化、社会、生态文明以及基层党建等多个领域。广东省农村经济管理主要包括集体产权、经营制度、社会治理、城乡一体化以及支持保护制度五个方面。广东省农村经济管理相关职能部门是各级农业农村厅（局），其职能包括：统筹实施乡村振兴战略，推进美丽乡村建设，加快实现农业农村现代化；制定深化农村经济体系改革和巩固完善农村基本经营制度的政策；负责农村集体产权制度改革，指导农民合作经济组织发展；指导农业农村人才工作。

2. 国有企业管理

国有企业管理主要涉及国有资本布局结构、现代企业制度、混合所有制经济、国有资产监管体系四大部分。广东省国有企业坚持公有制的主体地位，发挥国有经济的主导作用，激发国有经济的创新活力，加强国有经济的控制力，扩大国有经济的影响力。广东省国资委履行国有资本监管的职责，国有资本运营公司直接履行对实体企业的出资人职责，从而形成“三层架构”。第一层是国务院国资委和两级地方国资委，是“赛场”上国家队的“领队”。在新型国资管理体系下，国资委只需要在把握战略布局规划及国有资本经营预算的基础上，向国有资本运营公司派驻董事。第二层是若干个代表国家管理国有资本的国有资本运营公司，直接履行出资人股东的职责，通过资本层面的运作有效组合配置国有资产，是“赛场”上国家队的“教练员”。第三层便是享有企业法人财产权的国家出资实体企业（包括国有参股、控股企业），定位于国有资产的具体运营，通过国有资产的经营与管理，实现国有资产的保值增值，是“赛场”上国家队的“运动员”。

3. 价格管理

广东省价格管理坚持以供给侧结构性改革为主线，在充分运用政府宏观调控手段的同时，发挥市场在资源配置中的决定性作用。广东省价格管理相关职能部门是广东省各级市场监督管理局，其职能包括：拟订有关价格收费监督检查、反不正当竞争、直销监管及禁止传销的制度措施、规则指南并组织实施；监督和规范市场价格行为，组织实施商品价格、服务价格以及国家机关、事业性收费的监督检查工作；组织、指导查处价格收费违法违规、不正当竞争、传销、违法直销案件；承担监督管理直销企业、直销员及其直销活动和打击传销工作；组织实施公平竞争审查制度，开展公平竞争审查工作，依据委托开展反垄断执法调查工作。

4. 科技创新管理

科技创新管理主要包括科技组织结构、科技运行机制和科技管理原则等内容。广东省发挥市场在创新资源配置中的决定性作用，健全市场竞争、知识产权保护、政府采购和环境监管等政策法规体系，营造鼓励企业创新的市场基础环境，充分发挥市场对科学技术研究的导向作用，引导科技研发走正确的方向和路线，调节研发要素的价格和资源的合理配置。广东省科技创新管理相关职能部门是各级科学技术厅（局），其职能包括：编制全省创新体系建设规划，制定促进知识创新、技术创新的政策措施；制定科研条件保障规划、提出相关政策；推进科技基础条件平台、实验室体系和重点科研基地、产业创新平台、重大创新基地建设和科技资源共享；制定科技促进企业自主创新的政策措施；认定创新型企业和自主创新产品；推动企业自主创新能力建设。

5. 开放型经济管理

党的十八大以来，广东以“一带一路”建设、粤港澳大湾区城市群建设和广东自贸试验区建设三方面为抓手，完善外商投资监管体系，降低金融市场、文化教育、医疗卫生、育儿养老、商贸物流以及电子商务等服务领域的外资准入门槛，推动服务领域贸易投资自由化，探索广东特色的开放型经济管理。广东开放型经济管理相关职能部门是各级商务厅（局），其职能包括：负责指导招商引资工作；制定促进投资规划和改善投资环境的政策措施；负责口岸规划和政策编制、调整和协调落实，统筹优化口岸营商环境、提升跨境贸易便利化水平工作；制定服务贸易发展规划、外商投资政策，招商引资规划、对外投资及经济合作政策。

6. 投融资管理

投融资管理涉及投融资活动的组织形式、投融资方法和管理方式，主要内容包括投融资主体的确定，投融资决策制度，投融资资金筹措实施方式及运作，投融资收益分配结构，以及投融资监督体系和调控方式等。广东省投融资管理体制相关职能部门是各级地方金融监督管理局，其职能包括：制定支持地方金融产业发展的规划与政策并组织实施；实施金融监管；发展普惠金融；推动金融改革创新；开展地方金融风险监测防控；开展金融对外合作交流，深化区域金融合作等。

二、香港特别行政区政府经济管理方式及内容

（一）香港特别行政区政府经济管理方式

香港特别行政区奉行自由经济政策，经济开放程度高，实行自由贸易、自由企业制度，市场经济活动主要由市场进行调节，资源配置由“无形之手”调节，香港特别行政区政府基本不进行干预，一般不制定经济发展计划和发展战略，仅在确有需要时才进行相对有限干预，在经济运行中充当的角色是服务员和安全员，主要职责就是确保香港体制的稳定和社会的安定。

1997 年发生了亚洲金融危机。为减少这次亚洲金融危机对香港特别行政区经济的冲击和影响，香港特别行政区政府加大了对港币和金融相关体系的干预，果断采取提高拆借利率的办法来打击投机者，又采取降低公司利得税、差饷税等税收政策，帮助企业度过经济萧条的难关。

（二）香港特别行政区政府经济管理内容

1. 创建良好的基础设施

香港地少人多，经济规模大而没有与之相适应的基础设施。由于基础设施建设投资大、

周期长、利润低，仅仅通过市场是无法有效提供的，这就需要政府参与和支持，或者由政府直接投资建设。因此，香港特别行政区政府始终坚持“政府的责任在于把基础设施搞好”，在政府财政综合账目中，运输设施、土地与土木工程、水务、环保、市政设施、教育、医疗等内容的公共服务开支约占总支出的70%。香港基建项目中以公私合营模式（Public Private Partnership，简称PPP）较为常见。PPP模式界定了政府、企业、非政府机构和个人应该享有的权益以及要担负的社会责任。公共部门作为政府机构部门，配合相关单位或个人建立对应的管理和监督机制，保障基础设施的正常运行。

2. 为工商业提供服务

香港特别行政区政府通过工商科及其下设的贸易署、贸易发展局、出口信用保险局和生产力促进局等为工商业提供服务。这些机构将香港工商业的发展交给市场自发调节，对生产过程和产品价格不加干涉，却对工商业的开拓发展给予较多的支持。具体做法主要有：大力培养工商业发展所需的各种人才，鼓励企业提升产品和服务质量，帮助企业及时掌握市场信息，为出口企业提供信用保障，并积极出面协助企业解决国际贸易矛盾。通过相互协作与配合，香港特别行政区营商环境不断改善，工商业得到了大力发展。

3. 为经济稳定发展提供法律保障

香港特别行政区是一个高自由度的开放经济体，要想保持有序的竞争，必须要有一套健全的法律法规来保障。香港特别行政区经济法约占香港成文法的45%，为市场正常运转提供了法律保障，它们是香港经济稳定发展的基石。这些“基石”一方面保障了“积极不干预主义”，另一方面也使政府有关部门的行为有法可依、有章可循。正因如此，“积极不干预主义”才能使市场机制得到充分的发挥。对于一些新情况，现有法律法规难以调整之时，可以根据相似法规处理，而后再积极制定与之相适应的法律规范。这不仅使营商环境更公平，同时也使市场得到充分的竞争。

4. 对部分行业直接干预

对于部分公共事业、能源、金融以及地产等领域，香港特别行政区政府出台相关法律法规进行直接的干预，这些干预措施定期进行公示公开。例如，香港特区政府对土地进行统一的规划和管理，一切土地归特区政府所有，在严格按照城市建设总体规划要求下，土地使用权（一般为75年）可以进行公开拍卖；对于电力等能源和公共事业，香港特别行政区对价格收费、经营及经营利润进行直接干预，包括派驻政府官员任董事、定调价审批，等等。

5. 对经济进行宏观调控

香港特别行政区政府有专门的经济部门，负责制定经济政策，利用经济杠杆对香港经济进行宏观调控。如1998年至2002年经济不景气，香港特别行政区政府就通过减税、退税、冻结收费等政策加快经济复苏，且政府加大财政支出用于基本建设以刺激经济。

三、澳门特别行政区政府经济管理方式及内容

（一）澳门特别行政区政府经济管理方式

澳门回归祖国之后，在中央政府的支持下，澳门特别行政区政府对行政体系进行一系列的改革，澳门特别行政区的发展也因此翻开崭新的一页。总的来说，澳门特别行政区经

济管理方式与香港特别行政区有类似之处。但澳门特别行政区政府对经济的管理和干预，要少于香港特别行政区政府对经济的管理和干预，这是因为澳门特别行政区政府财政政策一直以来实行收支平衡，基本没有财政储备，澳门特别行政区政府在财力上不及香港特别行政区政府，因此对经济的干预、支持或扶持、宏观调控相对比香港特别行政区政府少。

（二）澳门特别行政区政府经济管理内容

1. 对经济进行宏观调控

澳门特别行政区政府对经济进行的宏观调控包括：一是利用税收杠杆对经济进行宏观调控，如通过制定税收优惠或减免政策对经济进行调控；二是通过土地批给制度对房地产市场进行调控，如澳门特别行政区政府通过出售、租借方式或租赁方式批给以及临时性使用或占用等 3 种方式将专有土地租借给私人房地产公司发展房地产；三是在经济不景气的条件下通过制定经济复苏政策计划来调节和刺激经济发展，如在 2021 年的新冠疫情的冲击下，澳门特别行政区政府推出了扩大公共工程投资、电子消费优惠计划、扶持中小微企业计划、“澳人食住旅”计划等政策计划，以促进澳门经济复苏。

2. 对金融市场进行监管

澳门特别行政区金融管理局对金融市场进行监管，确保金融市场正常稳定运转。其主要职责包括：建议及辅助行政长官制定及施行货币、金融、外汇及保险政策；根据规范货币、金融、外汇及保险活动的法规，指导、统筹及监察上述市场，确保其正常运作，并对经营者进行监管；监察货币的内部稳定及其对外的偿还能力，以确保其可完全兑换性；行使中央储备库职能及外汇与其他对外支付工具的管理人职能；维持金融体系的稳定。除了根据现行的法例对本地货币及金融市场进行监管外，澳门特别行政区金融管理局还积极地对澳门特别行政区金融业的长期稳定发展以及持续增长壮大建言献策。

3. 为工商业市场发展创造条件

澳门特别行政区政府制定经济法规，为经济的稳定发展创造法制保障。澳门特别行政区政府相关部门与私营企业共同承担能源和交通等公共基础设施的建设责任，例如按照相关规定，澳门的博彩业机构承担部分基础设施建设职责，并设立相应辅助机构，扶持其他工商行业发展。

第三节　粤港澳大湾区的财政税收体系

一、广东省财政税收体系

（一）广东省财政体系

1. 中央与地方财政支出责任

《中华人民共和国预算法》明确规定政府的全部收入和支出都应纳入预算，包括一般公共预算、政府性基金预算、国有资本经营预算和社会保险基金预算。一般公共预算以税收为主体，主要用于民生保障、经济社会发展、国家安全维护、国家机构正常运转等；政府性基金预算是主要向特定对象征收、收取或者以其他方式筹集的资金，专项用于特定公共事业发展；国有资本经营预算是对国有资本收益作出支出安排的收支预算；社会保险基金预算主要通过社会保险缴款、一般公共预算安排和其他方式筹集资金，专项用于社会保险。

我国中央和地方的事权、财权分配是财税体制改革的焦点问题。事权是指一级政府应承担的运用财政资金提供基本公共服务的任务和职责。财权是指各级政府部门和企业占有、支配和使用资财的权利。1978 年以前，我国实行高度集中的财政体制，财权主要集中于中央。1980 年实行“分灶吃饭”财政体制改革，地方财权逐步扩大。1994 年实行分税制改革，中央与地方进行了支出责任划分：中央主要承担国家安全、外交、中央国家机关运转、国民经济结构调整等方面的所需支出；地方主要承担本地区经济、社会事业发展所需支出，以及政府机关运转支出。

2. 广东省财政管理体系

1994 年，广东省出台了《广东省分税制财政管理体制改革实施方案》，在严格落实国务院关于分税制财政管理体制的方针、政策和措施的基础上，明确划分了省级财政收入和市县级财政收入范围。其中，对属于地方财政收入部分，按税种和行业划分省与市县的收入，例如省属企业所得税、省级专项收入等划为省级财政收入，市县属国有企业所得税、市县专项收入等划为市县级财政收入。在财政支出方面，省级财政主要承担省级政府机关运转所需支出，以及由省直接管理的事业发展支出等；市县财政主要承担本地区政府机关运转支出以及本地经济、事业发展所需支出。2014 年，广东省印发实施了《广东省深化财税体制改革率先基本建立现代财政制度总体方案》，明确在保持收入格局大体不变的前提下，合理调整省以下分税制财政体制，明确省以下各级事权和支出责任相匹配，进一步调整了省以下政府间的财政关系。

为了加快建立现代财政制度，2019 年，广东省印发《基本公共服务领域省级与市县共同财政事权和支出责任划分改革方案》，合理划分广东省省级与市县级财政事权和支出责任。确定省级与市县共同的财政事权包括：义务教育、学生资助、基本就业服务、基本养老保险、基本医疗保障、基本生活救助等。同时，简化了省与市县级财政事权支出责任的分担方式，例如基本公共就业服务、医疗救助、困难群众救助、残疾人服务等事项，省级财政根据市县的财力实际情况，给予一定额度的补助，其余部分由市县财政承担。通过合理划分支出责任，省级与省以下政府间财政关系更加清晰，公开透明、运行高效，市场统一、法治规范的现代财政制度在广东率先基本建立。

（二）广东省税收体系

1. 广东省税收制度

广东省的税收制度充分体现了我国内地的税制结构。按照税收的性质和作用，税制体系大致可分成五类：①商品（货物）和劳务税类，包括增值税、消费税、关税。②所得税类，包括企业所得税、个人所得税、土地增值税。③财产和行为税类，包括房产税、车船税、印花税、契税。④资源税和环境保护税类，包括资源税、环境保护税、城镇土地使用税。⑤特定目的税类，包括城市维护建设税、车辆购置税、耕地占用税、烟叶税、船舶吨税。其中，消费税、车辆购置税、关税和船舶吨税 4 种税收属于中央政府固定收入；房产税、城镇土地使用税、耕地占用税、契税、土地增值税、车船税、烟叶税和环境保护税 8 种税收属于地方政府固定收入；增值税、企业所得税、个人所得税、资源税、印花税和城市维护建设税 6 种税收属于中央政府与地方政府共享收入。

2. 广东省税收管理机构

我国的税务系统由国家税务总局领导，分为总局、省局、市局、区县级、科所级多个层级。在国家税务总局广东省税务局机构中，分为内设机构、事业单位和派出机构。国家税务总局广东省税务局主要职责包括：贯彻执行税收、社会保险费和有关非税收入法律、法规、规章和规范性文件，研究制定具体实施办法，组织落实国家规定的税收优惠政策；负责所辖区域内各项税收、社会保险费和有关非税收入征收管理等。

二、香港特别行政区财政税收体系

（一）香港特别行政区财政体系

《香港特别行政区基本法》明确规定，香港特别行政区有责任促进从工业到贸易、从医疗到社会福利等各种活动，自行立法规定税种、税率、税收宽免和其他税务事项。

香港特别行政区财政制度实行的是复式预算制度，政府预算分为两卷，卷一是一般收支账目，卷二是基金账目。一般收支账目主要处理政府各部门的日常收支，结余部分收回，形成财政储备。基金账目主要用于政府部门和公共事业单位的管理投资、非经常开支以及政府贷款等。

香港特别行政区政府预算案采用“自下而上”的编制理念，在预算编制的过程中主动接受公众的质询和意见，尽可能满足公众意愿。香港特别行政区的财政年度为每年的 4 月 1 日至次年的 3 月 31 日。其预算审批流程需要经过“一读”“二读”和“三读”。“一读”是财政司司长要对政府编制预算时的各种考虑进行概括性说明，立法会议员们针对预算草案发表各自的看法；“二读”是在预算草案初步形成后，财政司司长需在立法会发表预算案演讲，之后提交立法会进行讨论、辩论和表决，社会公众可以在“二读”后对预算案提出意见；“三读”是在以库务局（全称香港特区财经事务及库务局，职责相当于内地省一级财政厅）为主的行政部门对预算案进行修改后进行，“三读”后，立法会需要对预算案进行表决，通过后成为当年正式的财政预算法案。

（二）香港特别行政区税收体系

香港特别行政区现行税种主要有三类，即物业税、薪俸和利得税，此外还有印花税、博彩税、酒店房租税和差饷税等。物业税，主要是对物业拥有人取得租金收入进行征收；薪俸税和利得税大致相当于内地的个人所得税和企业所得税，薪俸税实行超额累进征收，税率为 2% 至 19%，总体税负不超过收入的 16%；酒店房租税是对酒店及宾馆就酒店房租所征收的税项；差饷税是对土地及建筑物的出租市值征收，属于就物业使用而征收的税项。

香港特别行政区税收征管比较严格，主要表现在：一是税法制订与执行分工明确。香港特别行政区政府财经事务及库务局是财政税收政策的制定者和解释者；税务局作为征收部门向市民办理缴税事宜；涉税争端上诉的受理部门是税务上诉委员会。二是优惠措施较少。香港特别行政区的税法没有规定特别的税收优惠条款，税法的刚性强。三是税收征管严格执法。香港特别行政区企业均使用自制发票和收据，自行申报纳税。香港的税法规定，纳税人的商业记录和物业租金收入记录至少保留七年，税务局收到报表后会认真评审和调查，如发现有欺骗瞒税和蓄意逃税，轻则处以罚款，重则给予刑事处罚。

三、澳门特别行政区财政税收体系

（一）澳门特别行政区财政体系

澳门特别行政区财政总预算由澳门特别行政区一般综合预算、特定机构汇总预算与特定机构总投资预算三部分组成，主要采用复式预算形式。一般综合预算是反映澳门特别行政区政府在某一个财政年度内为履行其职责，落实其施政方针及实现社会经济发展目标所制定的开支计划，也是澳门特别行政区财政总预算的主体。特定机构汇总预算由所有特定机构的经常预算汇总而成，主要涉及基于本身职能特殊性而需要在预算和财务管理上做特别处理的自治部门及机构，如邮电局、邮政储金局、退休基金会、澳门金融管理局、社会保障基金、汽车及航海保障基金、澳门基金会、存款保障基金等。特定机构总投资预算则包含上述各特定机构取得除财务投资以外的其他各类资产的基本情况。

澳门特别行政区政府将澳门特别行政区财政收支按年度编制并提出财政预算、决算，其财政年度从每年的 1 月 1 日起至 12 月 31 日止。澳门特别行政区财政收支的特点主要有：一是遵守“量入为出”的原则。澳门特别行政区政府在编制财政预算时尤为注重财政预算的收支平衡，回归以来财政收支长期保持盈余。二是政府财政收入结构较为单一，高度依赖博彩业。博彩业作为澳门的龙头产业，长期以来在澳门特别行政区经济中占绝对主导地位。三是财政支出基本以维持行政有效运作为重点。澳门特别行政区政府财政支出基本以维持行政运作，保证行政部门有效管理社会秩序为重点。

（二）澳门特别行政区税收体系

澳门特别行政区管理每种税项的法律和条例均由行政长官及立法会制定和通过，所有税项均由特区政府负责征收；财政局具体负责管理税务体系及实施税法，并在解释征税条例、进行税务审计及执行在税务条例内所限制的刑罚上享有裁量权。

澳门特别行政区的税种设置分为直接税类与间接税类，前者包括所得补充税、职业税、房屋税、车辆使用牌照税和营业税等，后者主要包括旅游税、消费税、印花税和机动车辆税等。税收收入以直接税为主体。澳门特别行政区税制的基本原则是分散税源和分开征收，凡在澳门特别行政区取得收益者均需纳税，采取事后计缴，公平计征，统一税源，不重复征税。

澳门特别行政区税制的基本特征有：一是立法技术高。从总体上讲，澳门税法承袭大陆法系，法规规定细致，行文简洁。在正文之前通常有关于该税的说明，阐明设立、修订或废除该税的意图，以及要达到的最终目标。税法条文前的小标题为检索和把握法律基本内容提供了有力帮助。每部税收法律、法规都有关于课税对象、纳税人、税率、豁免与优惠、纳税程序、罚则等规定，尤其是程序部分规定较详细，占整部法律、法规的大半以上。二是专营税地位突出。专营税作为澳门特有的税种，在整个财政税收体系中举足轻重，尤其是博彩特别税对澳门经济发展关系重大。三是低税运作。在澳门,没有完全意义上的“个人所得税”与“企业所得税”，但从这个分类角度来看，职业税、所得补充税、房屋税中针对个人的可被视为个人所得税。所得补充税中针对团体的，可被视为企业所得税。这种分类征收的特点是对不同税源课征不同的税，为了避免因为税法规定粗疏造成对个人的各种收益划分不清，导致对纳税人同一税源重复征税，澳门税法对课税对象作了十分清晰的界定。另外，澳门低税的特点还表现在税率低、累进幅度小、豁免和优惠的范围广等方面。四是采用属地原则征税。对于个人和团体，不论其住所或总部位于何处，澳门所得补充税以其在澳门取得的总收益为课税对象。对于个人的工作收入，不论是澳门居民与否，也不论其收入来源于何处，只要是在澳门工作取得薪酬，均需缴纳职业税，这都是属地原则的体现。

第四节　粤港澳大湾区的政府经济监管体系

一、金融监管体系

狭义上，金融监管指的是金融监管当局依法对金融业监管，既包括为促进金融机构稳健经营与发展而对金融机构实施的全面性、经常性的检查和督促，又包括依法对金融机构及其经营活动实施的领导、组织、调控等活动。广义上，金融监管主体不限于金融监管当局，金融机构内部监管部门、同业自律组织以及一些社会组织均可以发挥监管职能，但与金融监管当局发挥监管职能的法律依据不同，职能内容也不同。金融监管体系就是有关金融监管职能、责任、权力的划分配置的方式和组织制度。国际上主要的金融监管体系可分为双线多头监管体系、一线多头监管体系和单一监管体系。

（一）广东省金融监管体系

2023 年 3 月，中共中央、国务院印发《党和国家机构改革方案》。根据该方案，组建中央金融委员会。加强党中央对金融工作的集中统一领导，负责金融稳定和发展的顶层设计、统筹协调、整体推进、督促落实，研究审议金融领域重大政策、重大问题等，作为党中央决策议事协调机构。不再保留国务院金融稳定发展委员会及其办事机构。将国务院金融稳定发展委员会办公室职责划入中央金融委员会办公室。

组建国家金融监督管理总局，统一负责除证券业之外的金融业监管，强化机构监管、行为监管、功能监管、穿透式监管、持续监管，统筹负责金融消费者权益保护，加强风险管理和防范处置，依法查处违法违规行为，作为国务院直属机构。

国家金融监督管理总局在中国银行保险监督管理委员会基础上组建，将中国人民银行对金融控股公司等金融集团的日常监管职责、有关金融消费者保护职责，中国证券监督管理委员会的投资者保护职责划入国家金融监督管理总局。不再保留中国银行保险监督管理委员会。

建立以中央金融管理部门地方派出机构为主的地方金融监管体制，统筹优化中央金融管理部门地方派出机构设置和力量配备。地方政府设立的金融监管机构专司监管职责，不再加挂金融工作局、金融办公室等牌子。据此，广东省地方政府金融监管机构也将按照上述规定逐步进行调整。

广东省地方金融监督管理局负责拟订有关地方性法规、规章草案、金融产业发展规划与政策并组织实施；对金融公司实施监管，对大宗商品、环境权益、知识产权交易场所实施监管，强化对投资公司、开展信用互助的农民专业合作社、社会众筹机构等的监管；开展地方金融风险监测防控工作；推动全省金融改革创新；加强与有关部门的协调配合，服务全省金融业发展；促进银行信贷市场、多层次资本市场和保险市场发展；推动发展普惠金融，培育和发展“三农”“小微企业”等的金融服务体系；统筹指导全省农村信用合作机构改革发展，会同有关部门开展金融精准扶贫；开展金融对外合作交流，深化区域金融合作等。

撤销中国人民银行大区分行及分行营业管理部、总行直属营业管理部和省会城市中心支行，在31个省（自治区、直辖市）设立省级分行，在深圳设立计划单列市分行。不再保留中国人民银行县（市）支行，相关职能上收至中国人民银行地（市）中心支行。对边境或外贸结售汇业务量大的地区，可根据工作需要，采取中国人民银行地（市）中心支行派出机构方式履行相关管理服务职能。据此，中国人民银行将按照上述规定在广东省辖区内逐步设立中国人民银行分行、支行，这些分行、支行将根据授权在广东省辖区内履行有关银行业管理职责。

完善国有金融资本管理体制。按照国有金融资本出资人相关管理规定，将中央金融管理部门管理的市场经营类机构剥离，相关国有金融资产划入国有金融资本受托管理机构，由其根据国务院授权统一履行出资人职责。

中国证券监督管理委员会由国务院直属事业单位调整为国务院直属机构，强化资本市场监管职责，划入国家发展和改革委员会的企业债券发行审核职责，由中国证券监督管理委员会统一负责公司（企业）债券发行审核工作。

中国证券监督管理委员会在广东派设广东证监局。广东证监局的主要职责是：贯彻执行国家的有关法律法规和方针政策，按照中国证监会的规定对辖区内上市公司、非上市公众公司、证券基金期货经营机构、私募基金、证券投资咨询机构及具有证券期货相关业务许可证的律师事务所、会计师事务所、资产评估机构等中介机构的证券期货业务活动进行监督管理；防范和处置辖区有关市场风险；依法查处辖区内监管范围的违法违规案件；调解辖区证券期货业务纠纷和争议，开展证券期货投资者教育和保护工作，联合有关部门依法打击辖区非法证券期货活动；履行法律、行政法规规定和中国证监会授权的其他职责。

国家外汇管理局在广东省设国家外汇管理局广东分局。国家外汇管理局广东分局在广东省辖区履行外汇管理的职责有：负责辖区内国际收支和外汇收支统计、管理、预警和分析工作；负责辖区内经常项目外汇管理工作；负责辖区内资本项目外汇管理工作；依法检查辖区内机构执行外汇管理法规的情况，处罚违法违规行为；监督管理外汇市场的运作秩序，分析预测外汇市场的供需形势，向国家外汇管理局提供政策性的建议和依据；规范辖区内外汇账户的管理工作等。

（二）香港特别行政区金融监管体系

香港特别行政区实行混业经营、分业监管。香港的金融监管是两级结构——政府和行业自律协会。政府在监管中充当着“管理者”和“协调者”，行业自律协会的工作重点是自身内部风险的控制和审查。

香港特别行政区金融监管机构主要是负责银行业监管业务的香港金融监督管理局、负责证券和期货监管业务的香港证券及期货事务监察委员会、负责保险监管业务的香港保险业监督管理局。其中香港金融管理局是中华人民共和国香港特别行政区政府辖下的独立部门，负责香港的金融政策及银行、货币管理，直接向财政司司长负责。金融监管行业自律机构分别是香港银行公会、香港交易所和香港保险业联会，分别负责银行业、证券业和保险业的行业监管业务。政府在金融监管中主要承担管理者角色，行业自律机构在金融监管中主要负责金融行业的内部风险控制和审查。

（三）澳门特别行政区金融监管体系

澳门特别行政区金融体系属于微型金融体系，银行业和保险业作为澳门金融体系的两大主体，成为监管的主要领域，主要依赖政府监管和行业自律监管。澳门特别行政区金融行业自律监管主要依赖澳门特别行政区的银行业公会和协会、保险业公会和协会。

澳门特别行政区政府方面的金融监管主要依赖澳门特别行政区金融管理局。澳门特别行政区金融管理局主要职责有：建议及辅助澳门特别行政区行政长官制定及施行货币、金融、外汇及保险政策，向特区政府就如何促进金融业持续增长、实现金融业的长期稳定与发展提出政策建议；根据规范货币、金融、外汇及保险活动的法规，指导、统筹及监察金融市场，确保其正常运作，并对金融市场的经营者进行监管；监察货币的内部稳定及其对外的偿还能力，以确保其可完全兑换性；行使中央储备库职能及外汇与其他对外支付工具的管理人职能；维持金融体系的稳定。

二、财税监管体系

财税监管体系是指国家或地区为了履行财税监管职能而进行的职责划分，财税监管体系主要包括财税监管组织结构和监管手段。

（一）广东省财税监管体系

广东省财税监管的主要政策依据有：《中华人民共和国宪法》《中华人民共和国审计法》《中华人民共和国预算法》《中华人民共和国会计法》《注册会计师法》《中华人民共和国税收征收管理法》等。

1. 中央层面的监管

中华人民共和国财政部在广东设立财政部广东监管局。其职能包括：调查研究属地经济发展形势和财政运行状况，对属地中央预算单位预决算编制情况进行评估和审核；监督财税法规和政策在属地的执行情况、预算管理情况；对属地中央预算单位预决算编制情况进行评估并向财政部提出审核意见；组织对中央重大财税政策和专项转移支付在属地的执行情况进行绩效评价；监控地方政府债务，发现风险隐患及时提出改进和处理意见并向财政部、地方人民政府反映报告；审核审批属地中央行政事业单位国有资产配置、处置等事项；承担有关会计信息质量、注册会计师行业执业质量、资产评估行业执业质量监督检查工作，参与跨境会计监管合作等。

中华人民共和国审计署在广州和深圳派驻特派员办事处。审计署驻广州特派员办事处审计范围为广东、福建，审计署驻深圳特派员办事处审计范围为海南、深圳。审计署派驻的特派员办事处履行下列职责：审计广东省级人民政府、中央单位驻广东分支机构或派出机构、中央投资和以中央投资为主的建设项目等有关的预算执行、决算和其他财政收支；审计中央财政转移支付资金，中国人民银行、国家外汇管理局、中央所属驻广东的事业单位和社会团体等的财务收支，中央国有和国有控股企业、中央金融机构、中央国有资本占控股地位或主导地位的金融机构驻广东分支机构的资产、负债和损益；审计广东省级人民政府管理和其他单位受国务院及其部门委托管理的社会保障基金、社会捐赠资金及其他有关基金、资金的财务收支；对与国家财政收支有关的特定事项进行专项审计调查等。

此外，国家税务总局驻广州特派员办事处（国家税务总局驻广州稽查局）是税务总局向地方派驻开展跨区域税务稽查和督察内审工作的税务机构。主要职责是：承担河南省、湖北省、湖南省、广东省、广西壮族自治区、海南省、深圳市范围内税务机关贯彻执行党中央、国务院决策部署情况的督查、税收执法合规性检查、财务内审、跨区域涉税大案要案稽查等任务。

2. 省级层面的监管

广东省人民代表大会财政经济委员会的具体职能主要有：参与经济立法工作；承办对经济法律、法规实施情况的监督检查及对国民经济重大问题进行调查研究，提出意见和建议；了解国民经济和社会发展计划、财政预算的编制和执行情况及重要的经济动态；对国民经济和社会发展计划（草案）报告、财政预算（草案）报告、决算（草案）报告以及国民经济和社会发展计划、预算的部分调整方案进行初审；组织、督促办理同本委员会有关的议案，提出初审意见；承办人大代表的有关建议、批评和意见。

广东税务监管的执行主体为国家税务总局广东省税务局，其职责包括：贯彻执行税收、社会保险费和有关非税收入法律、法规、规章和规范性文件，研究制定具体实施办法；负责所辖区域内各项税收、社会保险费和有关非税收入征收管理。组织实施税（费）源监控和风险管理，加强大企业和自然人税收管理；承担涉及税收、社会保险费和有关非税收入的行政处罚听证、行政复议和行政诉讼事项；负责所辖区域内国际税收和进出口税收管理工作，组织反避税调查和出口退税事项办理；负责组织实施所辖区域内税务稽查和社会保险费、有关非税收入检查工作。

广东省审计厅主要审计财政预算执行和其他的财政收支，具体职能见本章第一节审计厅职能。

（二）香港特别行政区财税监管体系

香港特别行政区的财税监管主要依据有：《香港特别行政区基本法》《公共财政条例》《税务条例》及其附例《税务规则》等。

香港特别行政区财税监管的主体是香港财政司，其下设的监管机构包括香港财经事务及库务局、税务局、政府物流服务署、破产管理局、库务署等。

香港特别行政区财政司的监管职能主要是管理政府的财政事务，并对与政府财政事务有关的一切事宜作出监管、控制和指示，具体包括协助行政长官督导财经、金融、经济、贸易和就业范畴内政策的制定和实施；在金融管理专员的协助下管理外汇基金；负责编制政府财政预算案，每年向立法会提交政府的收支预算案；动议通过《拨款条例草案》。香港特别行政区税务局主要负责香港法例指定的税务及课税有关工作，包括直接税及间接税。

（三）澳门特别行政区财税监管体系

澳门特别行政区财税监管法律法规主要包括《澳门特别行政区基本法》《澳门组织章程》《澳门财政预算纲要法》《自治机构财政制度》和《市政厅财政制度》等。澳门特别行政区税收监管的法律法规如《职业税章程》《营业税规章》《工业政策范围内税务鼓励》《固定资产重置与摊折之税务规则》等。

澳门特别行政区财税监管的主体是澳门经济财政司，其下设财政局、税务执行处等。澳门经济财政司的监管职能包括：指导、统筹和监察澳门特别行政区公共部门的财政活动。

三、市场监管体系

市场监管是指市场监管主体依据市场监管法规，对企业经营实施监管的过程及活动，其目的就是要防止企业非法经营，维护市场经济秩序，促进经济健康、稳定发展，保护人民群众和消费者合法权益。市场监管体系是指市场监管的机构设置和职能划分配置及活动规则的总称。

（一）广东省市场监管体系

广东省市场监管法律法规是广东省市场监管机构设立及其监管职能、职权划分和配置的法律法规依据，主要有：《中华人民共和国宪法》《中华人民共和国地方各级人民代表大会和地方各级人民政府组织法》《中华人民共和国反垄断法》《中华人民共和国安全生产法》《中华人民共和国食品安全法》《中华人民共和国旅游法》《中华人民共和国环境保护法》等。

广东省市场监管体系是非独立于中央市场监管体系的且由省、市、县区、乡镇市场监管机构组成的四层级监管体系。在该监管体系中，承担市场监管职能的市场监管主体主要有：市场监督管理局、自然资源厅或局、交通运输厅或局、生态环境保护厅或局、农业农村厅或局、文化和旅游厅、省广播电视局、文化广电旅游体育局或文化广电旅游局、卫生健康委员会或局、应急管理厅或局等。

市场监督管理局负责市场综合监督管理、知识产权管理和保护、市场主体统一登记注册、监督管理市场秩序、反垄断统一执法、统一管理标准化工作、促进知识产权运用、宏观质量管理、产品质量和食品及特种设备的安全监督管理、统一管理计量、统一管理认证认可与检验检测工作，组织和指导市场监管和知识产权综合执法工作，管理省药监局等；自然资源厅或局负责自然资源国土空间用途管制、自然资源调查监测与评价、自然资源确权登记、自然资源资产核算、矿产资源合理利用和保护监管、自然资源执法监督、自然资源违法案件查处等；交通运输厅或局负责交通运输营运市场、交通项目建设与养护市场的综合执法和监管，以及渔船的检验和监管；生态环境保护厅或局负责生态环境监测和执法，开展环境保护督察等；农业农村厅或局负责种植业、畜牧业、渔业、农垦、农业机械化、农产品质量安全、农业投资等方面的监管；文化和旅游厅、文化广电旅游体育局或文化广电旅游局承担维护文化旅游市场秩序和服务质量的监管，对重大文化活动以及从事文化经营项目和演艺活动的机构进行监管；广播电视局负责拟订广播电视、网络视听节目服务管理的政策措施，加强广播电视阵地管理，制定部门规范性文件、政策、标准并组织实施和监督检查，指导、监督广播电视重点基础设施建设，对各类广播电视机构进行业务指导和行业监管，监督管理、审查广播电视节目、网络视听节目以及在公共视听载体播放的广播电视节目的内容和质量；卫生健康委员会或局负责职责范围内的职业卫生、放射卫生、环境卫生、学校卫生、公共场所卫生、饮用水卫生等公共卫生的监督管理，负责传染病防治监督，负责医疗机构、医疗服务行业管理办法的监督实施；应急管理厅或局负责安全生产综合监管和工矿商贸行业安全生产监管等。

（二）香港特别行政区市场监管体系

香港特别行政区市场监管法规是香港市场监管机构设立及其监管职能、职权划分和配置的法律法规依据，主要有:《中华人民共和国宪法》《香港特别行政区基本法》《电讯条例》《广播条例》《产品环保责任条例》《空气污染管制条例》等。

香港特别行政区市场监管体系是一层级监管体系。在该监管体系中，承担市场监管职能的机构主要有隶属于行政长官的财政司和政务司，其中直接隶属于财政司同时又接受政务司一定程度领导的机构主要有商务及经济发展局、财经事务和库务局、发展局；直接隶属于政务司同时又接受财政司一定程度领导的机构主要有运输及房屋局、民政事务局、食物及卫生局、环境局。

商务及经济发展局负责知识产权市场、旅游市场、邮政市场的监管职能，防止、查处扰乱知识产权、旅游、电信、广播、邮政等市场秩序的违法行为，维护知识产权、旅游、电讯、广播、邮政等市场产品的质量和安全；财经事务和库务局负责公司的注册成立，监督矿产企业生产安全，查处矿产企业违法经营活动；发展局负责建筑市场、土木工程和机电工程的监管职能，监管土木工程和机电工程的安全生产和质量；运输和房屋局负责交通运输营运、民航运输、海事运输、路政等市场的监管和执法工作；民政事务局负责康乐及文化市场的监管和执法工作；食物和卫生局负责渔业、农业、食品等市场的监管和执法；环境局对市场企业主体影响环境的行为进行监管和执法。

（三）澳门特别行政区市场监管体系

澳门特别行政区市场监管法律法规是澳门特别行政区市场监管机构设立及其监管职能、职权划分配置的法律法规依据，主要有:《中华人民共和国宪法》《澳门特别行政区基本法》《澳门组织章程》《环境纲要法》《食品安全法》《消费者权益保护法》《工业产权法典》等。

澳门特别行政区市场监管体系是一层级监管体系。在该监管体系中，承担市场监管职能的机构主要有隶属于行政长官的经济财政司、运输工务司、社会文化司。经济财政司下设经济及科技发展局、消费者委员会，运输工务司下设土地工务运输局、交通事务局、海事及水务局、民航局、环境保护局、邮电局，社会文化司下设旅游局、文化局和公开映演甑审委员会、卫生局。

经济财政司下设市场监管部门的职能：经济及科技发展局对市场生产安全以及扰乱市场秩序、垄断经营等进行监管，保护知识产权；消费者委员会负责市场消费者咨询服务、投诉服务、消费者争议调解和仲裁服务、消费产品的调查检测服务以及保护消费者政策的执行。

运输工务司下设市场监管部门的职能：土地工务运输局负责土地工务运输市场中有关建筑行业的注册、特许、监督及非法工程资料处理；交通事务局维护交通监控系统，管理和监察陆上集体运输服务，监察临时交通措施执行，管理车辆证照和检验；海事及水务局负责海事和水务市场主体的注册登记及其海事、水务经营活动的监管；民航局承办民航市场证照审批，监管民航市场运营活动和安全，调查民航事故事件；环境保护局办理并检查企业环境牌照，检查、调查和监测工业、商业或服务业场所以及可能影响环境的任何活动，调查环境污染事故，评估环境质量；邮电局负责规管、监察邮电业，确保邮电经营者履行相关义务，向邮电网络经营者及服务提供者发出规范性指引，负责管理和监察无线电频谱，制定电信器材及设备的技术标准，并加以规范、核准、认可、监管和检测。

社会文化司下设市场监管部门的职能：旅游局管理旅游市场的法规政策执行、牌照发放、经营审批，对旅游市场的经营活动、经营场所、旅游安全进行监管；文化局和公开映演甄审委员会对文化演艺和映演、文化产品销售等经营活动进行监管；卫生局监管私人提供卫生护理活动、私人诊所、中医药配置及贸易场所，规制药物登记，监管药物市场经营和质量安全，规范麻醉药品及精神科物质的买卖。

本章小结

复习思考题

1. 粤港澳三地政府各设置哪些经济管理机构？
2. 粤港澳三地政府的经济管理各有哪些特点？
3. 澳门特别行政区税制结构有哪些基本特征？
4. 香港特别行政区财政预算制度与内地财政预算制度有哪些差异？
5. 香港特别行政区财税监管采取什么方式？

第八章　粤港澳大湾区营商环境的法治保障

学习目标

本章主要讲解了粤港澳大湾区营商环境的法治保障，即粤港澳大湾区营商环境的立法保障、执法保障和司法保障。要求掌握粤港澳大湾区的营商法律体系、营商监管执法机制与司法保障体系，理解粤港澳大湾区营商环境法治保障的规范体系与制度运作。

第一节　粤港澳大湾区营商环境的立法保障

一、营商环境立法保障的概念和作用

“法治是最好的营商环境。”[①] 法治是人类文明进步的重要标志，是治国理政的基本方式，是优化营商环境的根本保障。

（一）营商环境立法保障的概念

根据国务院《优化营商环境条例》第二条的规定，营商环境是指企业等市场主体在市场经济活动中所涉及的体制机制性因素和条件。良好的营商环境需要完善的法治保障，从而为各类市场主体投资兴业营造稳定、公平、透明、可预期的良好环境。营商环境的法治保障主要包括立法保障、执法保障和司法保障。其中，营商环境的立法保障[②]，是指国家根据优化营商环境需要，依照法定权限和程序，及时制定或者修改、废止有关法律、法规、规章、行政规范性文件，并在此基础上形成的保障体系。创设良好的营商环境需要完善营商立法保障，这就要求国家应制定全面、系统、完备的营商法律体系。全面、系统、完备的营商法律体系主要包括三个方面的内容：一是规定市场主体在准入、生产经营、退出等过程中的权利义务和法律责任等的法律体系；二是维护市场有序运行与规范运作的法律体系；三是规范政府监管依据和行为准则的法律体系。

在我国，构成营商法律体系的重要法律法规主要包括：《中华人民共和国民法典》《中华人民共和国公司法》《中华人民共和国外商投资法》《优化营商环境条例》《中华人民共和国市场主体登记管理条例》等，上述法律法规是优化营商环境的重要法律保障，有助于依法促进各类生产要素自由流动，及时协调、解决优化营商环境工作中的重大问题，保障

① 新华社. 完善法治建设规划提高立法工作质量效率　为推进改革发展稳定工作营造良好法治环境. 光明日报，2019-2-26（01）.

② 立法也称法的制定，是指有关国家机关制定、修改、废止规范性法律文件的活动。立法概念有狭义和广义之分。（参见《法理学》编写组. 法理学. 2 版. 北京：人民出版社、高等教育出版社，2020：303.）本章使用广义的立法概念。

各类市场主体公平参与市场竞争。

（二）营商环境立法保障的作用

实践表明，良好的营商法律体系在优化营商环境中发挥着确保各类市场主体依法享有经营自主权、明确行政机关执法监管的权力边界、保障各种营商活动顺利进行的重要作用。

第一，良好的营商法律体系具有确保各类市场主体依法享有经营自主权，保障各类市场主体依法平等使用资金、技术、人力资源、土地使用权及其他自然资源等各类生产要素和公共服务资源，使各类市场主体的财产权利和其他合法权益得到有效保护的重要作用。

第二，良好的营商法律体系具有明确行政机关执法监管的权力边界，规范行政机关的执法监管行为，促进行政机关严格、规范、公正、文明执法，确保市场交易的可预期性，为各类市场主体参与营商活动创设稳定、公平、透明、可预期的发展环境的重要作用。

第三，良好的营商法律体系具有在法治轨道内优化市场资源配置，促进政府与市场之间和谐互动关系的形成，维护和巩固市场规范运行的制度基础，有效提升政府服务能力，依法平等保护各类市场主体产权和合法权益，保障各种营商活动顺利进行，最大限度地激发市场活力和社会创造力的重要作用。

二、广东省营商环境的立法保障

（一）国家层面的相关立法

1.《中华人民共和国民法典》[①]

2020 年 5 月，十三届全国人大三次会议通过《中华人民共和国民法典》（以下简称《民法典》）。“民法典在中国特色社会主义法律体系中具有重要地位，是一部固根本、稳预期、利长远的基础性法律，对推进全面依法治国、加快建设社会主义法治国家，对发展社会主义市场经济、巩固社会主义基本经济制度，对坚持以人民为中心的发展思想、依法维护人民权益、推动我国人权事业发展，对推进国家治理体系和治理能力现代化，都具有重大意义。”[②] 这是新中国成立以来第一部以“法典”命名的法律，是调整和规范社会主义市场经济秩序的基础性法律，是新时代我国社会主义法治建设的重大成果，在中国特色社会主义法律体系中具有重要地位，集中体现了对民事主体的生命健康、财产安全、交易便利、生活幸福、人格尊严等各方面权利的平等保护，是一部具有鲜明的中国特色、实践特色和时代特色的民法典。[③]《民法典》分为 7 编以及附则，共 1 260 条，各编依次为总则、物权、合同、人格权、婚姻家庭、继承、侵权责任。《民法典》为营商环境法治化奠定了重要基础。

2.《中华人民共和国公司法》[④]

1993 年 12 月，八届全国人大五次会议通过《中华人民共和国公司法》（以下简称《公

---

① 因篇幅所限，此处没有对《民法典》的内容进行详细介绍。若想了解《民法典》全文内容，请登录“中华人民共和国中央人民政府”网站，https://www.gov.cn/xinwen/2020-06/01/content_5516649.htm。

② 习近平. 习近平著作选读（第二卷）. 北京：人民出版社，2023：313.

③《法理学》编写组. 法理学. 2 版. 北京：人民出版社、高等教育出版社，2020：320.

④ 因篇幅所限，此处没有对《公司法》的内容进行详细介绍。若想了解《公司法》全文内容，请登录“中华人民共和国中央人民政府”网站，https://www.gov.cn/gongbao/content/2005/content_121466.htm。

司法》)。现行法律于 2023 年 12 月修订。《公司法》是规范公司的组织和行为，保护公司、股东和债权人的合法权益，维护社会经济秩序，促进社会主义市场经济发展的基本法律。《公司法》包括总则,公司登记有限责任公司的设立和组织机构,有限责任公司的股权转让，股份有限公司的设立和组织机构，股份有限公司的股份发行和转让，国家出资公司组织机构的特别规定，公司董事、监事、高级管理人员的资格和义务，公司债券，公司财务、会计，公司合并、分立、增资、减资，公司解散和清算，外国公司的分支机构，法律责任，附则；共 15 章 266 条。全文分别从公司设立条件、公司治理结构、公司股权组成、公司财务制度等方面对公司的组织和行为等进行了全面的规范。《公司法》颁布以来，对我国现代企业制度的建立和完善以及法治化营商环境建设发挥了重大作用。

3.《中华人民共和国外商投资法》①

2019 年 3 月,十三届全国人大二次会议通过《中华人民共和国外商投资法》(以下简称《外商投资法》)。《外商投资法》共 6 章 42 条,确立了外商投资促进、保护、管理等方面的基本规则。这是我国从政策型开放走向制度型开放，构建市场化、法治化、国际化营商环境的重要举措。该法主要从平等保护外商投资合法权益、强化投资保护、规范外商投资管理等方面进行了具体规定，为各类创新投资和交易安排提供了更加宽松的制度环境和空间，给予外国投资者更大自主权。《外商投资法》的颁布实施，极大地增强了我国市场对外资的吸引力，促使外商投资企业深度本地化，通过“内外资一致”原则营造了稳定、公平、透明、可预期的市场环境。

4.《优化营商环境条例》②

2019 年 10 月，国务院第 66 次常务会议通过《优化营商环境条例》。该条例从国家层面奠定了优化营商环境的法治基础，标志着中国市场化、法治化、国际化的营商环境建设步入新阶段。《优化营商环境条例》共 7 章 72 条，主要规定了优化营商环境的原则和方向、促进市场主体保护、优化市场环境、提升政务服务、规范和创新监管执法、加强法治保障等方面的内容，是我国优化营商环境的第一部综合性行政法规。该条例第四条明确规定，优化营商环境应当坚持市场化、法治化、国际化原则，以市场主体需求为导向，以深刻转变政府职能为核心，创新体制机制、强化协同联动、完善法治保障，对标国际先进水平，为各类市场主体投资兴业营造稳定、公平、透明、可预期的良好环境。该条例第七条明确规定，各级人民政府应当加强对优化营商环境工作的组织领导，完善优化营商环境的政策措施，建立健全统筹推进、督促落实优化营商环境工作的相关机制，及时协调、解决优化营商环境工作中的重大问题。该条例第九条明确规定，市场主体应当遵守法律法规，恪守社会公德和商业道德，诚实守信、公平竞争，履行安全、质量、劳动者权益保护、消费者权益保护等方面的法定义务，在国际经贸活动中遵循国际通行规则。

5.《中华人民共和国市场主体登记管理条例》③

2021 年 4 月，国务院 131 次常务会议通过《中华人民共和国市场主体登记管理条例》

---

① 因篇幅所限，此处没有对《外商投资法》的内容进行详细介绍。若想了解《外商投资法》全文内容，请登录“中华人民共和国中央人民政府”网站，https://www.gov.cn/xinwen/2019-03/20/content_5375360.htm。

② 因篇幅所限，此处没有对《优化营商环境条例》的内容进行详细介绍。若想了解《优化营商环境条例》全文内容，请登录“中华人民共和国中央人民政府”网站，https://www.gov.cn/zhengce/2020-12/27/content_5573810.htm。

③ 因篇幅所限，此处没有对《市场主体登记管理条例》的内容进行详细介绍。若想了解《市场主体登记管理条例》全文内容，请登录“中华人民共和国中央人民政府”网站，https://www.gov.cn/zhengce/content/2021-08/24/content_5632964.htm。

（以下简称《市场主体登记管理条例》)。《市场主体登记管理条例》共6章55条，这是我国制定出台的第一部统一规范各类市场主体登记管理的行政法规。该条例首次规定了歇业制度，可以帮助企业合法降低运营成本，还能够帮助企业保留字号、商标等。该条例明确规定，国务院市场监督管理部门和国务院有关部门应当推动市场主体登记信息与其他政府信息的共享和运用，提升政府服务效能。该条例全面规范了市场主体登记管理行为，统一了以前分散的市场主体登记管理法规，构建了统一的登记制度规则，适应了深化商事制度改革的要求，为保护市场主体合法权益、促进创业创新和公平竞争提供了法治保障，推进了法治化市场建设，维护了良好市场秩序和市场主体合法权益，是优化营商环境的又一重要立法保障。

（二）地方层面的相关立法

1.《广东省经济特区条例》[①]

1980年8月，《广东省经济特区条例》经五届全国人大常委会十五次会议批准。该条例第四条明确规定："特区为客商提供广阔的经营范围，创造良好的经营条件，保证稳定的经营场所。一切在国际经济合作和技术交流中具有积极意义的工业、农业、畜牧业、养殖业、旅游业、住宅和建筑业、高级技术研究制造业，以及客商与我方共同感兴趣的其他行业，都可以投资兴办或者与我方合资兴办。"该条例的施行，标志着经济特区的正式建立，是广东省以地方立法方式启动营商环境建设的开端。这部地方性法规为广东的深圳、珠海、汕头三个经济特区营商环境建设提供了明确的规范依据，目的在于发展对外经济合作和技术交流，促进社会主义现代化建设。

2.《广东省商事登记条例》[②]

2015年12月，广东省十二届人大常委会二十一次会议通过《广东省商事登记条例》。现行条例于2019年11月修正。该条例是我国第一部商事登记地方性法规，其制定出台对优化广东营商环境、激发广东经济发展动力、推动广东商事登记便利化、促进大众创业具有重要作用。该条例共7章66条，由总则、登记事项、备案事项、登记程序、信息公示和信用约束、法律责任以及附则组成。该条例通过深化商事主体名称改革，首次规定了公司股权纠纷解决机制、备案的定义、优化商事登记程序、实行电子化商事登记改革等内容。该条例通过规范商事登记活动，推进商事登记便利化，巩固深化了简政放权、放管结合、加快政府职能转变的改革成果，在激发市场活力、鼓励创业就业、优化产业结构、推动诚信建设、改善营商环境等方面起到了积极促进作用。

3.《广东省市场监管条例》[③]

2016年7月，广东省十二届人大常委会二十七次会议通过《广东省市场监管条例》，现行条例于2021年9月修订。这是全国首部市场监管领域的综合性法规，共7章71条，

---

① 因篇幅所限，此处没有对《广东省经济特区条例》的内容进行详细介绍。若想了解《广东省经济特区条例》全文内容，请登录"广东省人民政府"网站，http://www.gd.gov.cn/zwgk/gongbao/1982/1/content/post_3353883.html。

② 因篇幅所限，此处没有对《广东省商事登记条例》的内容进行详细介绍。若想了解《广东省商事登记条例》全文内容，请登录"广东省人民政府"网站，http://www.gd.gov.cn/zwgk/wjk/zcfgk/content/post_2521376.html。

③ 因篇幅所限，此处没有对《广东省市场监管条例》的内容进行详细介绍。若想了解《广东省市场监管条例》全文内容，请登录"广东省人民政府"网站，http://www.gd.gov.cn/zwgk/wjk/zcfgk/content/post_2727097.html。

主要规定了政府监管、企业自治、行业自律、社会监督、多元共治的市场监管格局，具体包括明确政府及其市场监管部门的权责界限、执法重心下移、解决多头执法、强化大数据监管、丰富监管形式、强化事中事后监管、构建以信用监管为核心的新型监管模式、强化信用约束等内容。该条例通过规范市场监管行为，健全市场监管制度，维护了公平竞争的市场秩序，保护了市场主体和消费者的合法权益，有助于营造市场化、法治化、国际化营商环境。该条例的通过和实施，为推进政府职能转变、改革行政审批制度和商事制度、建设社会信用体系和市场监管体系提供了规范依据和制度保障。

4.《广东省优化营商环境条例》[①]

2022年6月，广东省十三届人大常委会四十三次会议通过《广东省优化营商环境条例》。该条例共6章66条，主要包括总则、市场和要素环境、政务服务、法治环境、监督保障、附则等内容。该条例明确规定，各类市场主体在经济活动中权利平等、机会平等、规则平等。市场主体人身权利、财产权利和经营自主权受法律保护。市场主体应当遵守法律法规，恪守社会公德和商业道德，诚实守信、公平竞争，维护市场秩序，履行法定义务，承担社会责任。各级人民政府应当加强对优化营商环境工作的组织领导，统筹推进、督促落实优化营商环境工作，协调解决工作中遇到的重大问题。该条例还明确规定要加强与香港特别行政区、澳门特别行政区在优化营商环境方面的交流合作，推动在投资和贸易、市场准入、标准认定、产权保护、政务服务、法律服务等方面实现规则衔接和机制对接，促进各类要素跨境便捷流动和优化配置。该条例吸收了实践中的市场主体确认登记制、进一张网办全部事、证照分离改革等做法和经验，为构建统一大市场，维护各类市场主体合法权益，提升政务服务质量、优化市场环境、推动经济高质量发展提供了法治保障。

5. 广州市、深圳市、珠海市关于优化营商环境的专门立法

2020年10月，广州市十五届人大常委会四十二次会议通过《广州市优化营商环境条例》。[②] 该条例共7章92条，在市场环境、政务环境、人文环境、法治环境等方面规定了广州市优化营商环境的具体举措。根据该条例的规定，市、区人民政府应当加强本行政区域优化营商环境工作的组织领导，根据工作需要制定和完善优化营商环境工作目标和政策措施，建立健全优化营商环境工作协调机制和政企互动沟通机制，及时协调、解决营商环境中存在的重大问题。该条例还规定了市场主体在市场经济活动中权利平等、机会平等、规则平等，依法享有自主决定经营业态、模式的权利，人身和财产权益受到保护的权利，知悉法律、政策和监管、服务等情况的权利，自主加入或者退出社会组织的权利，对营商环境工作进行监督的权利。市场主体应当遵守法律法规，恪守社会公德和商业道德，诚实守信、公平竞争，维护市场秩序，履行法定义务，共同营造更加健康有序的营商环境。该条例还首次在国内优化营商环境地方立法中提出突发事件扶持、产业供应链保障和融资服务创新等制度，保障市场主体的财产安全和自主经营权利，创新中小微企业扶持措施，为企业发展排忧解难。

2020年10月，深圳市六届人大常委会四十五次会议通过《深圳经济特区优化营商环

① 若想了解《广东省优化营商环境条例》全文内容，请登录“广州市司法局”网站，http://sfj.gz.gov.cn/ztlm/fzxc/xfks/content/post_9010183.html。

② 若想了解《广州市优化营商环境条例》全文内容，请登录“广州市人民政府”网站，https://www.gz.gov.cn/ysgz/xwdt/ysdt/tpxw/content/post_7216045.html? eqid=cb4c98ac00019e0e00000006645a0238。

境条例》。[①]该条例共9章130条，在结合深圳经济特区实际的基础上，以先行示范的最高要求，以推进要素市场化配置、全面衔接国际通行规则为重点，对市场主体、政务服务、经营环境、融资便利、规范监管、权益保障、法律责任等重点环节进行规范，在推进要素市场化配置、全面衔接国际通行规则等领域进行改革创新，在全国率先将灵活用工模式纳入营商环境工作，提出了建立全社会征信系统、实施不动产登记交易缴税并行办理、为外籍人才提供永久居留便利并给予市民待遇和完善政府产业用房建设运营管理服务体系等多项创新规定。

2020年9月，珠海市九届人大常委会三十二次会议通过《珠海市人民代表大会常务委员会关于优化珠海市营商环境的决定》，[②]从市场环境、法治保障、行政审批、政务服务等各个方面对珠海市营商环境进行改革创新。该决定共8条，在深化行政审批制度改革、提升政务服务水平、完善涉企服务体系、规范监管执法行为、加强法治保障等方面，提出了一系列针对性措施，为打造稳定、公平、透明、可预期的国际一流营商环境提出了"珠海方案"。

此外，广东省相继出台了《广东省促进中小企业发展条例》《广东省外商投资权益保护条例》《广东省知识产权保护条例》《广东省平安建设条例》《广东省数字经济促进条例》《广东省社会信用条例》等相关法规规章，不断优化营商环境立法体系，以高质量立法引领、规范和保障营商环境的高水平建设。

三、香港特别行政区营商环境的立法保障

（一）《中华人民共和国香港特别行政区基本法》

《中华人民共和国香港特别行政区基本法》（以下简称《香港基本法》）是根据《中华人民共和国宪法》制定的基本法律，是"一国两制"方针的法律化、制度化，是我国在香港特别行政区实行"一国两制""港人治港"、高度自治的具体法律保障。香港特别行政区的营商立法体系是以《香港基本法》为核心构建起来的。《香港基本法》对营商环境的主要规定有：

1. 企业所有权和外来投资受法律保护

根据《香港基本法》的规定，香港特别行政区依法保护私人和法人财产的取得、使用、处置和继承的权利，以及依法征用私人和法人财产时被征用财产的所有人得到补偿的权利。

2. 财政独立

财政独立的原则是指，香港特别行政区的财政收入全部用于自身需要或者自行支配，不上缴中央人民政府。中央人民政府不在香港特别行政区征税。根据《香港基本法》的规定，香港特别行政区保持财政独立。香港特别行政区的财政预算以量入为出为原则，力求收支平衡，避免赤字，并与本地生产总值的增长率相适应。

3. 实行独立的税收制度

独立的税收制度是指香港特别行政区有权根据自身的实际情况和需要，在原来实行的

---

① 若想了解《深圳经济特区优化营商环境条例》全文内容，请登录"深圳市人民政府门户"网站，http://www.sz.gov.cn/szsrmzfxxgk/zc/gz/content/post_9453856.html。

② 若想了解《珠海市人民代表大会常务委员会关于优化珠海市营商环境的决定》全文内容，请登录"珠海市人大常委会"网站，http://www.zhrd.gov.cn/zhfg/202009/t20200930_58798117.html。

税收制度基础上建立和完善新的税收制度，新的税收制度可以在考察香港特别行政区自身的经济发展水平、税收传统以及纳税人的认知等情况的基础上，建立与这些情况相适应的自成体系的税收制度。

4. 保持香港的金融中心地位

香港特别行政区政府自行制定货币金融政策，保障金融企业和金融市场的经营自由，并依法进行管理和监督。港元为香港特别行政区法定货币，继续流通。港币的发行权属于香港特别行政区政府。港币的发行须有百分之百的准备金。港币的发行制度和准备金制度，由法律规定。香港特别行政区政府，在确知港币的发行基础健全和发行安排符合保持港币稳定的目的的条件下，可授权指定银行根据法定权限发行或继续发行港币。

5. 自由的外汇政策

香港特别行政区不实行外汇管制政策。港币自由兑换。继续开放外汇、黄金、证券、期货等市场。香港特别行政区政府保障资金的流动和进出自由。香港特别行政区的外汇基金，由香港特别行政区政府管理和支配，主要用于调节港元汇价。

6. 自由贸易制度

香港特别行政区保持自由港地位，除法律另有规定外，不征收关税。“所谓‘自由港’，就是对进出口商品完全或基本上不征收关税，不实行贸易管制的地方。”[①] 香港是自由港，一般进口或出口货物均不需要缴付关税。但有四类物品须缴税：酒类、烟草、碳氢油类及甲醇。香港特别行政区实行自由贸易政策，保障货物、无形财产和资本的流动自由。

7. 单独关税区

香港特别行政区是单独的关税地区，可以“中国香港”的名义参加《关税和贸易总协定》（现为世界贸易组织）、关于国际纺织品贸易安排等有关国际组织和国际贸易协定，包括优惠贸易安排。香港特别行政区所取得和以前取得仍继续有效的出口配额、关税优惠和达成的其他类似安排，全由香港特别行政区享有。

8. 产地来源证制度

根据《香港基本法》的规定，香港特别行政区根据当时的产地规则，可对产品签发产地来源证。产品来源证制度，是指出口地区的贸易主管机关，应进口国家或地区的要求，证明出口商品的产地。

9. 产业政策

香港特别行政区政府提供经济和法律环境，鼓励各项投资、技术进步并开发新兴产业。香港特别行政区政府制定适当政策，促进和协调制造业、商业、旅游业、房地产业、运输业、公用事业、服务性行业、渔农业等各行业的发展，并注意环境保护。

（二）《公司条例》[②]

香港特别行政区《公司条例》（香港法例第622章）是规范香港公司运作、公司年审及公司审计等相关事项的基本法律。《公司条例》全文包括21部、921项条文及11个附表，

---

① 焦洪昌，姚国建. 港澳基本法概论. 北京：中国政法大学出版社，2009：211.

② 因篇幅所限，此处没有对香港《公司条例》的内容进行详细介绍。若想了解香港《公司条例》全文内容，请登录“电子版香港法例”网站。

21 部的内容分别是：第 1 部“导言”；第 2 部“公司注册处处长及公司登记册”；第 3 部“公司组成及相关事宜，以及公司的重新注册”；第 4 部“股本”；第 5 部“关于股本的事宜”；第 6 部“利润及资产的分派”；第 7 部“债权证”；第 8 部“押记的登记”；第 9 部“账目及审计”；第 10 部“董事及公司秘书；第 11 部“董事的公平处事”；第 12 部“公司管理及议事程序”；第 13 部“安排、合并及在进行收购和股份回购时强制购入股份”；第 14 部“保障公司或成员权益的补救”；第 15 部“被除名或撤销注册而解散”；第 16 部“非香港公司”；第 17 部“并非根据本条例组成但可根据本条例注册的公司”；第 18 部“公司与外间的通讯”；第 19 部“调查及查讯”；第 20 部“杂项条文”；第 21 部“相应修订、过渡性条文及保留条文”。11 个附表的内容分别是：附表 1“母企业及附属企业”；附表 2“法团成立表格的内容”；附表 3“为第 361 至 366A 条指明的归类条件”；附表 4“会计披露”；附表 5“董事报告的内容：业务审视”；附表 6“周年申报表须载有的资料及周年申报表须随附的文件”；附表 7“在某些条件下可不就之提起法律程序的罪行”；附表 8“关乎采用无纸化方式持有及转让股份及债权证的修订”；附表 9“对《公司条例》（第 32 章）及其附属法例的相应及相关修订”；附表 10 已经失去时效而无效；附表 11“过渡性条文及保留条文”。

（三）《商业登记条例》

香港特别行政区《商业登记条例》（香港法例第 310 章）旨在通过规范企业登记活动，确保企业登记的透明度、公正性和合规性，从而为企业健康稳定发展提供稳定可靠的营商环境。《商业登记条例》全文包括 21 条及 2 个附表，21 条的内容分别是：第 1 条“简称”；第 2 条“释义及适用范围”；第 3 条“须负责履行所有规定作为的人”；第 4 条“公事保密”；第 5 条“申请登记”；第 5A 条“根据《公司条例》成立为法团的公司，或开放式基金型公司的同步商业登记申请”；第 5B 条“非香港公司的同步商业登记申请”；第 5C 条“处长执行若干关于同步商业登记申请的职能”；第 5D 条“符合指明格式的通知书”；第 6 条“登记业务及发出商业登记证”；第 7 条“缴费”；第 7A 条“退回订明的商业登记费、订明的分行登记费或征费”；第 8 条“须予提供的资料”；第 9 条“小型业务可获豁免缴费”；第 10 条“由相同的人经营的多项业务”；第 11 条“不缴费的罚则”；第 12 条“登记证的展示”；第 13 条“视察”；第 14 条“规例”；第 15 条“罪行”；第 16 条“豁免”；第 17 条“上诉”；第 18 条“附表的修订”；第 19 条“文件的核证及发给”；第 19A 条“以未经核证形式提供资料的摘录”；第 19B 条“第 19 及 19A 条的目的”；第 20 条“通知书的送达”；第 21 条“征费的拨付”。附表一列出的是第 5A、5B 及 7 条及根据第 14 条订立的规例规定须缴付的订明的商业登记费，以及令业务可根据第 9 条获豁免的平均销售或收入总额。附表二列出的是第 11 条规定须缴付的罚款，第 7 条及根据第 14 条订立的规例规定须缴付的订明的分行登记费，以及第 5A、5B 及 7 条及根据第 14 条订立的规例规定须缴付的征费。

（四）《版权条例》

香港特别行政区《版权条例》（香港法例第 528 章）旨在保护版权拥有者的相应权利，促使公众合理地使用版权作品，从而为良好的营商环境提供知识产权保护。《版权条例》全文包括 4 部、283 条及 7 个附表。4 部的内容分别是：第 1 部“导言”；第 2 部“版权”；

第 3 部“在表演中的权利”；第 4 部科技措施及一般条文规避有效科技措施。7 个附表的内容分别是：附表 1“教育机构”；附表 1AA“本条例第 119B（1）条不适用的情况（制作或分发侵犯版权复制品的范围）”；附表 1AB“本条例第 119B（1）条不适用的情况（分发侵犯版权复制品的方式）”；附表 1A“为指明课程的定义的目的而指明的机构及当局”；附表 2“版权：过渡性及保留条文”；附表 3“在表演中的权利：过渡性条文及保留条文”；附表 4 已去失时效而无效；附表 5“废除”；附表 6“过渡性条文及保留条文”；附表 7“关乎《2007 年版权（修订）条例》（2007 年第 15 号）所作的修订的过渡性条文及保留条文”。

2021 年 9 月，香港特别行政区政府发布《香港营商环境报告：优势独特 机遇无限》，这是香港回归祖国以来发布的首份营商环境报告，报告强调香港制定实施《中华人民共和国香港特别行政区维护国家安全法》和完善选举制度，有力维护了香港的社会稳定和营商环境，并指出香港营商环境重回正轨，优势突出，未来发展空间不可限量。[①]

四、澳门特别行政区营商环境的立法保障

（一）《中华人民共和国澳门特别行政区基本法》

《中华人民共和国澳门特别行政区基本法》（以下简称《澳门基本法》）是根据《中华人民共和国宪法》制定的基本法律，是“一国两制”方针的法律化、制度化，是我国在澳门特别行政区实行“一国两制”“澳人治澳”、高度自治的具体法律保障。澳门特别行政区的营商法律体系是以《澳门基本法》为核心构建起来的。《澳门基本法》对营商环境的主要规定有：

1. 企业所有权和外来投资均受法律保护

根据《澳门基本法》的规定，澳门特别行政区依法保护私人和法人财产的取得、使用、处置和继承的权利，以及依法征用私人和法人财产时被征用财产的所有人得到补偿的权利。

2. 财政独立

澳门特别行政区财政收入全部由澳门特别行政区自行支配，不上缴中央人民政府。中央人民政府不在澳门特别行政区征税。澳门特别行政区的财政预算以量入为出为原则，力求收支平衡，避免赤字，并与本地生产总值的增长率相适应。

3. 实行独立的税收制度

澳门特别行政区参照原在澳门实行的低税政策，自行立法规定税种、税率、税收宽免和其他税务事项。专营税制由法律另作规定。

4. 自行制定货币金融制度

澳门特别行政区政府自行制定货币金融政策，保障金融市场和各种金融机构的经营自由，并依法进行管理和监督。澳门元为澳门特别行政区的法定货币，继续流通。澳门货币发行权属于澳门特别行政区政府。澳门货币的发行须有百分之百的准备金。澳门货币的发行制度和准备金制度，由法律规定。澳门特别行政区政府可授权指定银行行使或继续行使发行澳门货币的代理职能。

---

① 陈然. 重回正轨的新香港营商环境优势突出. 人民日报，2021-9-28.

5. 不实行外汇管制

澳门元可自由兑换。澳门特别行政区的外汇储备由其政府依法管理和支配。澳门特别行政区政府保障资金的流动和进出自由。

6. 保持自由港地位

澳门特别行政区实行自由贸易政策，保障货物、无形财产和资本的流动自由。除法律另有规定外，不征收关税。

7. 单独关税区

澳门特别行政区可以“中国澳门”的名义参加《关税和贸易总协定》(现为世界贸易组织)、关于国际纺织品贸易安排等有关国际组织和国际贸易协定，包括优惠贸易安排。澳门特别行政区取得的和以前取得仍继续有效的出口配额、关税优惠和其他类似安排，全由澳门特别行政区享有。

8. 产地来源证制度

澳门特别行政区根据当时的产地规则，可对产品签发产地来源证。

9. 产业政策

澳门特别行政区依法保护工商企业的自由经营，自行制定工商业的发展政策。澳门特别行政区根据经济发展的情况，自行制定劳工政策，完善劳工法律。澳门特别行政区还可以根据本地整体利益自行制定旅游娱乐业的政策，此处的旅游娱乐业主要就是博彩业。博彩业不仅是澳门经济的支柱性产业，也带动了澳门其他产业的发展，包括交通运输业、娱乐服务业、观光旅游业等，因此博彩业在澳门具有重要的产业意义。由此可见，《澳门基本法》确认了其博彩业的合法地位及澳门特别行政区政府对该产业有制定政策加以规范和引导的权力。

(二)《商法典》

澳门特别行政区《商法典》是调整澳门商事主体参加的商事关系、进行商事活动的基本法律，共四卷 1 268 条。第一卷是“经营商业企业之一般规则”，主要是对澳门商业企业的设立、经营、企业主及营业行为、法律责任等进行了规定。第二卷是“合营企业之经营及企业经营之合作”，主要是对各类企业形式做了规定，具体包括公司、经济利益集团，合作经营合同及隐名合伙。第三卷是“企业外部活动”，主要规定了各种商业债务的共同点及十七类合同的具体形式，特别是对商事活动中日益增多的广告合同、银行合同及保险合同规定得最为详尽。第四卷是“债权证券”，包括一般债权证券和特别债权证券两种形式。《商法典》第二卷“合营企业之经营及企业经营之合作”的第一编为“公司”，主要对无限公司、两合公司、有限公司和股份有限公司的法律制度进行了详细规定。

(三)《商业登记法典》

澳门特别行政区《商业登记法典》主要对商业登记的性质及价值，登记组织，登记程序，登记行为，登记公开及证据，登记弥补、更正及重造，对登记局局长之决定提出之申诉等事项进行了具体规定。《商业登记法典》共 8 编 122 条。其中 8 编的内容分别是：第一编“登记之性质及价值”；第二编“登记之组织”；第三编“登记程序”；第四编“登记行为”；第五编“登记之公开及证据”；第六编“登记之弥补、更正及重造”；第七编“对登记局局长之决定提出之申诉”；第八编“其他规定”。

（四）《经济及科技发展局的组织及运作》

《经济及科技发展局的组织及运作》主要对经济及科技发展局的性质、职责、组织架构、人员编制等内容进行了具体规定。《经济及科技发展局的组织及运作》共 4 章 32 条。4 章的内容分别是：第一章“性质及职责”；第二章“机关及附属单位”；第三章“人员”；第四章“过渡及最后规定”。该法规明确规定，经济及科技发展局是澳门特别行政区的公共部门，负责研究、协调及落实执行澳门特别行政区的经济政策和科技发展政策。经济及科技发展局应履行“营造和完善公平的营商环境”“营造有利于科技创新行业发展的环境”等职责。该法规第九条明确规定了产业发展厅有“建议并执行促进澳门特别行政区产业发展、经济活动多元化与现代化的政策措施”“执行支援工商业发展和改善营商环境的相关工作”的职权。产业发展厅专门设有工商业支援处和促进营商处两个部门。第十一条规定了促进营商处具有“统筹属经济及科技发展局与工商业发展基金职责范围的、有助企业发展的政策措施的宣传和推广”“协调相关的机构及公共实体，以推动有利于工商业发展、社区经济活动和改善营商环境的政策措施的执行”及“筹备和参与产业发展政策领域的研讨会、会议或活动”的职权。

此外，澳门特别行政区《酒店业场所业务法》《公共街市管理制度》《聘用外地雇员法》等法律法规也对营商环境进行了具体规定，为开放便利的营商环境提供了法治保障。2009 年 2 月，澳门特别行政区立法会通过《中华人民共和国澳门特别行政区维护国家安全法》。2023 年 5 月，澳门特别行政区立法会全体大会细则性讨论及表决通过《修改第 2/2009 号法律〈维护国家安全法〉》法案。澳门特别行政区积极履行《澳门基本法》第二十三条规定的宪制责任，督促澳门特别行政区的执法机构严格执法、司法机关公正司法，使社会治安得到根本性好转，使澳门营商环境得到有效改善。

第二节　粤港澳大湾区营商环境的执法保障

一、营商环境执法保障的概念和作用

（一）营商环境执法保障的概念

营商环境的执法保障，是指在建设营商环境的过程中，行政主体依照法律规定的权限和程序，作出的与市场主体准入、生产经营、退出等过程相关的行政行为，以及在此基础上形成的保障体制。营商环境的执法保障是建设稳定、公平、透明、可预期的营商环境的关键，直接关系到营商环境的优化成效。因此，行政主体应在法律规定的权限范围内，严格遵循法定程序，对市场主体的准入、生产经营、退出等行为进行监管执法，不断推进营商执法环境建设，持续优化营商环境。

（二）营商环境执法保障的作用

构建良好的营商环境要求政府严格按照法律的规定进行监管执法，营造稳定、公平、透明、可预期的营商环境，确保市场主体在行政许可、行政审批、行政登记、行政认证、行政救济等行政程序中能够得到高效的政府服务，督促市场主体守法经营、依据营商规则进行生产经营，从而提升市场主体准入便利度、保障市场主体公平经营、畅通市场主体退出渠道。

第一，营商环境的执法保障有助于提升市场主体准入便利度。市场准入，一般是指货物、劳务与资本进入市场的程度。市场准入是国家以立法的方式，规定市场主体资格的实体条件、程序要求，并通过审批登记程序执行的制度机制总称。良好的营商环境执法保障有助于提升市场主体准入便利度，使市场主体平等地通过准入程序获得市场主体资格，规范有序地参与市场经济活动，并在此基础上建立起良好的市场竞争秩序，推动市场主体的高质量发展。

第二，营商环境的执法保障有助于保障市场主体公平经营。行政主体依照法律规定对市场主体进行监管执法，为企业等市场主体参与市场活动提供公平、规范、有序的制度环境，使各市场主体明确自身的权利义务边界及在市场活动的各环节中可能承担的法律责任，确保市场主体对市场交易的规则、成本、风险有明确预期，维护各类市场主体公平参与市场竞争的秩序，从而提高市场主体的生产经营效率，激发市场主体的活力和创造力。

第三，营商环境的执法保障有助于畅通市场主体退出渠道。市场主体退出是指企业等市场主体由于特定原因退出目标市场，所需完成的注销登记等程序机制。良好的营商环境执法保障有助于畅通市场主体退出渠道，构建便捷高效、公平有序、风险可控的市场主体退出机制，释放更多市场资源，促进市场健康运行。通过行政机关合理运用公共政策引导和支持市场主体规范退出，有助于市场主体在退出过程中处理好劳动关系，保障职工合法权益，同时维护好市场主体的正当权益。

二、广东省营商环境的执法保障

（一）市场准入制度

党的二十大报告提出，要“深化简政放权、放管结合、优化服务改革”，“完善产权保护、市场准入、公平竞争、社会信用等市场经济基础制度，优化营商环境”。[①] 广东省为优化市场准入环境，所采取的推进落实措施主要有：

1. 负面清单制度

负面清单制度，是指国务院以清单方式明确列出在中华人民共和国境内禁止和限制投资经营的行业、领域、业务等，各级政府依法采取相应管理措施的一系列制度安排。市场准入负面清单以外的行业、领域、业务等，各类市场主体皆可依法平等进入。《优化营商环境条例》第二十条规定：“国家持续放宽市场准入，并实行全国统一的市场准入负面清

① 习近平. 习近平著作选读（第一卷）. 北京：人民出版社，2023：24.

单制度。市场准入负面清单以外的领域，各类市场主体均可以依法平等进入。各地区、各部门不得另行制定市场准入性质的负面清单。”《广东省优化营商环境条例》第九条规定：“各级人民政府及其有关部门应当全面落实全国统一的市场准入负面清单制度，不得另行制定市场准入性质的负面清单，不得在市场准入方面对市场主体的资质、资金、股比、人员、场所等设置不合理条件。”“县级以上人民政府及其有关部门应当建立适应市场准入负面清单管理的审批、监管等配套制度。”“推动在符合国家规定条件的地区试行放宽市场准入特别措施。”上述规定破解了市场主体“准入不准营”等难题，为进一步优化广东省市场准入环境提供了法规依据。

2. 市场主体登记制度

市场主体以营利为目的从事经营活动，必须依法办理登记。未经登记，不得以市场主体名义从事经营活动。为创设便利高效的市场准入环境，广东省全面实行企业经营范围规范化登记，加强登记与监管衔接，放宽企业住所登记条件，实行企业住所（经营场所）登记自主申报制。《广东省优化营商环境条例》第十二条规定：“市场主体登记机关及有关部门应当优化市场主体设立登记的服务流程，设置市场主体登记综合服务窗口，实现一次性申请办理营业执照、公章刻制、发票申领、社保登记、住房公积金缴存登记、银行预约开户等业务，一次性领取营业执照、印章、发票、税控设备等。”“市场主体登记机关及有关部门应当推行市场主体设立登记的全程网上办理，依托网上政务服务平台实现在线填报、审批、发证。”这就明确了市场主体登记机关的法定职责，提升了市场主体登记注册的标准化、规范化、便利化水平。

（二）市场监管制度

构建高质量营商环境，迫切需要建设高效规范、公平竞争、充分开放的市场竞争监管制度。为此，广东省采取多项措施全面落实公平竞争审查制度，加强和改进反垄断和反不正当竞争监管制度，倡导市场主体间的合作交流和积极竞争文化。

1. 公平竞争审查制度

公平的市场竞争是高水平市场经济体制的本质要求，也是实现资源优化配置的前提。《广东省优化营商环境条例》第四十七条规定：“政府及其有关部门在起草与市场主体经济活动有关的地方性法规、规章和政策措施时，应当进行公平竞争审查；在公平竞争审查中发现涉嫌违反公平竞争审查标准或者拟适用例外规定的，按照规定引入第三方评估。未经公平竞争审查的，不得提交审议。”“鼓励有条件的地方建立公平竞争独立审查机制，实施本级人民政府及其有关部门相关政策措施出台前公平竞争的集中审查。”为贯彻落实《国务院关于在市场体系建设中建立公平竞争审查制度的意见》，广东省人民政府印发《广东省进一步推动竞争政策在粤港澳大湾区先行落地的实施方案》，明确规定：“健全完善立法机关、行政机关共同参与的公平竞争审查工作部门间联席会议，推动扩大公平竞争审查范围。全面清理妨碍粤港澳大湾区统一市场和公平竞争的规定和做法，重点清理妨碍民营企业发展和违反内外资一致原则的歧视性准入、指定交易政策措施，防止滥用行政权力通过招投标、划分企业等级、增设证明事项、设立项目库、注册、认证、认定、公证等形式排除、限制竞争行为。优化公平竞争审查机制，提高自我审查工作质量，完善重大政策措施会审、抽查、举报回应等工作制度，探索由各级市场监管部门会同起草部门在以政府名义出台的政策措施起草过程中进行公平竞争审查的工作模式。结合法治广东等专项考评工作，强化公平竞争审查的刚性约束。”[①]

2. 反垄断和反不正当竞争监管制度

为维护公平竞争的市场秩序，广东省主要从两个方面加强和改进反垄断和反不正当竞争监管制度：一方面，加强和改进反垄断执法。严格执法程序的公正性和统一执法实体的标准性，以问题为导向，重点查处民生和公用事业领域市场主体的垄断协议和滥用市场支配地位行为，打破行业垄断，维护消费者利益和社会公共利益。聚焦医药、建筑、招投标和政府采购、公章刻制等领域，加大力度规制行政机关滥用行政权力排除、限制竞争行为，建立违反公平竞争问题线索举报绿色通道。重点研究互联网市场反垄断特点，强化平台经济领域反垄断规制与合规辅导，防范企业凭借数据、技术、资本优势造成竞争失序，防止资本无序扩张，促使互联网企业转变经营发展战略，聚焦科技创新和产品升级。统筹做好知识产权领域反垄断工作，注重协调保护创新与滥用知识产权排除、限制竞争之间的关系，保护创新成果，激发创新动力，提高发展质量。另一方面，加强反不正当竞争执法。严格把关企业名称登记注册，堵塞利用注册制度实施不正当竞争的漏洞。研究开发“直销企业数字化监管系统”，全面排查直销企业及关联主体，规范直销行业经营。整合系统执法资源，强力打击网络传销，查处互联网平台不正当竞争行为，保护经营者和消费者合法权益。加大商业秘密保护力度，维护企业核心竞争力，妥善处理保护企业商业秘密、涉密者竞业禁止与劳动者自由择业之间的关系。加强与海关的执法互助和信息互换，加大普法宣传工作力度。[②]

3. 合作交流机制

良好的合作交流和积极的竞争文化，有助于促进全社会形成尊重竞争规则、维护竞争机制的良好氛围。为了倡导合作交流和积极的竞争文化，广东省采取的主要措施有：按照市场监督管理总局竞争政策和反垄断国际交流合作的总体框架，开展与世界反垄断司法辖区以及东盟、“一带一路”沿线国家和地区竞争执法机构的执法交流，提升我国反垄断执法国际影响力。有针对性地对市场主体进行反垄断普法；辅导省内重点企业开展内部反垄断合规建设，提高企业维权意识和树立竞争合规理念。通过粤港澳竞争执法会商，畅通粤港澳三地企业诉求反映渠道，建立竞争纠纷快速处置工作机制。鼓励粤港澳三地社会智库发展，支持企业共建执法咨询机制，充分听取各类型不同所有制企业的意见建议，构建亲清政商关系的市场监管体系，着重解决市场主体在发展、创新中最直接、最关心的公平竞争问题，引导各类市场主体积极参与粤港澳大湾区发展建设。

（三）市场主体退出制度

2019 年 6 月，国家发展和改革委员会、最高人民法院等部门联合印发《加快完善市场主体退出制度改革方案》，明确了市场主体退出制度改革的指导思想、基本原则和总体目标，提出规范市场主体退出方式，健全清算注销制度，完善破产法律制度，完善

① 参见《广东省人民政府关于印发广东省进一步推动竞争政策在粤港澳大湾区先行落地实施方案的通知》（粤府函〔2021〕34 号），载广东省人民政府网站。

② 参见《广东省人民政府关于印发广东省进一步推动竞争政策在粤港澳大湾区先行落地实施方案的通知》（粤府函〔2021〕34 号），载广东省人民政府网站。

国有、金融企业等特殊类型特定领域退出制度等政策性要求。《广东省优化营商环境条例》第五十六条规定："县级以上人民政府与人民法院建立企业破产工作协调机制，协调解决企业破产启动、职工安置、资产处置、信用修复、涉税事项处理、破产企业重整等问题。"

2020 年 4 月，广东省市场监督管理局等九部门联合印发《广东省深化市场主体退出制度改革实施方案》，从完善企业注销退出制度、加强行政程序与司法程序衔接、完善国有企业退出机制、做好市场主体退出预警及风险防控四个方面提出改革措施，进一步畅通市场主体退出渠道，激发市场主体活力，推动经济高质量发展。根据《广东省企业注销退出制度改革实施办法》的规定，企业办理注销登记时，应当清算并提交清算报告、清税证明等文件。

三、香港特别行政区营商环境的执法保障

（一）市场准入制度

香港特别行政区拥有高度开放的市场环境。所有外来或本地的投资者，只要遵守香港特别行政区法律法规，均可以对任何行业进行投资。香港特别行政区的市场主体主要是公司，公司准入涉及公司注册、商业登记和牌照发放等环节。香港特别行政区商事登记采取行政机关主管模式，公司注册处是公司注册的登记机关，负责实施和执行《公司条例》的大部分条文，其主要职能有：（1）为公司、有限责任合伙、有限合伙基金、开放式基金型公司、信托公司和注册受托人法团提供办理注册成立或登记的服务，并登记公司及其他实体按照有关条例规定须交付的文件；（2）向公众提供本处所备存公司和其他实体的资料的查册服务；（3）确保公司和其他实体及其高级人员履行相关法例下的责任；（4）执行信托或公司服务提供者的发牌制度；（5）处理放债人牌照的申请/续牌及备存放债人登记册以供公众查阅；（6）就与公司法及相关法例有关的政策及立法问题，向政府提供意见；（7）快捷及有效地达至上述各项目标，并在客户可接受的收费水平及时间范围提供服务。[①]

香港特别行政区对各行业的准入条件并无统一立法规定，而是由各行业进行专门立法加以限制。同时，根据《香港基本法》的规定，香港特别行政区政府有义务为各行业的发展提供经济和法律环境，促进和协调工商业、旅游业、房地产业、运输业、服务性等各行业的协调发展。

（二）市场监管制度

香港特别行政区拥有高度自由的市场主体竞争环境，公司注册处主要通过周年申报制度对公司进行监管。对所有本地公司而言，交付周年申报表应使用指定表格，交付周年申报表时所需的每年登记费用视公司的类别而定。如未有在订明时限内向公司注册处交付周年申报表，即属违反《公司条例》，公司及其每名责任人可各被检控。公司注册处处长亦

① 为尊重香港特别行政区公司注册处网站对"公司注册处职能"的规定，上述表述直接援引了网站的规定，没有进行修改。参见香港特别行政区公司注册处"公司注册处职能"规定，载香港特别行政区公司注册处网站。

可在适当的情况下，考虑采取剔除公司名称的行动。[①]

在维护公平竞争的营商环境方面，根据《竞争条例》（香港法例第619章）成立的竞争事务委员会致力推动有利于自由贸易、高效率及创新的竞争环境，从而为消费者带来更多选择、更佳价格与更具质素的商品及服务。竞争事务委员会的职能如下：调查可能违反竞争守则的行为及强制执行《竞争条例》的条文；提高公众对竞争的价值以及《竞争条例》如何促进竞争的了解；推动在香港特别行政区经营业务的业务实体采纳适当的内部监控及风险管理制度，以确保该等业务实体遵守《竞争条例》；就在香港特别行政区境内及境外的竞争事宜，向香港特别行政区政府提供意见；就影响香港特别行政区市场竞争的事宜，进行市场研究；促进对香港特别行政区竞争法律的法律、经济及政策方面的研究，以及促进关于该等方面的技巧发展。[②]

（三）市场主体退出制度

根据《不营运但有偿债能力的公司撤销注册》规定，申请撤销注册的公司必须符合以下的条件：该公司的所有成员均同意撤销注册；该公司仍未开始营运或经营业务，或在紧接提出申请之前的3个月内没有营运或经营业务；该公司没有尚未清偿的债务；该公司不是任何法律程序的一方；该公司的资产不包含位于香港特别行政区的不动产；（如该公司是控权公司）该公司的所有附属公司的资产均不包含位于香港特别行政区的不动产；及该公司已取得税务局局长的《不反对撤销公司注册通知书》。撤销注册的申请须于不反对通知书发出日期起计3个月内，以指定表格交付公司注册处。表格须连同所需费用及不反对通知书一并交付。公司撤销注册后即告解散。公司一旦解散，其名下所有财产（如有的话）将当作无主财物而归属香港特别行政区政府。为符合撤销注册的条件，在提出撤销注册申请前，申请人应寻求专业意见，以确保公司的财产（包括银行户口结余、车辆及物业等）得以妥善处置。在公司注册撤销及解散之前，公司仍须履行《公司条例》下的法定责任，包括交付周年申报表、注册办事处地址更改通知书，以及更改公司秘书及董事和其详情的通知书登记。[③]

四、澳门特别行政区营商环境的执法保障

（一）市场准入制度

澳门特别行政区被世界贸易组织（WTO）评为全球最开放的贸易和投资体系之一，享有自由港、单独关税区地位，企业所得税最高仅为12%，国际市场网络广泛，与葡语国家联系紧密，中葡商贸合作服务平台的作用日益得到多方认同和肯定。澳门特别行政区与全球100多个国家和地区保持贸易往来，所参加的国际性组织达50多个，商业运作准则

① 参见香港特别行政区政府公司注册处网站。

② 为尊重香港特别行政区竞争事务委员会网站对“竞争事务委员会职能”的规定，上述表述直接援引了网站的规定，没有进行修改。参见香港特别行政区竞争事务委员会“职能”规定，载香港特别行政区竞争事务委员会网站。

③ 参见香港特别行政区公司注册处发布的《不营运但有偿债能力的公司撤销注册》指引，为尊重原文，上述表述没有进行修改，想了解《不营运但有偿债能力的公司撤销注册》全部内容的，请登录香港特别行政区公司注册处网站。

与国际惯例相适应，投资营商手续简便，外地与本地投资者成立企业的程序相同，为来自世界各地的投资者发展业务提供理想的营商环境。[①] 根据澳门特别行政区《商法典》的规定，公司登记之申请，应自其设立之日起 15 日内提出。行政管理机关成员及倘有之公司秘书有促使登记之义务。任何股东对登记之申请有正当性。检察院应促使对经营业务逾 3 个月而仍未登记之公司作出清算。境内境外的个人或机构拟在澳门设立公司，所遵循的法律或行政程序是相同的。投资者可通过澳门特别行政区政府贸易投资促进局的投资者"一站式"服务、公证署的"公司（法人商业企业主）设立及登记一站式服务"或律师，以办理成立公司的各项手续。[②]

（二）市场监管制度

澳门特别行政区政府贸易投资促进局和金融管理局在建设良好的营商环境中发挥了重要作用。其中，澳门特别行政区政府贸易投资促进局负责协助行政长官研究及制定有关促进对外贸易、引资、会展业务及经贸合作等经济政策，并执行有利于推动政策实现的措施。澳门特别行政区政府金融管理局的主要职责是：根据规范货币、金融、外汇及保险活动市场的法规，指导、统筹及监察上述市场，确保其正常运作，并对该等市场的经营者进行监管，确保金融体系的稳定。鉴于中小企业在澳门特别行政区经济中占有举足轻重的地位，对经济发展及就业贡献良多，澳门特别行政区政府一直将扶助中小企业的发展列为长远的施政方针。在 2003 年 5 月，为因应当时的社会经济情况，澳门特别行政区政府推出"中小企业援助计划"，提供免息的财务援助，以舒缓当时受 SARS 事件影响的商户，并支持中小企业改善经营环境及提升营运能力。随着澳门特别行政区经济迅速增长，为继续有效及适当地扶助本地中小企业的发展，澳门特别行政区政府不断完善"中小企业援助计划"，分别于 2006 年、2009 年、2012 年、2017 年、2020 年及 2021 年对计划的内容进行修订，使中小企业在澳门特别行政区经济快速发展的同时，亦能得到相应的发展机会与支援。透过新修订的"中小企业援助计划"，中小企业可获得免息的财务援助，用于购置营运所需设备，为营运场所进行翻新、装修及扩充工程，订立商业特许合同或特许经营合同，取得技术专用权或知识产权，进行宣传及推广活动，提升经营能力及竞争力，作为企业的营运资金，或应对因受异常、未能预测或不可抗力事件影响而遭遇的经济及财政困难。援助金额上限为澳门币 60 万元，援助款项最长可分八年摊还；对于已全部偿还援助款项的合资格企业，澳门特别行政区政府更提供二次援助的机会。[③]

（三）市场主体退出制度

根据澳门特别行政区《商法典》第三百一十五条关于公司解散之原因及其登记的规定，除法律或章程所指之情况外，公司亦因下列情况解散：①股东决议；②存续期届满；③中止业务逾三年；④连续逾十二个月不经营任何业务，而业务非处于第一百九十三条规定之中止状态；⑤所营事业消灭；⑥公司所营事业嗣后为不法或不能，而在四十五日内仍未按

① 参见澳门特别行政区贸易投资促进局网站关于"澳门营商环境"的介绍，载澳门特别行政区贸易投资促进局官网。

② 参见澳门特别行政区政府贸易投资促进局网站。

③ 参见澳门特别行政区政府网站。

修改章程之规定对公司所营事业之修改议决；⑦从营业年度账目证实公司资产净值低于公司资本额半数；但第二百零六条所规定之情况除外；⑧破产；⑨法院判决下令解散。对是否出现解散原因有怀疑或出现上款第五项所指情况时，应召集股东会，以便对是否确认解散、延长公司之存续期或修改公司所营事业作出决议。任何债权人或检察院均具正当性申请法院宣告因出现导致解散之事实而解散公司，即使股东曾按上款之规定议决不确认解散者亦然。法院以外之清算，自登记解散之日至登记清算结束之日，不得逾两年。清算在该期间内仍未结束时，应由法院接管；清算人应在上款所指期间届满后八日内，申请法院继续清算。澳门特别行政区《商法典》第三百一十七条对被解散公司之行政管理机关之义务进行了具体规定：公司一经解散，行政管理机关成员应在六十日内，将以登记解散日结算之财产清单、资产负债表及损益表送交股东通过；账目一经股东通过，非为清算人之行政管理机关成员，应将公司文件、簿册、纸张、纪录、现金或资产交付清算人；应清算人之要求，行政管理机关成员亦应提供有关公司营运及状况之所有资料及解释。[①]

第三节　粤港澳大湾区营商环境的司法保障

一、营商环境司法保障的概念和作用

（一）营商环境司法保障的概念

营商环境的司法保障，是指在建设营商环境的过程中，司法机关对市场主体在准入、生产经营、退出等过程中产生的各种纠纷通过适用法律进行裁判，并在此基础上形成的保障制度。良好的司法保障是法治化营商环境的重要组成部分。为了建设稳定、公平、透明、可预期的营商环境，国家应通过完善调解、仲裁、行政裁决、行政复议、诉讼等多元化纠纷解决机制，为市场主体提供高效、灵活、便捷的纠纷解决途径，不断完善司法保障，从而保障要素市场化配置，服务经济高质量发展。

（二）营商环境司法保障的作用

良好的营商环境需要建立有力的司法保障制度，通过司法权规范、公正、高效的运行确保稳定、公平、透明、可预期的良好营商环境。具体说来，营商环境的司法保障具有推进法治政府建设、保障市场公平有序竞争、有效解决市场纠纷和冲突等重要作用。

第一，保障市场主体合法权益。充分发挥人民法院的审判职能作用，依法整治侵犯企业产权和企业家合法权益的违法犯罪行为，严厉惩治官商勾结、贪污腐败等违法犯罪行为，有助于为市场主体提供有效的司法救济，提振企业家信心、稳定市场预期，防止权钱交易、

---

① 为尊重澳门特别行政区《商法典》第三百一十五条、三百一十七条对公司“解散之原因及其登记”“被解散公司之行政管理机关之义务”的规定，此处采取直接援引原法典规定的方式进行介绍，若想了解法典相关内容的，请登录澳门特别行政区网站。

商业贿赂等问题损害营商环境。

第二，维护公平市场交易秩序。人民法院在审理企业经济纠纷案件时，通过充分发挥司法裁判导向作用，弘扬社会主义核心价值观，严惩商业欺诈、恣意毁约等失信行为，强化各类市场主体依法经营、诚信经营的责任意识，有助于营造依规经营、创新创业、诚实守信、公平竞争的市场环境。

第三，有效解决市场纠纷和冲突。市场经济条件下，市场主体的利益多元化，市场主体之间的利益冲突和纠纷在所难免。司法是维护社会公平正义的最后一道防线，只有充分发挥司法化解纠纷和矛盾、定纷止争的基本功能，才能为市场化营商环境提供有力法治保障，才能提供一个稳定和谐的营商环境。

二、广东省营商环境的司法保障

（一）《关于为优化营商环境提供司法保障的实施意见》

2018 年 1 月，广东省高级人民法院印发《关于为优化营商环境提供司法保障的实施意见》，就全省法院切实发挥审判职能，为营造安全稳定的社会环境、竞争有序的市场环境、互利共赢的开放环境、鼓励包容的创新环境、公平正义的法治环境，实现经济高质量发展提供更加有力的司法服务和保障，提出 10 条意见：①把充分发挥审判职能，为优化营商环境提供司法保障作为全省法院的重要任务；②坚持惩罚犯罪和保护人权相结合，维护安全稳定的社会环境；③加大产权保护力度，依法全面平等保护各类市场主体；④加强商事金融审判，营造竞争有序的市场环境；⑤加大知识产权保护力度，打造充满活力的创新创业环境；⑥加强破产制度机制建设，完善市场主体救治和退出机制；⑦充分发挥涉外商事海事审判职能，服务开放型经济新体制建设；⑧切实加强行政审判，优化守法诚信的政务环境；⑨加快推进解决执行难，推动社会信用体系建设；⑩优化司法服务工作机制，打造高效便民的司法环境。[①]

（二）《关于为促进民营经济健康发展提供司法保障的实施意见》

2018 年 12 月，广东省高级人民法院发布《关于为促进民营经济健康发展提供司法保障的实施意见》，从保障企业家人身财产安全、经营自主权、投资权益、知识产权、缓解融资难融资贵等多个方面，对相关审判工作提出了明确要求。一是保障企业家人身财产安全，对涉产权冤错案件进行纠错，严格落实罪刑法定、疑罪从无原则，坚决防止将经济纠纷当作犯罪处理，坚决防止将民事责任变为刑事责任。二是完善知识产权诉讼证据规则，对恶意侵权行为加大惩罚性赔偿，改善知识产权侵权诉讼“举证难”“周期长”“赔偿低”问题，支持新兴产业健康成长。三是依法保护融资租赁、保理等新型融资模式，妥善认定涉及企业股权质押担保的法律效力，合理把握资金借贷的裁判尺度，遏制高利贷化倾向，切实降低企业融资成本。四是保障企业家投资利益，妥善处理股东之间纠纷，对暂时经营困难但具有经营价值的民营企业，运用重整、和解等手段帮助企业恢复生机、重返市场。

① 蒋臻，周子龙，潘玲娜. 省高院公布优化营商法治环境“10 条”. 南方都市报，2018-01-22.

五是妥善认定行政机关与企业签订的合同效力，依法支持企业解除合同、赔偿损失等合理诉求。六是防止恶意利用诉讼、保全等措施打击竞争企业，准确把握民事诉讼中财产保全、证据保全适用条件，坚决遏制当事人滥用诉权行为，依法制裁提供虚假证据等不诚信诉讼行为。七是强化公正执行、善意执行、文明执行理念，依法慎用强制措施，完善信用恢复机制，对已履行生效法律文书确定的义务的，应及时依法提供诚信证明或删除失信记录。八是完善相关工作机制。九是提高审判质量效率。十是提升诉讼服务水平。[①]

（三）《关于切实加强知识产权司法保护的若干意见》

2018 年 12 月，广东省高级人民法院发布《关于切实加强知识产权司法保护的若干意见》，该意见对全省法院在维护创新主体合法权益中的工作原则、案件类型、具体措施、完善机制四个方面提出了具体要求。根据该意见的要求，各级法院要贯彻落实“司法主导、严格保护、分类施策、比例协调”原则，依法合理确定知识产权的保护范围和保护强度，依法保障国有和民营、境内和域外各类市场主体法律地位平等、权利保护平等和发展机会平等，依法借鉴国际知识产权司法保护先进经验，提高司法保护水平，加大司法公开力度，让案件裁判更加公开、透明、可预期，确保案件裁判程序公正和实体公正。[②]

（四）《关于“僵尸企业”司法处置工作指引》

2019 年 5 月，广东省高级人民法院出台全国首个《关于“僵尸企业”司法处置工作指引》，为审理“僵尸企业”破产和强制清算案件提供规范性指引。该指引分别从处置原则、精准识别、案件受理、快速审理、工作机制建设和组织保障等方面，对“僵尸企业”司法处置作出了规定。根据该指引的要求，全省各级法院要落实“企业主体、市场运作、政府引导、司法保障”的处置原则，对通过市场手段或行政手段不能实现出清的，做好出清司法兜底保障工作，开辟绿色通道，做到优先受理、优先审理、优先执行；要加强精准识别，分类指导，确保不同类别的“僵尸企业”通过不同的路径实现市场退出，主动加强与国资部门、市场监管部门等沟通联系，统一全省移送标准，实现与国资部门的无缝对接，做好诉讼指引工作。该指引强调，做好国有资产清查工作和财产评估工作，通过市场化公开交易的方式处置国有企业资产，严防国有资产流失；建立“僵尸企业”案件一体化处置工作机制，加强立、审、执工作衔接与配合，实行破产案件相对集中管辖改革，探索建立企业破产清算案件快速审理机制，实行破产案件繁简分流，强化执行措施在破产审判中的运用，将限制出境、限制高消费、失信惩戒等执行惩治措施纳入破产保障范围。[③]

三、香港特别行政区营商环境的司法保障

香港特别行政区营商环境的司法保障建立于香港法官制度和审判制度基础上，法官制度和审判制度为确保良好营商环境提供了有力的司法保障。

---

① 广东高院出台实施意见：十方面司法护航　促民营经济发展. 广东政法网，2018-12-11.

② 广东省高级人民法院. 广东高院出台《关于切实加强知识产权司法保护的若干意见》，网易网，2018-12-24.

③ 彭筠童，朱敏. 广东高院出台“僵尸企业”司法处置工作指引. 人民法院报，2019-06-20.

（一）香港特别行政区的法官制度

根据《香港基本法》的规定，香港特别行政区法院的法官，根据当地法官和法律界及其他方面知名人士组成的独立委员会推荐，由行政长官任命。香港特别行政区法院的法官只有在无力履行职责或行为不检的情况下，行政长官才可根据终审法院首席法官任命的不少于三名当地法官组成的审议庭的建议，予以免职。香港特别行政区终审法院的首席法官只有在无力履行职责或行为不检的情况下，行政长官才可任命不少于五名当地法官组成的审议庭进行审议，并可根据其建议，依照本法规定的程序，予以免职。香港特别行政区终审法院和高等法院的首席法官，应由在外国无居留权的香港特别行政区永久性居民中的中国公民担任。终审法院的法官和高等法院首席法官的任命或免职，还须由行政长官征得立法会同意，并报全国人民代表大会常务委员会备案。《香港基本法》还规定了任用法官的两项原则：一是香港特别行政区的法官和其他司法人员，应根据其本人的司法和专业才能选用，并可从其他普通法适用地区聘用；二是香港特别行政区成立前在香港任职的法官和其他司法人员均可留用，其年资予以保留，薪金、津贴、福利待遇和服务条件不低于原来的标准。

（二）香港特别行政区的审判制度

《香港基本法》第八十四条规定："香港特别行政区法院依照本法第十八条所规定的适用于香港特别行政区的法律审判案件，其他普通法适用地区的司法判例可作参考。"香港特别行政区法院依法独立审判，不受任何干涉，司法人员履行审判职责的行为不受法律追究。具体说来，香港特别行政区应依照《香港基本法》、予以保留的原有法律、香港立法会制定的法律和在香港实施的全国性法律进行审判。香港特别行政区法院在审判案件时，可以参考其他普通法适用地区的司法判例。需要注意的是，特别行政区法院对司法判例只是"可作参考"，而非"必须依照"。法官是否"参考""如何参考"，由特别行政区法院自行决定。此外，《香港基本法》还对陪审制度进行了规定，第八十六条的规定，原在香港实行的陪审制度的原则予以保留。

四、澳门特别行政区营商环境的司法保障

澳门特别行政区营商环境的司法保障建立于澳门特别行政区法官制度、审判制度与检察制度基础上。法官制度、审判制度与检察制度为确保良好营商环境提供了有力的司法保障。

（一）澳门特别行政区的法官制度

根据《澳门基本法》的规定，澳门特别行政区各级法院的法官，根据当地法官、律师和知名人士组成的独立委员会推荐，由行政长官任命。法官的选用以其专业资格为标准，符合标准的外籍法官也可聘用。法官只有在无力履行其职责或行为与其所任职务不相称的情况下，行政长官才可根据终审法院院长任命的不少于三名当地法官组成的审议庭的建议，予以免职。对终审法院法官的免职是由行政长官根据澳门特别行政区立法会议员组成的审

议委员会的建议决定。由此可见，对终审法院法官的免职程序比对一般法官的免职程序更为严格。终审法院法官的任命和免职须报全国人民代表大会常务委员会备案。澳门特别行政区各级法院的院长由行政长官从法官中选任。终审法院院长由澳门特别行政区永久性居民中的中国公民担任。此外，终审法院院长的任命和免职须报全国人民代表大会常务委员会备案。

（二）澳门特别行政区的审判制度与检察制度

根据《澳门基本法》的规定，澳门特别行政区法院独立进行审判，只服从法律，不受任何干涉。独立审判是澳门特别行政区法院审判案件的一项基本原则，意味着法院独立行使审判权，法官独立进行审判。法官履行审判职责的行为不受法律追究。此外，澳门特别行政区还通过各种措施来保障法院的独立审判，如法律规定任何人干扰司法公正为违法；法官采取终身制、高薪制，以此保证法官在审判活动中作出公正裁决；法官享有司法豁免权，无需对自己作出的判决承担个人责任。法官在任职期间，不得兼任其他公职或任何私人职务，也不得在政治性团体中担任任何职务。①

根据《澳门基本法》的规定，澳门特别行政区检察院独立行使法律赋予的检察职能，不受任何干涉。澳门特别行政区检察长由澳门特别行政区永久性居民中的中国公民担任，由行政长官提名，报中央人民政府任命。检察官经检察长提名，由行政长官任命。检察院的组织、职权和运作由法律规定。

本章小结

复习思考题

1. 简述粤港澳大湾区营商环境的立法保障及其主要作用。
2. 粤港澳大湾区的营商法律体系主要包括哪些内容？
3. 简述粤港澳大湾区营商环境的执法保障及其主要作用。
4. 简述粤港澳大湾区营商环境的司法保障及其主要作用。
5. 结合实践谈谈你对完善粤港澳大湾区营商环境司法保障的看法。

① 焦洪昌，姚国建. 港澳基本法概论. 北京：中国政法大学出版社，2009：194.

第九章 粤港澳大湾区的社会文化环境

学习目标

本章主要讲解了粤港澳大湾区的社会文化环境概况，要求了解粤港澳大湾区的粤商文化、人力资源环境以及公共服务环境，掌握粤商文化的特点以及粤港澳三地的人力资源环境特征，理解粤港澳大湾区社会文化环境协同发展的趋势。

第一节 粤港澳大湾区的粤商文化

一、粤商的构成与起源

粤港澳三地同属于广东文化圈，同根同源、同文同种，有着相同的方言、生活习气和文化习俗。活跃在这一区域的商人，在历史上被称为粤商，以对外贸易为主要抓手，是中国历史上的五大商帮之一，也是中国商业文明的引领者之一。

粤商指的是以“广东人身份”从事经济活动的商人、企业家，他们或是祖籍广东，或是后迁入广东的商人，[①] 是历史悠久，海内外享誉盛名的群体。近代以来，粤商是中国经济领域中，尤其是商贸流通经济中最主要的企业群体之一，也是对中国改革开放影响较大的一个商帮，它的诞生与发展变化不仅对广东经济产生巨大影响，同时还对国内和国际的企业团体都产生不可估量的影响。粤商是由广府商人、潮汕商人以及客家商人三支有着不同背景的子商帮所组成，他们各自有着自己独特的形成来源，在各个层面上表现出鲜明的区域差异。

广府商人分布在西江、北江流域及珠江三角洲，在广东最早开发的地区。广州自古就是中国对外贸易的重要门户之一，广府商人是由清代在广东从事贡舶和市舶等对外贸易的牙行商人发展而来。乾隆二十二年（1757 年），清政府关闭漳州、宁波、云台山三处通商口岸，只留广州一个口岸对外贸易长达 85 年。直到 1840 年鸦片战争之前，广州的外贸空前繁荣，成为对内对外贸易的极盛之地。[②] 道光十七年（1837 年），这些对外贸易的“洋行”一共有 13 家，即怡和、广利、同孚、东兴、天宝、兴泰、中和、顺泰、仁和、同顺、孚泰、东昌、安昌，俗称“十三行”。以广州“西关”“十三行”为聚集地，分布至珠江三角洲各地的商人，成为广府商人早期的典型代表。[③] 这一时期广府商人主要是利用地理位置以及

① 徐印州，王先庆. 粤商成长与区域经济. 北京：中国社会科学出版社，2012：1–2.

② 宗禾.“敢为天下先”的广东商人. 人力资源报，2009–04–13.

③ 徐印州，王先庆. 粤商成长与区域经济. 北京：中国社会科学出版社，2012：39–40.

国家政策的规定从事贸易活动，并形成了巨额的财富。

潮汕商人发源于广东汕头、潮州、揭阳以及汕尾等韩江流域地区。随着明代海上贸易的兴起，潮汕沿海居民开始从事私人海上贸易活动，并逐步形成崇尚工商的习俗。到了明代末期，潮汕商人一度形成若干实力雄厚的海商武装集团。清代，潮汕商人建造“红头船”来往东西洋，经营“南北行”，大批潮汕商人北往津苏沪，南到东南亚从事商业贸易，不少人在此期间先后创下赖以发展的基业。随着潮汕商人从事海上贸易的规模逐渐扩大，“红头船”成了潮汕商人的文化象征。

客家商人居于广东地区。广东地区缺乏广阔平原与广袤的土地，在农业生产方面具有劣势，但南部沿海、海岸线长远，便于对外文化交流与贸易。因此，客家人除了开垦农田、耕耘作物外逐渐学会了贸易谋生，以海洋产品换取农业产品或者以农副产品换取手工业日用品，于是客家商人就这样诞生了。与广府商人垄断经营外国产品、潮汕商人进行大规模的海洋贸易大不相同，客家商人贩运的多是土特产、特色手工艺品，对外进行简单的交易，以满足日常生活生产的需要。

改革开放初期，三大粤商支系各自有所发展与变迁。其中广府商人从明清时期的垄断商人逐渐转变成为以外向型为主的手工业主。为了适应市场的需要，广府商人主要投资外向型手工业作坊或者手工产品工厂，从而促进手工业的兴起和发展，广府商人也逐渐转变成为实业商人。这一时期广东的制茶业、纺织业、棉织业和制瓷业发展最为突出。

潮汕商人在改革开放之初大多数从事零售批发、纺织服装、电子电工等行业，大多数处于供应价值链和渠道价值链上。潮汕商人在运作管理上崇尚家族的力量。自己带着一家人搞创业，一起努力拼搏。

在改革开放中，客家商人逐渐走出广东省，到香港特区、福建省、上海市甚至海外发展，形成了以农业为根基、以渔业为出路、以贸易为延伸、以手工业为补充的生产模式。客家商人在经商过程中秉承儒家文化，讲究互惠互利，求同存异。“以德为本，以义致利”是客家儒商的经营思想。[①]

二、粤商文化的典型特征

粤港澳大湾区三地的商业文化都根植于广东文化，在风俗、宗教、语言等方面保留着深厚的广东文化特征和传统。岭南水陆交通发达，对外交流频繁，商品经济发展较早，因而广东文化既不是典型的内陆文化，也不是海洋文化，而是二者兼有。同时，广东长期商业氛围浓厚，但是也保留了农耕文化的基因，兼容并包是其文化基调。

从海上丝绸之路的奠基，到“十三行”转手贸易的辉煌时代，再到现代的珠三角加工贸易和产业集群的兴盛，粤商千年传承，赓续血脉，得益于其不断随时代变化改革创新，在传统的基础上不断地自我调整，以迎合时代的新需求。

党的十八大以来，以习近平同志为核心的党中央高度重视民营经济的健康发展和民营企业家的健康成长。习近平总书记在 2016 年 3 月全国政协十二届四次会议民建、

① 王先庆. 广府商人、潮汕商人以及客家商人的比较研究. 广东商学院学报，2008（5）.

工商联界委员联组会议上的重要讲话，强调民营企业家要“做爱国敬业、守法经营、创业创新、回报社会的典范”[①] 2019 年粤商大会上，广东省工商联根据新时代粤商的新使命和新要求，呼吁广大粤商全力参与粤港澳大湾区建设，做推进广东新一轮改革开放的典范，提炼出新时代粤商精神的表述——敢为人先、务实开放、崇信守法、爱国奉献。”[②]

第一，敢为人先。敢为人先是粤商最鲜明的特质。由于远离中央政府所在地，在古代交通和通信联络效率不高的情况下，广东人民受正统思想的约束小，加上长期与海外进行经济、文化交流，容易接受新事物，吸收新思潮。此外，广东地区居民有很大部分是来自外地的移民，需要刻苦耐劳，不畏艰险，开拓进取，才能获得生存与发展。这些背景塑造了粤商不拘于时，不受常规约束，敢为人先的创新精神。从海上丝绸之路、“十三行”，到经济特区，自贸区、粤港澳大湾区建设，无不体现着粤商敢闯敢拼、锐意进取的精神风貌。敢为人先，是粤商勇于探索、开拓创新、顺势应变、走在前列的文化精髓。

第二，务实开放。务实是粤商的重要品质，粤商为人踏实，做事扎实，始终立足实业，坚持产业报国。广东在中国贸易史上有着重要地位，历史上粤商南来北往，贸易海外，形成了讲实效、重实惠的务实作风，并将商业精神弥漫于市民的日常生活，决定了人们的价值取向和行为目标。

开放是广东的最大优势。海上丝绸之路开创于秦汉时期，形成于隋唐，繁荣于明清。广东是海上丝绸之路南海航线的中心。到了清代，粤人足迹已遍布世界各地。广东是中国最大的侨乡和侨务大省。根据 2017—2018 年的统计数据显示，全球约 6 000 万海外侨胞中，有 2 500 多万来自粤省，占全球华侨华人的 42% 左右。广东籍华侨华人主要在东南亚，其次是北美、欧洲、大洋洲等发达地区，少部分在拉美和非洲。[③] 近代以来，粤商从海外引进科学技术、文化艺术、发展资金和管理理念等，为近代资产阶级民主革命开风气之先。改革开放之后，珠江三角洲成为对外开放的“窗口”“通道”和“桥头堡”，开放性更加明显。新时代粤商更是以其全球视野和国际眼光，抢抓“一带一路”和粤港澳大湾区、深圳中国特色社会主义先行示范区建设等重大战略机遇，不断开创新辉煌。务实开放是粤商匠心专注、精益求精，海纳百川、兼收并蓄的性格品质。

第三，崇信守法。崇信是粤商的优良传统，粤商自古以信义行八方，以厚德重义为经商之道。守法是粤商不断发展的根基，是粤商新时代继续行稳致远的最坚强的保障。崇信守法是粤商守信用、讲信誉、重信义，惜诺如金的契约精神；是粤商讲正气、走正道，聚精会神办企业、遵纪守法搞经营，积极践行亲清新型政商关系的现实写照。

第四，爱国奉献。爱国是粤商精神的核心要义，是粤商刻在骨子里的基因，是粤商的赤子之心。奉献是粤商的桑梓情怀，粤商始终以感恩济天下，以奉献担当为做人之本。爱国奉献是粤商根植于心的国家使命感和民族自豪感，是富而思源、富而思进，造福桑梓、回报社会的家国情怀。

---

① 习近平. 习近平谈治国理政：第 2 卷. 北京：外文出版社，2017：257.

② 新时代粤商精神发布——敢为人先 务实开放 崇信守法 爱国奉献. 南方网，2019-12-02.

③ 21 世纪前期世界华侨华人数量、分布和籍贯的新变化. 中华人民共和国国务院侨务办公室，2020.

第二节 粤港澳大湾区的人力资源环境

一、广东省人力资源环境

（一）广东省人口概况

人口一般是指生活在一定时期、一定地域内的人的总称。2020 年广东省人口为 1.26 亿。自 2007 年以来，广东省常住人口规模已连续 14 年居全国首位。人口结构是衡量人力资源发展潜力的重要根据。从年龄结构上来看，2020 年的数据显示，广东省 0~14 岁少儿人口占 18.85%，在全国排第 16；65 岁以上老年人口比重占 8.58%，是全国最低的三个省份之一。[①]总体上，广东省人口年龄结构相对较为年轻。

人力资源又称劳动力资源，一般指一个国家或地区人口总体所拥有的劳动能力的总和，包括处于劳动年龄、未到劳动年龄和超过劳动年龄但具有劳动能力的人口。充足的人力资源是支撑经济持续增长的根本，也是促进经济增长方式转变的重要推动力量。2020 年的数据显示，广东省劳动年龄人口数量居全国之首，全省 15~59 岁的劳动年龄人口达 8 669.76 万人，占全省人口总数的 68.80%，比全国平均水平高出 5.45 个百分点，广东人口红利仍继续存在。根据广东省统计局数据，2020 年广东省就业人数为 7 039 万人，三次产业就业人数比例分别为：第一产业 10.9%，第二产业 35.9%，第三产业 53.2%。[②]

人才一般包括具有高学历和高技能的人口。高学历人口常用大专及以上学历的人口来测度；高技能人口包括“党的机关、国家机关、群众团体和社会组织、企事业单位负责人”和“专业技术人员”两类就业人口[③]。2020 年广东省的数据显示，从受教育水平来看，广东省每 10 万人中拥有大学（大专以上）文化程度的人口数为 15 699 人[④]。

（二）广东省人才培养环境

高等教育肩负着为经济社会建设与发展培养人才的使命，是区域人才培养的重要平台。“十三五”期间，广东省高等教育毛入学率比 2015 年提高 15.8 个百分点。[⑤]高等教育毛入学率是指高等教育在学人数与适龄人口之比。适龄人口是指在 18~22 岁这个年龄段的人口数。高等教育毛入学率反映了高等教育的发展规模和相应年龄段人口的受教育机会，也反映了全省提供高等教育机会的整体水平。

广东省“十四五”规划进一步提出了建设教育强省，形成高等教育和职业教育多层次人才培养体系的规划目标。截至 2020 年，全省共有普通高校 154 所，教职工 17.79 万人，

---

① 广东省第七次全国人口普查主要数据解读稿. 广东统计信息网，2021-05-15.

② 2020 年广东省国民经济和社会发展统计公报. 中国网，2021-03-02 .

③ 齐宏纲，戚伟，刘盛和. 粤港澳大湾区人才集聚的演化格局及影响因素. 地理研究，2020，39（9）：2000-2014.

④ 广东统计年鉴 2021 年. 广东统计信息网，2021-10-08.

⑤ “十三五”时期广东经济社会发展成就. 广东统计信息网，2021-06-23.

专任教师 12.24 万人。2020 年，普通本科院校在校生人数为 122.25 万人，当年本科毕业生人数为 27.44 万人，硕士研究生毕业人数为 3.26 万人，博士研究生毕业人数为 3 393 人。①

截至 2020 年，广东省共有 87 所独立设置高职院校。2020 年，全日制高职在校生规模为 117.8 万人，当年毕业生 27.57 万人。广东省有 14 所高职院校列入了国家“双高计划”建设单位，数量位列全国第三；11 所国家示范（骨干）高职院校，数量位列全国第三；14 所国家优质高职院校，数量位列全国第二。广东省高职院校积极响应国家发展政策，专业布局契合粤港澳大湾区先进制造业和高端服务业发展需求。2020 年广东省高职院校开设前十的专业分别为会计专业、商务英语、市场营销、电子商务、物流管理、计算机应用技术、计算机网络技术、软件技术、工商企业管理、物联网技术。②

（三）广东省人才引入环境

2017 年习近平总书记在十九大报告中明确指出：“人才是实现民族振兴、赢得国际竞争主动的战略资源。”2018 年 3 月，习近平总书记在全国人大会议期间参加广东代表团审议时强调：“发展是第一要务，人才是第一资源，创新是第一动力。”③ 2020 年 10 月 14 日，在深圳经济特区建立 40 周年庆祝大会上的讲话中，习近平总书记再一次指出，广东经济发展水平较高，面临的资源要素约束更紧，受到来自国际的技术、人才等领域竞争压力更大；要实施更加开放的人才政策，引进培养一批具有国际水平的战略科技人才、科技领军人才、青年科技人才和高水平创新团队，聚天下英才而用之。④ 2021 年 9 月 27日至 28 日，习近平总书记出席中央人才工作会议时强调指出，我国进入了全面建设社会主义现代化国家、向第二个百年奋斗目标进军的新征程，我们比历史上任何时期都更加接近实现中华民族伟大复兴的宏伟目标，也比历史上任何时期都更加渴求人才。实现我们的奋斗目标，高水平科技自立自强是关键。综合国力竞争说到底是人才竞争。人才是衡量一个国家综合国力的重要指标。国家发展靠人才，民族振兴靠人才。我们必须增强忧患意识，更加重视人才自主培养，加快建立人才资源竞争优势。⑤

作为全国经济强省，广东省重视人才作为第一资源和战略资源的重要作用，大力实施人才强省战略。广东省“十四五”规划提出打造创新人才强省发展目标，提出实施更加开放的人才政策，聚焦重点领域、重点产业人才需求，面向全球引才聚才，强化人才支撑，营造近悦远来、拴心留才的创新创业人才发展环境，打造创新人才高地。优化实施“珠江人才计划”“广东特支计划”和“扬帆计划”等重大人才工程；拓展全球化引才引智渠道，为归国留学人员和外籍人才在住房、子女教育等方面提供更加便利的服务，建设国际高端人才重要集聚地；推进产学研单位之间人才顺畅流动，完善科研人才发现、培养、激励机制，实施科技型企业家申报高级职称直通车制度；优化高校专业设置和人才培养模式，加快拔

① 2020 年广东省教育事业发展统计公报. 广东省教育厅，2021-06-30.

②《广东省高等职业教育质量年度报告（2021）》发布. 搜狐网，2021-05-30.

③ 习近平在参加广东代表团审议时的讲话引热烈反响. 央广网，2018-03-08.

④ 习近平在深圳经济特区建立 40 周年庆祝大会上的讲话（全文）. 中央广播电视总台央视新闻，2020-10-14.

⑤ 习近平在中央人才工作会议上强调 深入实施新时代人才强国战略 加快建设世界重要人才中心和创新高地. 新华网，2021-09-28.

尖创新人才和紧缺人才培养。[①]

在营造吸引人才环境方面，广东省的人才政策由最初的创新创业扶持、重金揽才政策逐渐转向了建立一站式全方位的人才服务体系，通过整合并优化资源，提供出入境、人才落户、住房保障、医疗保障、配偶安置和子女入学等完整的配套服务和措施。除了省级层面的人才政策，粤港澳大湾区中的珠三角九市也出台了相应的人才工程和政策。如广州的"人才绿卡"制度和"红棉计划"；深圳市的人才分级及人才保障标准和《深圳市人才引进实施办法》；佛山市的"优粤佛山卡"和《佛山市人才发展体制机制改革实施意见》；中山市的"人才 24 条"；珠海市的"珠海英才计划"和《珠海市人才引进核准办法》；东莞市的《东莞市引进人才暂行规定》；惠州市的"人才双十行动"和"天鹅惠聚工程"。由于不同城市经济发展水平具有一定的差距，使得出台的人才政策在营造吸引人才环境和提升保障水平方面有所差异，但是这些人才政策基本上覆盖了落户政策、住房保障、生活补助、就业创业补助和家庭配套安置等，体现了各城市对人才的重视。

二、香港特别行政区人力资源环境

（一）香港特别行政区人口概况

根据国家统计局第七次全国人口普查公报，截至 2020 年年底，香港特别行政区人口为 7 474 200 人。根据香港特别行政区政府统计处统计数据，2021 年，香港特别行政区劳动人口 3 681 295 人，[②] 劳动力参与率 59.7 %。就业人口前三名的行业为"公共行政、教育、人类医疗保健及社工活动""地产、专业及商用服务业"和"进出口、批发及零售业"，分别为劳动人口的 17.7%，15.8% 和 15.5%。[③] 香港特别行政区政府统计处发布的 2021 年人口普查简要结果显示，香港特别行政区老龄化的问题较为严重，65 岁及以上的人口占整体人口的比例，由 2011 年的 13% 上升至 2021 年的 20%；人口年龄中位数由 2011 年的 41.7 岁上升至 2021 年的 46.3 岁。[④] 这会在未来对香港特别行政区的经济增长带来一定的影响。

（二）香港特别行政区人才培养环境

在人才培养方面，香港特别行政区也形成了结构层次较为完备的高等教育与职业教育培养体系。香港特别行政区的高等教育 [⑤] 由不同层次、不同类型的院校组成。根据香港特别行政区政府教育局的统计数据，2021—2022 年度，香港特别行政区共有 22 所可颁学位的高等教育院校。香港特别行政区有 8 所由大学教育资助委员会资助的大学，分别是香港城市大学、香港浸会大学、岭南大学、香港中文大学、香港教育大学、香港理工大学、香

① 《广东省国民经济和社会发展第十四个五年规划和 2035 年远景目标纲要》，广东省人民政府，2021-04-06，第 29-31 页。

② 香港对劳动人口的划分为 15 岁及以上陆上非住院人口，并符合就业人口或失业人口定义的人士。

③ 2021 年人口普查. 香港特别行政区政府统计处，2022.

④ 香港 2021 年人口普查简要结果及 2021 年年底人口数字，香港特区政府统计处，2022-03-03 .

⑤ 在香港称为"专上教育"，香港特别行政区政府教育局.

港科技大学和香港大学。其中香港大学、香港中文大学、香港科技大学、香港城市大学、香港理工大学跻身世界前一百名。[①] 香港特别行政区 2021—2022 学年高等教育在校学生总人数为 30.51 万人。[②]

在职业教育方面，香港特别行政区政府设立了香港职业训练局（Vocational Training Council，VTC），是香港最具规模的职业专才教育机构。每年为约 20 万名学生提供全面的职前和在职训练，颁发国际认可的学历资格。其使命是为离校生及在职人士提供进修选择，协助培养正确观念、掌握知识技能、积极终身学习、提升就业竞争力；为业界提供支援，促进行业人力发展。香港职业训练局下辖 13 个机构成员，为不同背景的学生提供多元化课程。[③] 2021—2022 年度香港职业训练局下辖的机构成员有职前学生 41 470 人，在职培训学生 184 540 人。[④]

（三）香港特别行政区人才引入环境

香港特别行政区行政长官 2022 年施政报告提出，香港特别行政区是全球最具竞争力的经济体之一，亦是内地对接国际市场的重要窗口，所以必须更积极和进取地“抢企业”“抢人才”。香港特别行政区政府成立由政务司司长领导的“人才服务窗口”，专责制定并统筹招揽内地和海外人才的策略和工作，以及向来港人才提供一站式支援。香港特别行政区政府还推出“高端人才通行证计划”，并优化已有的多项人才输入计划，包括优秀人才入境计划、科技人才入境计划、输入内地人才计划和一般就业政策等。[⑤]

“高端人才通行证计划”是 2022 年香港特别行政区政府推出的人才输入计划，为期两年。合资格人才包括过去一年年薪达港币 250 万元或以上的人士，以及毕业于全球百强大学并在过去五年内累积三年或以上工作经验的人士。此两类人士可获发为期两年的通行证来港发展，不设人数限额。未符工作经验要求但最近五年内毕业的百强大学毕业生亦可获发通行证，每年上限为 10 000 人。[⑥]

优秀人才入境计划是香港特别行政区吸纳和引进人才的重要渠道，旨在吸引高技术人才或优秀人才到港定居，以提升香港特别行政区的竞争力。优秀人才入境计划有一整套完善的积分制度。除了一般性的要求之外，香港特别行政区政府公布了人才清单作为考核的维度之一。人才清单内的人才是香港特别行政区经济发展当前至中期最需要的人才。[⑦]

科技人才入境计划旨在通过快速处理安排，供合资格公司申请输入非本地科技人才到香港特别行政区从事研发工作。合资格公司须先申请配额，获香港特别行政区政府创新科技署发出配额的公司可相应地于为期 24 个月的配额有效期内为合资格人士申请工作签证/进入许可。[⑧]

输入内地人才计划指具备香港特别行政区所需而又缺乏的特别技能、知识或经验的内

① 专上教育. 香港特别行政区政府教育局.
② 按教育程度划分的学生人数. 香港特别行政区政府教育局.
③ 香港职业训练局. 香港特别行政区教育局.
④ 学生统计资料. 职业训练局年报 2021—2022，第 60 页.
⑤《行政长官 2022 年施政报告》. 香港特别行政区政府，2022-10.
⑥《行政长官 2022 年施政报告》. 香港特别行政区政府，2022-10.
⑦ 优秀人才入境计划. 香港特别行政区入境事务处.
⑧ 科技人才入境计划. 香港特别行政区入境事务处.

地居民，可根据输入内地人才计划申请来港工作。[①]

一般就业政策是指具备香港特别行政区所需而又缺乏的特别技能、知识或经验的申请人，可根据一般就业政策申请来港工作，一般就业政策并无配额限制，亦不限行业。[②]

在各项外部人才引进计划稳步推进的同时，香港特别行政区政府也致力于促进粤港澳大湾区人才的协同发展，通过深化城市间合作，推动国内外高技术人才和企业落地。香港特别行政区行政长官 2020 年施政报告中提出了“大湾区青年就业计划”，鼓励在粤港澳大湾区有业务的企业，聘请及派驻香港特别行政区大学毕业生到粤港澳大湾区内地城市工作，鼓励和支持青年人到粤港澳大湾区内地城市工作和发展事业。[③]

三、澳门特别行政区人力资源环境

（一）澳门特别行政区人口概况

根据第七次全国人口普查公报，截至 2020 年年底，澳门特别行政区人口为 683 218 人。根据澳门特别行政区统计暨普查局统计数据，2021 年，澳门特别行政区劳动人口 389 900 人，劳动力参与率 69%。就业人口前三名的行业为“文娱博彩及其他服务业”“酒店及饮食业”和“批发及零售业”，分别为劳动人口的 23.5%，13.3% 和 11.5%。[④] 2021 年，澳门特别行政区 65 岁以上人口占比 12.2%，人口老龄化程度较高。[⑤]

（二）澳门特别行政区人才培养环境

2020 年，教育部公布 10 所拥有学士或学士以上学位授予权的澳门特别行政区高校名单，包括澳门大学、澳门理工学院、澳门旅游学院、澳门保安部队高等学校、澳门城市大学、圣若瑟大学、澳门镜湖护理学院、澳门科技大学、澳门管理学院、中西创新学院[⑥]。2021—2022 年澳门特别行政区高等教育学生人数为 44 052 人。其公立高等院校学生人数合计 17 856 人，占 40.5%；私立高等院校学生人数合计 26 196 人，占 59.5%。[⑦]

除高等教育之外，职业技术教育也是澳门特别行政区人才培养的重要组成部分。澳门特别行政区政府统计暨普查局资料显示，2022 年举办职业培训课程的机构有 59 个，共开办 1 625 项课程，按年增加 13.2%；修读人次增加 23.2% 至 78 080 人，其中修读医疗卫生课程的人次增幅显著，按年上升 2.5 倍，主要是由于修读救护技术课程人次增加；修读餐饮制作及处理课程的人次亦增加 55.3%；修读旅游观光及休闲课程的人次则下跌 17.4%。修读商业及行政课程的学员最多，占总数的 30.5%，共 23 795 人次；其次是医疗卫生课程，

① 输入内地人才计划. 香港特别行政区入境事务处.

② 一般就业政策. 香港特别行政区入境事务处.

③《行政长官 2020 年施政报告》. 香港特别行政区政府，2020-10.

④ 澳门统计暨普查局 2021 统计年鉴（2022 年 9 月）. 澳门特别行政区政府统计暨普查局，第 71-79 页.

⑤ 澳门统计暨普查局 2021 统计年鉴（2022 年 9 月）. 澳门特别行政区政府统计暨普查局，第 53 页.

⑥ 教育部公布 10 所拥有学士或学士以上学位授予权的澳门高校名单. 中央人民政府驻澳门特别行政区联络办公室，2020-7-31.

⑦ 教育统计数据概览 2022. 澳门特别行政区政府教育及青年发展局，第 25-27 页 .

有 6 875 人次（8.8%）；旅游观光及休闲课程有 6 541 人次（8.4%）。[①]

澳门特别行政区政府于 2014 年设立人才发展委员会，负责制定、规划及协调特别人才培养的长远发展策略，并构思人才培养的短、中、长期措施和政策，落实“精英培养计划”“专才激励计划”和“应用人才促进计划”；建设鼓励人才留驻和回流的机制，推动协调与人才培养相关的本地、区域及国际合作等各项重要工作。[②]

人才发展委员会 2018 年 1 月公布了《澳门中长期人才培养计划——五年行动方案》，分别在规划评估、人才培养和人才回流等领域制定了详尽的行动措施。

（三）澳门特别行政区人才引入环境

鼓励人才回流是澳门特别行政区人才工作的重要部分。有关工作的开展既可让澳门特别行政区进一步发展经济获得所需高素质的人力资源，又可让本地人才比例得以提升。具体措施包括“提供资讯”“紧密联系”“完善制度”和“创造机会”四大方向。

过去，澳门特别行政区的人才引进制度相对保守和滞后，相关的政策主要沿用第 3/2005 号行政法规《投资者、管理人员及具特别资格技术人员临时居留制度》。随着粤港澳大湾区的发展，澳门特别行政区对于健全人才引进政策、完善人才引进制度的呼声越来越高。澳门特区政府于 2021 年 11 月就人才引进制度进行为期 45 日的公开咨询，意见普遍认同及支持制定人才引进制度，关注提升审批透明度、设定清晰的评审准则等内容，经充分考虑及分析咨询期间所收集的意见后，澳门特别行政区政府制定了《人才引进法律制度》法案。人才引进制度旨在通过吸纳顶尖人才，提高澳门特别行政区的创新力、竞争力及国际知名度，以推动经济适度多元发展。澳门特别行政区立法会于 2023 年 5 月 18 日细则性讨论及表决通过《人才引进法律制度》法案。有关法律自 2023 年 7 月 1 日起生效。[③]

四、粤港澳大湾区人力资源环境的协同发展

（一）统筹人才政策体系开展人才合作

2019 年 2 月 19 日，中共中央、国务院印发了《粤港澳大湾区发展规划纲要》，支持和鼓励在人才政策、人才服务、人才流动等方面推动创新和改革。但是由于各城市此前一直是各自规划、各自发展，各城市之间缺乏整合与协同，存在同质化竞争和重复建设现象。粤港澳大湾区的人才政策未来将统筹规划，给各城市明确的定位和分工，加强协调，错位发展，减少内耗式竞争。未来粤港澳三地政府计划将人才培养及人才吸引的制度和政策的对接作为加强粤港澳大湾区人才政策建设的重要内容，加强对粤港澳大湾区人才流动、人才培养、资源互认和公共服务等方面的政策协调和制度衔接，推动粤港澳大湾区在人才平台共建、人才要素流动、人才活动联办和人才环境共造等方面开展合作。

① 2022 年职业培训调查. 澳门特别行政区政府统计暨普查局，2023-05-15.

② 澳门设立人才发展委员会 特首亲任主席. 人民网，2014-01-28.

③ 澳门特别行政区人才引进制度. 澳门特别行政区政府人才发展委员会.

（二）基于产业定位促进人才流动

2020年广东省政府工作报告指出，以“湾区通”工程为抓手，大力推动粤港澳三地规则衔接，境外高端紧缺人才个人所得税优惠政策全面落实，首期200亿元的粤澳合作发展基金运作顺利，建筑、旅游、医疗等职业资格认可取得新进展。这些措施在一定程度上推动了粤港澳大湾区人才的合作与流动。

粤港澳大湾区人力资源环境尚未完全形成相互协同的格局。各城市为了避免在引才竞争中处于劣势，对人才的扶持多放在物质待遇等方面，一定程度上造成了政策的趋同化现象，特别是在生活待遇和支持力度上有上升的趋势，出现了政策上互相攀高、待遇加码和脱离地区实际盲目引进等问题，缺乏区域内的协调和差异化定位。粤港澳大湾区各城市规划意在将人才培养和人才吸引与产业深入融合，针对城市发展特点、人才现状、经济发展需求，精准施策，形成地方特色；通过人才培养和人才引进带动项目引进，实现“人才引领产业”“产业集聚人才”的良性互动；各城市找准各自的定位，并根据各自的产业发展定位、优劣势来制定相关的人才培养及招引计划，增强人才的错位培养，引导人才流动跟上产业转型升级发展的需求，缓解人才不断向中心城市聚集的态势，形成各城市产业互相补充、人员自由流通、制度相互融合，共享人才聚集带来的红利。

（三）推动高等教育协同发展

在人才培养方面，近年来，粤港澳大湾区城市高等学校间的交流合作得到了一定程度的发展，包括学生流动、教师交流、合作办学和科研合作等。但对比于世界知名的几大湾区，粤港澳大湾区合作办学起步晚、数量少、规模小；内部城市间高等教育质量发展差异明显，优质高等教育资源主要集中在香港特别行政区、广州市以及深圳市，存在区域发展不平衡、一流大学与学科比例不高的问题。法规政策方面，国家尚无针对粤港澳大湾区合作办学的具体指导文件出台；合作机制方面，粤港澳大湾区合作办学受不同的法律制度、教育制度乃至于关税制度影响，合作机制具有复杂性和长期性，需要特别重视完善。

随着粤港澳大湾区经济发展的高度融合，未来十年、二十年、三十年的产业布局及人才培养亟须共研共建：做好人口及教育资源等规划工作，既涵盖高等教育和基础教育的发展需求，又着眼人才互联互通的便利，积极拓展教育领域的全面合作；围绕粤港澳大湾区发展需求，完善人才培养体系、学科体系、专业体系和课程体系，制定多样化的人才培养质量标准，探索实施适应未来高等教育发展需求的质量评估监测制度；推动高等教育资源合作共享，促进人才、科技、信息等要素高效流动，探索建立产学研用深度融合的全链条、网络化、开放式协同创新联盟。

第三节　粤港澳大湾区的公共服务环境

公共服务是一种政府职能，指政府通过提供或创造公共产品（如水、电、气等具有实物形态的产品和教育、医疗等非实物形态的产品）和公共环境（如安全稳定的社会环境、秩序井然的市场环境、良好的就业环境等）以满足公共需要的过程。基本公共服务主要包括基础教育、社会保障、住房保障、卫生健康等，政府通过提供服务可以履行相关责任，保障全体社会成员从中受益。

一、基础教育环境

基础教育是为全体国民教授基本的普通文化知识并提高其素质的教育，旨在为全体国民的进一步学习与发展奠定基础。基础教育对提升人口素质、改善就业情况、促进社会和谐发展起到至关重要的作用。我国实行九年义务教育制度。我国的基础教育制度按级可分学前教育、义务教育、普通高中教育和特殊教育。

（一）粤港澳大湾区基础教育环境的基本情况

1. 广东省的基础教育发展水平

作为改革开放前沿阵地，广东坚持教育优先发展，建设教育强省。2017 年，实现教育强县全覆盖。2018 年实现“教育强市”全覆盖。2020 年，全省各阶段学校中，有幼儿教育学校 20 747 所，小学 10 600 所，普通中学 4 783 所，特殊教育学校 143 所。①

截至 2020 年，广东省 121 个县（市、区）已全部创建成全国义务教育发展基本均衡县，成为我国第六个实现义务教育发展基本均衡县全覆盖的省份，已基本实现了义务教育标准化学校全覆盖，进一步缩小了区域、城乡、校际差距。然而人民日益增长的优质教育需要与不平衡不充分的发展之间的矛盾比较突出，主要表现在：教育资源配置与城镇化进程不够协调，优质教育资源总量不足，珠三角核心区基础教育公办学位供给紧张，珠三角核心区与沿海经济带和北部生态发展区地区之间、城乡之间、校际之间教育水平差距明显；教育保障水平在用地规划、资金投入、智力支持等方面有待提高；教师队伍结构和素质未能适应教育高质量发展要求，珠三角核心区教师编制不足，沿海经济带、北部生态发展区教师素质有待提升，教师专业发展支持体系有待健全；教育治理体系尚不完善，教育评价改革有待深化；基础教育质量亟待提升。

2. 香港特别行政区的基础教育发展水平

香港的基础教育主要由香港特区政府教育局管理，可分为：学前教育、小学及中学教育、特殊教育。其中，学前教育指的是通过私立幼儿园和幼稚园，为学前儿童提供机会学习与群体相处。九年免费教育指的是在全港设立公立或津贴资助中、小学，为全港适龄学童提供六年制小学及三年制初中课程。2009 年 9 月开始，香港推行新的“三三四”学制，即初中三年，高中三年，大学四年。②

香港的小学按照办学主体可以分为官立学校（由政府办管，学费全免）、资助学校（由非牟利的办学团体开办，政府对办学经费完全资助，学费全免）、直接资助计划学校（政府按照学生人数给予经费资助，本地户籍学生享有学费资助，非本地户籍学生则不能享受）、私立学校；中学则在前者的基础上多了按额津贴中学（根据学生人数及每名学生的

① 广东省教育发展“十四五”规划. 广东省人民政府，2021-09-23，第 2 页.

② 中学教育. 中华人民共和国香港特别行政区教育局，2022-11-30.

单位成本获得资助）和国际学校（主要为外籍人士子女或移民回流香港学生提供教育，但接受本地学生申请），共六大类。截至 2021 年 9 月 15 日，在香港特区政府教育局注册的 1 042 所幼稚园共有学生 155 956 人，591 所小学共有学生 348 994 人，508 所中学共有学生 325 927 人，63 所特殊学校共有学生 8 379 所，8 所设有特殊班的普通学校共有学生 8 379 人。[①]

3. 澳门特别行政区的基础教育发展水平

从 2007 年开始，澳门特别行政区全面实施 15 年免费教育，涵盖幼儿教育、小学教育、初中教育和高中教育各个阶段；2008 年起，澳门特别行政区进一步调升免费教育津贴金额，高中教育阶段的每班津贴金额为 79 万澳门元，初中为 68 万澳门元，幼儿园和小学为 50 万澳门元。[②] 根据澳门特别行政区政府教育及青年发展局统计，2021—2022 学年，澳门特别行政区非高等教育的学生总数为 85 783 人，其中接受正规教育的学生为 84 771 人，包括幼儿教育 18 109 人（21.1%），小学教育 36 791 人（42.9%），中学教育 28 186 人（32.8%），职业技术教育 775 人（0.9%）及特殊教育（不包括融合教育）910 人（1.1%）。

（二）粤港澳大湾区基础教育交流发展情况

粤港澳大湾区基础教育合作，主要包括粤港澳三地中小学校之间、教师之间和学生之间的交流互通。

从学校的交流互通看，鼓励粤港澳三地中小学校结为“姊妹学校”，研究探索三地幼儿园缔结“姊妹园”。2005 年广东省和香港特别行政区、澳门特别行政区政府签署了缔结“姊妹学校”协议。2015 年广东省教育厅与香港特别行政区教育局再次签署了《粤港“姊妹学校”合作协议》，将粤港澳“姊妹学校”缔结计划作为粤港澳青少年交流合作的品牌项目重点推进。截至 2018 年年底，粤港澳缔结“姊妹学校”共 850 对，涵盖了粤港澳大湾区九个内地城市。[③]

从教师的交流互通看，粤港澳三地开放中小学、幼儿教师相互取得教师资格并任教。2019 年 6 月，在政府教育部门的支持下，华南师范大学、香港教育大学和澳门大学共同发起成立粤港澳大湾区教师联合会，推动三地教师信息共享、专业提升和共同发展。[④]

从打破户籍壁垒，解决港澳子弟在内地读书及升学问题方面看，在义务教育阶段，港澳居民持有效港澳身份证和港澳居民来往内地通行证，在广东当地有合法住所、稳定职业并住满一定年限的，其港澳籍适龄子女入读义务教育阶段学校享受当地户籍生待遇。2021 年，作为推动粤港澳大湾区规则衔接的一个教育民生项目，首家港澳子弟学校落户广州，截至 2022 年 9 月，粤港澳大湾区内地城市已设有 4 所港澳子弟学校，另还有 29 所学校开设了港澳子弟班，为适龄儿童、青少年提供多元化且有质量的基础教育公共服务。[⑤]

---

① 教育局 2021—2022 学年学生人数统计（幼稚园、小学及中学），2022-7.

② 澳门教育：书写“一国两制”传奇. 光明日报，2019-12-07.

③ 积极拓展粤港澳大湾区教育合作. 光明日报，2019-03-11.

④ 粤港澳大湾区教师联合会在广州正式成立. 光明日报，2019-06-30.

⑤ 大湾区内地城市已设有 4 所港澳子弟学校 3 所合办机构. 南方都市报，2022-9-28.

二、社会保障环境

（一）粤港澳大湾区社会保障环境的基本情况

社会保障，是指以国家或政府为主体，在国民面临年老、病残、失业、生育等风险以及遭受灾害等风险时给予其基本生活保障的经济社会制度安排。我国社会保障体系一般包括社会保险、社会福利、社会救助、优抚安置以及公共医疗卫生事业等内容。随着工业化进程和经济社会的发展，粤港澳三地都建立了现代社会保障制度体系。[①]

1. 广东省的社会保障制度

随着经济社会的不断发展，广东省社会保障制度体系改革持续推进。截至 2020 年，广东省初步构建了多层次的社会保障制度体系，包括以城镇职工基本养老保险和城乡居民基本养老保险为主体的多层次社会养老保障制度体系；以基本医疗保险为主体，医疗救助为托底，补充医疗保险、商业健康保险共同发展的社会医疗保障制度体系，生育保险与职工基本医疗保险合并实施全面推进；全面覆盖城镇职工、灵活就业和新就业形态劳动者的失业保险制度体系；坚持预防、救治、补偿和康复相结合的工伤保险体系。[②]

2. 香港特别行政区的社会保障制度

香港特别行政区现代社会保障体系具有多层次、广覆盖的特点，包括以下几方面内容。一是无须个人付费、由财政支付的社会保障计划，主要包括综合社会保障援助（综援）计划、公共福利金计划等，旨在帮助有经济困难的香港居民应对生活上的基本需要。二是强制供款与自愿缴费相结合的养老金体系：私营管理的强制性职业或私人退休供款的强积金计划，旨在为供款的各种雇员或自雇人士提供养老金；自愿向职业或私人退休计划供款或储蓄的年金计划，旨在改善和提高供款劳动者退休后的生活待遇。三是以家庭为基础提供一站式服务，协助申请人增强受雇能力及增加受聘机会的自力更生综合就业援助计划。四是通过医院管理局辖下的公立医院提供医疗保健服务的公办医疗保障制度。五是强制雇主向保险公司购买保险，商业保险公司具体代理承办，政府负责政策制定、推行与监管的各司其职的工伤保险制度。[③]

3. 澳门特别行政区的社会保障制度

澳门特别行政区构建了包括社会保障制度和中央公积金制度的双层式社会保障制度体系。

第一层是社会保障制度，包括强制性供款制度及任意性供款制度两种。雇主和雇员都需向社会保障基金进行强制性缴费，而符合法律规定的其他居民可通过登录任意性制度进行缴费。第一层社会保障制度的收入来源主要是受益人（雇主、雇员、符合法律规定的其他居民）的社会保障缴费、1% 的政府总预算经常性收入拨款以及博彩拨款。该制度包括社会保障基金和社会援助两部分，为居民在出生、结婚、病残、失业、年老、死亡时提供

① 限于篇幅，本章仅介绍粤港澳三地社会保障制度的主要内容。

②《广东省人力资源和社会保障事业发展“十四五”规划》，广东省人民政府，2021-11-18.

③ 杨伟国，雷珂，张慧云. 中国香港社会保障政策的变迁及启示［J］. 北京航空航天大学学报（社会科学版），2016，29（4）：1-7.

基本的社会保障。

第二层是中央公积金制度，由雇主和雇员自愿性缴费，旨在加强和提升居民尤其是老年居民的社会保障和生活质量。澳门特别行政区政府先后实施了《开立及管理中央储蓄制度个人账户的一般规则》（2009 年）、《公积金个人账户》（2012 年）、《非强制性中央公积金制度》（2018 年）等法令，构建并完善中央公积金制，从而实现了双层式的社会制度。①

（二）粤港澳大湾区社会保障环境发展趋势

粤港澳大湾区社会保障制度在设计上差异较大。随着粤港澳人员流动的不断增加，对社会保障制度衔接提出了新要求。三地社会保障制度衔接的难点主要包括两点：一是社会保障制度结构差异明显。内地城镇职工基本养老保险实行社会统筹（现收现付）与个人账户相结合的待遇确定型制度，香港强积金则是一种雇主和雇员共同供款的完全积累制的缴费确定型制度，而澳门社会保障福利性、普享性特征明显。二是待遇领取条件差异大。例如，内地规定城镇职工男 60 岁、女干部 55 岁、女工人 50 岁即可领取养老金，并要最低累计缴费 15 年；香港规定领取强积金的年龄是 65 岁；澳门规定领取养老金最低年龄为 60 岁，但须缴费满 5 年且在澳门居住满 7 年。

随着粤港澳大湾区建设的推进，政府出台了一系列便利粤港澳各地社保衔接的政策。2019 年通过的《香港澳门台湾居民在内地（大陆）参加社会保险暂行办法》提出：在内地（大陆）依法从事个体工商经营的港澳台居民，可以按照注册地有关规定参加职工基本养老保险和职工基本医疗保险；在内地（大陆）灵活就业且办理港澳台居民居住证的港澳台居民，可以按照居住地有关规定参加职工基本养老保险和职工基本医疗保险。在内地（大陆）居住且办理港澳台居民居住证的未就业港澳台居民，可以在居住地按照规定参加城乡居民基本养老保险和城乡居民基本医疗保险。在内地（大陆）就读的港澳台大学生，与内地（大陆）大学生执行同等医疗保障政策，按规定参加高等教育机构所在地城乡居民基本医疗保险。②

广东省则深入贯彻落实《粤港澳大湾区发展规划纲要》，健全创新创业政策支撑体系，搭建粤港澳大湾区青年创新创业服务平台，出台一系列政策，采取一系列工作措施，努力为港澳青年在粤学习、就业、创业、生活提供更加便利的条件。《广东省人民政府印发关于进一步促进科技创新若干政策措施的通知》（粤府〔2019〕1 号）规定试行港澳人才享受广东省企业职工基本养老保险延缴政策。截至 2020 年，在粤参加工伤保险的港澳居民约 5.73 万人、参加失业保险居民约 5.31 万人。③

未来，三地在社会保障制度协同发展上仍需创新社会保障转换和衔接机制，可从三个层面逐步深化：一是对三地在制度层面的共同点进行全面梳理，形成共同规则；二是寻找三地制度上可能的对接点而进行适当衔接；三是探索建立有利于共同发展的体制机制。

---

① 澳门社会保障基本情况. 中央政府驻澳门联络办，2014-11-15.

② 香港澳门台湾居民在内地（大陆）参加社会保险暂行办法. 中华人民共和国司法部，2019-11-29.

③ 广东省人力资源和社会保障厅关于省政协十二届四次会议第 20210457 号提案答复的函，广东省人力资源和社会保障厅，2021-7-22.

三、住房保障环境

（一）粤港澳大湾区住房保障环境的基本情况

住房保障制度是指以政府为核心的公共部门依据法律政策的规定，以公共财政为依托，综合利用国家和社会力量对公民，特别是住房弱势群体，进行扶持和救助，保障公民基本居住水平的社会安全制度，是一种在住房领域内实行的社会保障制度。粤港澳大湾区的经济建设要想高质量发展必须要吸纳数量充足、具有国际竞争力的各类人才。提供良好的居住条件是吸引人才聚集，建设人才高地的重要保障。

1. 广东省住房保障的基本情况

中国内地自 1998 年实行住房制度货币化改革，通过土地政策、货币政策的支持，房地产业和住宅产业得到迅速的发展，住宅投资规模不断扩大，房地产业成了我国的支柱产业。在培育住宅产业的过程中，中央政府实行了住房的分类供应政策，通过商品住房、经济适用房、廉租房的供给以及住房公积金制度，来解决不同收入阶层居民的居住问题。党的十九届四中全会强调要加快建立多主体供给、多渠道保障、租购并举的住房制度；2020 年中央经济工作会议提出，要解决好大城市住房突出问题，高度重视保障性租赁住房建设。2021 年 6 月，国务院办公厅印发《关于加快发展保障性租赁住房的意见》，就解决大城市新市民、青年人等群体住房困难问题，要求各省市加快发展保障性租赁住房，逐步完善以公租房、保障性租赁住房和共有产权住房为主体的住房保障体系。[①]

“十三五”以来，广东省积极构建全省“公共租赁住房 + 共有产权住房 + 政策性租赁住房”的住房保障体系。广州市作为多年的人口净流入城市，是住房和城乡建设部选择的全国首批发展政策性租赁住房试点城市。广州市已制定出台了保障性租赁住房试点专项工作方案，将保障性租赁住房纳入全市住房保障体系，坚持以调动村落土地和住房资源为主，利用新增土地资源为辅的原则，探索了七大保障性租赁住房筹建方式，包括“工改租、商改租”、产业园区配建、企事业单位自有用地新建、集体经营性建设用地新建、存量房源整租运营、土地公开出让新建、城中村改造配建方式，推进保障性租赁住房的供应。按照规划，到 2025 年，广州市要力争筹集供应城镇住房 131 万套，三大目标是“力争供应新建商品住房 65 万套；力争筹建保障性住房 66 万套，即保障性住房与商品住房的比例基本为 1∶1；城市居民人均住房建筑面积力争达到 36 平方米”，努力满足和解决 300 万人的住房问题。[②]

深圳市住房保障体系建设的指导思想是：以满足新市民住房需求为主要出发点，以建立租购并举的住房制度为主要方向，以市场为主满足多层次需求，以政府为主提供基本保障，进一步深化住房制度改革，构建系统完善的住房供应与保障体系，促进房地产市场平稳健康发展。总体设计是：坚持以住房供给侧结构性改革为主线，突出多层次、差异化、全覆盖，针对不同收入水平的居民和专业人才等各类群体，构建多主体供给、多渠道保障、

① 国务院办公厅关于加快发展保障性租赁住房的意见. 国务院办公厅，2021-07-02.

② “十四五”期间，广州力争筹措保障性住房 66 万套. 2021-8-6.

租购并举的住房供应与保障体系。充分发挥政府、企业、社会组织等各类主体作用，优化调整增量住房结构，盘活规范存量住房市场。工作目标是：到 2035 年，新增建设筹集各类住房共 170 万套，其中人才住房、安居型商品房和公共租赁住房总量不少于 100 万套。第一阶段，2018—2020 年建设筹集各类住房 42 万套，其中人才住房、安居型商品房和公共租赁住房不少于 25 万套。第二阶段，2021—2025 年建设筹集各类住房 45 万套，其中人才住房、安居型商品房和公共租赁住房不少于 25 万套。第三阶段，2026—2035 年建设筹集各类住房 83 万套，其中人才住房、安居型商品房和公共租赁住房不少于 50 万套。①

此外，广东省在发展共有产权房上走在全国前列。共有产权房是政府按照出资的土地价值入股，以约定价格定向出售给购房者，政府与购房者按照约定股份比例共同占有房屋产权。当购房者在满一定期限后要转让共有产权房时，此房作为保障房再流通于具有购买共有产权房资格的消费者之中，或政府可以优先购回此房，或购房者按照商品住宅价格出售时按股份比例与政府共享收益。购房者也可以从政府手中收购股份，将其转为完全产权房。2018 年广东省选取了广州、深圳、珠海、佛山、茂名 5 市作为政策试点，截至 2020 年 6 月底，全省累计筹集共有产权住房 6.1 万套，供应共有产权住房 3.4 万套。②

2. 香港特别行政区住房保障的基本情况

香港特别行政区由于陆地面积较小、人口密度较大，面临较大的住房压力。公屋是香港特区住房保障体系的主力。根据香港房屋委员会的统计，截至 2021 年 3 月，全港有公屋单位 80.48 万套，居住了 78 万户，有认可的居民人数 211 万人。③ 租金方面，公屋的租金远低于私宅的租金，过去十年香港特区房价增长近 200%，私宅房租也普遍翻番，公屋租金却几乎没有变化。然而，公屋轮候时间较长且居住面积较低。官方目标是希望将轮候时间维持在 3 年，实际上，根据香港特区房屋委员会公布的数据，截至 2021 年 12 月，一般申请者的平均轮候时间为 6 年，长者一人申请者的平均轮候时间为 4 年。公租房在制度设计上决定了居住面积不及平均水平。2021 年，香港特区 47.1% 的公屋面积在 30~30.9 平方米，23.1% 的公屋面积在 20~29.9 平方米，13.3% 的公屋面积小于 20 平方米，也就是说，83.5% 的公屋面积小于 40 平方米。④

为了解决房屋供应问题，2014 年，香港特别行政区政府公布《长远房屋策略》，当中的三大策略性方向为：（1）提供更多公共租住房屋（公屋），善用现有资源；（2）提供更多资助出售单位，进一步丰富资助自置居所的形式并促进现有单位的流转；（3）通过持续土地供应及适当的需求管理措施以稳定楼市，并在私人住宅物业销售和出租方面促进流转。根据《长远房屋策略》，政府会每年更新长远房屋需求推算，制定逐年延展的十年房屋供应目标，以顾及随时间而改变的社会、经济及市场的变化，并按需要适时作出调整。2021 年 12 月政府公布的《长远房屋策略 2021 年周年进度报告》显示，根据最新推算，2022—2023 至 2031—2032 年度十年期的总房屋供应目标为 430 000 个单位。按照 70∶30 的公私营房屋新供应比例，上述十年期的公营房屋供应目标为 301 000 个单位，私营房屋

① 深圳市人民政府关于深化住房制度改革加快建立多主体供给多渠道保障租购并举的住房供应与保障体系的意见，2018-08-04.

② 广东出台共有产权住房指导意见. 中共广东省委组织部官网，2020-07-29.

③ 截至 2021 年 3 月 31 日止年度的财务报 . 香港房屋委员会，2021-9.

④ 香港土地用途 2021. 香港特别行政区政府规划署，2022-9-27.

供应目标为 129 000 个单位。[①]

3. 澳门特别行政区的住房保障基本情况

澳门特别行政区公共住房政策经过不断发展，至今形成以租赁房（俗称社屋）、临时房和经济适用房（俗称经屋）为主的公共住房保障体系。[②]

1999 年澳门回归祖国以后，针对私人市场房屋价格迅速增长，部分居民置业困难的情况，澳门特区政府制定了“居有其所，安居乐业”的公共房屋（由社会房屋和经济房屋两部分组成）政策目标，提出了优先照顾弱势及核心家庭的“社屋为主、经屋为辅”的公共房屋发展方针，建构“住屋保障长效机制”，逐步有序协助居民解决住房需求。2005 年澳门特区政府提出“三四五六”计划，即三年内建 4 000 个公共房屋单位，五年内建 6 000 个公共房屋单位，2007 年将计划增加至 1.9 万个，即“万九公屋”项目。[③] 按当时澳门特区政府测算，“万九公屋”建成后基本可满足澳门居民居住需求。该项目是澳门特区政府向社会承诺的重大民生工程，现已基本完成。为加快经济房屋申请的审查程序，让经济房屋的申请人能早日知悉申请结果及获选分配房屋，澳门特区政府于 2015 年修改第 10/2011 号法律《经济房屋法》，实行“先初审、后抽签、再实质审查”制度。2020 年 8 月 20 日，《社会房屋法律制度》生效，社会房屋已改为恒常性申请（即将定期开放申请改为长期开放申请），并进一步制定超收入限额租户的退场机制等，更有效和合理分配公共资源及照顾弱势群体。[④]

随着公共房屋制度的不断完善，私人房屋市场供应也不断增加。澳门特区整体住宅单位每平方米实用面积平均价格已从 2007 年第一季度的 19 071 澳门元上升至 2021 年第一季度的 100 217 澳门元，即上涨超过 425%。[⑤] 一些收入水平超出经济房屋申请资格上限的人群，未能追上私人房屋价格升幅，其置业需求亦较难实现，存在相当一部分“夹心阶层”无法置业。考虑“夹心阶层”存在置业困难问题，澳门特区政府拟定了《夹心阶层住房方案》，得到社会意见普遍支持，支持率高达 92.6%。[⑥] 此外，不少澳门居民选择在珠海横琴置业，也有越来越多的澳门居民到大湾区购房。为保障澳门居民的权益，澳门特区已与粤港澳大湾区内地 9 个城市，包括广州、深圳、珠海、佛山、惠州、东莞、中山、江门及肇庆，共建了“澳门居民内地购房联防机制”。

（二）粤港澳大湾区住房保障环境发展趋势

《粤港澳大湾区发展规划纲要》在推进社会保障合作的部分中提出要探索推进在广东工作和生活的港澳居民在住房等方面享有与内地居民的同等待遇。港澳居民在粤港澳大湾区内地城市购房，豁免港澳居民在粤港澳大湾区内地城市购房所需的在本地居住、学习或工作年限证明，以及缴纳个人所得税及社保条件，港澳居民享有与内地居民同等的待遇。

---

① 香港便览（房屋）. 香港特别行政区政府房屋局，2022-7.

② 回归以来澳门住房市场基本情况. 中央人民政府驻澳门特别行政区联络办公室，2014-11-15.

③ 回归以来澳门住房市场基本情况. 中央人民政府驻澳门特别行政区联络办公室，2014-11-15.

④《社会房屋法律制度》适用于所有社会房屋家团. 房屋局，2019-8-19；澳门特区政府将实施社会房屋恒常性申请，中国新闻网，2020-08-17.

⑤ 澳门住宅楼价指数升 0.9%，“夹心阶层”置业问题待解，横琴购房客群近三成来自澳门. 21 世纪经济报道，2021-06-11.

⑥《夹心阶层住房方案》公开咨询总结报告今日公布.《夹心阶层住房方案》跨部门工作小组，2021-04-28.

据此，港澳居民在大湾区购房，均可破除对非本市户籍的限购政策。这项措施可便利港澳居民在内地学习、就业，以及退休后在内地生活。

2021 年 10 月 6 日，香港特别行政区行政长官林郑月娥发表任内最后一份施政报告，并提出建设香港北部成为宜居宜业宜游的都会区，占地达 300 平方千米，计划新建 90.5 万至 92.6 万套住房，可容纳 250 万人居住，提供约 65 万个职位。[①] 在北部都会区中，新修的地铁、快轨，将与深圳相连接，以完善的交通网络带动港深两地合作共赢。这一方案在解决住房相关难题的同时，更确立了深港两地“双城三圈”的空间概念，有利于促进两地在经济、基建、创科、民生和生态环境的紧密合作。2022 年 10 月 19 日，香港特别行政区新任行政长官李家超首份施政报告中表示，特区政府会全力推进北部都会区建设，目标是在 2023 年内制定北部都会区的具体计划和行动纲领。[②]

目前，粤港澳大湾区内地城市各自出台了支持港澳居民在内地居住的政策。在深圳，港澳居民及家庭在前海合作区内可享受与深圳户籍居民及家庭同等条件的购房政策。广州市住房和城乡建设局牵头会同有关部门研究制定了《支持港澳台青年来穗发展“乐居广州”住房保障实施方案》，提出了多项措施，具体主要表现在三个方面：一是支持符合购房条件的港澳居民购买商品住房，符合条件的港澳居民可以在广州购买一套自住商品住房。二是支持符合申购条件的港澳青年购买共有产权住房。三是筹集人才公寓，鼓励符合条件的港澳青年申请租住。广州市从 2021 年 6 月起,接受港澳青年“乐居广州”租金补贴申请。[③]

四、卫生健康环境

（一）粤港澳大湾区卫生健康环境的基本情况

卫生健康环境是保障劳动者身心健康的重要依托。只有身心健康，劳动者才能精力充沛，注意力集中，才能提高劳动效率，为社会创造更多的财富。因此在人才储备战略中，发展医疗卫生事业，提高人才身体素质，对一个国家社会的进步与经济的可持续发展有着至关重要的影响。成熟健全的卫生健康环境,可以为国家人才培养与开发提供坚实的保障。

1. 医疗资源

广东省医疗资源面临绝对数量较多，但人均数量贫乏的问题，且医疗资源主要集中在广州市。截至 2020 年年底，全省医疗卫生机构 5.59 万家，其中医院 1 700 家，基层医疗卫生机构 53 069 家，专业公共卫生机构 897 家，其他机构 234 家。[④] 但广东省是人口大省，也是人口流入大省，因此，在人均医疗资源方面仍然落后于全国水平，且发展不均衡。2020 年广东省每千人口医疗卫生机构床位数 4.48 张，低于全国的 6.46 张；城市每千人口医疗卫生机构床位数 6.79 张，低于全国的 8.81 张；农村每千人口医疗机构床位数仅 3.96 张,低于全国的 4.95 张。从医疗资源的分布看,呈现向中心城市集中的趋势。截至 2019 年，广东省的三甲医院总数占全国第一，共 122 家，其中有 38 家三甲医院位于广州市，即广

① 香港特区行政长官林郑月娥发表 2021 年施政报告. 中国政府网，2021-10-06.

②《行政长官 2022 年施政报告》(2022 年 10 月 19 日). 香港特别行政区政府，第 23 页.

③ 广州多项措施支持港澳台青年来穗发展. 广州市住房和城乡建设局，2021-04-28.

④ 2020 年广东省医疗卫生资源和医疗服务情况简报. 广东省卫生健康委事务中心，2021-05-08.

州市聚集了全省约31%的三甲医院资源，位居全省第一。[①]

香港特区的医疗资源在粤港澳大湾区中相对充足。截至2021年，香港特区政府医院管理局属下的公营医院和卫生机构有43家，专科门诊诊所49家，普通科门诊诊所74家，私家医院有13家，提供30 105张公立医院病床，包括23 774张普通科病床、1 981张疗养科病床、3 675张精神科病床和675张智障科病床。私家医院有5 050张病床，包括4 682张住院病床和368张日间病床。按每千人口计算的病床数目为5.6张。[②]

澳门的医疗卫生服务，可分为政府和非政府两大类。政府方面主要有提供基层医疗服务的卫生中心和提供专科服务的仁伯爵综合医院（俗称山顶医院）。非政府方面，可分为接受政府和团体资助的医疗单位，如镜湖医院、科大医院、银葵医院等，以及各类私人诊所和化验所提供的医疗服务。截至2021年，澳门有4间医院，提供1 744张住院病床，初级卫生护理服务的场所（包括卫生中心、私营诊所等）共724间。

2. 公共卫生服务

基本公共卫生服务项目一般有14项内容：城乡居民健康档案管理、健康教育、预防接种、0~6岁儿童健康管理、孕产妇健康管理、老年人健康管理、慢性病患者健康管理（高血压、糖尿病）、严重精神障碍患者管理、肺结核患者健康管理、中医药健康管理服务、传染病及突发公共卫生事件报告和处理服务、卫生计生监督协管服务、健康素养促进行动、免费提供避孕药具等。

“十三五”期间，广州市公共卫生服务能力显著增强，已经建立起防治重大疾病联席会议制度，初步形成较为完善的突发公共卫生事件监测网络和预警机制。面对近年数次重大传染病疫情，广州市公共卫生系统都经受住了考验。深圳市于2021年5月1日起实施《深圳市社区健康服务管理办法》，推进社区健康服务机构扩容提质，完善支持保障政策措施、监督管理规范，建立与经济发展相适应、与人民健康需求相符合、与城市目标定位相匹配的社区健康服务体系。从公共卫生指标看，从2015年到2020年，全省人口出生时均预期寿命由从77.1岁提高到78.4岁，孕产妇死亡率、婴儿死亡率分别从11.56/10万、2.64‰下降到10.18/10万、2.13‰，居民主要健康指标达到高收入国家水平。[③]

香港特区政府卫生署是政府的卫生顾问及监管机构。该署推行促进健康、疾病预防、医疗及康复等种种服务，保障市民的健康。医院管理局是一个独立机构，负责管理全港所有公营医院。医院管理局辖下多间医院、专科诊疗所和外展服务，为病人提供医疗和康复服务。政府通过家庭健康服务、长者健康服务、港口卫生服务、学生健康服务、学童牙科保健计划及各种社区健康服务，广泛推行疾病预防措施。卫生署辖下的母婴健康院，为儿童提供免疫接种服务，以预防十一种传染病。此外，市民亦可获得家庭计划服务，每次收费一元。在公共卫生指标方面，据香港特区政府的统计，2020年香港人口出生时平均预期寿命，女性为88岁，男性为82.9岁。婴儿死亡率为2.0‰，孕产妇死亡率在2019年和2020年降至0/10万，是世界最低的地区之一。[④]

---

① 全国医疗资源地图：广东三甲医院最多，上海医生很忙，中部“缺医少护”，南方网，2020-03-22；2019年广州市卫生资源和医疗服务简报. 广州市人民政府，2020-04-17.

② 香港目前的医疗系统. 香港特别行政区政府医务卫生局.

③ 广东人均预期寿命到2025年超79岁. 中国广州网，2022-01-13.

④ 香港男女平均预期寿命增至82.9岁及88岁 趋于更长寿. 中国新闻网，2021-11-15；香港统计年刊，2022-10-28.

澳门特区政府卫生局的主要职能是保障市民健康，预防疾病、提供医疗护理及康复服务、培训卫生专业人员、辅助并监督私营医疗机构，以及提供法医服务。澳门拥有相对平等的医疗系统，而且行之有效，为居民提供优质的医疗服务，而未能满足的医疗需求相对较低，约为 3.6%。澳门的医疗系统建设基于一个健全的基层医疗网络，市民能于所属社区就近享用到基层医疗服务。根据澳门特区政府统计暨普查局统计，2020 年，澳门人口出生时平均预期寿命，女性为 86.9 岁，男性为 81.1 岁，新生婴儿死亡率为 2.2‰，孕产妇死亡率为 0/10 万。[①]

2019 年，粤港澳三地共同签署《粤港澳大湾区卫生健康合作共识》，在疾病研究、传染病防控、人才培训、建设高水平国际医院等方面，三地共签署了 62 个合作项目。然而，粤港澳三地缺乏较固定的日常化管理或协调机构及平台，在健康教育、心理健康促进等领域合作也较少。在新冠疫情防控期间，三地建立了健康码、人员隔离和豁免检疫人群等互认机制，但多为应急性、局部性举措，在公共卫生风险协同防控未能充分协同，发挥三地各自优势。[②]

3. 养老服务

粤港澳大湾区自设立以来，就被国家赋予成为养老合作发展示范区的使命。面对日益增长的养老需求，广深港澳四地均呈现出了不同的养老问题，香港特区和澳门特区主要是养老供给不足，而广州市和深圳市则主要是养老供给服务质量不高。

广东省的养老服务体系建设总体上仍处于历史性的起步阶段，养老服务供给与人口老龄化的发展速度和养老需求还不相协调，需求与供给矛盾十分突出。目前，广东省已初步建立以居家为基础、社区为依托、机构为支撑的社会养老服务体系框架。就发展状况而言，居家养老仍然是广东省养老的主要途径，社区专业化养老机构提供服务不足。

香港特区的社区养老照顾已经成为养老服务体系中的重要支柱，其社区照顾模式细分为老年人地区中心、老年人邻舍中心、老年人活动中心、老年人日间照料中心、综合家居照顾服务、改善家居及社区照顾服务 6 种机构，旨在协助老年人尽可能地在熟悉的环境中安享晚年。此外，目前香港特区有 128 支家务助理队，为约 13 500 个个案提供相关服务，这些服务由 21 家非政府机构管理，并由特区政府通过社会福利署提供全面资助。[③]

澳门特区政府就将长者服务作为重点工作领域，明确了“老有所养、老有所属、老有所为”的方针。政府还组织研究机构对长者服务及未来的发展进行研究和规划，通过完善立法和制度设计，推动长者服务职业化、标准化和规范化发展。澳门特区的长者服务主要由社会工作局管理，下设长者服务处作为负责养老服务的主要职能部门。长者服务体系包括由耆康中心提供康乐活动；长者日间护理中心为身体机能受损、健康状况欠佳的老人提供康复、护理、物理治疗、居家护理、社区支援等服务；长者日间中心提供交通、膳食、洗衣、洗澡等生活协助服务；安老院为具有自理能力但缺乏家庭照料的老人提供住宿、照顾和健康护理；护理安老院为需要较高护理功能的老人提供更全面的 24 小时护理服务等。澳门特区政府主要倡导“家庭照顾、原居安老”的安老政策，通过不断完善服务体系，为老年人提供各种服务，使大部分老人尽可能在家养老。截至 2022 年，澳门为老年人提供

① 澳门总人口 683 200 人 出生率创新低 7.4‰. 人民网，2022-03-27.

② 粤港澳联合发布大湾区卫生健康合作共识. 新华社，2019-02-25.

③ 福利事务委员会（文件）. 中华人民共和国香港特别行政区立法会，1999-3-8.

居家养老服务的社会机构主要包括：24 间安老院舍、8 间长者日间护理中心、10 间长者日间中心、25 间耆康中心，为老年人提供分层次的养老服务。[①]

（二）粤港澳大湾区卫生健康环境的合作发展趋势

《粤港澳大湾区发展规划纲要》提出“塑造健康湾区”的规划目标，包括密切医疗卫生合作、深化中医药领域合作、鼓励港澳医务人员到珠三角九市开展学术交流和私人执业医务人员短期执业、深化养老服务合作等措施，在宏观和微观层面强调要着力促进粤港澳大湾区医疗深度合作。

1. 医疗卫生服务协同一体化

随着粤港澳大湾区建设的加速，医疗一体化融合发展将为粤港澳居民提供更加普惠的优质医疗，成为粤港澳大湾区协同发展的重要一环。《粤港澳大湾区发展规划纲要》提出，推动优质医疗卫生资源紧密合作，支持港澳医疗卫生服务提供主体在珠三角九市按规定以独资、合资或合作等方式设置医疗机构，发展区域医疗联合体和区域性医疗中心。

2018 年以来，三地卫生健康行政部门分别在惠州市、深圳市联合举办两届粤港澳大湾区卫生健康合作大会，签订了《粤港澳大湾区卫生与健康合作框架协议》等文件，促成了 88 个三地卫生健康项目合作签约，推动多方面互利合作（见表 9–1）。[②]

表 9–1　粤港澳大湾区卫生与健康合作框架协议主要内容

领域	合作内容
医学人才	粤港澳三地建立医学人才进修、培训基地
	建设港澳医疗卫生从业人员创业就业基地
园区合作	规划创建医学园区（医疗中心）
机构办医	鼓励港澳医疗卫生服务提供者来粤独资办医，或引入港澳资本、港澳知名医学院校与内地法人合作办医
医疗养老	组建医养结合战略合作联盟，鼓励社会力量创办粤港澳大湾区医养结合机构
产业发展	拓展粤港澳健康产业发展空间
合作机制	建立突发公共卫生事件应对和重大突发事件紧急医疗救治、传染性疾病等防控合作和卫生应急联动机制
	健全粤港澳大湾区联合救援和病人转送等机制

2. 探索中医医疗联合体

《粤港澳大湾区发展规划纲要》提出深化中医药领域合作，支持澳门特别行政区、香港特别行政区分别发挥中药质量研究国家重点实验室伙伴实验室和香港特别行政区政府中药检测中心优势，与内地科研机构共同建立国际认可的中医药产品质量标准，推进中医药标准化、国际化。支持粤澳合作中医药科技产业园开展中医药产品海外注册公共服务平台建设，发展健康产业，提供优质医疗保健服务，推动中医药海外发展。

① 澳门特别行政区政府入口网站：澳门便览，社会福利，2023–10.

② 践行“大卫生、大健康”理念广东全方位多层次打造健康环境. 新华网，2021–3–23.

广东省中医院2018年启动粤港澳大湾区中医药创新中心和广东国际传统医学临床指南研究院建设。同时，由广东省中医院牵头，香港浸会大学、澳门大学等港澳高校参与，共建中医药防治免疫疾病国际创新基地。①

2020年10月，国家中医药管理局、粤港澳大湾区建设领导小组办公室、广东省人民政府联合印发《粤港澳大湾区中医药高地建设方案（2020—2025年）》。②

位于珠海横琴的粤澳合作中医药科技产业园已建立符合内地及欧盟认证标准的GMP中试和生产、研发检测、成果转化、产业孵化一体化的中医药产业公共服务平台，截至2022年，入园企业数量已达200多家。园区发挥国际化优势，成功推动9个中药产品在海外注册及上市。珠海加强区域中医药产、学、研合作，推动市中西医结合医院与澳门科技大学共建澳门科技大学临床教研中心，共同开展中医药治疗2型糖尿病临床研究、妇科肿瘤临床研究和中药新药开发研究等领域的合作。③

香港第一家中医医院正在筹备，预计在2025年落成并分阶段投入服务。④

3. 加快康养服务产业协同发展

《粤港澳大湾区发展规划纲要》明确要深化养老服务合作，支持港澳投资者在珠三角九市按规定以独资、合资或合作等方式兴办养老等社会服务机构，为港澳居民在广东养老创造便利条件。推进医养结合，建设一批区域性健康养老示范基地。

香港特区政府早在20世纪90年代末和21世纪初，通过“综援长者广东及福建省养老计划”（1997年推出，2005年福建省加入）和“广东计划／福建计划”（2013年推出，福建2018年加入），鼓励长者到生活成本更低的内地养老。此外，香港特区政府在2015年10月推出香港大学深圳医院长者医疗券试点计划，让符合资格的香港长者使用长者医疗券支付香港大学深圳医院指定门诊的费用。⑤ 2019年7月1日，珠海市出台实施澳门特区居民在珠海购买医疗保险政策方案，常住横琴的澳门特区居民可在珠海市参加基本医疗保险，享受同等医疗服务。⑥

港澳主动探索跨境养老试验的同时，广东也在积极探索如何与港澳合作。早在2012年，粤港澳三地共同制定了《港澳服务提供者在广东以独资民办非企业单位形式举办养老机构申请指引》，明确了港澳服务提供者举办养老机构的申办条件、申请审批程序，以及与内地民办社会福利机构享受同等优惠政策的规定。2019年12月24日，广东省发布《关于加快推进养老服务发展的若干措施》，提出要深化粤港澳养老服务合作，包括加强粤港澳在养老服务人才、资金、项目、标准化等方面的合作；支持港澳服务提供者在广东按规定以独资、合资或合作等方式兴办养老机构，同等享受境内民办养老机构待遇等。同年《粤港澳大湾区发展规划纲要》的出台，也为澳门特区跨境养老贡献了新方案，粤港澳三地开

① 打造“中医药高地”，粤港澳大湾区正在发力. 广东省中医药局，2019-12-20.

② 粤港澳大湾区中医药高地建设方案（2020—2025年）. 广东省中医药局，2020-10-24.

③ 粤澳合作中医药科技产业园. 园区介绍，2022-12.

④ 香港首家中医医院启动开院筹备工作 预计2025年落成. 新华网，2021-6-28.

⑤ 李继霞. 深圳与香港社会保障法律制度的比较研究. 银川：宁夏人民出版社，2009：129；中华人民共和国国家统计局. 2018中国统计年鉴. 北京：中国统计出版社，2018：887；李振. 大湾区携手探路跨境养老，港澳人士可独资在粤兴办养老机构. 21世纪经济报道，2019-12-25（3）.

⑥ 珠海市人民政府关于常住横琴的澳门居民参加珠海市基本医疗保险试点有关问题的通知（珠府函〔2019〕226号）. 中国珠海政府门户网站，2019-06-21.

始加快探索跨境养老合作，明确提出支持珠海市和澳门特区在横琴合作建设集养老、居住、教育、医疗等功能于一体的综合民生项目，探索澳门特区医疗体系及社会保险的直接适用并延伸覆盖至横琴。2022 年广东省养老服务部门间联席会议印发《广东省养老服务体系建设“十四五”规划》。① 该规划衔接“粤港澳大湾区建设”国家战略，创新提出探索跨境养老服务“湾区模式”，深化粤港澳在养老服务产业、人才、资金、项目、标准化等方面的交流与合作，联动推进粤港澳大湾区养老事业与产业协同发展。支持港澳服务提供者在广东按规定以独资、合资或合作等方式开设和运营养老服务机构，同等享受境内社会办养老机构待遇；推动构建粤港澳大湾区养老服务标准联盟。②

以上养老政策措施的落实，有利于降低粤港澳大湾区社会保障不平衡的状态，促进跨境保险和养老服务的合作。当然，三地在养老服务的政策协同发展方面还存在一定的障碍和挑战，当前的政策探索仍不能完全解决粤港澳大湾区的跨境养老问题，深度合作仍存在法律体系与行业环境差异、社会保障制度与医疗保险体系差异、沟通机制缺乏等障碍。三地要在破解跨境养老社保方面发力，需在统一健康养老产业有关的公共福利制度，推动区域医疗资源无缝对接等方面进一步深化合作。

本章小结

复习思考题

1. 粤商文化、粤商精神如何助力粤港澳大湾区的发展？
2. 粤港澳大湾区有哪些人才引进政策？
3. 可以从哪些方面促进粤港澳大湾区人才的协同发展？
4. 请结合实际谈谈粤港澳大湾区基础教育发展存在的问题。
5. 请结合实际谈谈粤港澳大湾区住房保障的基本情况。
6. 请结合实际谈谈粤港澳大湾区在公共卫生服务上存在的问题。

① 关于印发《广东省养老服务体系建设“十四五”规划》的通知，2022-01-07，
②《广东省养老服务体系建设“十四五”规划》(2021 年 12 月). 广东省养老服务部门间联席会议，第 47-48 页。

第四篇　经济主体篇

第十章 粤港澳大湾区企业形态

学习目标

本章主要讲解粤港澳大湾区的国有企业、民营企业、外资企业、上市公司的概况，要求对粤港澳大湾区内重要的总部企业和集团公司有初步认知，了解不同企业形态在粤港澳大湾区的地位和作用，理解粤港澳大湾区内不同企业形态的管理体制，掌握粤港澳大湾区内不同企业形态的分布状况。

第一节 国有企业

一、国有企业的概念与分类

（一）国有企业的概念

国有企业是指国务院和地方人民政府分别代表国家履行出资人职责的国有独资企业、国有独资公司以及国有资本控股公司，包括中央和地方国有资产监督管理机构和其他部门所监管的企业本级及其逐级投资形成的企业[①]。随着社会主义市场经济的发展，特别是2013年11月12日，中共中央十八届三中全会审议通过的《中共中央关于全面深化改革若干重大问题的决定》要求以管资本为主构建国有资产监管新体制后，国有企业越来越呈现股权多元化的特征。

受历史因素影响，香港、澳门与内地在企业监管方面并不完全相同，香港特别行政区政府作为最终控股股东的企业一般称为公营企业，澳门特别行政区或澳门特别行政区其他公法人直接或间接持有财务出资的企业一般称为公共资本企业，它们在一定程度上和内地的国有企业具有相似性。

（二）粤港澳大湾区国有企业的分类

1. 广东省

广东省国有企业按照实际控制人行政层级可以分为国务院国有资产监督管理委员会（以下简称国资委）等中央部委直属国有企业、广东省属国有企业、市属国有企业、区（县）属及以下国有企业。

---

① 参见财政部《国有企业境外投资财务管理办法》（财资〔2017〕24号）。

（1）国务院国资委直属国有企业

截至 2020 年年底，国务院国资委直属国有企业总部位于广东省（广州市或深圳市）的有四家，分别是：

中国南方电网有限责任公司（总部位于广州市）、中国南方航空集团有限公司（总部位于广州市）、中国广核集团有限公司（总部位于深圳市）、华侨城集团有限公司（总部位于深圳市）。

（2）广东省属国有企业

截至 2020 年年底，广东省国资委直接监管的省属国有企业有 18 家，包括：广东粤海控股集团有限公司、广东南粤集团有限公司、广东恒健投资控股有限公司、广东省粤科金融集团有限公司、广东省盐业集团有限公司、广东省能源集团有限公司、广东省建筑工程集团有限公司、广东省广轻控股集团有限公司、广东省旅游控股集团有限公司、广东省广晟控股集团有限公司、广东省广新控股集团有限公司、广东省广物控股集团有限公司、广东省环保集团有限公司、广东省交易控股集团有限公司、广东省机场管理集团有限公司、广东省铁路建设投资集团有限公司、广东省交通集团有限公司、广东省港航集团有限公司。

上述 18 家省属国有企业除广东南粤集团有限公司的总部位于澳门特区外，其他 17 家的总部均位于广东省会广州市，它们基本可以反映出我国国有企业的结构特征。第一，国有企业涵盖了大部分基础性、公益性的行业，在一定程度上是政府职能的延伸。第二，这 18 家企业是广东省国资委监管的一级企业，它们通过投资、控股等方式继续控制大量的二级或者三级企业，比如广东省广物控股集团有限公司所属一级企业 17 家（含托管企业 1 家）、二级企业 224 家，再如广东省广晟控股集团有限公司控股 6 家 A 股上市公司（中金岭南、广晟有色、风华高科、国星光电、佛山照明、东江环保）。第三，广东省国资委以出资人的身份，通过"管资本"对这些公司进行监管。这 18 家省属国有企业实际上是广东省国有资本布局优化的产物，它们均在各自领域（或板块）逐步具备了综合性资本运营公司的特征，以广东省能源集团有限公司为例，该公司前身为广东省粤电集团有限公司，是因电力体制改革而组建的发电企业。该公司以能源为核心，相关产业协同发展，逐步形成了横跨发电、煤炭供应、天然气输送等领域的综合型能源集团。

值得说明的是，由于改革的渐进性以及个别行业（企业）的特殊性，在国有资产监管体系之外，还存在一些部门、机构代表本级政府对国家出资企业履行出资人职责。比如广东粤财投资控股有限公司由省财政厅履行出资人职责，是广东省政府直属大型金融控股企业；广东省出版集团由省委宣传部主管，是广东省委、省政府确定的广东文化产业重点扶持龙头企业。再如供销合作社作为党领导下的为农服务综合性合作经济组织，也独立管理或控股一批企业，其中广东省供销集团管理所属全资和控股企业 5 家。此外，高校校办企业也相对独立，以中山大学为例，其下属广州中山大学资产经营有限公司旗下拥有 11 家公司（截至 2020 年），广东省其他高校也有着众多的校办企业。对于上述金融系、供销系、高校系等国有企业，国家和地方也在积极探索集中监管的方式和途径。比如对于金融资本管理的改革，正在探索逐步推进由各级财政部门根据本级政府授权集中统一履行国有金融资本出资人的职责。

（3）市属国有企业

市属国有企业与省属国有企业管理体制、运营领域、运营方式相似。截至 2020 年，粤港澳大湾区珠三角九市国资委直管的国企合计118家，其中广州市和深圳市各有24家，珠海市和东莞市各有12家，惠州市和中山市各有11家，佛山市、江门市和肇庆市各有8家。各市国有企业布局基本类似，主要以提供基础设施和公共服务为主，涵盖供水、交通、港口、机场等城市基础服务领域。此外，受益于粤港澳大湾区良好的经济基础和开放条件，珠三角九市市属国有企业涌现出一批世界知名的集团公司，包括广州汽车集团股份有限公司、广州珠江钢琴集团股份有限公司、珠海格力集团有限公司等。同时，随着国资管理从“管资产”向“管资本”转变，珠三角九市市属国有企业也涌现出一批杰出的国有资本投资运营平台，深圳市在这一领域走在全国前列。深圳市属国有企业包括了一系列专门的资本运营平台，比如深圳市投资控股有限公司、深圳市资本运营集团有限公司、深圳市创新投资集团有限公司、深圳市鲲鹏股权投资管理有限公司等。其中，深圳市创新投资集团有限公司的投资企业数量、投资企业上市数量均居国内创投行业第一位，该公司专业的投资和深度的服务，助推了潍柴动力、酷狗音乐（腾讯音乐）、迈瑞医疗等众多明星企业的成长。

（4）区（县）属及以下国有企业

在区（县）这一行政层级及以下，多是一些服务地方的中小型国有企业，不具有规模上的代表性。但是受益于粤港澳大湾区发达的经济体系，珠三角九市区（县）属及以下国有企业在响应国家深化国有企业改革的过程中也不断出现亮点。以广州市黄埔区、开发区为例，通过调整优化国有资本布局，全力推动区属国有企业由传统的园区开发向战略性新兴产业转型，形成了以十大国有企业为支撑的黄埔区、开发区国资国企新格局。

2. 香港特别行政区和澳门特别行政区

内地的国有企业在港澳地区有着活跃的投资和业务活动。比如国务院国资委直属国有企业总部位于港澳地区的有四家（截至2020年年底），分别是：华润（集团）有限公司（总部位于香港特别行政区）、中国旅游集团有限公司（总部位于香港特别行政区）、招商局集团有限公司（总部位于香港特别行政区）、南光（集团）有限公司（总部位于澳门特别行政区）。

此外，香港特别行政区的公营企业和澳门特别行政区的公共资本企业，在一定程度上和内地的国有企业具有相似性。但是由于历史因素，香港特别行政区、澳门特别行政区和内地对企业的监管并不完全相同。香港特别行政区政府通过组建大型公营企业，为社会经济发展的增长点提供支撑性服务，包括香港铁路公司、香港机场管理局、香港科技园公司、香港数码港管理有限公司和香港迪士尼乐园等。澳门特别行政区的公共资本企业，则包括澳门广播电视股份有限公司、澳门国际机场专营股份有限公司、澳门工业园区发展有限公司、澳门电力股份有限公司等。可以看出，香港特别行政区的公营企业和澳门特别行政区的公共资本企业也涵盖了大部分的城市基础设施建设，凸显公益性功能。

二、粤港澳大湾区国有企业的管理体制

（一）广东省国有企业的管理体制

2013年11月12日，中共十八届三中全会审议通过的《中共中央关于全面深化改革若干重大问题的决定》明确指出要准确界定不同国有企业功能，提出了国有企业分类改革以及“以管资本为主”的国有资产监督管理新体制。改组组建国有资本投资、运营公司，

是其中的重要举措。借助粤港澳大湾区的经济平台，广东省国有企业在集中统一监管，国有资本授权经营和分类监管等方面进行改革和过渡。

1. 集中统一监管

集中管理就是将国有资产监管统一到各级国资委这一监管机构中来，形成大一统的国有资产运行、管理和监督的发展方向，实现管人、管事、管资产的统一。在这种安排下，国资委作为政府特设机构，履行出资人代表的职能，作为政府职能延伸，既具有经济上的出资人属性，同时也具有行政监管的职能。广东省国有企业按照其实际控制人的行政层级，主要由国务院、省、市、区（县）各级国资委负责监管，比如，中央企业归属国务院国资委监管，省属国有企业归属广东省国资委监管，以此类推。值得说明的是，国有企业的改革是一个渐进的过程，由于个别行业（企业）的特殊性，在国资监管体系之外，还存在一些部门、机构代表本级政府对国家出资企业履行出资人职责，或者由政府直接授权国有资本投资、运营公司对授权范围内的国有资本履行出资人职责，但是这些国有企业也基本遵循集中统一监管的理念。

2. 国有资本授权经营

为了将国资委的出资人职能和监督职能进行分离，从 2013 年开始，各级国资委开始以管资本为主加强国有资产监管，改革国有资本授权经营体制，组建若干国有资本运营公司，支持有条件的国有企业改组为国有资本投资公司，重点管好国有资本布局。2015 年出台的《中共中央、国务院关于深化国有企业改革的指导意见》中指出，国有资本投资（运营公司）作为国有资本市场化运作的专业平台，把出资人和行政监督人的身份进行剥离，使政府成为一个纯粹的监督人，不再涉足企业具体的经营管理。这一举措，实际上进一步将原来国资委出资人的身份转移给国有资本投资运营公司，使其由管企业变为管资本。由此形成监管架构如图 10-1 所示。

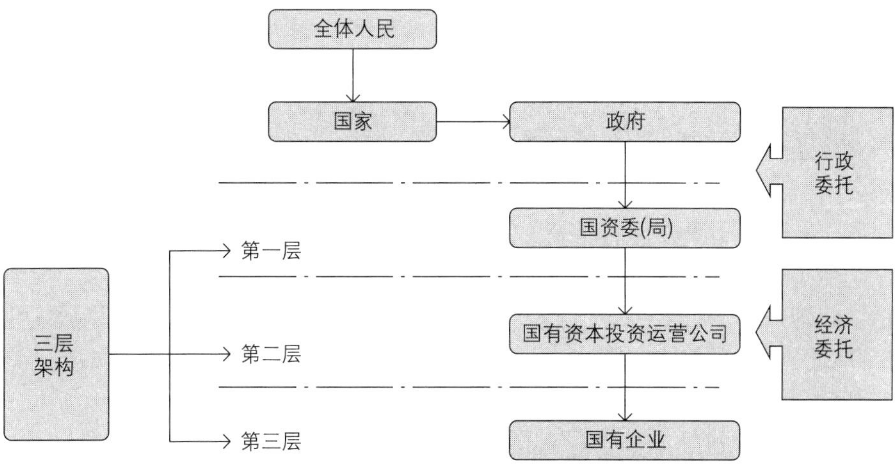

图 10-1　国有企业监管架构图

国资委（局）、国有资本投资运营公司、国有企业形成国有企业监管的三层架构，广东省的国有企业的管理体制正在逐步向此方向改革和过渡。其中深圳市早于 1987 年就成立了全国第一家国有资产专门管理机构——深圳市投资管理公司，探索建立企业国有资产出资人制度；1995 年，深圳市颁布全国第一部地方国资立法《深圳经济特区国有资产管理条例》，形成了独具特色的“深圳管理模式”；2007 年，深圳市在全国率先实现包括国有金融资产、文化资产在内的经营性国有资产集中统一监管，形成了市国资委直接监管、“国有资本投资公司和运营公司+基金群”辅助履职、产业集团市场化运作的国资监管运营体制。广东省其他城市也在按照三层架构的思想进行改革，比如珠海市人民政府于 2020 年印发《珠海市市属国有企业重组整合方案》，按照加大国有资本布局结构战略性调整、推动优质资源向优势企业集中，整合后市国资委不再直管企业，而是通过组建国有资本投资运营平台实现由管企业向管资本转变，其中就包括将珠海格力集团有限公司改组为国有资本投资运营平台，推进以“科技创新”为核心、以“资本运作+产业投资+载体建设+项目运营”为主线的“1+4”发展战略。

上述国有企业监管三层架构的实现包括两种路径，一是成立专门的投资公司，通过资本运营参与各类企业，实现国有资本的增值，比如广东恒健投资控股有限公司、深圳市创新投资集团有限公司；二是在现有国有企业的基础之上，通过重组整合，将现有的国有企业进行升级、分层，以其主业板块为依托，打造集团公司，国资委以出资人身份对集团公司进行监管，比如广东省广新控股集团有限公司、珠海格力集团有限公司等。

3. 分类监管

2015 年 12 月，国资委、财政部和发展改革委员会联合发布了《关于国有企业功能界定与分类的指导意见》，明确将国有企业界定为商业类和公益类。商业类国有企业是指按照市场化要求实行商业化运作，依法独立自主开展生产经营活动的国有企业。公益类国有企业是指以保障民生、服务社会、提供公共产品和服务为主要目标的国有企业。其后，《中共广东省委、广东省人民政府关于深化国有企业改革的实施意见》中要求，根据国有资本的战略定位和发展目标，结合国有企业实际，将广东省国有企业分为竞争性和准公共性。通过界定功能、划分类别，实行分类改革、分类发展、分类监管、分类定责、分类考核，提高改革的针对性、监管的有效性、考核评价的科学性，促进国有企业经济效益和社会效益有机统一。在具体的实践中，广东省各地按照“谁出资、谁分类”的原则，划分并动态调整本地国有企业功能分类。以广州市为例，广州市国资委直管的国有企业中，商业类（竞争性）国有企业包括广州汽车集团股份有限公司、广州越秀集团股份有限公司、广州医药集团有限公司、广州岭南国际企业集团有限公司、广州智能装备产业集团有限公司、广州酒家集团股份有限公司等，它们涵盖了汽车研发与制造、金融、房地产、交通基建、食品、药物研发与制造、旅游、智能装备、餐饮服务等商业竞争领域；公益类（准公共性）国有企业包括广州地铁集团有限公司、广州市水务投资集团有限公司、广州交通投资集团有限公司、广州市公共交通集团有限公司、广州港集团有限公司等，这些公司承担了广州市的基础设施开发、建设、运营和管理等职能。

（二）香港特别行政区公营企业与澳门特别行政区公共资本企业的管理体制

受历史因素影响，香港特别行政区的公营企业和澳门特别行政区的公共资本企业在性质上与内地的国有企业具有相似性，但是它们的监管体制并不完全相同。

香港特区公营企业一般由行政长官委任的独立董事局，全权负责公司的决策，再加以全方位的监察系统，确保实现行政长官意志，市民情节和社会利益的平衡。其董事一般由政府委任，董事局由全职的行政总裁、政府官员和独立人士组成。大部分成员属于独立非执行董事。除执行总裁为受薪雇员及政府官员属公务员外，其余公司董事局成员均属兼职的独立董事，经济利益与公司盈利并无直接关联。公司的独立董事大多为专业经验丰富、业内地位崇高或社会联系广泛的商界人士。政府选人时也亦会有多种考虑，以保障社会整体的利益，同时又能有效监督公司的内部运作，保障股东的利益。香港特别行政区政府对公营企业的监管的重要原则是依法监察。香港特别行政区政府通过相关法例、营运协议和长期发展规划，促使企业的运作有章可循。政府通过制定透明、完善和详尽的法律条例，明确企业的责任、权利、监管机制和营运原则，比如《香港铁路条例》《机场管理局条例》等。

澳门对公共资本企业的监管主要通过设立“澳门特别行政区公共资产监督规划办公室”，基于政府代表和官方董事的监察制度，加强对澳门特别行政区公共资本企业和自治基金的监督。一方面，政府代表对其所行使职能之公司相关的法规或合同所衍生义务的遵守情况进行监查，通过参与公司会议、获取会计信息等方式监管公司业务，并定期编制季度报告书和营业年度账目报告。另一方面，官方董事有权限按经济效率标准，监视有关公司的利益，向监督者报告一切与公司运作有关的事实，并与政府代表一起维护涉及该企业的公共利益。

三、粤港澳大湾区国有企业的地位和作用

在粤港澳大湾区建设上升为国家层面战略的背景下，国有企业坚持自身在经济建设中的基础性、服务性以及先导性作用，为产业发展和优化升级打下了坚实基础。截至 2020 年年末，广东国资监管企业资产总额达到 115 558.44 亿元，覆盖了电力、物流、交通运输、建筑、外贸、金属冶炼、旅游酒店等多个行业，在经济发展、科技进步、国防建设、民生改善、内引外联等方面作出了重要历史贡献，为粤港澳大湾区经济社会正常运行发挥了重要的保障作用。

（一）经济发展

国有企业是国民经济的主导力量，是社会主义经济的重要支柱。总体上，国有企业已经同市场经济相融合，运行质量和效益明显提升，为推动经济社会发展、增强我国综合实力作出了重大贡献。以深圳市为例，作为国家经济改革的先行示范区，深圳市自 1979 年建市至 2018 年间，地区生产总值增长 1.2 万倍，年均增长速度高达 22.4%；同期深圳市属国有资产以年均 28.7% 的速度实现了总规模增长 1.9 万倍。2018 年，深圳市属国有企业实现营业收入 5 000 亿元，同比增长 23.5%；上缴税金 923 亿元，同比增长 26.8%。

此外，在国际国内市场竞争中也涌现出了一批具有核心竞争力的国有骨干企业，为推动经济社会发展、开拓国际市场做出了重大贡献。据统计，2021 年世界 500 强企业中总部位于粤港澳大湾区的达到 25 家，其中国有企业 12 家。例如，招商银行股份有限公司在世界最赚钱的 50 家企业中排名第 26，利润达 141.08 亿美元；华润集团有限公司的业务领域不仅扎根中国大地，还延伸至泰国（地产）和澳大利亚（消费品、医疗）等国家。以国有企业为代表的粤港澳大湾区企业在国际市场上集体崛起，凸显粤港澳大湾区在全球经济

发展中的重要作用。

（二）科技进步

国有企业是产业创新能力建设的重要平台。一批具有世界先进水平和领先水平的标志性重大创新成果是由国有企业贡献的。仅从 2017 到 2020 年，港珠澳大桥通车运营、“慧眼”卫星发射、首艘国产航母下水、“天问一号”火星探测器成功发射等，这些代表着世界科技前沿的重大突破，都铭刻着国有企业耕耘的足印。总体而言，国有企业在促进科技进步方面有两条不同的路径：其一，国有企业将国有资本投入高科技公司以促进科技进步，比如广东省广新控股集团有限公司、广东恒健投资控股有限公司、深圳市资本运营集团有限公司等国有企业利用平台优势，为新能源、新材料、生物医药、信息技术等高新技术领域注入金融“活水”。其二，国有企业自身在高科技领域有所建树，以广州无线电集团为例，该集团以“高端高科技制造业、高端现代服务业”为战略定位，拥有国家认定的高新技术企业 57 家，年均研发投入占同口径营业收入 12% 以上，新产品产值率年均超过 80%，攻克了多项具有自主知识产权的关键技术体系，让中国成为全球第三个完全掌握金融智能装备核心技术的国家，其通信导航产品为神舟飞船发射等众多国家战略项目保驾护航。可见，粤港澳大湾区国有企业正在成为科技创新、技术进步的重要平台和动力源泉。

（三）国防建设

国有企业承担着维护国家国防建设的责任，展现着担当和作为。聚焦到粤港澳大湾区国有企业，以广东宏大控股集团股份有限公司为例，该公司是广东省环保集团有限公司的控股子公司，是全国军民融合创新示范企业。其下属军工板块的广东明华机械有限公司主要负责承接军品业务，是全国十四家地方重点保军企业之一。公司自主研发的 HD-1 导弹于 2018 年 10 月首飞成功。企业未来将打造军工智能制造基地，孵化多个智能弹药及单兵作战等前瞻性军工项目研发平台。再如中船黄埔文冲船舶有限公司是中国船舶工业集团公司属下大型造船企业，是华南地区军用舰船、特种工程船和海洋工程的主要建造基地。其最具代表性的舰艇主要有高速护卫艇、反潜护卫艇、常规动力潜艇、新型导弹快艇以及多种型号的导弹护卫舰。这些粤港澳大湾区国有企业为我国军用武器装备现代化建设作出了重要贡献。

（四）民生改善

国有企业在民生领域具有主导地位，推动了我国基础设施的完善和公用事业的发展，确保了公共产品和服务达到最优供应水平。在关系国计民生的重要领域，广东省大部分供水、供气和公共交通，90% 以上的机场建设管理，80% 以上的高速公路建设，40% 以上的电力装机容量等由国有企业承担，彰显了国有企业的责任担当和重要地位。例如，在水资源配置和供应方面，广东省粤海集团参与承建的珠三角水资源配置工程是国家 172 项重大水利工程之一，工程从西江水系向珠江三角洲东部地区引水，将有效解决广州市、深圳市、东莞市生活生产缺水问题，并为香港特区等地提供应急备用水源。在电力建设上，截至 2020 年，中国南方电网有限责任公司通过西电东送累计送电量达 1.07 万亿千瓦时，其中对香港特区送电量达到香港特区用电量的 25%。

（五）内引外联（窗口功能）

在港澳建立和发展“窗口公司”曾经是中国企业走向国际的重要途径。改革开放初期，中央各部委和内地各省市纷纷在港澳开设“窗口公司”，这类“窗口公司”旨在对本部门、本地区或本行业驻港澳企业实施行政管理。在这类经济主体的加持下，很多内地企业通过香港和澳门逐渐熟悉和适应国际市场。此时，窗口企业与内地企业保持紧密的经济联系，发挥着“内引外联”的作用，为内地企业引进资金、先进技术、市场经济管理经验和开展进出口贸易等方面作出了巨大的贡献。以广东省粤海控股集团有限公司为例，它作为广东省政府最早成立的“窗口公司”之一，于1980年在香港注册成立，开拓了广东省和香港的商品贸易、旅游等业务。在改革开放中前期，它极大地帮助了省内各地引进投资，在推荐香港和内地紧密合作上发挥了重要的桥梁纽带作用，此外，它积极引进国际先进管理经验，创新管理机制，形成人才交流机制，为广东省的经济发展和改革开放发挥了先行引领作用。虽然2003年11月颁发的《国务院办公厅转发商务部等部门关于改革内地驻港澳地区“窗口公司”管理模式意见的通知》（国办发〔2003〕90号）中取消了“窗口公司”这一称谓，但是国有企业的窗口功能依旧没有改变。以广东省驻澳门“窗口公司”和龙头企业——广东南粤集团有限公司为例。它于1981年在澳门正式成立，一直秉承立足澳门、服务澳门的理念。在粤港澳大湾区发展战略提出后，它紧随战略发展需求发挥所长，形成了粤澳合作城市综合运营服务、跨境金融服务、中医药产业园开发运营三大核心业务板块，融入了澳门经济社会生活的各个方面，成了维护澳门长期繁荣稳定，促进澳门经济适度多元发展的中坚力量。

第二节　民营企业[①]

一、概念和分类

民营企业又称为私营企业，在内地通常使用“民营企业”的称谓，在港澳则通常使用“私营企业”的称谓。依据企业的资本来源和构成定义，当企业的资本以非公有资产作为投资主体时，可称为民营企业[②]。在全国工商联对民营企业进行统计时，所有非公经济成分控股的有限责任公司和股份有限公司，以及非国有和外资控股的企业都算作民营企业。

（一）按照创办形式分类

1. 从个体户起家或直接由家庭成员投资兴办的家族式企业

据统计，1978年，广东省这类企业有1.8万户，约占全国的13%；2020年达到763.02万户，是1978年的424倍。经过发展壮大，这类企业中诞生出一批著名的民营企业，例如，

① 在本节民营企业的相关统计数据中，包含外资企业的数据。

② 国家统计局企业调查总队课题组. 民营经济发展和民营企业成长研究. 经济研究参考，2004，（22）：2-12.

名创优品、长隆集团、立白集团和志高空调等。

2. 朋友参股合资开办的合伙式企业

此类企业一般由核心企业家召集朋友、同学、同乡等共同出资组成，有利于发挥各自的能力和资源优势。例如，腾讯公司由五个同学和同事共同创业。

3. 国有或集体企业通过改制转型的民营企业

国有企业和集体企业可以通过转股、注销再新设、变更、投资新设等办法，引入非公有资本使国有企业、集体企业转制为民营企业。例如，顺德在20世纪90年代开展产权制度改革，美的、格兰仕等企业通过改制成民营企业而发展壮大。

（二）按照所处行业分类

1. 深耕传统行业的民营企业

广东省工商联发布的《2020广东省百强民营企业》显示，进入榜单的民营企业集中于制造业、批发零售等行业。例如，温氏食品集团股份有限公司专注于农牧业，是一家以畜禽养殖为主业的现代农牧企业集团；美的、格兰仕等公司在家电制造业享誉全球。香港新鸿基地产、长江和记实业、新世界、恒基兆业在房地产业深耕多年。

2. 投身新兴行业的民营企业

首先是专注于高新技术的民营企业。例如，创立于1987年的华为公司是全球领先的ICT（信息与通信）基础设施和智能终端提供商,致力于构建万物互联的智能世界。2020年，华为公司营收超过8 588亿元，是广东省，也是中国最大的民营企业。

其次是专注于新商业模式的民营企业。例如，腾讯公司1998年在深圳市创办，现在已经发展成为中国最大的互联网综合服务提供商和中国服务用户最多的互联网企业，微信和QQ是中国互联网发展的标志性产品。唯品会经过多次尝试，选择中高档大众时尚品牌服装特卖商业模式，开创“名牌折扣+限时抢购+正品保障”的创新电商模式，借助新的商业模式迅速成长起来。

最后是借助新金融模式发展的独角兽企业。独角兽企业的概念由风投基金创始人艾琳·李（Aileen Lee）在2003年提出，指发展速度快和受到投资者追捧的创业企业。衡量独角兽企业常用的标准有两条:一是企业成立不超过10年,是接受过风险投资的初创企业;二是企业估值超过10亿美元。胡润研究院于2019年1月发布的《2018胡润大中华区独角兽指数》显示，粤港澳大湾区共有24家企业上榜，其中深圳市15家，广州市7家，香港特区2家。粤港澳大湾区独角兽企业主要集中在互联网、机器人等高科技行业，代表性的企业包括：深圳市的微众银行（估值1 500亿元）、大疆（估值1 000亿元），广州市的小鹏汽车（估值300亿元），香港特区的客路旅行（估值70亿元）。

二、粤港澳大湾区民营企业的特点

（一）广东省民营企业的特点

1. 家族式治理特征明显

广东省民营企业多数采用家族式治理模式。其特征是以血缘和亲缘作为纽带，以家长式领导作为权威，以家族关系作为资源积聚渠道，帮助民营企业降低交易成本和聚拢家族资源。

2. 职业经理人逐步引入

改革开放40多年来，外部环境的剧烈变革促使内地民营企业逐步走向治理结构的规范化、职业化和公共化，职业经理人逐步引入管理层甚至治理层。将亲情、忠诚和才能结合起来，成为民营家族企业最重要的融合社会人力资本的手段。例如，美的公司通过股权激励、内部培养、管理创新和组织变革引进和培养职业经理人，职业经理人已接任董事长。

3. 产业集群，高效合作

广东省民营企业具有集群式发展的特征，某一行业内的竞争性企业、合作企业、供应商和相关机构（如行业协会等）聚集在特定的区域。民营企业集群式发展可以看作家族联系的外延，在一个产业链中，家族成员分散在不同中小企业担任负责人，由血缘、地缘、学缘等关系连接起来的网络化组织之间有高效的合作机制。产业集聚形成了富有特色的镇域经济，比如东莞横沥的模具、顺德北滘的家电、中山小榄的五金、东莞虎门的服装均享誉全国。

（二）香港特区私营企业的特点

1. 家族治理独具特色

首先，家族企业的影响力大。安永会计师事务所联合瑞士圣加伦大学发布2019全球家族企业指数，公布了全球最大的500个家族企业，中国有38家企业上榜。其中，内地上榜12家，香港上榜21家，香港上榜企业数量多且影响力大。典型的代表是香港的长江和记实业，在全世界排名第21位。

其次，家族持股具有鲜明特色。家族股份经历从稀释到集中的转换。由于家族企业股权在代际传承中容易被稀释，香港部分家族企业到家族传承至第三、四代会实施“股权再集中”，通过收购股权使某一位家族成员成为控股股东，提高决策效率，利丰集团和李锦记集团这两家公司都有股权再集中的经历。

最后，充分发挥控制性家族在公司治理的作用。以李锦记集团为例，家族宪法规定了股权的继承与转让、家族成员雇用、董事会运行等规则，实现家族利益和企业利益的平衡。

2. 专业治理占据重要地位

香港特区私营企业引入专业人士参与企业治理的程度很高。例如，东亚银行、长江集团等企业已经启用外部经理人担任关键职位。企业从战略层面、日常运营管理到基层员工层面的专业化程度较高。利丰集团同样通过董事会结构设计保持对企业的监督，独立董事均由具有社会影响力的专业人士担任。

（三）澳门特区私营企业特点

首先，私营企业规模偏小，以业主制和合伙制为主。抽样调查结果显示，澳门特区实行业主制、合伙制的企业占调查总数的95%以上，而公司制企业不到5%。澳门特区的产业结构呈现博彩业“一枝独秀”的局面，在此相对单一的产业结构下，私营企业多属于中小微企业。

其次，企业管理以“人治”和“权威管理”为特色，在接班人的选择上更重视忠诚度。

最后，澳门特区政府通过倾斜性政策措施为私营企业发展提供优惠条件。澳门特区政府的政策措施分为两类：一是在面向全社会的优惠政策中包含着对私营企业的支持；二是专门为私营中小微企业定制的政策，推出“中小企业专项信用保证计划”“中小企业信用保证计划”和“中小企业援助计划”。

三、民营企业的地位和作用

（一）推动经济总量、质量共同发展

粤港澳大湾区的民营企业推动经济在数量、质量两方面高速发展。在经济总量方面，民营企业已经占据了粤港澳地区的半壁江山。根据 2018 年广东省政府向省人大常委会提交的《关于我省支持民营经济发展情况的报告》，广东省民营经济贡献了全省 50% 以上的地区生产总值、60% 左右的投资、70% 以上的创新成果、80% 以上的新增就业和 95% 以上的市场主体。广东省民营经济增加值、实现税收、进出口总额均居全国民营经济第一。在香港私营企业聚集的四大行业——金融业、旅游业、贸易及物流业和专业服务及其他工商业支援服务业中，2016—2019 年的经济增加值都占到了 GDP 的 50% 以上。澳门私营企业更是占澳门经济版图的绝大部分，澳门 2019 年 GDP 为 4 455.30 亿澳门元，比 2015 年增长 23.86%，其中，在澳门民营企业聚集的第三产业，经济增加值占 GDP 的比重是 95.7%。

在推动经济总量增加的同时，民营企业也带动了粤港澳大湾区经济高质量发展。首先，民营企业在发展中涌现了一批高质量的知名企业，如华为、正威国际、美的、腾讯等都是世界 500 强企业。它们在带动地区经济高质量发展上发挥了不可或缺的作用。其次，民营企业中还存在一批知名度不高，但在细分领域拥有巨大市场份额和重要行业话语权的企业。比如，位于深圳的杰普特是一家生产智能光纤激光器的企业，已成为激光器领域的“隐形冠军”。最后，民营企业也给粤港澳地区带来或开发了许多高质量的商业项目，例如，瑞安集团的佛山岭南天地等典型优质项目。

（二）助力国际贸易与投资，推动外向型经济发展

粤港澳大湾区的民营企业在推动对外经济发展方面也发挥着自己的作用。广东省民营企业进出口额从 2015 年的 2.48 万亿元增长至 2020 年的 3.9 万亿元，年均增速达 9.5%，占全省进出口比重由 39% 上升至 55.1%。从 2018 年起，民营企业连续 3 年保持广东省第一大外贸主体地位。

在对外投资方面，广东省中小企业局 2016 年公布的《广东省民营经济发展领先趋势研究报告》显示，在广东省开展对外投资的企业中，非国有企业占比为 96.1%，民营企业占非国有企业投资的 97%。从上述比例可以看出民营企业在对外投资方面的重要作用。

（三）推动技术进步

民营企业从两个方面推动技术的进步。第一个方面是自主研发与创新。2021 年，广东省的高新技术企业总量超 6 万家，连续 6 年全国第一；广东省 65% 以上的发明专利、75% 以上的技术创新成果来自民营企业，80% 以上新产品由民营企业开发。民营企业技术创新的典型案例是华为公司。华为公司高度重视技术创新与研究，坚持将每年收入的 10% 以上投入研发，2018 年华为公司研发费用达 1 000 多亿元，接近年度收入的 15%，在《2018 年欧盟工业研发投资排名》中位列全球第五；华为公司成为全球最大的专利持有企业之一，截至 2018 年年底，累计获得授权专利 87 805 项。第二个方面是技术引进。通过与外商企业的合作，本土企业从跟随模仿逐步实现了向源头创新和引领式创新跃升，内化出自身的科技能力，尤其是科研人才的积累和科研网络和制度体系的建立。外来科研人员来华投资和国际创新“巨头”在珠三角地区设立分支部门，也促进了科研成果的转化，并进一步孕育更多创新成果。

（四）成为吸纳就业的主要渠道

广东省的民营企业主要还是以劳动密集型企业为主，民营企业的发展有助于解决就业问题。1979 年，广东省民营经济就业人口不足 2 万，约占全国民营经济就业总人口的 5%；2018 年，广东省民营经济的就业人口达 3 542.52 万人，占全省社会从业人员的比重超过 50%，成为全省就业人数最多的经济类型。民营企业在解决粤港澳地区的就业问题上发挥了不可替代的作用。

党的二十大报告强调了“优化民营企业发展环境，依法保护民营企业产权和企业家权益，促进民营经济发展壮大。”民营企业在稳定增长、促进创新、增加就业、改善民生等方面贡献巨大，是推动我国发展不可或缺的力量，也是构建新发展格局、实现高质量发展的重要支撑。

第三节　外资企业

一、外资企业的概念与分类

外资企业是外商投资企业的简称。外商投资企业是指全部或者部分由外国投资者投资，依照中国法律在中国境内经登记注册设立的企业[①]。外商投资企业是中国经济的重要组成部分，跟国有企业、民营企业一样，都是我国经济的主体。

当然，香港特区和澳门特区也存在外资企业，两地长期实行市场经济，汇聚了大量外国资本。尽管如此，两地特别行政区政府仍然积极引进外资，促进海外企业在当地拓展业务，凸显外资企业对经济发展的重要性。

---

①《中华人民共和国外商投资法》（2019 年 3 月 15 日第十三届全国人民代表大会第二次会议通过）

二、粤港澳大湾区外资企业政策简介

（一）广东省外资企业政策简介

利用外资是我国对外开放政策的重要内容，在经济发展和深化改革进程中发挥了积极作用。珠三角地区更是改革开放初期引进外资的“桥头堡”，当前伴随大型跨国企业在中国业务的不断提升，中国市场成为国外资本的重要战略选择，外资企业对粤港澳大湾区乃至中国经济的发展起到重要作用。因此，外资企业深受各地政府重视。

1. 外资企业登记可“一窗受理”

在广东省申请外资企业设立登记的，可以通过“开办企业一窗受理系统”完成设立登记、印章刻制和申领发票等企业开办环节，并填报外商投资信息报告。投资人在登记环节需承诺是否符合《外商投资准入特别管理措施（负面清单）》要求，填报行业门类和代码后，根据实际情况如实勾选涉及特别管理情况。

2. 为重大外资项目提供资金保障

广东省财政对重大外资项目提供资金支持。根据 2020 年发布的《广东省进一步做好稳外资工作若干措施》，对符合条件的年实际外资金额（不含外方股东贷款）超过 5 000 万美元的新项目、超过 3 000 万美元的增资项目等按不低于 2% 的比例予以奖励，最高奖励 1 亿元。同时加强重大外资项目跟踪储备，实施“一企业一专员”“一项目一方案”精细化管理。

3. 建立外资企业招商引资平台

广东省为更进一步利用外资和扩大开放，积极探索商事登记确认制改革，推进“证照分离”改革全覆盖。允许取得永久居留资格的国际人才在广东自贸试验区内创办科技型企业、担任科研机构法定代表人。进一步完善跨国公司跨境资金集中运营管理制度，推进全功能型跨境资金池业务。继续推动新一批省级管理权限下放至广东自贸试验区。支持广东自贸试验区改革创新经验率先在省内综合保税区、国家级经济技术开发区复制推广。完善省级经济开发区运行监测体系，提升利用外资指标权重，鼓励采用“一企一策”方式强化产业链招商。支持有条件的地市向国家级经开区下放更多经济管理权限。

（二）香港特区外资企业政策简介①

香港特别行政区政府投资推广署负责为香港引进外来直接投资与协助海外及内地企业在香港拓展业务。投资推广署一直积极鼓励有意于香港特区设立公司或拓展业务的内地企业、中小型企业及跨国公司以香港特区作为业务发展的首要据点。从业务筹划以至实施扩展各个阶段，为投资者免费提供专业意见及支持服务。

作为香港特别行政区政府部门，该署致力引进对香港特区经济及发展策略上有利的海外投资项目，并鼓励这些投资项目持续留港发展。除香港特区总办事处外，投资推广署的专责人员派驻全球多个重要商业城市，以确保为投资者提供最快捷和完善可靠的服务。

---

① 贸促会驻外代表处审核. 香港特区贸易投资推广署. 中国国际贸易促进委员会，2021-12-31。

（三）澳门特区外资企业政策简介

澳门贸易投资促进局负责协助行政长官研究及制定有关促进对外贸易、引资、会展业务及中国与葡语国家经贸合作等对外合作的经济政策，并执行有利于推动该政策实现的措施[①]。其职责包括向投资者提供咨询、支援和协助服务；专人提供在澳投资所涉及的程序、牌照及手续的指引、资料及建议；协助办理成立公司及登记的相关所需手续；协助寻找合作伙伴等[②]。

三、外资企业的地位与作用

1. 弥补我国发展中的资金短缺问题，带来就业和税收

20 世纪八九十年代，为解决社会主义现代化建设资金和技术支撑不足问题，我国充分运用劳动力、土地等资源的成本优势，辅之以优惠的税收政策，大力吸引外资，利用外资规模不断上升，一定程度弥补了发展中的资金短缺问题，带来了大量就业和税收，粤港澳大湾区也成为外资企业在中国高密度聚集区域。

2. 促进经济转型、产业升级和区域协调发展

21 世纪初加入世界贸易组织之后，我国本着自由化、便利化的开放原则，切实履行入世承诺，积极推动经济全球化，维护多边体制，通过全面开放促进国内体制改革，逐渐形成吸引外资新优势，外资政策的主动性进一步增强。通过政策引导，外资在我国开始布局中高端产业链并更加关注服务业，在促进经济转型、产业升级和区域协调发展等方面的作用有所提升。外资企业高度集聚在珠三角地区，其集聚程度呈现上升趋势。

3. 推动经济提质增效

党的十八大以来，中国特色社会主义进入新时代，利用外资更加注重通过引导来推动经济提质增效。从党的十八大提出“提高利用外资综合优势和总体效益，推动引资、引技、引智有机结合”到十九大提出“实行高水平的贸易和投资自由化便利化政策，全面实行准入前国民待遇加负面清单管理制度，大幅度放宽市场准入，扩大服务业对外开放，保护外商投资合法权益”，再到二十大报告提出，“合理缩减外资准入负面清单，依法保护外商投资权益，营造市场化、法治化、国际化一流营商环境。”我国利用外资愈加注重结构升级和协调发展，对接国际先进经贸规则的制度型开放成为利用外资的重要优势。一是大力引导外资流向高精尖产业及现代服务业，支持外商投资创新发展。二是以协调发展为目标，优化外商投资导向，推动利用外资均衡化发展，引导外资更多投向现代农业、生态建设、先进制造业、现代服务业等。三是对接国际高标准经贸规则，扩大外资准入领域，引导优质外资集聚、优化投资结构。

在外资企业的助力下，历经多年发展的粤港澳大湾区已成为中国开放程度最高、经济活力最强的区域之一，无论是经济规模、外向程度、产业形态，还是城市竞争力和区域一体化水平，都已具备建成国际一流湾区和世界级城市群的基础条件。

---

① 目标与任务. 澳门投资贸易局官方网站。

② 澳门特区政府“一站式”助营商者开拓发展，这些品牌有收获！. 搜狐网，2022-12-11。

第四节　上市公司

一、上市公司的概念

根据我国《公司法》规定，上市公司是指其股票在证券交易所上市交易的股份有限公司。粤港澳大湾区内拥有香港特区和深圳市两个金融中心，香港交易及结算所有限公司（Hong Kong Exchanges and Clearing Limited，HKEX，简称香港交易所或港交所）和深圳证券交易所（简称深交所）是重要的股票发行市场，汇聚了大量具有重要战略地位的上市公司。有鉴于此，在本部分我们将对粤港澳大湾区的上市公司予以专门介绍。

二、粤港澳大湾区上市公司整体特征

（一）资本市场发达，上市公司集聚

依托香港特区和深圳市这两个重要的金融中心，大量上市公司集聚于粤港澳大湾区，培育出万科、格力、比亚迪等一批行业龙头。据 21 数据新闻实验室统计报道，截至 2019 年，粤港澳大湾区有境内（A 股）上市公司 533 家，其中在深交所上市的公司 458 家，占八成以上。截至 2021 年 6 月 30 日，粤港澳大湾区拥有中国上市公司市值 500 强公司 121 家，合计市值由 2010 年的 7.64 万亿元增至 25.51 万亿元。千亿市值公司由 21 家增至 69 家。万亿市值公司增至 3 家，包括 500 强之首的腾讯控股、招商银行、中国平安。截至 2021 年年底，在深交所上市的公司总计已达到 2 578 家，股票总市值约为 39.64 万亿元。香港特区作为重要的国际金融中心，为全球企业提供了重要的融资平台。2018 年 4 月，港交所发布 IPO 新规，允许双重股权结构公司上市，允许尚未盈利的生物科技公司赴港上市，这是香港资本市场支持境内新经济企业作出的重大上市制度改革。预期未来会有更多新经济企业进入香港资本市场，并通过香港走向世界。据统计，截至 2021 年年底，港交所的上市公司有 2 572 家，股票总市值为 42.38 万亿港元。

（二）上市公司"质""量"并进

2021 年世界 500 强企业名单中，粤港澳大湾区共有 25 家（其中 24 家上市公司）入围，粤港澳大湾区在世界 500 强企业数量上首次超越了久负盛名的纽约湾区（24 家）、旧金山湾区（10 家），仅次于东京湾区（40 家）。如果说这 24 家巨头企业是粤港澳大湾区经济"质"的代表，那么粤港澳大湾区的经济全面发展还有"量"的支撑。据 21 数据新闻实验室统计，截至 2022 年 6 月 30 日，入围中国上市公司市值 500 强的 109 家粤港澳大湾区企业中，82 家总部位于香港特区和深圳市，占比超 75%。从头部公司来看，全国 10 家万亿元市值公司中腾讯、招商银行均来自粤港澳大湾区。全国 218 家入榜企业市值过千亿（含万亿）元，52 家总部位于粤港澳大湾区，占比近 1/4。大市值公司已成为城市资本竞争力的重要名片。

（三）优势互补，产业生态完备

粤港澳大湾区的专属特点在于多行业协同，构建利于全行业并进的综合生态。从统计数据上看，粤港澳大湾区内上市公司涵盖了金融保险、房地产、信息技术、制造业、商贸、医药生物等多个领域，既有传统行业巨头，也不乏在新兴产业崭露头角的后起之秀。

如果将粤港澳大湾区内上市公司分为港澳组群和内地组群，可以发现，在港澳组群中，消费品企业占最大部分（占比为37%），其次是工业企业（占比为23%）；相比之下，内地组群中，工业企业占最大部分（占比为37%），其次才是消费品企业（占比为30%）。电讯传媒及科技产业均是这两个组群中的第三大行业（港澳组群占比为12%，内地组群占比为18%），第四是房地产行业（港澳组群占比为11%，内地组群占比为7%），两个组群中行业占比最小的均为金融行业（港澳组群占比为10%，内地组群占比为4%）。因此粤港澳大湾区内，港澳和内地形成了优势互补，协作共进的产业布局，这也促进广东省形成了全国乃至世界一流的产业链水平。例如，深圳迈瑞生物医疗公司在体外医疗诊断设备、医学影像设备领域已经位列世界前三，其供应商有970家，其中470家就在深圳市周边。这是粤港澳大湾区产业链完备、供应能力强的一个明显优势和实例。

三、粤港澳大湾区重要上市公司

（一）世界五百强企业

借助于两大金融中心，大量世界级的上市公司选择在香港特区或深圳市上市，并将总部设在粤港澳大湾区内。以2021年世界500强企业中总部设在粤港澳大湾区的24家上市公司为例，具体分布情况介绍如下：

总部位于香港特区的有9家，包括：①中国华润有限公司。②招商局集团有限公司。③友邦保险集团有限公司。④中国太平保险集团有限责任公司。⑤长江和记实业有限公司。⑥怡和集团。⑦华润置地有限公司。⑧万洲国际有限公司。⑨联想集团。

总部位于深圳市的有7家，包括：①中国平安保险（集团）股份有限公司。②正威国际集团有限公司。③中国恒大集团。④腾讯控股有限公司。⑤万科企业股份有限公司。⑥招商银行股份有限公司。⑦深圳市投资控股有限公司。

总部位于广州市的有5家，包括：①中国南方电网有限责任公司。②广州汽车工业集团有限公司。③雪松控股集团有限公司。④广州市建筑集团有限公司。⑤广州医药集团有限公司。

总部位于佛山市的有2家，包括：①碧桂园控股有限公司。②美的集团股份有限公司。

总部位于珠海市的有1家，即珠海格力电器股份有限公司。

（二）其他重要上市公司

与上面五个拥有世界500强企业总部的城市相比，粤港澳大湾区的其他城市产业发展也是各具特色，优势互补。

澳门特区娱乐产业极其发达，四大支柱产业是出口加工业、旅游博彩业、建筑地产业和金融保险业，在2021年中国上市公司市值500强中，澳门特区的休闲服务类公司优势明显。2021年上半年一共有10家休闲服务公司进入了中国上市公司市值500强，其中澳门特区就占据4家，包括：①银河娱乐。②金沙中国。③永利澳门。④新濠博亚娱乐。

广东省东莞市的产业优势主要体现在电子信息制造业等方面。近年来，生益科技、坚朗五金纷纷跻身中国上市公司市值500强。

广东省江门市是珠江西岸先进装备制造产业带，即“珠西战略”的策源地、主战场和增长极，自2018年完成借壳更名后，领益智造开始出现在中国上市公司市值500强名单内。

广东省中山市主要发展现代轻工纺织和现代农业与食品等产业，2021年4月26日，全球第二大运动鞋制造商华利集团登陆创业板，成为中山市首家市值超过千亿元的企业，也是A股首家市值突破千亿元的纺织服装公司。2020年，中炬高新进入中国上市公司市值500强榜单，位于第418位，该公司是中山市第一家上市公司。

广东省惠州市主要发展石化能源新材料产业，如高能锂一次电池供应商亿纬锂能，该公司于2009年在深圳创业板首批上市，现已发展成为中国上市公司市值500强的112名，是具有全球竞争力的锂电池平台公司。

广东省肇庆市重点发展新能源产业和节能环保产业，资本化空间颇大。风华高科是肇庆市唯一一家市值超过百亿元的公司。

四、上市公司在粤港澳大湾区的重要作用

（一）推动经济增长

上市公司是国民经济的支柱，经济转型的“领跑者”，是推动经济增长的重要力量。从中国上市公司市值500强来看，粤港澳大湾区的公司稳定在120家左右，占全国近1/4。截至2021年6月30日，粤港澳大湾区培育境内外上市公司2 363家，在全国占比近30%，总市值合计35.29万亿元，相比2010年的10.66万亿元增幅达231.05%。随着沪港通、深港通、债券通等一系列资本市场互联互通机制的建立，A股和H股上市公司的交流日益紧密，从而汇聚了一大批优秀公司和行业龙头，助推粤港澳大湾区经济蓬勃发展。

（二）助力创新发展

作为我国最活跃的科技创新前沿阵地，粤港澳大湾区涌现出一批高级的科技创新型上市公司，呈现整体实力雄厚、新兴产业突出、产业体系完备、集群优势明显等特征。2019年，深交所宣布正式推出“粤港澳大湾区创新100指数”，指数成分股公司注册地或运营总部均在粤港澳大湾区，该指数汇集了粤港澳大湾区内创新意识较强、创新能力较为突出的上市公司，对树立粤港澳大湾区企业创新发展标杆、增强金融服务实体经济能力、助力打造具有全球影响力的国际科技创新中心具有重要意义。

（三）带动产业发展，促进产业繁荣

粤港澳大湾区资本市场的发达，促进了大量企业来此上市，而很多上市公司作为行业龙头，在资本市场的帮衬下不断成长和成熟，并且有效带动产业持续发展和繁荣。例如，

诸多跨国公司总部向一个区域迁移，会带动几个、甚至是十几个与其有紧密业务关联的公司随之迁移。因此，作为经济高质量发展和产业结构优化升级的中坚力量，粤港澳大湾区的上市公司必将助推区域产业发展实现更大的突破。

本章小结

复习思考题

1. 简述国有企业、民营企业、外资企业、上市公司的定义。
2. 简述粤港澳大湾区国有企业的监管体制。
3. 民营企业的地位如何，粤港澳三地民营企业的管理体制有什么异同点？
4. 粤港澳大湾区内重要的资本市场有哪些，并请列举粤港澳大湾区内重要的上市公司。
5. 不同企业形态对粤港澳大湾区的发展具有哪些重要贡献？

延伸阅读：总部企业

第十一章　粤港澳大湾区金融市场

学习目标

本章主要讲解粤港澳大湾区银行体系、保险体系和证券市场的基本情况，要求了解金融市场体系与功能，掌握粤港澳大湾区证券市场的体系结构、发展状况及趋势特征，重点理解大湾区的金融协同发展趋势。

第一节　金融市场体系与功能

一、金融市场体系概述

金融市场是指货币资金融通和金融工具交易的场所与机制的总和，是包括资金借贷、有价证券交易、债券和股票的发行、外汇买卖等金融活动在内的市场。一国的金融市场体系由众多的金融机构、监管机构和行业自律组织组成，其中金融机构包括商业银行、保险公司、证券公司等，涉及银行、证券、保险、基金、期货等金融各业。

中国内地金融体系（见图 11-1）的监管架构主要包括中央金融委员会及其设立的中

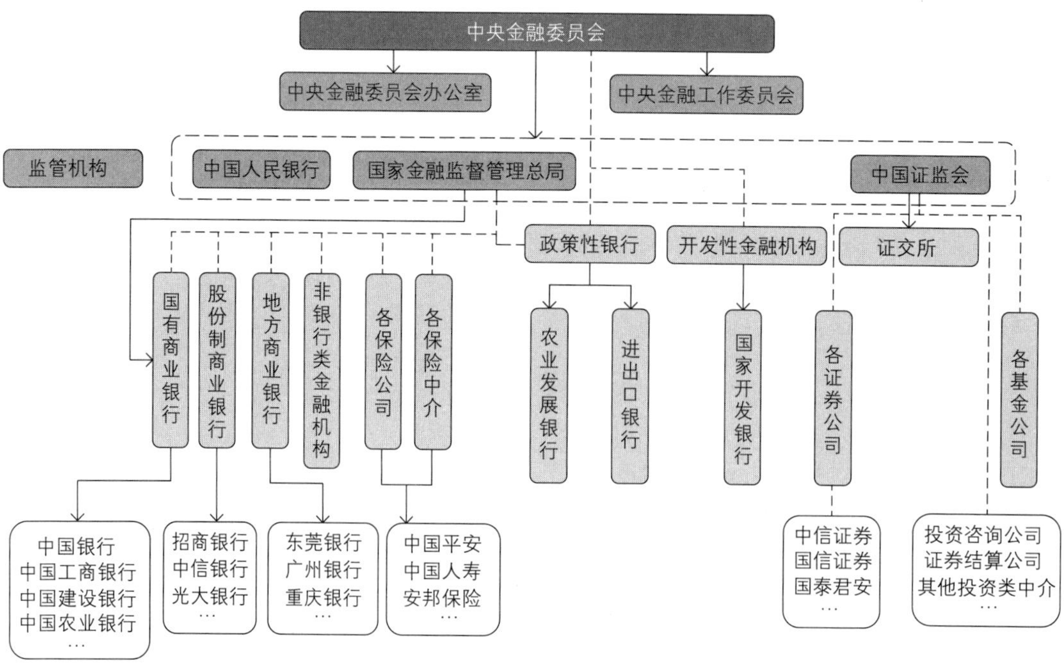

图 11-1　中国内地金融体系简图

央金融委员会办公室与中央金融工作委员会，监管部门包括中国人民银行、国家金融监督管理总局、中央证券监督管理委员会（以下简称中国证监会）。人民银行履行中央银行职责，负责制定和执行货币政策，依法对金融机构活动进行领导、管理和监督。2023 年 3 月，中共中央、国务院印发了《党和国家机构改革方案》，决定在中国银行保险监督管理委员会（以下简称中国银保监会）基础上组建国家金融监督管理总局，强化机构监管、统筹负责金融消费者权益保护，加强风险管理和防范处置，依法查处违法违规行为。5 月 18 日，国家金融监督管理总局揭牌。中国证监会依照法律、法规和国务院授权，统一监督管理全国证券市场，维护证券市场秩序，保障其合法运行。

二、银行体系及其主要功能

银行体系是指由银行业金融机构和自律组织组成的系统。中国内地的银行体系如图 11–2 所示。其中，银行业金融机构包括政策性银行、开发性金融机构和商业银行。政策性银行按照国家发展重大战略为经济社会发展提供政策性金融服务，我国的两家政策性银行是中国进出口银行和中国农业发展银行。一家开发性金融机构是国家开发银行，由国家出资设立，直属国务院领导，支持中国经济重点领域和薄弱环节发展。商业银行是指吸收存款、发放贷款和从事其他中间业务的盈利性机构。中国内地的大型商业银行包括 6 家国有商业银行和 12 家全国性股份制商业银行。除此以外，商业银行还包括数量众多、分布在全国各地的中小型城市商业银行、农村商业银行、外资银行、民营银行等。

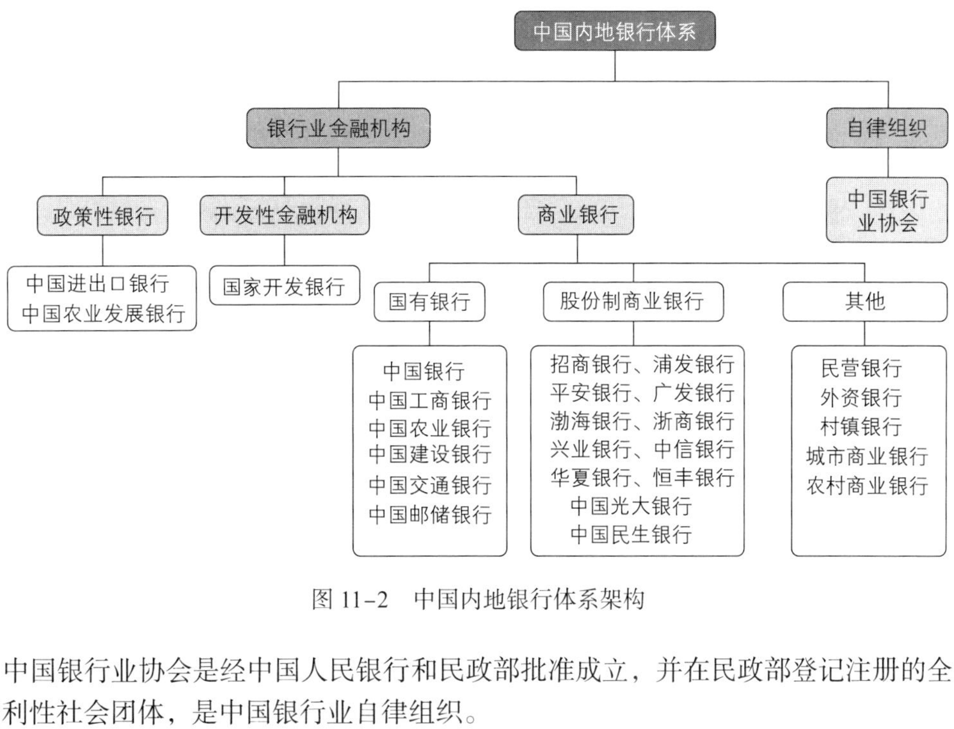

图 11–2　中国内地银行体系架构

中国银行业协会是经中国人民银行和民政部批准成立，并在民政部登记注册的全国性非营利性社会团体，是中国银行业自律组织。

商业银行最重要的功能是信用中介，通过将闲散货币转化为资本，使闲置资本得到充分利用；通过存贷活动将短期资金转化为长期资金。除此以外，商业银行还具有支付中介、金融服务、信用创造和调节经济等职能，并通过这些职能在国民经济活动中发挥重要作用。特别是，商业银行的业务经营活动对全社会的货币供给也有重要影响，是国家实施货币政策等宏观经济政策的重要基础。

三、保险体系及其主要功能

保险体系是指由保险业金融机构和自律组织组成的系统。中国内地的保险体系如图 11–3 所示。保险业金融机构主要包括保险公司（保险人）、保险中介和其他保险相关机构等。由于我国的保险公司一般不得兼营人身保险业务和财产保险业务，因此保险公司一般还可分为寿险保险公司和财产保险公司。保险中介是指介于保险公司之间或保险公司与投保人之间，专门从事保险业务咨询与销售、风险管理与安排、价值衡量与评估、损失鉴定与理算等中介服务活动，并从中依法获取佣金或手续费的单位或个人，包括保险经纪公司、保险代理公司和保险公估公司三类。

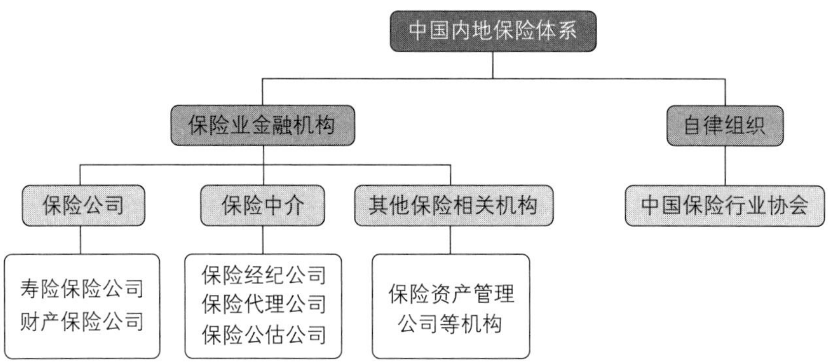

图 11–3　中国内地保险体系架构

中国保险行业协会是在国家民政部登记注册的中国保险业的全国性自律组织，是由商业保险机构自愿结成的非营利性社会团体法人。

保险体系的主要功能是分散风险和补偿损失，使单位和个人面临自然灾害、意外事故，以及个人或家庭面临生老病死等不确定性时，能够及时获得经济补偿，从而发挥经济“减震器”和社会“稳定器”作用。

四、证券市场及其主要功能

证券市场是指股票、债券、证券投资基金、金融衍生工具等各种有价证券发行和买卖的场所。中国证券业协会是行业自律组织，是由各类证券业金融机构自愿组成的行业自律性、非营利性的社会团体法人。

证券市场通过股票、债券等证券的买卖活动引导资金流动，具有使资金从资金剩余者流向资金需求者，为资金不足者筹集资金的功能，能够有效合理地配置社会资源，支持和推动经济发展，是金融市场中最重要的组成部分之一。以债券为例，效益好的企业发行的债券通常较受投资者欢迎，发行时利率低，筹资成本小；相反，效益差的企业发行的债券风险相对较大，受投资者欢迎的程度较低，筹资成本较大。因此，通过债券市场，资金得以向优势企业集中，从而有利于资源的优化配置。

按功能不同，证券市场可分为一级市场和二级市场。一级市场是通过发行有价证券进行筹资活动的市场，一方面为资本的需求者提供筹集资金的渠道，另一方面为资本的供应者提供投资场所。二级市场是有价证券的流通市场，是已发行的有价证券进行买卖交易的场所。二级市场通过促进短期闲散资金转化为长期建设资金，引导资金流向，为商业的直接融资提供渠道。

按组织形式的不同，证券市场还可划分为场内市场和场外市场。场内市场是指有固定场所的证券交易所市场。证券交易所是按照国家有关证券法律的规定有组织、规范化地进行证券买卖的平台，通常集中于某一固定的场所，交易各方在规定的开盘和收盘时间内进行交易。中国内地的场内市场包括上海证券交易所（主板市场和科创板市场）、深圳证券交易所（主板市场和创业板市场）、北京证券交易所。

证券交易所有会员制和公司制两种。会员制证券交易所是不以营利为目的社会法人团体。证券交易所的会员由证券公司组成，会员向证券交易所缴纳会费，只有取得会员资格的证券公司才能在证券交易所参加交易。公司制证券交易所是以股份有限公司形式组织并以营利为目的的法人团体，一般由金融机构及各类民营公司组建。上海证券交易所、深圳证券交易所均采用会员制的组织形式，是非营利性的事业法人；北京证券交易所则采用公司制的组织形式。

场外市场是指没有固定交易场所进行证券交易的市场，有时也称作柜台交易市场或店头交易市场。它与场内市场是功能互补、相互促进的关系。全国中小企业股份转让系统（即俗称的“新三板市场”）以及区域性股权交易市场属于场外市场。其中，区域性股权交易市场是主要的场外交易市场组织形式之一。区域性股权交易市场是为特定区域内的企业提供股权、债券转让和融资服务的私募市场，是我国多层次资本市场的重要组成部分。

按交易对象不同，中国内地证券市场可分为股票市场、债券市场、基金市场和金融衍生品市场（如图 11-4 所示）。

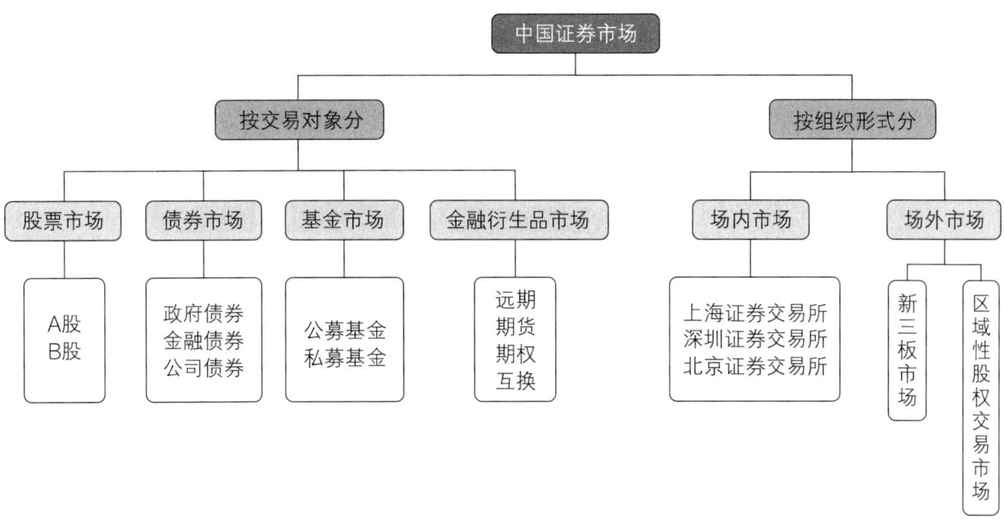

图 11-4　中国内地证券市场的构成

1. 股票市场

股票市场是已经发行的股票转让、买卖和流通的场所。依据股票的交易币种不同，股票可分为A股和B股。其中，A股是人民币普通股票，由中国境内公司发行，供境内机构、组织或个人以及合格境外机构投资者以人民币认购和交易的普通股股票。B股是人民币特种股票，由中国境内公司发行，以人民币标明面值，在境内证券交易所上市交易，以外币认购和交易的普通股股票。

2. 债券市场

债券市场是各种债券发行和买卖的场所。按发行主体分类，债券可分为政府债券、金融债券和公司债券三大类。政府债券是指由政府发行的债券，通常利息享受免税待遇，其中由中央政府发行的债券也称国债或国库券，由各级地方政府发行的债券就称为地方政府债券。金融债券是指由银行或其他金融机构发行的债券，其发行目的一般是筹集长期资金，其利率一般要高于同期银行存款利率。公司债券是指公司依照法定程序发行、约定在一定期限还本付息的有价证券。公司债券的风险相对较大，其利率一般也较高。

债券市场包括交易所债券市场、银行间债券市场和商业银行柜台市场三个子市场。中国内地债券市场的组织机构包括自律组织、交易平台与登记托管机构。债券市场基本实现了债券登记、托管、清算和结算集中化的管理，相应的机构包括中国证券登记结算有限责任公司、中央国债登记结算有限责任公司和上海清算所。

3. 基金市场

基金市场是指进行证券投资基金发行和转让的市场。证券投资基金（以下简称“基金”）是一种共同投资、利益共享、风险共担的集合证券投资方式，它主要通过向投资者发行股票或受益凭证（基金份额），将社会上的小额闲散资金或者机构投资者的资金等集中起来，交由专业的基金管理机构投资于各种金融资产，如股票、债券以及金融衍生产品等。基金投资人按持有份额比例获取证券投资的收益，也承担因投资亏损而产生的风险。基金管理机构和托管机构分别作为基金管理人和基金托管人，一般按照基金的资产规模获得一定比例的管理费收入和托管费收入。

按资金募集方式分类，基金可分为公募基金和私募基金。公募基金是指面向社会不特定投资者公开发行受益凭证的基金，受政府主管部门的监管，有信息披露、利润分配、投资限制等行业规范方面的制约。私募基金是私下或直接向特定投资者募集的资金，私募基金只能向少数特定投资者采用非公开方式募集，对投资者的投资能力有一定的要求，同时在信息披露、投资限制等方面监管要求较低，方式较为灵活。

基金为中小投资者拓宽了投资渠道，已经成为大众化的投资工具。从国家层面看，基金通过吸收社会上的闲散资金，为企业在证券市场上筹集资金创造了良好的融资环境，实际上起到了把储蓄资金转化为生产资金的作用。这种将储蓄转化为投资的机制为产业发展和经济增长提供了重要的资金来源。

4. 金融衍生品市场

金融衍生品又称为衍生金融工具，是交易双方通过对利率、汇率、股价等因素变动的趋势预测，约定在未来某一时间按一定的条件进行交易或选择是否交易的合约。金融衍生品通常采用保证金交易，即只要支付一定比例的保证金就可进行全额交易，不需要实际上的本金转移，合约的结算一般也采用现金差价结算的方式进行。因此，金融衍生品交易具有杠杆效应。

金融衍生品市场按其交易的主要品种又可细分为期货市场、期权市场、远期市场和互换市场。期货市场是最具有代表性的金融衍生品市场之一。期货是指以棉花、大豆、石油等大宗商品或股票、债券等金融资产为标的的标准化可交易合约。期货交易所是买卖期货合约的场所，是期货市场的核心。中国内地的期货交易所包括郑州商品交易所、上海期货交易所、大连商品交易所、中国金融期货交易所和广州期货交易所。期货公司是指依法设立的、接受客户委托、按照客户的指令、以自己的名义为客户进行期货交易并收取交易手续费的中介组织，其交易结果由客户承担。期货公司是交易者与期货交易所之间的桥梁，主要业务为根据客户指令代理买卖期货合约、办理结算和交割手续；对客户账户进行管理，控制客户交易风险；为客户提供期货市场信息，进行期货交易咨询，充当客户的交易顾问等。

金融衍生品市场具有规避风险、价格发现、套期保值、促进金融创新等功能，能够帮助金融机构管理者更好地进行风险控制，在促进资源有效配置、增加市场的流动性、提高交易效率等方面起着很大作用。但与此同时，因为其高杠杆性和高风险性，金融衍生品交易也会放大整个金融体系的风险。

第二节　粤港澳大湾区银行体系

一、广东省的银行体系

在广东省的银行体系中，国家开发银行、中国农业发展银行和中国进出口银行均在广东设立了省分行，为广东省经济社会发展提供开发性、政策性金融服务。商业性银行是广东省经济发展的重要金融支持力量。截至 2020 年年底，粤港澳大湾区内珠三角九市，除了有中国工商银行、中国农业银行、中国银行、中国建设银行、中国交通银行、中国邮储银行 6 家国有大型商业银行以及 9 家大型股份制商业银行的分支机构外，还有总部设在该区域的股份制商业银行 3 家，城市商业银行 5 家，农村商业银行 22 家，外资银行 6 家，民营银行 1 家。

1. 股份制商业银行

股份制商业银行是商业银行的一种类型，可以在全国所有省区市开展存贷汇等商业银行业务。中国内地现有 12 家全国性股份制商业银行，分别为招商银行、浦发银行、中信银行、中国光大银行、华夏银行、中国民生银行、广发银行、兴业银行、平安银行、浙商银行、恒丰银行、渤海银行。其中，总部位于珠三角地区的 3 家大型股份制商业银行是招商银行、平安银行与广发银行。

招商银行于 1987 年在深圳蛇口开业，是中国境内第一家完全由企业法人持股的股份制商业银行。平安银行的前身是深圳发展银行。深圳发展银行正式设立于 1987 年 12 月 28 日，是在对深圳 6 家农村信用社进行股份制改造的基础上成立的，也是中国境内第一家公开上市的股份制商业银行。2012 年深圳发展银行吸收合并原平安银行，并更名为“平安银行股份有限公司”。广发银行于 1988 年成立，是一家国有控股的全国性股份制商业银行，主要股东为大型国企，也是唯一一家在粤港澳大湾区“9+2”城市实现机构全覆盖的全国性股份制商业银行。

2. 城市商业银行

城市商业银行是我国的一种商业银行类别，简称城商行，大股东一般是地方政府、国企或大型公司。城商行是中国银行业的重要组成和特殊群体，其前身是城市信用社，主要业务功能是为中小企业提供金融支持，为地方经济搭桥铺路。总部设立在珠三角地区的城市商业银行包括广州银行、东莞银行、广东南粤银行、珠海华润银行及广东华兴银行。此外，还有北京银行、上海银行、江苏银行、杭州银行、宁波银行、长沙银行、江西银行等总部设在外地的城市商业银行在珠三角地区设立了分支机构，开展商业银行业务。

3. 农村商业银行

农村商业银行是服务于当地农民、农业和农村经济发展的股份制地方性商业银行，简称农商行。农村商业银行主要以农村信用社和农村信用社县（市）联社为基础组建。总部设在粤港澳大湾区珠三角九市的农商行包括广州农村商业银行股份有限公司、广东顺德农村商业银行股份有限公司、东莞农村商业银行股份有限公司、广东南海农村商业银行股份有限公司、佛山农村商业银行股份有限公司、江门农村商业银行股份有限公司、珠海农村商业银行股份有限公司、肇庆农村商业银行股份有限公司、中山农村商业银行股份有限公司、惠州农村商业银行股份有限公司等 22 家。

4. 外资银行

根据《中华人民共和国外资银行管理条例》，外资银行是指经过中国法律法规批准的如下机构：外商独资银行、中外合资银行、外国银行分行和外国银行代表处。其中：①外资法人银行包括外商独资银行和中外合资银行；②外国银行分行是注册在境外的外国银行在中国内地取得营业执照的非法人分支机构，其所有法律责任由境外总行承担；③外国银行代表处是由外资银行申请设立、从事与其代表的外国银行业务相关的联络、市场调查、咨询等非经营性活动的机构。

截至 2021 年年末，在粤港澳大湾区珠三角九市注册的外资法人银行有 6 家，包括在珠海注册的摩根士丹利国际银行（中国）有限公司，以及在深圳注册的中信银行国际（中国）有限公司、开泰银行（中国）有限公司、大新银行（中国）有限公司、玉山银行（中国）有限公司和华商银行。截至 2019 年年末，已有来自 13 个国家和地区的外资银行在国家金融监督管理总局广东监管局辖内设立了营业性机构 155 家，广东省成为全国首个地级市外资银行全覆盖的省份，港澳资银行网点数量居全国第一。

5. 民营银行

在中国银行业体系中，民营银行有着特殊的含义，特指 2014 年以来由国家监管机构批准设立的、民间资本控股、采用市场化运作的银行[①]。2014 年中国内地首批 5 家民

① 民营银行是中国银行业的特定用法。事实上，在我国商业银行体系中，股份制银行、城商行、农商行等各类银行中不少控股股东为民营资本，例如中国民生银行等，但是通常不称为民营银行。

营银行批复筹建，分别为深圳前海微众银行、温州民商银行、天津金城银行、浙江网商银行、上海华瑞银行。此后，辽宁振兴银行、湖南三湘银行、四川新网银行、吉林亿联银行、安徽新安银行、重庆富民银行、无锡锡商银行、威海蓝海银行、江西裕民银行、北京中关村银行、武汉众邦银行、梅州客商银行、福建华通银行、江苏苏宁银行 14 家民营银行相继获批开业。截至 2021 年年末，19 家民营银行资产规模合计达到 1.64 万亿元，其中深圳前海微众银行、浙江网商银行、江苏苏宁银行是 3 家资产超过千亿元的民营银行。

总部位于珠三角地区的民营银行是深圳前海微众银行。深圳前海微众银行由腾讯、百业源和立业等企业发起设立，主要业务有微粒贷、微众银行 App、微车贷、微众有折、微动力等金融产品。截至 2021 年年末，微众银行资产规模为 4 387.48 亿元，总资产规模居于民营银行之首；净利润 68.84 亿元，占 19 家民营银行总利润的 50% 以上。

二、香港特区银行业概况

香港金融管理局（简称香港金管局）是香港特区银行业的监管主体，负责维持香港特区货币及银行体系稳定的机构。按照《中华人民共和国香港特别行政区基本法》的规定，香港特区的自治权包括自主发行货币的权力。其发行纸币的银行分别为渣打银行（香港）有限公司、香港上海汇丰银行有限公司及中国银行（香港）有限公司。香港特区银行业的自律组织是香港银行公会，其目标是促进香港特区持牌银行的利益，并制定银行经营守则。

银行在香港特区经营业务，除了需要获得香港金管局颁发的银行牌照以外，还必须成为香港银行公会会员。香港特区的银行业金融机构按照存款金额、存款期限和业务性质分为持牌银行、有限制牌照银行和接受存款公司，这被称为三级银行体系。该体系主要特点，见表 11-1。

表 11-1 香港特区三层银行体系主要特点

	持牌银行	有限制牌照银行	接受存款公司
业务	往来及储蓄存款业务	商人银行及资本市场业务	私人消费信贷，商业贷款及证券等多种专门业务
存款	接受公众任何规模和期限的存款	接受 50 万港元及以上任何期限存款	接受 10 万港元或以上，最初存款期最少为 3 个月的存款
资本	最低资本要求为 3 亿港元	最低资本要求为 1 亿港元	最低资本要求为 2 500 万港元
代表性机构	香港上海汇丰银行有限公司、渣打银行（香港）有限公司、中国银行（香港）有限公司	中银国际有限公司、花旗国际有限公司、上海银行（香港）有限公司	大众财务有限公司、创兴财务有限公司、富邦财务（香港）有限公司

持牌银行是香港特区银行体系的主要组成部分，只有这类银行才能开展香港特区《银行业条例》（香港法例第 155 章）规定的银行业务相关活动。这些活动包括接受存款，为零售客户提供活期、支票、储蓄或其他类似账户，发放贷款，支付或收取客户支付的支票

等。截至 2022 年年末，香港特区银行业共有 155 家持牌银行，其中 31 家香港特区注册持牌银行。香港特区的持牌银行通过存款保障计划保护其存款人，每名存款人的最高保障额为 50 万港元。

有限制牌照银行主要从事商人银行及资本市场业务，可接受 50 万港元或以上的存款，存款期不限。截至 2022 年年末，香港地区共有 15 家有限制牌照银行，其中有 10 家在香港特区注册成立。

接受存款公司主要经营商业银行及资本市场业务，只接受 10 万港元或以上、最初存款期限最少为 3 个月的存款。截至 2022 年年末，香港特区共有 12 家接受存款公司，均在香港特区注册成立。

三、澳门特区银行业概况

澳门金融管理局（简称澳门金管局）是澳门特区银行业的监管主体。澳门金管局作为专门监管金融事务的政府机构，其主要职责是确保澳门元的自由流动和使用。澳门特区银行业的自律组织是澳门银行同业公会，其主要目标是促进澳门特区经济的稳定繁荣和银行业务的发展。按照澳门特区《金融体系法律制度》,澳门特区银行业金融机构主要分为三类：本地注册银行、外地注册银行澳门分行和邮政储金局。截至 2022 年年末，澳门特区共有 34 家银行，其中 13 家为本地注册银行（包括一家邮政储金局）、21 家为外地注册银行澳门分行。

代表性的澳门特区本地注册银行是大西洋银行。大西洋银行成立于 1902 年，是澳门特区的首家银行。该行于 1905 年开始负责澳门元的发钞工作，曾经是澳门特区唯一的发钞银行。代表性的外地注册银行是中国银行澳门分行（简称中银澳门）。中银澳门的前身为澳门南通银行，创立于 1950 年 6 月。1987 年元旦正式更名为中国银行澳门分行。中银澳门是澳门特区的主流银行，与大西洋银行共同承担澳门元的发钞和澳门政府公共库房出纳代理银行的职能。

澳门邮政储金局是澳门邮电局所属信贷机构，可从事属银行性质的业务，包括贷款、存款、货币兑换、转账服务和电子支付等。

第三节　粤港澳大湾区保险体系

一、广东省的保险体系

保险体系主要由保险公司和行业协会构成，广东省保险行业协会和深圳市保险同业公会是广东省境内的保险业自律组织，是由商业保险机构自愿组成的保险行业自律性、非营利性的社会团体法人。

1. 保险公司

广东省是全国保险公司分支机构最多的省份之一[①]，主要集中在深圳市和广州市两大城市。截至2021年年底，在广东省经营的保险公司分支机构有187家，其中按照业务类型来分，包括104家人寿保险公司分支机构和83家财产保险公司分支机构。与经济发展程度相适应，广东省保险业主要集中在珠三角地区。2021年粤港澳大湾区珠三角九市的原保险保费收入合计为4 782.63亿元，占全省份额的85.7%。

（1）寿险保险公司。

寿险保险公司主要提供涵盖意外、健康及医疗保险、人寿保险及退休计划等在内的产品与服务，以满足个人客户在储蓄、保障及投资方面的需要，也可以为企业客户提供雇员福利、雇员人身意外保障和退休保障等服务。在广东省注册的主要寿险保险公司有中国平安人寿保险股份有限公司、前海人寿保险股份有限公司等。

（2）财产保险公司。

财产保险公司的业务主要是为企业及个人客户提供车险、企业财产保险、责任险、货运险、工程险和信用保险等服务。在广东省注册的主要财产保险公司有中国平安财产保险股份有限公司、太平财产保险股份有限公司、亚太财产保险股份有限公司等。

2. 保险中介

（1）保险经纪公司。

保险经纪公司一方面代表被保险人的利益，为被保险人设计保险方案，与保险公司商议达成保险协议；另一方面，为保险公司招揽业务，向保险公司收取佣金。在广东省经营的保险经纪公司主要有长城保险经纪有限公司、集成保险经纪有限公司、嘉信保险经纪有限公司、中安在线保险经纪有限公司、安邦保险经纪有限公司等。

（2）保险代理公司。

保险代理公司是指依法设立的专门从事保险代理业务的有限责任公司和股份有限公司，通常以特定保险人的名义代理销售保险产品、代理相关保险业务的损失勘查和理赔等。在广东省经营的保险代理公司主要有平安健康保险代理有限公司、广东神华保险代理有限公司、广东南枫保险代理有限公司、华康保险代理有限公司等。

（3）保险公估公司。

保险公估公司主要业务是为保险机构提供客观、独立、公正的车险理赔、财险理赔、保险理赔、人伤调查、车险公估、车险代查勘和异地代查勘等保险公估服务，以及对保险标的风险评估、代理勘验、损因鉴定、估损、理算等业务，致力于提供全方位的保险顾问解决方案。在广东省经营的保险公估公司主要有民太安保险公估有限公司、广州天信保险公估有限公司、汇中保险公估股份有限公司、广东衡量行保险公估有限公司、民太安财产保险公估股份有限公司、汇中保险公估股份有限公司等。

3. 其他相关机构

其他相关机构主要是指保险资产管理公司。这类机构的业务主要包括：受托管理保险资金及其形成的各种资产；受托管理其他资金及其形成的各种资产；管理运用自有人民币、外币资金。开展保险资产管理产品业务，资产证券化业务、保险私募基金业务等。在广东

① 保险公司分支机构数为省级分公司以上保险公司。

省经营的保险资产管理公司主要有平安资产管理、阳光资产管理、新华资产管理、安联保险资产管理、中国人保资产管理、泰康资产管理、中国人寿资产管理等。

二、香港特区保险体系

保险业长期以来都是香港特区经济支柱产业。如今香港特区已成为全球最成熟的保险市场之一，保险机构密集，保险产品丰富，保险创新活跃，是亚洲领先的保险枢纽。2021年，香港特区保险业毛保费总额已经达到5 817亿港元，占香港特区生产总值的比重达到近20.33%，保险渗透率及密度排名位居亚洲第一，全球前20大保险公司有60%在香港特区经营保险业务。

香港特区是世界上少数实行混业经营、分业监管的地区。香港保险业监管局（简称香港保监局）是香港特区的保险业监管机构，目标是确保保险业的规管架构与时并进，促进保险业的稳健发展；为保单持有人提供更佳保障；遵行国际保险监督官协会的规定，保证保险监管机构在财政和运作上独立于政府及业界。除此之外，香港保险业联合会和香港保险投诉局为香港保险业自律组织，其中香港保险业联合会主要职责是代表会员在制定法规等方面保障保险业的健康发展；香港保险投诉局的目的是确保保险商在解释保单或保险业务方面进行自律。

香港特区的保险机构按业务类型可分为一般保险业务公司、长期保险业务公司和综合保险业务公司。根据香港保监局的数据，截至2022年9月30日，香港特区共有164家获授权保险公司,其中经营一般保险业务的公司有90家,经营长期保险业务的公司有53家，经营综合保险业务的公司有19家，经营特定目的保险业务的公司有2家。除此以外，香港特区保险中介业也非常发达，有1 741家持牌保险代理机构和80 834名持牌个人保险代理。

1. 一般保险业务公司

一般保险业务主要由意外险、健康险、一般法律责任险及其他财产类险种构成。在香港特区经营一般保险业务的公司主要有美国安泰保险（香港）有限公司、美亚保险香港有限公司、亚太财产保险有限公司、中银集团保险有限公司、中国太平保险（香港）有限公司、中国平安保险（香港）有限公司等。2021年，香港特区一般保险业务市场的毛保费收入总额为616.11亿港元。

2. 长期保险业务公司

长期保险业务主要包括个人人寿及年金、退休计划团体业务、非退休计划团体业务及其他个人业务，并以终身、投连、储蓄加以细分。香港特区保险业以长期业务的发展尤为突出。香港特区长期保险业务公司包括友邦隽峰人寿有限公司、保诚保险有限公司、中国人寿保险（海外）股份有限公司、宏利人寿保险（国际）有限公司、中银集团人寿保险有限公司、安盛财富管理（香港）有限公司、恒生保险有限公司、富卫人寿（香港）有限公司等。

3. 综合保险业务公司

在香港特区经营综合保险业务的公司，其主营业务既包括一般保险业务，也包括长期保险业务。在香港特区经营综合保险业务的公司包括友邦保险有限公司、汇丰保险（亚洲）有限公司、安盛保险（百慕达）有限公司、太平再保险有限公司和蓝十字（亚太）保险有限公司。

三、澳门特区保险体系

作为一个发达的小型经济体，澳门特区保险业发展较为成熟。并且，受制于经济体量，澳门特区保险业早期发展与香港特区密切相关，在澳门特区经营的保险公司很多为香港特区保险公司的分公司或分支机构，运营、投资、理赔均由香港特区总部处理。

澳门特区采用混业监管方式，保险业的监管、协调和监察主要由澳门金融管理局（简称澳门金管局）下设的保险监察厅负责。在监管法规方面，《保险业务法律制度》是澳门特区规范经营保险业务的主要法例。从事保险业务的准入条件、对保险公司的监管要求，以及保险公司的责任等规定均列载于上述法例。保险中介的活动受《从事保险中介业务的法律制度》所监管。

澳门特区保险主要可分为人寿保险和非人寿保险[①]两类，其中人寿保险是澳门特区保险市场的主力军。根据澳门金管局数据，2021 年澳门特区毛保费总额共计 359 亿澳门元，其中人寿保险业务毛保费为 330 亿澳门元，非人寿保险业务毛保费 29 亿澳门元。截至 2022 年年末，澳门特区保险业共有 26 家保险公司，其中 12 家为人寿保险公司，14 家为非人寿保险公司。

1. 人寿保险公司

澳门特区的人寿保险公司主要经营人寿保险产品、定期金相关的业务。经营人寿保险的主要保险公司有 12 家，分别是泰禾人寿保险（澳门）股份有限公司、富卫人寿保险（澳门）股份有限公司、联丰亨人寿保险股份有限公司、中国太平人寿保险（澳门）股份有限公司、忠诚澳门人寿保险股份有限公司、友邦保险（国际）有限公司、加拿大人寿保险公司、中国人寿保险（海外）股份有限公司、安盛保险（百慕达）有限公司、宏利人寿保险（国际）有限公司、万通保险国际有限公司、汇丰人寿保险（国际）有限公司。

2. 非人寿保险公司

澳门特区非人寿保险公司的保险业务主要有意外保险、疾病保险、财产保险、责任保险与保证保险等，承保机器、建筑物、各种原材料或产品、家庭生活用具等因火灾引起的损失；内陆、江河、沿海以及航空运输过程中货物所发生的损失；各种运输工具在行驶和停放过程中所发生的损失等，大体上与内地财产保险公司业务范围相对应。主要的非人寿保险公司一共 14 家，分别是联丰亨保险有限公司、澳门保险股份有限公司、汇业保险股份有限公司、安达保险澳门股份有限公司、中国太平保险（澳门）股份有限公司、忠诚澳门保险股份有限公司、美亚保险香港有限公司、亚洲保险有限公司、三井住友海上火灾保险（香港）有限公司、闽信保险有限公司、昆士兰保险（香港）有限公司、巴郡保险公司、安盛保险有限公司、太平再保险有限公司（代理办事处）。

---

① 在澳门特区称为一般保险，与香港特区的一般保险有所区别。

第四节　粤港澳大湾区证券市场

一、广东省的证券市场

（一）广东省股票市场

1. 证券交易所

在广东省营业的证券交易所主要是深圳证券交易所（简称深交所），是经国务院批准设立的全国性证券交易场所，于 1990 年 12 月 1 日开始营业，履行市场组织、市场监管和市场服务等职责。反映深交所市场行情的指数主要有深证成指、创业板指和深证 100 等指数。

深交所成立以来，积极服务国家战略全局，推动上市公司利用资本市场做优做强，实现高质量发展。2004 年 5 月，深交所在主板内设立中小板，开辟了中小企业进入资本市场的新渠道。2009 年 10 月，深交所创业板设立，支持创新型、成长型企业发展，创业板市值及成交金额在全球创业板市场居领先地位。2020 年 8 月 24 日，创业板改革并试点注册制正式落地，改革后的创业板适应发展更多创新、创造、创意企业的趋势，支持传统产业与新技术、新产业、新业态、新模式深度融合，更好服务高新技术企业、成长型创新创业企业。2021 年 4 月 6 日主板与中小板正式实施合并，有利于解决板块同质化、主板结构长期固化的问题，从而形成主板与创业板各有侧重相互补充的发展格局，更好满足不同发展阶段企业的融资需求。

截至 2022 年 12 月，中国 A 股存量上市公司数量正式突破 5 000 家。从交易所分布来看，5 079 家公司中，上海证券交易所上市公司有 2 174 家，占比 42.8%；深交所上市公司有 2 743 家，占比 54.0%；北京证券交易所上市公司有 162 家，占比 3.2%。中国 A 股成为全球最为重要的资本市场之一，而深交所成为境内上市公司最多的交易所。

2. 证券公司

证券公司也被称为券商，是证券市场重要的中介机构，主要为证券发行人和投资者提供专业化的中介服务。证券公司的业务类型分为证券经纪业务、证券承销业务、证券投资咨询业务、财务顾问业务、受托资产管理业务、证券自营业务、融资类业务、直接投资业务及国际业务。其中，证券经纪业务和证券承销业务是证券公司最主要的两个业务。证券经纪业务是指证券公司通过其设立的证券营业部，接受客户委托，按照客户要求，代理客户买卖证券的业务。证券承销业务是指发行人委托证券公司向社会公开销售证券的行为。发行人向不特定对象公开发行证券，依法应当由证券公司承销，证券承销业务采取代销或者包销方式。

广东省的证券公司及其营业部数量居于全国前列。截至 2022 年年底，广东省注册的法人证券公司共有 23 家，其中，注册资本超过 100 亿元的共有 3 家，中信证券、平安证券、安信证券。营业部超过 100 家的证券公司共有 7 家，分别是：安信证券、广发证券、招商证券、中信证券、中金财富、国信证券、长城证券。注册地不在广东，在广东省设有分支机构的证券公司共 79 家。截至 2022 年 9 月，广东省辖区内共有证券公司营业部 1 391 家。

2022 年，广东省在沪深两市的证券经纪业务总成交额为 901 617 亿元，位列全国第一，占据全国市场份额的 19.12%。以证券经纪业务客户资金余额排名，广东省证券公司在前十名中占据 4 席，其中中信证券以 1 434 亿元位列第一。广东省证券公司承销金额达到 47 048 亿元，占据全国市场份额的 38.93%。以 2022 年承销金额排名，注册地在广东省的证券公司在前十名中占据 5 席，分别有中信证券、中金财富、华泰联合证券、平安证券及招商证券。

3. 场外市场

广东省场外市场还包括广东股权交易中心和深圳前海股权交易中心。广东股权交易中心是于 2018 年 7 月在原广东金融高新区股权交易中心、原广州股权交易中心基础上新组建的区域性股权市场运营机构，是服务全省的地方金融基础设施平台和中小微企业综合金融服务平台。其主要业务类型有组织企业股权和可转换债券等非公开发行与转让、为企业提供权益登记和托管等服务、受企业委托办理权益分配代理人服务、为市场参与者提供融资并购和财务顾问服务等。截至 2022 年年底，广东股权交易中心共有挂牌企业 3 309 家，注册展示企业累计 19 304 家，托管企业累计 5 283 家，会员机构累计 986 家；融资总金额累计 1 729.31 亿元。

深圳前海股权交易中心有限公司是 2018 年设立的深圳市区域性股权市场运营机构，是服务中小微企业的金融基础设施和公共平台，为广东省内中小微企业证券非公开发行、转让及相关活动提供设施与服务，也是政府扶持中小微企业政策措施的综合运用平台。其主要业务类型包括组织企业挂牌及展示、提供非公众企业股票和可转换债券等的非公开发行及转让、进行企业股权和债权及其他证券的登记托管等。截至 2023 年 3 月，深圳前海股权交易中心共有展示企业累计 7 099 家，托管股权总数 127.15 亿股，企业融资金额 963.48 亿元。

（二）广东省债券市场

债券市场是资本市场的重要组成部分。广东省债券发行人发行和交易的主要债券品种包括地方政府债券、公司债券和金融债券。

地方政府债券包括一般债券和专项债券，其中，一般债券是为没有收益的公益性项目发行，主要以一般公共预算收入作为还本付息资金来源的政府债券；专项债券是为有一定收益的公益性项目发行，以公益性项目对应的政府性基金收入或专项收入作为还本付息资金来源的政府债券。地方政府债券发行可以采用承销、招标等方式，在中央国债登记结算有限责任公司办理总登记托管，在国家规定的登记托管机构办理分登记托管。地方政府债券在全国银行间债券市场（商业银行柜台市场除外）、证券交易所债券市场均实行一级托管，各类投资者直接在登记托管机构开立债券账户，实行穿透式管理。2021 年广东省发行地方政府债券规模为 6 760 亿元，发行规模居于全国第一，其中，一般债券 1 824 亿元，专项债券 4 936 亿元。2021 年 10 月 12 日，广东省政府在澳门特区成功发行 22 亿元离岸人民币地方政府债券，广东省成为中国首个在境外发行地方债券的省份。

公司债券发行可分为公开发行和非公开发行两种方式。公开发行公司债券应当按照中国证监会有关规定制作注册申请文件，由发行人向证券交易所申报；非公开发行的公司债券应当向专业投资者发行，不得采用广告、公开劝诱和变相公开方式，每次发行对象不得超过 200 人。在交易环节，公开发行的公司债券，应当在证券交易场所交易；非公开发行公司债券，可以申请在证券交易场所、证券公司柜台转让，仅限于专业投资者范围内转让。2021 年，广东省公司债券净融资 4 608 亿元，其中民营企业债券市场融资表现活跃，在沪深交易所发债规模 4 355.17 亿元，居全国第一。

金融债券是指依法在中国境内设立的金融机构法人在全国银行间债券市场发行的、按约定还本付息的有价证券。中国人民银行依法对金融债券的发行进行监督管理。未经中国人民银行核准，任何金融机构不得擅自发行金融债券。金融债券可在全国银行间债券市场公开发行或定向发行，采用协议承销、招标承销等方式，承销人应为金融机构。2021 年，广东省金融机构法人共发行金融债 259 只，发行规模达到 7 823.40 亿元，占全国金融债发行金额的 8.15%。

（三）广东省基金市场

1. 公募基金

公募基金根据投资标的的不同，可划分为股票基金、债券基金、货币市场基金、混合基金以及基金中基金（FOF）等类别。其中：①股票基金主要投向股票市场，基金资产百分之八十以上投资于股票；②债券基金主要投向债券市场，基金资产百分之八十以上投资于债券；③货币市场基金仅投向货币市场，所有基金资产都投资于短期有价证券，如国库券、商业票据、银行定期存单、银行承兑汇票、政府短期债券、企业债券等；④混合基金同时投向股票市场、债券市场和货币市场，没有明确的投资方向；⑤基金中基金主要投向其他投资基金，并不直接投资股票或债券，其投资范围仅限于其他基金，通过持有其他证券投资基金而间接持有股票、债券等证券资产。

广东省公募基金行业发展迅速，截至 2021 年年末，广东省共有公募基金公司 37 家。在全国管理规模最大的前十家公募基金中，位于广东省的易方达基金、广发基金、南方基金、博时基金和嘉实基金均位列其中。并且，易方达基金以 1.65 万亿元规模位列首位，广发基金以 1.09 万亿元规模位列第三，南方基金以 1.01 万亿元规模位列第四，在全国管理规模超过 1 万亿元的公募基金中，总部位于广东省的就有三家。

2. 私募基金

私募基金的募集方式有两种：一是基于签订委托投资合同的契约型集合投资基金，二是基于共同出资入股成立股份公司的公司型集合投资基金。按照投资标的不同，私募证券投资基金具体可以分为私募证券投资基金、私募股权投资基金、私募资产配置基金。其中：私募证券基金主要投资于公开交易的股份有限公司股票、债券、期货、期权、基金份额以及中国证监会规定的其他资产；私募股权投资基金主要投向未上市企业股权、上市公司非公开发行或交易的股票以及中国证监会规定的其他资产；私募资产配置基金，主要采用基金中基金的投资方式，主要对私募证券投资基金和私募股权投资基金进行跨类投资。

广东省私募基金发展迅速，处于全国领先位置。截至 2021 年年末，从私募基金管理人数量来看，广东省共有私募基金管理人 6 127 家，其中深圳市 4 308 家，除深圳市外广东省其他地区 1 819 家，居于全国第一；从管理基金数量来看，广东省私募基金管理人共管理 29 301 只基金，数量仅次于上海市，其中深圳市 19 781 只，除深圳市外广东省其他地区 9 520 只；从管理基金规模来看，广东省私募基金管理人共管理基金规模 3.4 万亿元，规模仅次于上海市，其中深圳市 2.3 万亿元，除深圳市外广东省其他地区 1.1 万亿元。

（四）广东省期货市场

广州期货交易所于 2021 年 4 月 19 日挂牌成立，是中国证监会批准设立的第五家期货交易所，是广东省内唯一一家期货交易所。广州期货交易所从事的主要业务包含交易业务、结算业务、监查业务和市场推广业务等。不同于大连商品交易所、郑州商品交易所、上海期货交易所实行的会员制及中国金融期货交易所实行的公司制，广州期货交易所定位于创新型期货交易所，是我国第一家混合所有制（公司制）的交易所，股东构成多元，包括中国证监会管理的 4 家期货交易所以及国有企业、民营企业和外资企业。

截至 2022 年年末，总部位于广东省的期货公司共有 22 家，其中深圳市 14 家，除深圳市外广东省其他地区共有 8 家。这 22 家期货公司中，摩根大通期货公司是唯一的外资期货公司。

二、香港特区的证券市场

（一）香港特区股票市场

1. 证券交易所

香港交易所全资附属公司包括香港联合交易所有限公司（简称联交所）、香港期货交易所有限公司（简称期交所）和香港中央结算有限公司。港交所代表性指数主要包括恒生指数、恒生中国企业指数和恒生科技指数等，是反映全球资本市场行情的重要指数。

港交所是全球领先的新股融资中心。在 2009—2021 年的 13 年间，香港特区有 7 年荣登全球 IPO 集资榜首。这应当归功于港交所不断根据变化的环球资本市场环境而调整和改革上市政策。2018 年，港交所修改上市制度，被市场称为历史上最重大的上市机制改革之一，包括开放同股不同权限制、允许尚未盈利的生物科技公司在港上市等。2022 年，港交所进一步推出新的上市政策，优化和简化海外发行人上市制度。

港交所是与内地市场互联互通的先行者。其中，由上海证券交易所和联交所联合推出的沪港通于 2014 年 11 月开通，由深交所和联交所联合推出的深港通在 2016 年 12 月开通。沪港通和深港通的正式开通，标志着内地和香港的二级证券市场首次完成互联互通。

2. 证券公司

证券公司是香港特区股票市场的重要参与者。截至 2023 年 5 月，一共有 585 家证券公司参与香港联交所交易。根据业务范围划分，香港特区证券公司大致可以划分为两类：一类是主营证券经纪代理买卖业务的证券公司，一类是专营或综合经营财务顾问、承销证券、参与收购兼并和提供融资的投资银行。

香港特区证券公司呈现明显的“金字塔”行业结构。根据香港联交所资料显示，2022 年，总成交额前十四家最大的证券公司在香港联交所的市场占有率合计约为 65%，排名在第十五名至第六十五名的证券公司市场占有率合计约为 30%，其余 500 多家小型证券公司市场占有率合计仅为 5% 左右。

香港特区证券公司从背景而言主要包括三种：一类是国际投行，包括高盛、摩根史丹利、美林美银、JP 摩根、瑞信、UBS、德意志银行、野村证券等；一类是香港特区本地券商，包括英皇证券、耀才证券等；一类是内资券商，包括中信证券、海通证券、招商证券、广发证券等。

3. 场外市场

香港特区场外市场规模较大，其中香港股权交易中心于 2017 年 4 月 21 日在香港特区成立，2022 年 4 月 23 日更名为香港报价展示中心（HKOTC）。香港报价展示中心是立足香港这一国际金融中心城市，面对全球、帮助中小企业对接国际资本市场的平台，是推进建立中小微企业进入国际多层次资本市场的一项重要举措，是构建多层次资本市场体系建设的重要环节，是促进中小微企业股权市场规范发展，健全国际多层次资本市场体系的有效渠道。

（二）香港特区债券市场

香港特区债券市场是以发行和买卖政府债券和公司债券为融通长期资金工具的市场。虽然起步时间相近，但香港特区的债券市场远不如股票市场那么发达。

香港特区债券市场呈现多样化的特点。按币种可以划分为离岸人民币债券市场、港币债券市场、亚洲 G3 货币（美元、欧元、日元）债券市场。截至 2022 年年末，离岸人民币债券、港币债券、G3 货币债券存量规模分别为 1 376 亿美元、1 699 亿美元和 7 169 亿美元。

（三）香港特区基金市场

香港特区基金市场的监管机构主要是香港证券及期货事务监察委员会（简称香港证监会）。基金市场自律组织主要是香港投资基金公会，其前身为 1986 年成立的香港单位信托基金公会。香港投资基金公会是代表香港特区投资基金市场的行业团体，其宗旨是推广香港特区的投资基金市场，并制定了基金业执业守则。

香港特区基金业进入 21 世纪以来，香港特区政府适时完善基金监管准则，鼓励跨境资本借助香港特区市场进行全球配置，在基金税收方面的规定简单明朗且十分稳定，基金品种有了极大丰富，抗风险能力得到市场波动检验，基金投资者群体有了很大发展。近十年香港金管局更是积极调整私募基金监管和税收政策，2018 年承认开放式基金型公司（OFC）架构，2020 年推出有限合伙基金（LPF）制度，2019 年推出统一基金税务豁免制度，2021 年进一步推出附带权益的税收宽免制度，吸引全球私募基金在本地注册，进一步推动了基金业发展。在上述政策推动下，香港特区已经发展成为全球资产及财富管理中心。截至 2022 年年末，在香港特区注册成立的基金数量为 911 只，资产净值为 12 880 亿港元。

（四）香港特区期货市场

香港期交所是香港特区获准经营期货合约买卖的机构。截至 2021 年年末，香港期交所主要期货品种包括：①股票指数衍生品，主要有恒生指数、恒生中国企业指数、MSCI指数、恒生科技指数的期货及期权等；②个股股票期货和期权；③汇率衍生品，主要有美元兑人民币期货、美元兑人民币期权、欧元兑人民币期货、日元兑人民币期货等；④利率衍生品，主要有一个月港元利率期货、三个月港元利率期货等；⑤商品衍生品，主要有黄金、白银、伦敦金属、铁矿石等商品期货期权。

三、澳门特区的证券市场

（一）澳门特区股票市场

澳门特区暂无成熟的股票市场，主要聚焦于发展债券市场。

（二）澳门特区债券市场

澳门特区债券市场起步相对较晚，其发展可分成三个阶段。早在2018年以前，澳门特区本地业务大型企业就开始在海外通过发行债券的形式筹集资金，发行呈零星状态，主要发行美元债券。2018—2020年，先后有珠海华发集团高级债券、中国工商银行澳门分行高级债券等成功在澳门特区发行，分别成为澳门特区市场公司债券和金融债券的首只产品，为后续澳门特区债券市场的运行进行了有益探索。2021年，澳门特区债券市场发行12只债券，总额为180亿澳门元，其中不乏经典案例，如广东省政府在澳门特区发行地方政府债券、中国工商银行澳门分行发行首只“碳中和”主题绿色债券、澳博控股首个双币债券发行项目等。

2021年12月，澳门中央证券托管结算一人有限公司（MCSD）正式营运，为市场提供登记、结算、托管服务，澳门特区债券市场基础设施逐渐完善。至2021年年底，共有2只债券在MCSD登记托管，债券托管余额约36亿澳门元。

（三）澳门特区基金市场

澳门特区基金市场主要以离岸基金为主。离岸基金是指基金资产组合由澳门特区以外实体发行证券组成，均采用澳门币以外货币为单位，通过在澳门特区经营的银行或者金融中介人销售。

除了离岸基金之外，澳门特区基金市场还有少量的私人退休基金，主要是为支付退休金或抚恤金而设立。截至2021年年末，澳门特区获许可私人退休基金管理公司有两家：工银（澳门）退休基金管理股份有限公司和澳门退休基金管理股份有限公司。

（四）澳门特区期货市场

澳门特区没有成熟的期货市场，仅有海通银行澳门分行等机构为自己或为客户进行期货交易。

第五节　粤港澳大湾区金融协同

一、粤港澳大湾区金融协同现状

改革开放以来，广东省率先引入港澳金融机构，特别是自港澳回归祖国以来，内地和港澳的金融协同步入快车道。在祖国的强有力支持下，港澳成功抵御了亚洲金融危机、国际金融危机等外部冲击，作为全球主要金融中心的地位不断巩固。2020 年，中国人民银行、中国银行保险监督管理委员会、中国证券监督管理委员会、国家外汇管理局四部门联合发布《关于金融支持粤港澳大湾区建设的意见》，粤港澳大湾区金融协同的顶层政策框架进一步完善，粤港澳大湾区金融市场、金融机构、金融业务等方面协同取得了显著成绩。

（一）粤港澳大湾区金融市场协同不断增强

粤港澳大湾区金融协同将市场协同放在首要位置，不断深化金融市场改革，推进金融市场基础设施互联互通，提高资金融通便利水平，推动金融要素有序流动，为资源优化配置提供高效金融服务。

在推动金融市场基础设施互联互通方面，2016 年 12 月连接深港两地股市的深港通正式启动，两地资本市场在真正意义上实现了互联互通。以此为起点，内地与港澳建立了股票通、债券通、理财通、基金互认安排等互联互通机制，有效提升了港澳金融市场流动性。截至 2021 年年末，各项互联互通机制交易规模不断上升，沪港通及深港通和债券通每月交易量最高分别接近 4 万亿元和 0.8 万亿元；参与“跨境理财通”试点的粤港澳大湾区居民已超 2 万人次，参与试点银行 60 余家，累计办理资金跨境汇划 5 855 笔，金额 4.9 亿元。

在提高金融市场资金融通便利水平方面，通过优化完善外汇管理政策、持续提高本外币兑换和跨境流通使用便利度，不断便利粤港澳大湾区资金融通；落实跨境融资宏观审慎管理政策，深化外债登记改革，促进高新技术企业外债便利化，积极推动人民币在粤港澳大湾区跨境贸易投资中的计价结算。2021 年，粤港澳大湾区内跨境人民币结算规模达 3.8 万亿元，人民币成为粤港澳大湾区第一大跨境结算币种，有效降低了市场主体的汇兑成本和汇率风险。同时，中国内地与港澳建立了票据联合结算、外币实时支付、跨境缴费通等金融基础设施，搭建了多币种、全工具、全天候的现代化支付结算通道。

（二）粤港澳大湾区金融机构协同持续深化

粤港澳大湾区金融协同发展的产生与推进是一个动态过程，关键取决于金融机构协同情况。在过去 20 多年的发展中，粤港澳大湾区金融机构协同已经具备良好的基础，尤其是 CEPA 协议的签署，加速了银行、证券和保险等各类金融机构在粤港澳大湾区互相渗透。

港澳金融机构在粤发展方面，港澳银行机构在粤发展从单一化到多元化，证券业和保险业从无到有，实现规模跨越式发展。截至 2021 年年末，共有 177 家港澳金融机构进驻广东省。港资银行营业性机构在广东省所有地级市全覆盖。进入内地的 4 家澳资银行均在广东省设立了机构，机构数量占全国澳资银行营业性机构数量的 80%。港澳金融机构在粤布局实现多个“首家”，包括首家外资期货控股公司、首家澳资银行营业性机构、首家港资消费金融公司、首家港资控股基金管理公司等，在全国率先实现历史性突破。

内资金融机构在港澳发展方面，内资银行资产在香港整体银行业资产占比超 1/3，内资证券逐渐占领一、二级市场，内资保险虽然布局较晚但发展迅速，近年保费收入实现成倍上涨。截至 2021 年年末，招商银行、平安银行、广发银行、东莞银行、广发证券、国信证券、平安证券、招商证券、中信证券等 9 家广东法人金融机构进入港澳市场。除了直接进入模式外，通过控股港澳本地金融机构模式来实现内资金融在港澳落地也成为一种新路径。

（三）粤港澳大湾区金融业务协同全面推进

业务协同是粤港澳大湾区金融协同的微观基础，直接关系粤港澳大湾区金融协同发展水平。从整体上看，粤港澳大湾区金融业务协同在最近五年取得快速进展，很多业务创新实现全国首创。

在跨境投资服务方面，三大“金融通”范围不断扩展。深港通范围不断扩大，内地与香港特区股票市场互联互通进一步深化，在港上市生物科技公司纳入深港通股票范围，2021 年深港通总成交额达 19 万亿元，同比增长 32.5%。债券通实现“双向通车”，在“北向通”成功运行 4 年的基础上，“南向通”正式开通。“跨境理财通”业务试点于 2021 年启动，其中内地试点银行有 27 家，香港特区 24 家，澳门特区 9 家。

在居民金融服务方面，实现多项“率先”。广东省率先开展代理见证开户业务，率先实现粤港澳大湾区移动支付互通；广东省率先推出港澳居民征信报告查询服务；广东省率先开通粤港澳跨境缴费，跨境电子账单直接缴费业务在港澳地区全覆盖；广东省横琴合作区率先试行跨境住房按揭贷款，已发放跨境按揭贷款超 10 亿美元；广东省率先开展跨境保险业务，全国首张澳门特区单牌车机动车辆保险保单落地，三地保险机构为港珠澳大桥通车推出“三地通保通赔”一站式跨境车辆保险服务；开发创新型跨境医疗险，推动了首单粤港澳大湾区专属重疾险签约落地。

在企业金融服务方面，服务一体化、便利化程度不断加深。2019 年，自由贸易（FT）账户在广东自贸试验区上线，试点银行范围从 3 家增加到 6 家，试点主体向广州市和珠海市科创企业全面推广。2021 年，广州市、深圳市获批开展本外币合一银行结算账户体系试点，深圳市成为全国首批本外币合一的跨境资金池业务试点城市。广东省开展贸易外汇收支便利化试点、资本项目收入支付便利化改革、一次性外债登记试点以及将外债、内保外贷和境外放款注销登记下放银行办理。

二、粤港澳大湾区金融协同主要经验

（一）始终立足“一国两制”方针是粤港澳大湾区金融协同的前提

粤港澳大湾区金融协同是贯彻“一国两制”方针、促进内地与港澳融合发展的重要着力点和生动体现。《关于金融支持粤港澳大湾区建设的意见》明确指出，“支持港澳深度融入国家金融改革开放格局，在‘一国两制’方针下发挥香港金融体系的独特优势”。一方面，粤港澳大湾区金融协同有利于加强统筹协调，支持港澳通过深度融入国家改革开放大局，在“双循环”新发展格局中进一步发展壮大，为实现中华民族伟大复兴作出更大贡献；另一方面，大湾区金融协同有利于充分发挥港澳独特优势，包括香港特区与国际接轨的法律制度和金融中心优势和澳门特区密切联系葡语系国家的优势，推动资金、技术和人员双向流动，助力内地实现供给侧结构性改革和经济高质量发展。

（二）充分发挥市场机制的决定性作用是粤港澳大湾区金融协同的关键

粤港澳大湾区金融协同充分发挥市场在资源配置中的决定性作用，对于提高市场一体化水平，推动建立统一的金融大市场起到了非常重要的作用。《关于金融支持粤港澳大湾区建设的意见》明确指出，“坚持市场化导向。充分发挥市场在金融资源配置上的决定性作用”，“让市场决定在多元化金融中介渠道中的资金流向和流量”。在建设统一大市场过程中，注重市场规则和标准的互认与趋同，对标港澳通行的国际规则，推动内地对外制度型开放。通过统一大市场建设，不断提高粤港澳大湾区内贸易投资便利化和金融服务一体化水平，便利人员、货物、资金等各市场要素自由流动，使粤港澳三地能够充分发挥各自比较优势，实现合理分工，优化资源配置，更好地推动经济金融协调发展。

（三）持续惠民生是粤港澳大湾区金融协同的基本落脚点

粤港澳大湾区金融协同坚持在市场驱动下，以民生优先原则找准合作重点，确保金融协同的效益惠及三地最广大民众。目前，香港特区的国际金融中心地位保持稳固，但受国际金融危机、国际地缘政治等因素影响，在社会治理和政治发展等方面面临挑战。民生是最大的政治，粤港澳大湾区金融协同牢牢树立“以人民为中心”的发展理念，坚持“民生金融优先”的工作原则，在开户、支付、购房、理财等方面推出大量金融惠民措施，不断提高粤港澳大湾区居民的生活便利程度，促进粤港澳融合发展。同时，顺应绿色低碳、金融科技、数字经济的时代浪潮，在相关领域促进投资消费和解决就业问题，不断增加居民收入，推动经济持续健康发展，更好地满足粤港澳大湾区民众需要。

（四）不断加强金融风险防控是粤港澳大湾区金融协同的重要保障

粤港澳大湾区金融协同始终坚持统筹发展与安全，不断加强金融风险防控，保证经济金融行稳致远。粤港澳大湾区存在不同的经济金融体制，港澳市场与国际市场充分联通，这对加强金融监管合作、及时防范跨境金融风险提出了更高要求。大湾区金融协同过程中，注重建设与金融开放创新相适应的风险防控体系，在依法合规、风险可控前提下稳妥有序推进粤港澳大湾区各项金融开放创新，成熟一项、推进一项，并对各项开放创新举措都配置了相应的风险防范措施。例如，在“跨境理财通”试点中，由内地与港澳金融管理部门协商建立监管合作安排和动态监测协作机制，通过资金闭环汇划关系，对跨境资金实行总额度和单个投资者额度管理，确保试点稳定运行。

本章小结

复习思考题

1. 粤港澳大湾区银行业金融机构包括哪些？
2. 粤港澳大湾区银行业的发展趋势。
3. 简要分析香港特区和澳门特区保险业的特点。
4. 简要分析粤港澳大湾区证券市场体系。
5. 粤港澳大湾区三地的金融监管体系有何差异？

第十二章 粤港澳大湾区商务服务市场

学习目标

本章主要讲解粤港澳大湾区的会计服务市场、法律服务市场和其他商务服务市场的概况，要求了解粤港澳大湾区重点商务服务市场的服务主体、服务内容、从业人员管理和行业监管方式等，并重点掌握粤港澳大湾区服务市场协同发展的方向和趋势。

第一节 会计服务市场

一、会计服务市场概述

（一）会计服务的性质

会计是一门通用的商业语言。任何单位的内部业务管理和外部信息交流都离不开会计。为了提高内部会计管理水平，保证外部信息质量，各单位在开展内部会计工作的同时，往往也会依赖外部专业的会计服务机构开展一些相关工作，包括会计鉴证服务、税务咨询、资产评估、代理记账、财务咨询等。

会计服务按照性质可以分为：代理类，即会计服务机构代理委托人开展相关业务的服务类型，如代理记账；鉴证类，即会计服务机构接受委托对鉴证对象信息提出鉴证意见的服务工作，如注册会计师对企业财务报表发表审计意见；咨询类，即会计服务机构接受委托对服务对象提出的问题或困难提供咨询建议或解决方案，如税收筹划、财务咨询等。

（二）会计服务的市场参与者

会计服务的市场参与者通常涉及两方或三方。代理类和咨询类服务的市场参与者通常只有两方，即服务委托方和会计服务机构。鉴证类服务的市场参与者通常包括三方，即委托方、会计服务机构以及鉴证对象责任方。以企业财务报表审计鉴证业务为例，委托方是企业的所有者，会计服务机构是会计师事务所，鉴证对象责任方是企业的管理者。

二、广东省会计服务市场

（一）服务主体

广东省会计服务主体主要有会计师事务所、财税公司、资产评估机构、代理记账公司、财务咨询公司等(具体称谓在粤港澳三地会有所差异)。会计师事务所[①]是依法独立承担注册会计师业务的机构，是由有一定会计专业水平、经考核取得证书的注册会计师组成的，受当事人委托承办有关审计、会计、咨询、税务等方面业务的组织。财税公司是依法成立的专门提供财务和税务服务的公司，业务包括税收筹划、税收报告、财务诊断、融资服务、纳税检查、与财务和税务有关的咨询和其他服务。资产评估机构是依法设立的承担资产评估业务的中介服务机构，是由有一定资质和从业经历的评估师组成的，受当事人委托承办对不动产、动产、无形资产、企业价值、资产损失或者其他经济权益进行评定、估算，并出具评估报告的专业服务组织。代理记账公司是依法设立从事代理记账业务的中介机构，接受独立核算单位的委托，代替其办理记账、算账、报账、纳税申报等业务。财务咨询公司是接受委托向委托人提供企业管理咨询策划、财务咨询策划、税收咨询策划、投资咨询策划等业务的专业服务公司。

（二）从业人员

会计服务相关的从业人员主要包括注册会计师、税务师、资产评估师和具有相应专业知识的其他从业人员等。

注册会计师实行的是考试注册制度。财政部成立注册会计师考试委员会（简称财政部考委会），组织领导注册会计师全国统一考试工作。财政部考委会设立注册会计师考试委员会办公室（简称财政部考办），组织实施注册会计师全国统一考试工作。财政部考办设在中国注册会计师协会。具有完全民事行为能力和高等专科以上学校毕业的学历，或者具有会计或者相关专业中级以上技术职称的中国公民，可以申请参加注册会计师全国统一考试。根据《中华人民共和国注册会计师法》，通过注册会计师考试，并在中国境内会计师事务所从事审计业务工作 2 年以上者，可以向省、自治区、直辖市注册会计师协会申请注册，成为执业会员。

税务师是指通过全国税务师统一考试，取得税务师职业资格证书，并经登记、从事涉税鉴证和涉税服务活动的专业技术人员。税务师实行的是考试认定制度。人力资源和社会保障部、国家税务总局共同负责税务师职业资格制度的政策制定，中国注册税务师协会承担税务师职业资格考试的组织与实施工作。大学本专科毕业，满足一定的相关工作经历要求，均可报名参加税务师职业资格考试。考试合格可获得税务师职业资格证书。

资产评估师是指经全国统一考试，取得资产评估师职业资格证书，并经登记、从事资产评估服务活动的专业技术人员。资产评估师实行的也是考试认定制度。人力资源和社会保障部与财政部共同负责制定资产评估师职业资格考试政策。考试管理等日常工作由中国资产评估协会承担。具有高等院校专科以上（含专科）学历并满足从事资产评估相关工作的年限要求或暂未取得学历（学位）但通过国家统一组织的经济、会计、审计专业初级资格考试，取得相应专业技术资格，并从事资产评估相关工作满 5 年的中国公民可报名参加考试。全科考试成绩合格且已取得高等院校专科以上（含专科）学历的考生，可取得资产

① 按照《中华人民共和国注册会计师法》第三条：“会计师事务所是依法设立并承办注册会计师业务的机构。注册会计师执行业务，应当加入会计师事务所”。第二十三条进一步明确“会计师事务所可以由注册会计师合伙设立”，第二十五条指明“设立会计师事务所，由省、自治区、直辖市人民政府财政部门批准”。

评估师执业资格证书。

（三）行业管理

内地的会计服务行业管理是以行政监管为主，并充分发挥行业自律组织的作用，通过监管协作来提升会计服务质量。

根据《中华人民共和国会计法》，财政部主管全国的会计工作。中国注册会计师协会是根据《中华人民共和国注册会计师法》成立的注册会计师的全国性、行业性社会团体，是非营利性社会组织。省、自治区、直辖市注册会计师协会是注册会计师的地方组织。中国注册会计师协会的登记管理机关是民政部，业务主管单位是财政部，接受财政部、民政部的业务指导和监督管理。在广东省内，省财政厅依法负责省内会计行业的监督管理工作，并对广东省注册会计师协会进行监督、指导。广东省注册会计师协会是依法管理全省注册会计师行业的社团组织，主要负责监督会员的执业情况和组织继续教育。相应地，各地市成立有地市级的注册会计师协会。

其他会计服务行业也都设立了相应的行业协会进行行业自律管理。按照我国的行政管理规定，这些行业协会都需要在当地同级民政局登记注册，同时挂靠相应的政府管理部门，接受业务监督管理。比如，广东省注册税务师协会是按照中国注册税务师协会的要求，经广东省民政厅批准，由广东省注册税务师和有关的税务代理工作者发起组建的独立、民间和自律的全省统一性社会团体，主要接受国家税务总局、广东省税务局和广东省民政厅的业务指导和监督管理。广东省资产评估协会是按照中国资产评估协会的要求，经广东省民政厅批准设立的资产评估行业的自律组织，主要接受广东省财政厅和民政厅的业务指导和监督管理。

（四）行业特征

1. 会计服务市场潜力巨大

广东省作为我国改革开放先行地区，40 多年来经济社会发展取得巨大成就。据统计，2019 年广东省新登记市场主体 221 万户，各类市场主体总量达 1 253 万户，超过全国的十分之一。任何一个企业从设立到发展壮大的过程中，都离不开会计服务的支撑。因此，广东的会计服务市场巨大。会计师事务所、资产评估公司、代理记账公司、财税公司、财务咨询公司等机构数量庞大，位居全国领先地位。截至 2019 年第一季度，全省共有会计师事务所 919 家，分所 95 家，居全国首位；执业注册会计师 10 046 人，居全国第二位。2018 年全省注册会计师行业收入 98.56 亿元，居全国第三位。

2. 会计服务人才需求旺盛

地处科技创新前沿，广东省的会计服务不断拓展新的业务范围，服务内容从传统的审计鉴证不断扩展到投资策划、财政绩效评价、高新技术企业认定等新兴业务领域，同时，重视对大数据、人工智能等新技术的应用，不断开发运用新的技术工具，提升执业效率和质量。新业务的拓展、新技术的开发对各类会计服务人才的需求非常旺盛。

3. 会计服务主体发展需求迫切

作为提供会计服务的核心力量，广东省本地大型会计师事务所竞争力不够强，缺乏有国际或全国影响的标杆事务所，全省以中小型会计师事务所为主，业务结构呈现低端化、同质化特点，极少具备开展跨境会计服务的能力，总体水平和服务能力滞后于经济社会高质量发展的步伐。

三、香港特区会计服务市场

（一）服务主体

香港特区会计服务市场的服务主体主要有会计师事务所、管理咨询公司和会计服务公司等。根据香港特区政府统计处 2021 年第 4 季度《就业及空缺按季统计报告》，截至 2021 年 12 月，会计、簿记、审计及税务顾问服务机构共有 6 259 个，雇员 33 098 人。

香港特区会计界由国际四大会计师事务所主导，即安永、德勤、毕马威和普华永道会计师事务所（以下简称“国际四大”）。香港特区本地会计师事务所审计的上市公司多为市值较低的上市公司。2019 年，国际四大审计了 61.3% 的香港特区上市公司，所审上市公司市值占香港特区上市公司总市值的 96%。

在香港特区注册成立的公司必须遵守香港特区《公司条例》，每年要接受会计师事务所的审计。香港特区会计师事务所按照审计的上市公司数量分为甲类、乙类和丙类。其中，审计的上市公司数量达 100 家以上的为甲类，10 家至 99 家的为乙类，至少 1 家并小于 10 家的为丙类。截至 2019 年年末，香港特区有甲类会计师事务所 6 家，乙类 18 家，丙类 48 家。

（二）人员管理

香港特区会计服务相关从业人员分为两类，一类人员持有香港会计师公会注册会计师资格证书；另一类人员称为注册会计师，注册会计师又区分为执业注册会计师和非执业注册会计师。根据香港贸易发展局和香港会计师公会的数据，截至 2022 年 5 月，香港注册会计师公会会员总数达 46 954 名，执业注册会计师会员共有 5 172 名。

根据香港特区注册会计师考试规定，学员首先要向香港会计师公会申请会籍，然后参加专业资格考试，通过考试后还需要有 3 年在内地或香港特区的工作经验才可以申请成为香港特区非执业注册会计师。非执业注册会计师在专业资格考试通过后，还需要有 1 年在香港特区的审计经验，才可以成为香港特区执业注册会计师。根据《内地与香港关于建立更紧密经贸关系的安排》规定，香港特区会计师公会会员及专业资格课程毕业生可豁免内地注册会计师全国统一考试的“会计”“审计”“财务成本管理”和“公司战略与风险管理”4 个科目，是获最多豁免的专业会计组织。

（三）行业管理

香港特区对会计业的管理主要分为政府管理和民间管理。香港特区政府对会计业的管理是一种间接管理，在给予会计业良好宽松的发展空间的同时依法对会计业进行管理。其主要方式包括委托非业界人员参与香港会计师公会有关职业委员会[①]，以及成立财务汇报局等。财务汇报局对有关上市公司可能在审计或报告方面的遵从行为和不当行为进行查询和

① 参见付春光. 香港会计业管理探讨［J］. 现代管理科学，2007（10）: 53-55.

调查。财务汇报局有权监督香港会计师公会履行法定职能，如对上市公司审计师的注册，制定专业道德、审计及核证准则和制定专业进修规定；还可以对审计及财务报告相关问题进行政策研究，促进良好的公司治理。

从民间管理来看，香港特区作为国际金融中心，在会计业的管理上更强调行业自律，具体做法是成立民间权威性会计团体组织——香港会计师公会，由公会来进行具体的管理工作。该公会于 1973 年根据《专业会计师条例》（香港法例第 50 章）成立，是香港特区唯一法定专业会计师注册机构。公会监管会员的专业操守及水平；制定专业操守指引、会计准则和审计准则；同时举办专业资格课程及相关课程以确保会计师的专业素质；为会员提供持续进修及其他服务；推动会计业的发展，以巩固香港特区作为国际金融中心的地位。

（四）行业特征

作为国际商业和金融中心，香港特区的会计监管架构完善，会计人才众多。香港特区邻近内地及东盟国家等增长迅速的经济体，吸引众多国际会计师事务所来港开业，为香港特区的会计服务业提供了广泛国际视野。

2019 年 2 月 18 日，中共中央、国务院印发的《粤港澳大湾区发展规划纲要》提出：以香港特区、澳门特区、广州市及深圳市四大中心城市作为区域发展的核心引擎，发挥比较优势做优做强，增强对周边区域发展的辐射带动作用。

四、澳门特区会计服务市场

（一）服务主体

澳门特区会计服务市场的服务主体主要包括会计师事务所[①]、会计公司和会计师[②]。澳门会计师专业委员会于每年年初根据“第 20/2020 号法律《会计师专业及执业资格制度》第五十四条和第九十三条”规定，公布截至当年一月一日止的执业会计师、会计师事务所名单和可提供会计、税务及其他相关服务的会计公司和会计师名单。之后每个季度会补充公布当季新增获得资格和被注销资格的机构和人员名单。

截至 2023 年 1 月 1 日止，《澳门特别行政区公报》和澳门特区政府财政局官网公布的可提供会计、税务及其他相关服务的会计公司有 3 家，可以执业的会计师事务所共有 18 家，会计师共 371 人，其中执业会计师 147 人，可提供会计、税务及其他相关服务的会计师有 153 人，会计师（仅具有会计师专业资格）71 人[③]。

---

① 2020 年 9 月 21 日澳门第 71/99/M 号法令核准《核数师通则》废止，将核数师事务所和核数师行过渡到会计师事务所，核数师过渡为执业会计师。

② 这里的会计师是指以个人名义从事会计服务的主体。包括以个人名义从事会计服务的会计师和以个人名义从事会计服务的执业会计师。根据澳门会计师专业及执业资格制度规定，执业会计师除了以合伙形式（会计师事务所）提供服务外，还可以个人名义执业，包括审计、会计、税务、咨询及其他相关服务；会计师除了在会计公司提供专业服务以外也可以以个人名义承接业务，包括会计、税务、咨询及其他相关服务业务。

③ 数据来源于澳门特区政府财政局官网和会计师专业委员会 2022 年度工作简报。

（二）人员管理

澳门特区的会计专业人员区分为会计师、执业会计师和一般会计工作人员。

澳门特区会计师需通过考试方可获得，根据第 43/2020 号行政法规《会计师的考试及持续专业发展要求》，自 2021 年起，澳门特区会计师考试每年举办一次，考试科目共 6 个，包括会计、审计、财务成本管理、税务知识、商法知识和企业策略管理，而每科考试均为闭卷笔试，每一单科科目考试的及格成绩自成绩核准日起计满 4 年后的历年结束前有效，每年由澳门会计师专业委员会下设的考试委员会制定及公布其考试大纲。为履行 CEPA 补充协议五中关于“在澳门设立内地注册会计师考试考点”的承诺，自 2010 年起，注册会计师全国统一考试每年均设立澳门特区考场。该考试的主办机构为中国注册会计师协会，澳门会计师专业委员会为澳门特区考场的考试协助机构，澳门会计专业联会为澳门特区考场的考试报名机构。

执业会计师是指通过考试并满足申请执业准照及工作经验要求的，经批准取得执业准照可提供审计、会计、税务和相关服务的会计师。澳门特区第 20/2020 号法规《会计师专业及执业资格制度》规定了申请执业准照的具体条件。同时规定，仅获澳门会计师专业委员会签发执业准照的会计师，方可使用中文名称“执业会计师”及葡文名称“Contabilista Habilitado a Exercer a Profissão”；但在商业运作中亦可使用葡文名称“Auditor”“Auditor de Contas”，英文名称“Certified Public Accountants”或其简称“CPAs”。

澳门特区对会计师持续发展有具体的明确要求，根据澳门特区第 43/2020 号行政法规规定，由澳门特区会计师专业委员会下设的资格认可及持续进修委员会发出的指引规范，会计师须遵循持续专业发展要求的实施细则完成后续教育，在每一个连续的 3 年期间完成至少 90 小时的持续专业发展活动，其中 60 小时须为可验证的持续专业发展活动。同时，会计师每年须完成至少 15 小时的持续专业发展活动。持续专业发展活动以多种形式进行，包括修读培训课程，参加讲座、研讨会或工作坊，担任导师，撰写专业文章、论文和书籍，以及参与专业技术委员会的工作等。

（三）行业管理

澳门特区会计行业监管机构主要有澳门特区政府财政局及其领导下的澳门会计师专业委员会[①]和以澳门会计专业联会为代表的民间组织。澳门会计师专业委员会属于澳门特区政府领导下的监管机构，下设资格认可及持续进修委员会、考试委员会和准则及纪律委员会[②]。财政局负责向各专责委员会提供技术、行政及后勤辅助，并承担运作所需财政负担。各专责委员会由委员会成员、专业人士及学者组成。专责委员会的成员由公布于《澳门特别行政区公报》的经济财政司司长批示委任。

澳门会计师专业委员会执行会计专业资格认可、注册和执业准照发出制度，制定、执行及监管会计专业人员的执业准则、指引及操守准则，以及执行其他相关的工作。[③]澳门

① 根据澳门立法会第 42/2020 号行政法规《会计师专业委员会》相关职责规定

② 澳门特别行政区第 42/2020 号行政法规“会计师专业委员会”第十条规定。

③ 根据澳门特别行政区第 42/2020 号行政法规《会计师专业委员会》第十一、十二条、十三条之规定整理。

特区的会计师、执业会计师资格及会计师事务所法人资格均需向澳门会计师专业委员会申请注册方可授予。准则及纪律委员会主要职责是草拟《执业会计师道德守则》和会计行业相关的执业准则及指引，研究及更新相关执业准则及指引，监管执业会计师及会计师事务所对义务和《执业会计师道德守则》的履行等。

澳门会计专业联会由澳门特区会计行业内优秀专业人士组织发起，是行业的服务机构和领导者。其宗旨包括促进同业联系，对澳门特区政府有关会计事务的法规提供合作或研究意见，与外地同类机构保持合作联系。澳门会计专业联会在推进当地法律法规的完善、提高行业技术水平、宣传行业形象、培养专业人才、促进服务行业的区域合作、与国际先进同业保持联系等方面做了大量工作。

（四）行业特征

澳门特区由于产业单一和经济体量小，其会计行业的服务业务也相对较简单和缺乏规模效益，会计服务机构不多、业务规模小和从业人员少。澳门特区的会计师和执业会计师均可以以个人名义承接业务，这与内地的规定不同。内地仅执业会计师会和会计师事务所可以承接鉴证服务，其他会计服务主体不得执行审计业务。澳门特区会计准则的国际趋同工作刚刚启动，原来的两套账务处理体系正在逐渐向国际会计准则一套体系转换，但还处于过渡期。

五、粤港澳会计服务市场的协同发展

（一）会计标准协同

2006 年内地会计准则全面改革之后，粤港澳三地会计标准协同持续推进。2006 年 5 月，中国会计准则委员会、香港会计师公会签署内地与香港会计准则趋同联合声明。2007 年 12 月，两地签署《中国会计准则委员会与香港会计师公会关于内地企业会计准则与香港财务报告准则等效的联合声明》。澳门特区自 2007 年起直接适用部分国际会计准则。经过上述举措后，三地实现了会计准则和审计准则的大致趋同，对于三地经济交流与合作发挥了促进作用。[①]

（二）会计人员协同

粤港澳会计人员协同集中体现在注册会计师这一职业领域。早在 1994 年，财政部印发的《港澳台居民及外国籍公民参加 1994 年中华人民共和国注册会计师（CPA）统一考试办法》，就允许港澳人士参加中华人民共和国注册会计师（CPA）考试。2003 年内地与港澳分别签署《内地与香港关于建立更紧密经贸关系的安排》和《内地与澳门关于建立更紧密经贸关系的安排》，内地承诺向港澳开放的服务贸易部门就包括“会计、审计和簿记服务”。2005 年 5 月，中国注册会计师协会与香港会计师公会签署《内地与香港注册会计师部分考试科目相互豁免实施协议》。协议规定：参加内地注册会计师全国统一考试并全

① 朱峰. 粤港澳大湾区会计合作的变迁与发展趋势［J］. 财会月刊，2019（10）：69-75.

科合格的人员，报名参加香港会计师公会专业资格课程时，可以豁免“财务管理”和“审计和资讯管理”两科目；参加香港会计师公会专业资格课程考试并全科合格的人员，报名参加注册会计师全国统一考试时，可以豁免“财务成本管理”和“审计”两科目。豁免考试科目有效期没有限制。2012 年，《内地与香港注册会计师部分考试科目豁免实施协议（2012 年修订）》规定：获得豁免的香港人员，可豁免注册会计师全国统一考试的“会计”“审计”“财务成本管理”和“公司战略与风险管理”四个科目；获得豁免的内地人员，可豁免香港会计师公会专业资格课程的“企业财务”“业务鉴证”和“财务汇报”三个单元科目。2009 年，财政部印发《香港特别行政区、澳门特别行政区、台湾地区居民及外国人参加注册会计师全国统一考试办法》，并于 2014 年进行了修订，对相关人员参加注册会计师考试的条件、科目、方式等做出规定。2014 年签署的《关于内地在广东与香港基本实现服务贸易自由化的协议》附件中提出，取得中国注册会计师资格的香港居民可在广东省担任合伙制会计师事务所合伙人。2016 年 5 月，财政部转发《关于大力支持香港澳门特别行政区会计专业人士担任内地会计师事务所合伙人有关问题的通知》，对港澳人士担任会计师事务所合伙人的具体申请条件、材料和要求予以明确。[①]

（三）会计业务协同

粤港澳会计交流合作的形式和途径也逐渐多元化。2015 年 12 月 9 日，广东省粤港澳合作促进会成立会计专业委员会。粤港澳会计专业委员会的成立将更好地分领域分层次推动粤港澳民间合作，增进三地会计界交流和促进业界的深度合作。2017 年 12 月 8 日，广东省注册会计师协会和香港会计师公会共同签署“粤港会计师事务所合作联盟”协议。这是粤港两地注册会计师行业贯彻落实党的十九大精神、以实际行动对接粤港澳大湾区建设、服务国家战略的一项具体举措。根据合作协议，粤港两地会计师事务所将进一步在人才、资源、技术、业务等方面深化合作，努力实现优势互补、互利共赢。2018 年 12 月 10 日，在广州市成功举办的“粤港澳会计师事务所合作联盟签约暨交流研讨会”上，粤港澳三地协（公）会共同签署合作联盟协议，共同组建成立“粤港澳会计师事务所合作联盟”。“粤港会计师事务所合作联盟”平台，正式扩容、更名为“粤港澳会计师事务所合作联盟”。在新的合作联盟框架下，粤港澳三地会计师事务所将进一步深化在人才、资源、技术、业务等方面的务实合作，优势互补，全方位助力粤港澳大湾区建设。2021 年 9 月 8 日，广东省注册会计师协会联合香港上市公司审核师协会、澳门会计专业联会携手 151 家会计师事务所以远程视频的方式，共同签署粤港澳会计师行业发展战略协议。根据协议框架，签约成员将着重围绕加强信息共享、推进合作便利、组织人员交流、聚焦业务拓展和深化技术协作五个方面全面加强合作，共同服务粤港澳大湾区发展。

第二节　法律服务市场

法律服务是指律师或其他法律专业人员以法律专业知识和技能为公民、法人或非法人

① 朱峰. 粤港澳大湾区会计合作的变迁与发展趋势［J］. 财会月刊，2019（10）：69-75.

组织提供的，依法保障和维护其合法权益、解决其法律问题的专业活动。法律服务是现代服务业的重要组成部分，也可为现代金融、证券、保险、物流、投资和国际贸易等专业服务提供法律保障。

一、广东省法律服务市场

改革开放以来，广东省法律服务始终是走在内地各省前列的。1979 年内地恢复律师制度以来，第一家省级律师协会、第一家律师事务所、第一家涉外经济贸易律师机构、第一家专门从事涉外业务的律师事务所、第一家合伙制律师事务所都成立于广东省，广东省的执业律师人数也连续多年位居全国首位。党的十八大之后，特别是国务院发布《优化营商环境条例》之后，广东省为进一步优化营商环境，实现市场化、法治化、国际化的营商环境，大力提高法律服务水平，尤其是以广州市、深圳市、珠海市为核心的珠三角地区，在营商环境的法律服务方面有很多创新性制度和实践，使得珠三角地区营商环境更趋现代化。在中国社会科学院组织的全国营商环境评价中，广州市综合排名第一。[①]

（一）服务主体

广东省的法律服务主要是由律师事务所、公证机构、仲裁机构等提供，具体实施是由律师、公证员、仲裁员（法律类）等具有专业资质的人员执行。按照法律规定，申请律师执业、公证员执业、初次担任法律类仲裁员等必须通过国家统一法律职业资格考试，取得相应的法律职业资格。广东省设立了包括合伙律师事务所、个人律师事务所、公证处、仲裁委员会等在内的多元化法律服务主体。比如，广州仲裁委员会作为广州市影响较大的民商事仲裁机构，设立有广州金融仲裁院、广州知识产权仲裁院、广州国际航运仲裁院、广州建设工程仲裁院等专业仲裁平台以及中国南沙国际仲裁中心。

（二）服务内容

律师事务所提供诉讼法律服务和非诉讼法律服务。诉讼法律服务包括民事诉讼、行政诉讼、刑事诉讼三大类法律服务，涵盖了调解、立案、诉讼缴费、开庭、举证质证、送达、执行等法律服务；非诉讼法律服务则包括担任法律顾问、提供法律咨询、撰写法律文书、出具法律意见书和开具律师函、从事法律援助，以及提供具体的专项法律服务，比如公司专项法律服务、建筑与房地产专项法律服务、金融证券保险专项法律服务、知识产权专项法律服务、商务资信调查专项法律服务等。

公证机构提供证明类和非证明类公证服务，包括根据自然人、法人或者其他组织的申请，为其提供证明合同、遗嘱、财产分割、婚姻状况、出生、身份、经历等证明类公证服务，以及登记、提存、代写法律文书等非证明类公证服务。

仲裁机构提供的仲裁服务，主要是以仲裁方式公正、及时地裁决平等主体的公民、法人和其他组织之间发生的民商事合同纠纷和其他财产权益纠纷等。

---

① 逆势增 13%！全国营商环境评价广州综合排名第一. 广州市人民政府网站，2020-09-27.

（三）人员管理

广东省对律师实行由司法行政部门行政管理和律师协会行业管理相结合的“两结合”管理体制。按照《中华人民共和国律师法》的规定，司法行政部门依法对律师、律师事务所和律师协会进行监督、指导，主要管理内容包括：对符合法律规定条件的人，授予律师资格，颁发律师执业证书，并对律师进行执业注册；批准律师事务所的设立并颁发律师事务所执业证书；审核律师事务所分所的设立和律师事务所名称、住所、章程、合伙人的变更或律师事务所的解散；接受律师协会章程的备案；会同有关部门制定律师服务收费管理办法；制定各类律师事务所的管理办法和律师、律师事务所违法行为处罚办法；对律师和律师事务所的违法行为进行处罚；对没有取得律师执业证书的人违法从事律师业务的行为进行处罚等。此外，公证员也实行由司法行政部门和公证协会行业“两结合”的管理体制。其中，司法行政部门负责审核和任命公证员。

（四）行业管理

除了司法行政部门的宏观行政管理之外，广东省律师还受到律师协会的行业自律性管理。中华全国律师协会是1986年7月成立的全国性律师自律组织，依法对律师实行行业管理，广东省律师协会是其下设的地方组织，也是广东省律师行业自律管理的社会团体，受广东省司法厅的指导和监督。中华全国律师协会主要负责对律师的职业管理，具体包括：保障律师依法执业，维护律师的合法权益；总结、交流律师工作经验；制定行业规范和惩戒规则；组织律师业务培训和职业道德、执业纪律教育，对律师的执业活动进行考核；对律师、律师事务所实施奖励和惩戒；受理对律师的投诉或者举报，调解律师执业活动中发生的纠纷，受理律师的申诉等。此外，公证员、仲裁员也相应接受中国公证协会、中国仲裁协会的行业自律管理。比如，中国公证协会有责任监督公证员和公证机构的执业活动，对协会会员进行职业道德、执业纪律教育，以及专业培训和业务指导等。

（五）行业特征

党的十八大以来，随着全面依法治国的推进，法律服务业获得了飞速的发展。广东省法律服务市场在此背景下也不断扩大市场规模、提升法律服务水平。

1. 律师数量迅速增加，专业化水平日益提高

法律服务业往往是区域经济发达程度的标志之一。一个地区经济越发达，对该地区的法律服务要求就越高，法律服务市场规模就越大，法律服务水平也越高。2021年，广东省GDP连续33年保持全国第一，形成了以广州市、深圳市、珠海市等为核心的珠三角城市群，其中广州、深圳、佛山、东莞等四个城市GDP均超过万亿元，成为我国开放程度最高、经济活力最强的区域之一。[①] 与其较发达的经济相适应，广东省律师人数也持续扩张，特别是在党中央提出建设粤港澳大湾区战略之后。根据司法部发布的《2019年度律师、基层法律服务工作统计分析情况》，截至2019年年底，广东省律师数量为48 971名，约占

① 参见郭跃文，向晓梅. 广东经济社会形势分析与预测（2022）. 北京：社会科学文献出版社，2022：2.

全国律师总数的10. 4%。其中，具有一定专业化方向的律师为16 936人，比2018年增长70.5%。[①] 到2020年年底，广东省律师人数迅速增加到55 136人，比2019年增长12.6%。每万名人口拥有律师数为4.7人，在全国处于领先水平，其中，广深两市律师万人比已达到10人。律师学历层次和专业化水平均迅速提高，研究生及以上学历律师11 568人，比2019年增长15.6%，占21.0%。从事涉外法律服务、已经备案的广东省律师事务所境外分支机构有18家，涉外法律服务专业律师增加到1 350人。[②]

2. 法律服务市场规模持续扩大，法律服务类型多样化

珠三角九市要更加深入、全面地与港澳经济发展对接和互补，在更高层次上参与国际经济合作和竞争，法律服务市场更加国际化、专业化、规模化，法律服务类型更加多样化。以广州市为例，律师业务类型不断拓展，逐步由传统诉讼业务向知识产权、金融证券、房地产、企业改制、并购重组、国（境）外上市等非诉讼高端法律业务延伸。2020年广州市律师事务所代理的各类法律业务数量激增，业务收费83亿元，较上年增长8.5%。[③] 广州仲裁委员会提供的仲裁服务业务量近年来年均增长超过30%，受理案件数量位于全国第一，案件覆盖金融、建设工程、房地产、投资、航运、互联网等各行各业，案件当事人涉及多个国家和地区。[④]

3. 法律服务趋于智慧化和网络化

随着人工智能的发展，广东省法律服务趋于智慧化和网络化。以广州市为例，其“智慧法律服务”处于全国领先水平，现已上线“智慧公证”“智慧调解”等智慧司法项目[⑤]。“智慧公证”作为全国首个依托于微信小程序的智能化公证办理平台，支持全流程线上办理，包括公证业务的咨询、申请、身份验证、审核、证件查验、缴费、发放、查询等所有环节都可以在线完成，在确保公证业务规范性的前提下，大大提升了办理业务的效率[⑥]。“智慧调解”作为集合人工智能的调解工作微信平台，可同步定位纠纷发生地的属地调委会，同步核实申请人身份信息，并对调解过程进行线上监督，将案件数据纳入人民调解工作平台。广州法院“律师通”掌上服务平台是全国法院首个专供律师使用的智能手机App软件，律师可以通过该平台查询代理案件进展、开庭时间、生效裁判文书，实现快速获取信息。同时，律师还可以联络法官、提交案件申请、查阅电子文档。通过该平台，法院也可以实时推送案件信息，与律师进行在线联络沟通，实现案件审理的全流程互动。[⑦]

二、香港特区法律服务市场

香港特区是世界贸易组织成员，享有单独关税区地位，作为国际知名的自由港，是世

① 2019年广东律师行业数据看这里！. 广东省司法厅网，2020-07-16.

② 广东律师行业2020年发展数据发布. 广东省司法厅网，2021-05-10.

③ 魏丽娜，吕佳娜. 广州律师大数据发布：平均每万人拥有11.1名律师. 广州日报网，2021-03-20.

④ 广州仲裁委员会简介. 广州仲裁委员会网，2021-03-17.

⑤ 章宁旦. 广州打造全国首家“5G智慧司法”实验室. 法制日报，2019-04-30（11）.

⑥ 广州：全国首个智慧公证小程序上线. 搜狐网，2018-03-29.

⑦ 林霞虹等. 广州中院全国首推“律师通”掌上服务平台. 搜狐网，2016-04-26.

界商业贸易中心、金融中心、服务业中心、航运中心和物流中心，拥有较为发达的法治环境，较为市场化和国际化的营商环境，因此也拥有较为完善的法律服务，是亚太区域乃至世界知名的国际法律枢纽和争议解决服务中心之一。

（一）服务主体

香港特区的法律服务主体多元化、多类型，主要有律师事务所、仲裁机构、调解机构等。香港特区的律师事务所包括本地律所和国际律所。除了本土律师外，香港特区还有许多国际化的法律专业服务人才，截至 2021 年 5 月，香港特区执业律师数量达到 10 868 名，律师事务所数量达到 947 间。其中，包括 1 516 名注册外地律师，86 间注册外地律师事务所，37 个由注册外地律师事务所和香港律师事务所组成的联营组织。① 此外，香港特区还拥有包括亚洲国际法律研究院有限公司、香港国际仲裁中心、海牙国际私法会议亚太区域办事处、香港海事仲裁小组、香港和解中心有限公司、中国国际经济贸易仲裁委员会香港仲裁中心和中国海事仲裁委员会香港仲裁中心等数十家国际法律和争议解决服务机构。②

（二）服务内容

香港特区律师在众多民商事和经济法律专业领域拥有广泛而丰富的实务经验，如资本市场运作、企业上市融资、跨地域并购、内地企业对外投资、房地产交易、知识产权及海商事法律实务等，能够提供包括全球航运和贸易、银行和金融、商务领域、建筑行业、知识产权、资讯科技等多领域全方位的法律服务。香港国际律师事务所的外籍律师一方面带来了民商事法律领域的国际经验，从而弥补本地法律对跨法域民商事纠纷解决法律依据的不足，进一步提升本地法律专业人才队伍在筹集资金、起草合同和商业谈判等方面的专业知识，另一方面也在处理国际交易上带来了国际视野和经验，有助于公平有效地处理商业纠纷，以及为香港在国际知识产权保护方面提供意见。

香港能够提供以仲裁或调解等不同方法有效解决争议的法律服务。自 2015 年以来，香港一直是全球主要的仲裁地点之一。在香港作出的仲裁裁决可在所有签订《纽约公约》的缔约国执行。③ 同时，香港特区也就相互执行仲裁裁决事宜和内地签署了《关于内地与香港特别行政区相互执行仲裁裁决的安排》（1999 年）和《关于内地与香港特别行政区相互执行仲裁裁决的补充安排》（2020 年）；与澳门特区签署了《关于香港特别行政区与澳门特别行政区相互认可和执行仲裁裁决的安排》（2013 年）。香港特区采用的仲裁立法基础是联合国国际贸易委员会的《国际商事仲裁示范法》，从而将本地与国际仲裁立法制度统一起来，保证了仲裁框架清晰、明确，有助于吸引更多国际仲裁案件到香港特区仲裁。仲裁的国际化也加强了香港特区作为主要国际知识产权交易中心的地位。知识产权争议往往涉及不同法域的当事人，仲裁和调解是处理此类争议的有效方法。

香港特区还能根据客户的需求提供相应的公证法律服务。香港特区没有专门的公证机

---

① 香港的法律制度-法律专业. 香港特别行政区律政司网，2021-06-10.

② 香港：交易及争议解决服务枢纽（2021 版本）. 香港特别行政区律政司网，2022-04-01.

③《纽约公约》，又称《联合国〈承认及执行外国仲裁裁决公约〉》，是目前国际上关于承认和执行外国仲裁裁决的主要公约之一。

关，所有公证服务均由具有公证资格的律师提供。香港特区设有专门面向内地的中国委托公证人，即符合资格的香港律师通过指定考试和考核后由中华人民共和国司法部委托为中国委托公证人，业务范围包括就发生于或源于香港特区的法律行为、有法律意义的事实和文书作出公证或核证，经公证的文书限定在内地使用。

（三）行业特征

香港特区的法律服务呈现出较明显的国际化、市场化、法治化特征。其国际化特征主要体现在香港特区拥有法律服务领域的本地和国际顶尖人才，能够提供涵盖多个国家和地区法律事务的高质量服务；其市场化主要体现在香港特区法律服务基于市场规则建构和运行，能够提供涵盖市场经济各个领域的法律服务，包括房地产交易、公司设立转让合营上市、股票证券交易、银行贷款、税务、信托基金、商标注册、遗产托管等。其法治化特征主要体现在香港特区法律服务有明确而具体的法律规制。比如，香港特区《法律执业者条例》对香港特区执业律师的执业资格、执业方式、执业中应当遵守的规则等各方面事项作出了较为详细的规定。

三、澳门特区法律服务市场

澳门特区采用与国际惯例相一致的商业运作准则，投资营商手续简便，营商成本低，法律服务的作用日益得到多方认同和肯定。

（一）服务主体

澳门特区的法律服务主体主要是律师。澳门特区律师可以个人执业，也可以组成合伙制的律师事务所。澳门特区公证署有权从事各种公证行为，特别是签名之认定、文书之认证，发出证明及证明书、授权书，公证遗嘱等。为贯彻“一国两制”方针，服务粤港澳大湾区建设，加强内地与澳门法律服务交流合作，促进两地经济社会发展，中华人民共和国司法部在澳门设立了中国法律服务（澳门）公司，负责办理涉及内地的法律事务。此外，澳门特区还设立有澳门消费争议调解及仲裁中心、澳门律师公会仲裁中心、澳门医疗争议调解中心、澳门律师公会调解及调停中心等调解仲裁机构，能够提供多样化的调解或仲裁服务，澳门特区法院和检察院也可提供诉讼前和诉讼中的司法调解。

（二）服务内容

澳门特区律师提供的法律服务主要包括诉讼和非诉讼业务，诉讼业务主要包括：担任诉讼代理律师，以维护当事人的合法权利；接受当事人委托，依法与当事人会面及通信；作为代理人，向法院或公权力部门申请查阅案件卷宗、调阅有关资料等。非诉讼业务主要包括：接受自然人、法人及其他团体的聘任，为其担任固定、长期性质的法律顾问，或接受当事人的委托，解答有关法律的询问，草拟和审查各类协议、合同，出具法律意见书，草拟有关法律事务的文书，以及参加调解、和解、仲裁活动等。[①]

① 参见刘因之. 澳门特别行政区的律师制度. 人民检察，2007（20）：58-59.

中国法律服务（澳门）公司的服务内容主要有：涉内地法律咨询服务；公证业务，包括直接办理发往内地使用的公证文书，核验中国委托公证人（澳门）出具的发往内地使用的公证文书，协助核查内地公证机构出具的发往澳门特区使用的公证文书，协助或代理澳门特区居民、法人和其他当事人办理内地有关公证事务及其他法律事务；内地律师业务，接受委托为内地当事人和中资企业在澳门特区办理商事提供法律咨询、担任法律顾问、代理案件、组织培训等服务。[①]

（三）行业特征

澳门特区的法律服务具有明显的特色，即主要面向葡语系国家。澳门律师公会的注册律师中，绝大部分律师通晓葡语，部分通晓中葡双语。澳门特区立法、司法和法律服务领域中大量熟悉葡语的法律人才决定了澳门特区律师可以提供面向葡语系国家独具特色和优势的法律服务。另外，澳门的法律服务分工非常具体化、专业化。比如，澳门律师公会仲裁中心主要解决本地争议及外地争议，尤其解决与以葡语为官方语言的国家有关的外地争议。澳门律师公会调解及调停中心主要是通过非诉讼替代手段，如调解及调停，解决提交到该中心的任何民事、行政或商事争议。

四、粤港澳大湾区法律服务市场的协同发展

粤港澳大湾区战略的发布和实施，有力促进内地与港澳法律服务合作迅速扩大。《深化粤港澳合作推进大湾区建设框架协议》提出建设亚太区国际法律及解决争议服务中心；《粤港澳大湾区发展规划纲要》要求加快法律服务业发展，构建多元化争议解决机制，要联动香港特区打造国际法律服务中心和国际商事争议解决中心。《香港法律执业者和澳门执业律师在粤港澳大湾区内地九市取得内地执业资质和从事律师职业试点办法》促进港澳特区律师进一步服务、融入粤港澳大湾区发展。香港特区法律界人士在通过大湾区律师执业考试并取得相关执业证书后，可以在粤港澳大湾区内地城市办理适用内地法律的部分民商事法律事务，受聘于这些地点的内地律师事务所或港澳特区与内地合伙联营律师事务所，并可以成为上述地点的内地律师事务所合伙人。[②]

未来为促进粤港澳大湾区法律服务市场的协同发展，需要构建形成多类型、多中心、集聚性的大湾区法律服务市场体系。“多类型”是指法律服务应涵盖律师、公证、仲裁、调解、司法鉴定、法律援助等领域。“多中心”是指香港特区、广州市、深圳市、珠海市等粤港澳大湾区城市都应创建最优法律服务中心，包括构建粤港澳大湾区商事纠纷解决中心、国际商贸商事调解中心、亚太地区国际仲裁中心等。“集聚性”是指粤港澳大湾区法律服务应由碎片化、分散化模式转变为聚合式、集中式法律服务。应鼓励和支持香港特区、广州市、深圳市等城市筹建法律服务集聚区，整合仲裁、公证、司法鉴定、律师等法律服务资源，提供全方位的法律服务，优化营商环境。

---

① 中国法律服务（澳门）公司简介. 中华人民共和国司法部网，2022-11-23.

② 律政司长：香港可在大湾区发挥一国两制三法域优势. 联合早报网，2021-08-13.

第三节　其他商务服务市场

一、人力资源服务市场

（一）人力资源服务市场概述

人力资源服务市场是多元化的市场。一般而言，人力资源服务主要包括人力资源解决方案及其他人力资源服务。人力资源解决方案涵盖人才寻猎服务、招聘流程外包服务及灵活用工服务。人才寻猎服务是帮助委托方识别寻找有胜任资质的人才，满足相对高薪且高匹配度的岗位要求；招聘流程外包服务是指按客户内部招聘流程的要求，对大规模工作职位提供定制化解决方案；灵活用工服务是基于实时用人需求，灵活地按需雇用员工去另一家公司工作。其他人力资源服务则包括了劳务派遣、薪酬管理服务、员工培训与开发服务、人力资源管理咨询、职业转换服务等。劳务派遣即由劳务派遣机构与员工签署劳动合同，再把员工派遣到用工单位，并由用工单位向派遣机构支付管理费的一种用工形式；薪酬管理服务是指由人力资源服务机构协助制定薪酬方案，并代发薪酬；员工培训与开发服务指由人力资源服务机构协助制定培训方案和培训计划，并落实具体的员工培训与开发的相关事项；人力资源管理咨询指对企业中人力资源的开发与管理进行分析，帮助企业诊断人力资源管理中出现的问题，然后提出有效的改革方案；职业转换服务指企业支付费用聘请第三方服务机构为遭到裁员的员工提供职业咨询、求职指导等服务。

（二）粤港澳大湾区人力资源服务市场概况

1. 广东省人力资源服务市场概况

广东省人力资源服务市场业态丰富，涵盖招聘服务、培训管理、薪酬管理等中间层次的服务产品，以及整体性人力资源战略规划、人力资源管理解决方案等高层次的系统性服务产品，形成较为完善的服务产业链。

广东省通过规划人力资源服务产业园，激活人力资源服务市场，促进了产业集聚与协同发展。广东省有 2 个国家级的人力资源服务产业园，分别是中国广州人力资源服务产业园和中国深圳人力资源服务产业园。中国广州人力资源服务产业园规划为“一江两岸、双核驱动、多点支撑”，围绕广州市珠江两岸打造人力资源服务业商圈，以天河区人才港和琶洲互联网创新人才集聚区为双核，以番禺青年人才创新创业服务园区、广州开发区海外高层次人才服务园区、南沙粤港澳人才合作示范园区、越秀现代服务业人才服务园区、花都临空产业人才服务园区为多点支撑。中国深圳人力资源服务产业园规划为“一园四区、多点支撑”，以深圳人才园、龙岗区天安云谷智慧广场、南山区深圳湾科技生态园、宝安区人才园为核心园区，以前海国际人力资源服务产业园、罗湖区粤港澳大湾区人才创新园为支撑园区。同时，广东省也建设了多家省级产业园，如汕头市、佛山市、梅州市、江门市、清远市等省级人力资源服务产业园。在国家相关法律法规和政策的框架下，广东省出台了一系列与人力资源服务市场特点相适应的法律法规及政策，例如《广东省人力资源市场条例》。

广东省人力资源服务机构的数量、营收、从业人数逐年增长，行业正处于快速发展期。截至 2020 年年底，全省人力资源服务机构 11 614 家（含劳务派遣机构 7 118 家），人力资源服务业营收 4 016.5 亿元，从业人员 27.1 万人，位居全国前列。国内外知名人力资源服务机构加快在广东省的业务扩张，一批如瑞士德科、万宝盛华、美世等国际知名企业以及国内有影响的中国国际技术智力合作公司（中智）、北京外企人力资源服务有限公司（FESCO）、北京网聘信息技术有限公司（智联招聘）、前锦网络信息技术（上海）有限公司（前程无忧）等企业也在广东省开办分支机构。广东南方人力资源服务有限公司、深圳市人力资本（集团）有限公司等本土人力资源服务机构也在大力拓展国内及全球业务。

2. 香港特区人力资源服务市场概况

根据《香港标准行业分类 2.0 版》，香港特区人力资源服务归类为“就业活动”，细分为“职业介绍代理活动”“临时人力供应服务”“人力资源管理服务”。按照该分类，职业介绍代理活动包括罗列职位空缺，转介求职者就业；临时人力供应服务主要是指人力资源服务机构向客户企业供应工作人员，在协议期限内临时替补或补充客户的工作人手；人力资源管理服务包括提供长期的人力资源管理服务给客户企业，也包括承担一系列的人力资源及人事管理职责，代表雇主更新如薪金、税项、财务及人力资源等雇员记录，但它们不负责监督及给予雇员指示。在香港特区开展人力资源服务的机构，需要向劳工处申请牌照。

香港特区便利的营商条件、较为宽松的入境政策，吸引了大量海外及内地人才到香港特区发展，为香港特区人力资源服务市场带来了庞大的客户基础。香港特区人力资源服务市场的国际化程度较高，大量跨国的人力资源服务企业进入香港特区人力资源市场，并以香港特区为基点，辐射大中华地区，乃至整个亚太地区。世界知名的人力资源服务商，如思爱普、领英、美世、安德普翰等企业均在香港特区设立了地区办事处、分公司或地区总部。内地的人力资源服务企业也非常注重香港特区市场的挖掘，如中国国际技术智力合作有限公司在香港特区设立了全资子公司中智香港有限公司。香港本土的人力资源服务机构以中小型机构为主，其中也不乏一些优秀的本土公司。

香港特区人力资源服务市场活跃，行业集中度高，市场格局基本稳定，业务齐全，包括提供完整的人力资源解决方案、提供人力资源相关的技术服务、猎头、流程外包、灵活用工、劳务派遣、员工培训与开发等，人力资源服务业态完整。根据香港特区政府统计处 2021 年的数据，香港特区人力资源管理服务机构共 2 589 家，员工人数 31 512 人，市场规模达 128 亿港元。

3. 澳门特区人力资源服务市场概况

澳门特区人力资源服务市场提供的服务主要是人员聘请、甄选、介绍及安排等服务。其服务对象较为单一，主要集中于在博彩、零售、酒店、饮食、会展、金融和建筑等行业。由于澳门特区劳动力短缺，大量人力资源服务集中在人才和劳动力的引入。根据澳门特区劳工事务局统计，截至 2020 年 12 月底，澳门特区持有雇员身份逗留许可的外地雇员人数共 17.77 万人。澳门特区注重当地人才的培养，对于人才的引进较为谨慎。由于政策规定，一些行业不能任用外雇人员，澳门特区渐渐形成了保守的人力资源政策，一些较进取的人才引进政策往往会引起争议[①]。

澳门特区面积小，产业单一，导致人力资源服务市场规模相对较小，开展的业务较为有限。尽管也有一些大型人力资源服务机构在澳门特区开办分支机构，但人力资源服务机构经营规模以小型为主，经营方式比较灵活。澳门特区第16/2020号法律《职业介绍所业务法》规定了准入和从事职业介绍所业务的规范，从事职业介绍和招募雇员相关工作的人员需要申请就业服务指导员准照。在澳门特别行政区政府劳工事务局备案的职业介绍所有133家。

（三）粤港澳人力资源服务市场的协同发展

广东省、香港特区和澳门特区政府制定的人才流动政策及对人才的重视程度，助推了粤港澳大湾区人力资源服务市场的蓬勃发展。2018年7月28日起，港澳台人员在内地就业不再需要办理《台港澳人员就业证》。香港特区政府也推出了输入内地人才计划，以吸引内地人才到香港特区工作。随着粤港澳大湾区建设的深入推进，人才需求骤增、人才流动加速，人力资源服务必将朝着服务产品多元化、服务人群高端化、服务范围区域化、服务机构国际化、服务技术信息化的方向迈进。

随着粤港澳大湾区产业分工和结构调整，未来与之配套的人力资源服务市场也需要深度融合与协同发展，具体可从以下四个方面着手：①消除人才流动的制度障碍。从政策层面来看，尽管粤港澳大湾区各个城市和地区出台了一系列人才引进政策，但是人才流动的制度障碍依然存在，包括税收、医疗、福利、教育、职业资格等方面，消除这些制度障碍才能够更好地为人才跨地区和跨体制流动提供便利条件。②提高从业人员的专业素质。随着服务产品的多元化和多层次体系的建立，人力资源服务市场对从业人员的素质和能力提出了更高的要求。从业人员也面临着重要的角色转换，包括从粗放式和标准化的中介服务转换到精细化和有针对性的专业服务，从传统的效率型服务转换到结合信息技术和人工智能的高效型服务，从本地的单一服务转换到跨区域多元化的服务。因此，培养具有复合型能力的高素质人力资源服务人才，对粤港澳大湾区人力资源服务业的发展至关重要。③人力资源服务业要着力服务粤港澳大湾区的产业发展。粤港澳大湾区不同区域的人力资源服务市场有着各自的特点。在区域协同发展的背景下，人力资源服务业应该以产业分工和区域产业发展为基础，围绕产业布局和发展来构建与之相适应的人力资源服务体系，吸引、招聘、培训、调配、评估产业人才，形成服务区域产业的专业服务市场，帮助企业解决发展中的人力资源问题。④扩大人力资源服务业的交流和合作。粤港澳三地政策和经济环境差异较大，人力资源服务机构及从业人员的能力和服务水平不一样，有必要搭建一个人力资源服务机构交流与合作的平台，增进了解、取长补短、互相学习、促成合作，共同推动粤港澳大湾区人力资源服务业的发展。

---

① 澳门发展策略研究中心人才政策研究团队. 澳门人才政策研究——基于粤港澳大湾区城市群人才政策的横向比较. 澳门：澳门人才发展委员会，2019.

二、管理咨询服务市场

（一）管理咨询服务市场概述

管理咨询是由具有丰富经营理论知识和实践经验的专家，与企业有关人员密切配合，应用科学的方法对企业进行调研、诊断，找出存在的问题，分析产生问题的原因，并提出解决方案，指导方案的推行实施，以达成企业的经营目标、推动企业健康稳健发展。

1. 服务流程

管理咨询服务主要包括三个阶段：企业诊断、方案设计、辅助实施。企业诊断是指通过调研，对企业现状进行客观、系统的剖析，描述出企业相关方面的运行现状，揭示出企业的问题及产生问题的根源，提出解决问题的思路性建议。方案设计是指在企业相关问题诊断的基础上，就客户提出的经营管理问题，设计出系统、具体的解决方案并进行规划。辅助实施是组织客户企业有关人员熟悉、消化管理咨询方案，就方案内容涉及的理念和经营管理知识，对客户企业的相关人员进行培训，组织制定有关各项管理制度和实施细则，辅助企业模拟实施方案，根据模拟实施结果，对方案及制定的管理制度、细则等做必要的调整。

2. 服务类型与业务范围

从应用的角度，管理咨询可分为以下多种业务：设立战略咨询、筹建战略咨询、经营战略咨询、发展战略咨询、运营管理战略咨询、组织结构咨询、制度体系咨询、管理流程咨询、营销工具与营销形式咨询、生产管理咨询、技术研发咨询、质量管理咨询、业务流程咨询、标准化管理咨询、人力资源管理与开发咨询、企业文化咨询、集团管控咨询、并购重组咨询、信息化咨询、财务管理咨询等。管理咨询公司以企业管理、商务策划、会务服务、礼仪服务、企业形象策划、公关策划，展览展示等咨询服务为主要经营范围，同时也可以经营一些相关的产品销售和培训服务，比如管理软件、企业管理类的出版物等。标杆客户的参观学习和国外知名企业的管理研修也日渐成为一些管理咨询公司的业务范围。

3. 服务市场参与者

管理咨询服务市场的参与者主要包括供应者和消费者。供应者可以分为数据提供者和方案提供者两种类型。数据提供者提供初级数据资源供咨询公司分析、加工，形成咨询建议;方案提供者是更为高级的供应者,直接提供智力服务,提出具体的解决方案或最终报告。消费者可分为最终消费者和中间消费者两种类型。最终消费者主要包括政府机构、服务性行业、工商企业等，它们寻求咨询的目的是要求管理咨询公司提供具体的解决方案、咨询建议或分析报告；中间消费者主要是指同行业的管理咨询公司，它们寻求咨询是为了更好地服务最终消费者，以弥补自身在专业咨询业务方面的不足，或者是将其他非核心的业务外包给其他管理咨询公司。

（二）粤港澳大湾区管理咨询服务市场概况

1. 广东省管理咨询服务市场概况

广东省管理咨询服务市场的主体主要分为两大类，一是外资管理咨询公司，以麦肯锡、波士顿咨询公司为代表的传统巨头在中国加入世界贸易组织之前就已经打入内地市场，在广东市场站稳脚跟。二是正在茁壮成长的本土管理咨询公司，以深圳市摩天之星企业管理有限公司、中大咨询集团等为代表，从学习和模仿外资管理咨询公司开始，已经摸索出一套适合本土企业的发展模式。广东省管理咨询公司的主要服务领域集中在电力、通信、能源、科技与金融、房地产等行业，服务内容主要包括企业管理咨询、人力资源咨询、财务咨询、科技咨询、营销活动咨询等。广东省管理咨询公司主要位于广州市和深圳市两大城市，存在区域分布不均匀的现象。在广东省其他二三线城市，由于地域经济不发达，跨区域服务对于很多企业和管理咨询公司来说担负的成本过大，管理咨询服务市场发展处于起步阶段。

广东省管理咨询服务市场的发展水平位于全国前列。广东省企业管理咨询协会是国内最早开展管理咨询行业资质认证和制定地方行业标准的省级行业组织，与麦肯锡、埃森哲、罗兰贝格、普华永道等国际知名咨询机构建立了长期的合作关系。该协会每年评选的广东省管理咨询行业 50 强已成为广东省管理咨询服务市场的中坚力量，代表着广东省管理咨询行业的发展水平，在国内赢得了较好的口碑。

2. 香港特区管理咨询服务市场概况

香港特区的管理咨询服务市场发展成熟，拥有完备的法律体系、规范的市场机制和先进的符合国际惯例的管理模式。多家世界知名的咨询公司在香港特区设有办事处，例如埃森哲、科尔尼、麦肯锡、波士顿，以及国际四大会计师事务所，即普华永道、毕马威、德勤和安永。截至 2021 年 6 月，外地管理咨询公司在香港设立了 1 457 家地区总部，2 483 家地区办事处。香港特区本地的管理咨询公司大部分是中小型机构，通常是由国际从业者的前任顾问或跨国公司的前任高级行政人员创办，提供一般管理咨询服务，其中包括人力资源咨询、公司行政管理、海外业务咨询及市场营销等①。不同类型的专业服务机构提供不同类型的专业化服务。高度专业化的服务，确保了香港特区管理咨询服务的质量。香港特区本地的管理咨询公司也服务香港特区以外的地区，主要是亚太地区。据香港特区政府统计处《就业及空缺按季统计报告》数据，截至 2021 年 12 月，香港特区商业管理及管理顾问服务的机构数目为 10 330 家，就业人数 43 420 人。

香港特区管理咨询服务市场主要有以下四个特征：①金融咨询业务所占比重较大。发达的金融业作为香港特区最重要的经济领域，一方面为国外提供了大量的外汇、资金、证券等方面的金融信息，另一方面它自身对国际相关信息的需求量也在急剧增加，这促进了香港金融咨询业务的发展。②与进出口相关的商务咨询、市场咨询服务需求量较大。因市场狭小，其经济主要以转口贸易和装配加工为主，香港特区的各类企业要想在国际市场竞争中求得发展，就需要及时掌握市场价格变动、经济形势预测等各方面商务信息，这样就使得与进出口相关的商务咨询、市场咨询成为香港特区管理咨询服务市场的另一个侧重点。③科技咨询业务的市场需求量小。与内地相比，香港特区的研究开发体系是很薄弱的。一些主要科技咨询机构的工作重点也是提供技术支持和人员培训，而不是进行理论与应用科技研究。④与海外管理咨询公司存在着较强的协作性。受外向型经济的影响，香港特区的管理咨询公司大多数与外国（主要是美国和英国）的管理咨询公司存在着各种关系。有些

① 潘焯匡. 香港管理咨询业概况. 香港贸易发展局经贸研究，2022-06-10.

公司是外国公司在香港特区的分支机构、代理或代表；有些公司和外国公司存在临时的、短期的协作关系，以借助外国公司的人力和设施去解决较复杂的问题。

（三）粤港管理咨询服务市场的协同发展

香港特区管理咨询公司在规模实力、业务水平、服务质量等方面与广东省同业相比有许多优势。2003 年签署的 CEPA 允许香港特区管理咨询公司在内地设立独资公司，通过粤港合作来满足广东省日益增长的管理咨询服务需求，同时也有利于广东省管理咨询服务企业加快提升业务水平。内地与香港特区在 2015 年签署了《服务贸易协议》，制定了自 2016年 6 月起内地对香港特区服务提供者及专业人员实施开放措施，并实行国民待遇，没有保留限制。管理咨询服务企业必须在香港特区注册或登记设立，并从事管理咨询服务 3 年或以上，才符合香港特区服务提供者的资格。截至 2022 年 5 月，香港特区政府已向管理咨询业界签发 59 份《香港服务提供者证明书》。香港服务提供者可以在内地设立独资公司，提供一般管理咨询服务、生产管理咨询服务、营销管理咨询服务、人力资源管理咨询服务、财务管理咨询服务（营业税除外）、公共关系服务和其他管理咨询服务。

三、广告服务市场

（一）广告服务市场概述

1. 服务类型与业务范围

广告服务是指为了满足某种特定的需要，通过媒体向公众传递信息的宣传手段。由于分类的标准不同，广告服务的种类很多。以广告内容为标准，分为产品广告、品牌广告、公益广告、观念广告；以传播媒体为标准，分为电视广告、电影广告、广播广告、网络广告、报纸广告、杂志广告、包装广告、招贴广告、交通广告、车体广告、门票广告等；以广告目的为标准，分为促销广告、建议广告、公益广告、告知广告、形象广告、推广广告；以传播对象为标准，分为消费广告、企业广告。广告公司的业务范围不仅仅局限于提供上述广告服务，还提供以下服务类型：市场调研与预测、产品销售分析、制定广告计划、公共关系服务、产品研究、品牌规划与管理。

2. 服务流程

广告服务的流程主要包括分析广告机会、确定广告目标、形成广告内容、选择广告媒体四个环节。①分析广告机会。一是分析针对哪些消费群体做广告，在什么样的时机做广告等问题；二是根据企业营销目标和产品特征，做好广告的消费群体定位，找准广告的最佳切入时机。②确定广告目标。根据现实需要，确定广告促销的具体目标，明确如何使消费者了解企业的新产品，如何刺激消费者购买或提高企业与产品的知名度；确定广告宣传要解决的具体细节问题，以此来指导广告促销活动。③形成广告内容。广告的具体内容应按照广告目标、媒体的信息可容量来确定，通常包括产品信息、企业信息和服务信息。④选择广告媒体。不同的媒体在广告内容覆盖面、承载力、送达率、影响价值及费用等方面均有差别，因此正确地选择广告媒体，确保广告信息有效地传播出去是一项非常重要的工作。

3. 服务市场参与者

广告服务市场的参与者主要有以下五大类。①广告主。广告主是广告活动的发布者，是广告活动的主体。广告公司、媒介单位的广告收入主要来源于广告主的业务。②广告媒体。广告媒体是传播广告信息的中介物，是连接广告主和受众的桥梁，凡是可视、可听、可触、可摸的媒体都可以作为广告媒体。③广告公司。广告公司是指专门经营广告业务活动的企业，是广告代理商的俗称。广告公司是独立的商业机构，它接受广告主的委托，代理广告主的各类广告业务。④广告受众。广告受众是指广告信息的接受者，也是广告进行劝说的主要对象，是广告活动的终点。⑤广告管理者。广告管理者通过制定各种措施或法规，对广告活动的全过程进行有效的控制和管理，它是广告活动合理性、合法性的直接约束者。

（二）粤港澳大湾区广告服务市场概况

1. 广东省广告服务市场概况

广东省广告服务市场发展快速，政策支持力度大。2010 年 7 月出台的《广东省建设文化强省规划纲要（2011—2020 年）》首次将广告设计和创意研发确定为广东省重点发展的高端和新兴文化产业，把广告业作为优化广东省文化产业布局、构建广东省现代文化产业体系的重要内容。2012 年 12 月，国家工商行政管理总局与广东省人民政府签署了共同推进广东省广告业发展战略合作协议，在推动企业转型升级、提升公共服务水平、促进公益广告发展、打造集聚发展载体、加快人才引进与培育、促进粤港澳深度交流与合作等方面确定了重要举措。《广东省户外广告管理规定》《广东省公益广告促进和管理暂行办法》《广东省工商行政管理局广告经营许可证登记规范》《广东省工商行政管理局固定形式印刷品广告登记管理规范》等地方立法，很好地规范和促进了广告业的发展。

广东省广告服务市场规模长期处于全国前列。截至 2022 年年底，广东省广告经营主体共 85.50 万户，从业人员 485.95 万人。2022 年广东省纳入全国广告业统计范围的 4 047 户广告经营主体的广告营业收入达 1 430 亿元，符合其经济第一省的地位。广东省靠近香港特区，能够更为便利地学习与借鉴香港特区广告业的成功经验，广告业集约化、专业化、国际化水平不断提升。但是，广东省区域经济发展的不平衡导致广告业发展也不平衡。规模较大的广告公司多集中在珠三角地区，主要聚集在广州市和深圳市这两个城市，无论是数量还是规模，其他地级市的广告公司都远不及广州市和深圳市。

2. 香港特区广告服务市场概况

香港特区是亚洲市场推广服务之都，各种广告服务应有尽有，市场发展成熟，消费市场非常发达，最适合用来测试新的市场推广概念及技巧，因此吸引了大批跨国公司来港开展业务，如奥美、李奥贝纳和电通等。此外，市场上还有大量本土小型广告公司与顾问[①]。香港特区广告具有十分明确的市场指向，即需求第一、市场第一，对用户说话，这构成了香港特区广告发展最典型的特征。香港特区广告服务人才云集。据香港特区政府统计处《就业及空缺按季统计报告》，截至 2022 年 9 月，广告及市场研究服务机构单位数目 3 766 家，从业人数 13 412 人。

香港特区广告服务市场管理体制很发达，形成了政府部门的行政管理、广告行业自律

① 傅至乐. 香港市场推广服务业概况. 香港贸易发展局经贸研究，2021-12-08.

与消费者监督有机结合的良好管理体系。香港特区政府监管广告的管理部门主要有影视及娱乐事务管理处、广播事业管理司、广播事业检讨委员会、电影检查委员会、医务卫生处等，其中影视及娱乐事务管理处是香港特区最重要的广告监管部门。虽然香港特区没有专门的广告法，但在其他专业法律条文中有很多关于广告的严格规定，例如《电视条例》《商标条例》《版权条例》《不良医药广告管理条例》《电视广告标准》等。其中，《电视广告标准》是香港特区最重要的广告专业管理法规，该标准规定了广告的基本原则，即广告必须合法、健康、诚实及准确。香港特区广告监管的重要手段之一就是利用消费者对广告实行监督。香港消费者委员会指导消费者如何选购商品，对工商业的欺骗性广告宣传和不法买卖行为进行监督揭露，维护消费者的经济利益。香港特区主要的广告行业组织有香港广告商会、香港广告客户联会、香港华资广告业商会等，它们是广告相关企业与香港特区政府联系的中间环节，一方面它们代表成员企业向政府反映意见和要求，帮助企业搞好经营，维护广告业的利益；另一方面香港特区政府利用这些组织贯彻广告管理标准，引导成员企业遵守法律法规。

3. 澳门特区广告服务市场概况

澳门特区广告服务市场的服务内容主要包括公关策划、平面设计、制作装饰、礼品订购、媒介代理五大类型。公关策划的主要业务包括市场推广、活动策划两方面。由于澳门特区缺乏本地品牌，故在市场推广方面，房地产公司与进口品牌的代理商均是其主要的客户。在活动策划方面，业务主要分三类：一是政府部门对公民意识的推广，例如肃贪倡廉、城市清洁、警民合作、交通安全等；二是文化交流和体育竞技的活动策划，例如澳门国际音乐节、澳门国际烟花比赛会演、澳门格兰披治大赛车、澳门国际排联世界女子排球联赛等；三是企业和团体庆祝活动的筹办，例如开幕式、周年庆典及各类宴会等。印刷媒体是澳门特区最常使用的宣传途径，因而平面设计的业务量极大。

澳门特区完善的法律体系加上广告行业的自律，保证了澳门特区广告服务市场的健康有序发展。澳门特区专门制定了《订定广告活动之制度事宜》，其中规定了广告的定义、广告的原则、户外广告的审批、禁止做广告的对象、广告的禁止内容等很多内容，对机动车辆广告、药物药剂产品及治疗广告、房地产广告以及涉及妇女、儿童、青少年的广告作了特别规定，并特别指出含酒精饮品及香烟广告是受管制的广告。澳门特区还专门出台了《订定药品广告方面之法律制度》，对药品广告做了非常细致的规定，该制度确保广告在宣传药品时提供正确及明晰的信息，促使消费者在购买药品时采取合理的态度。澳门广告商会在行业管理方面也起到很重要的作用，它于 1999 年成立，主办及承办了澳门国际贸易投资展览会、澳门国际品牌连锁加盟展等多项活动。

（三）粤港澳广告服务市场的协同发展

港澳广告服务公司具有天然的国际视野优势。广告服务是香港特区与内地尤其是广东省合作进展最快的专业服务之一。自 2004 年 1 月 1 日起，在 CEPA 框架下，香港特区和澳门特区的广告服务公司就可在内地设立独资广告公司。2010 年 4 月，广东省政府和香港特区政府签署了《粤港合作框架协议》，允许香港广告专业人士参加广东省广告专业职称评定。2011 年 3 月，广东省政府和澳门特区政府签署了《粤澳合作框架协议》，确定合作建设横琴文化创意区，共同开发包括广告在内的文化产品，打造特色园区。

香港特区与内地每年签署《内地与香港关于建立更紧密经贸关系的安排》(CEPA)补充协议，目的是持续扩大市场开放措施。2014 年，双方在 CEPA 框架下签署一份子协议，即《〈内地与香港关于建立更紧密经贸关系的安排〉关于内地在广东省与香港特区基本实现服务贸易自由化的协议》(简称《广东协议》)，率先在广东省对香港特区基本实现服务贸易自由化。2015 年，双方再签署《〈内地与香港关于建立更紧密经贸关系的安排〉服务贸易协议》，把 2014 年《广东协议》的服务贸易自由化地域范围扩展至内地全境，并且规定，香港特区广告服务及商标代理服务商在内地完全实行国民待遇。

本章小结

复习思考题

1. 粤港澳会计服务市场各有什么特点？
2. 粤港澳会计服务市场协同发展取得了哪些经验？
3. 比较香港特区、澳门特区、广东省法律服务市场的优势与不足。
4. 人力资源服务行业主要业务有哪些？
5. 如何促进粤港澳人力资源服务市场的协同发展？
6. 管理咨询服务市场的服务内容包括哪些？
7. 粤港澳广告服务市场各有什么特点？

第五篇　协同发展篇

第十三章　粤港澳大湾区经济合作与发展

学习目标

本章主要讲解粤港澳大湾区经济合作的历程与特征、生产要素流通的发展历程与特征、政策协同不同阶段的特点等内容。要求掌握区域经济合作与发展的含义与类型、粤港澳大湾区经济合作的特点；熟悉大湾区经济合作、生产要素流通、政策协同的阶段性特征；理解粤港澳大湾区经济合作与发展的趋势及促进路径。重点掌握粤港澳大湾区经济合作、生产要素流通、政策协同的含义与特征。

第一节　粤港澳大湾区经济合作

一、区域经济合作概述

区域经济合作是不同区域的经济主体为了扩大经济利益和社会利益，分享彼此的比较优势，最大化各自的民生福利，以政府规制合作为基础，开展的一系列跨区域商贸流通、要素流动和经济政策交流互动活动。区域经济合作能够实现各成员在经济发展上的优势互补和共享，把分散的经济活动有机地结合起来，有助于实现区域贸易自由化，形成区域性的统一市场，促进区域各成员之间的分工合作和内部贸易增长，激发整体发展潜能，增强区域整体经济实力。

区域内经济合作程度是区分区域经济合作类型的重要标准，如区域内是否存在关税壁垒、区域内生产要素流通便利程度和区域经济、政策等方面的协调统一水平等。优惠贸易安排作为区域经济合作的最初、最宽松的形式，主要表现为两个或两个以上国家或地区之间对全部或部分商品给予关税优惠。自由贸易区则通过在成员之间逐步减免或取消关税与进口数量限制以弱化贸易壁垒。关税同盟则在此基础上通过对非同盟国家实行统一的关税率增强结盟成员的商品在统一关境以内的市场上处于有利地位。共同市场则完全废除成员间关税和数量限制，建立对外统一关税，实现劳动、资本等生产要素在成员间的自由流动，其经济调节的超国家性质进一步增强。经济同盟作为一种较高层次的区域经济一体化组织形式，进一步协调成员间的关系，组建超国家的共同机构制定某些共同的经济和社会政策。在经济同盟的基础上，进一步实现经济、政治和法律制度等方面的协调统一，达到区域经济一体化的最高形式——完全经济一体化[①]。完全经济一体化不仅包括经济同盟的全部特点，而且各成员在财政政策、货币政策以及有关贸易、生产要素流动的政策方面具有统一

① 段秀芳. 中亚与独联体国家经济一体化发展、理论依据及其对新疆贸易的影响. 新疆大学学报（社科版），2005 年 10 月第 5 期。

性。在这个一体化组织内，各成员通过建立中央银行以统一货币；废除跨国界金融管制保障有价证券发行与流通；取消外汇管制建立统一的汇率管理制度等。完全经济一体化建立共同的组织管理机构，通过成员间在经济决策、管理权限的让渡以推进各项活动的实施。

二、粤港澳大湾区经济合作历程

（一）快速发展期：投资驱动下的经济合作（1978—2000 年）

1978 年改革开放至中国加入世界贸易组织前这一阶段，外商直接投资带动了粤港澳三地之间的贸易增长，粤港澳大湾区经济合作得以快速发展。这一阶段，广东省进出口贸易额增长迅猛，出口总额从 1980 年的 21.95 亿美元增长至 2000 年的 919.19 亿美元。其中，对港澳的出口额从 11.27 亿美元增长至 321.05 亿美元。同时，广东省对港澳进口额从 1980 年 1.28 亿美元增长至 2000 年的 53.35 亿美元（见表 13-1）。香港特区与澳门特区凭借自由港的地位和国际性的商贸网络，成为珠三角地区与国际市场之间主要转口港，转口贸易成为这一时期粤港澳三地经济合作的主要形式。

改革开放前，我国内地经济处于较为封闭的状态，珠三角地区仍以第一产业为主，经济发展缓慢。作为亚洲四小龙之一的香港，受制于交通阻隔，对珠三角地区经济的辐射效应小。与香港一江之隔的深圳市，还只是一个偏僻落后的边陲小镇。1978 年 12 月召开的党的十一届三中全会确立了中国对外改革开放的战略方针。1979 年 7 月和 1980 年 5 月，党中央、国务院先后决定在深圳市、珠海市、汕头市和厦门市创办经济特区。经济特区政策为珠三角地区的外向型经济发展创造了机遇。深圳市和珠海市两大经济特区充分利用毗邻港澳国际市场的区位优势和国家赋予的特殊政策，成为珠三角地区港澳投资商的集聚地。

1984 年 5 月，党中央、国务院在总结经济特区经验的基础上，进一步开放包括广州市在内的全国 14 个沿海港口城市[①]，出台了扩大对外经济活动自主权、企业所得税减免优惠、允许兴办新的经济技术开发区等若干优惠政策。广州市通过建立经济技术开发区，吸引大量外商投资企业入驻，为广州市产业结构调整、高技术领域合作奠定了基础。

1985 年 2 月，党中央扩大沿海开放区域，将珠江三角洲开辟为经济开放区，进一步给予土地、税收等政策优惠。在国家政策激励下，珠三角地区成为外商投资集聚地，粤港澳三地经贸合作快速发展。1992 年邓小平发表南方谈话，释放中国改革开放不动摇的信号，香港对珠三角地区的直接投资空前高涨。香港资金加速北上，利用珠三角广阔的土地、低廉而丰富的劳动力资源、较为完善的基础设施和利好的政策形势[②]，开展以加工贸易和补偿贸易为特征的合作模式。香港客商为珠三角地区企业提供设备、原材料、样件，并负责接收海外订单，提供研发设计、产品外销、财务管理、物资协调等管理运营功能（即“前店”）；珠三角地区企业提供土地、厂房、劳动力，负责产品加工和组装（即“后厂”），逐步形成了以来料加工、来样加工、来件装配、补偿贸易（即“三来一补”）为特征的贸易合作模式。这种企业自发形成、以投资为驱动的“前店后厂”贸易分工模式有效将广东低地价、低工资、低税率等优势与香港的制

① 这 14 个城市分别是大连、秦皇岛、天津、烟台、青岛、连云港、南通、上海、宁波、温州、福州、广州、湛江、北海。
② 李郇，郑莎莉，梁育填. 贸易促进下的粤港澳大湾区一体化发展. 热带地理，2017（6）.

造优势对接，投资少、见效快，使香港聚焦在研究策划、产品设计、采购原料、包装装潢等服务领域，成功从制造型经济向服务型经济、从劳动密集型产业向资金–技术密集型产业转型。

表 13-1　广东与港澳进出口规模情况（1980—2021 年）

年份	全省出口总额（亿美元）	出口至港澳		全省进口总额（亿美元）	由港澳进口	
		出口额（亿美元）	比重（%）		进口额（亿美元）	比重（%）
1980	21.95	11.27	51.34	3.56	1.28	35.96
1985	29.53	21.68	73.42	24.26	22.11	91.14
1990	105.60	87.09	82.47	57.49	41.52	72.22
1991	136.88	115.93	84.69	85.10	62.94	73.96
1992	184.40	157.94	85.65	111.79	84.01	75.15
1993	270.27	156.70	57.98	198.99	156.70	78.75
1994	469.93	394.57	83.96	342.70	255.53	74.56
1995	565.92	222.55	39.30	473.80	60.55	12.80
1996	590.00	509.99	86.44	412.00	326.80	79.32
1997	745.64	297.40	39.89	555.56	47.36	8.52
1998	756.18	271.34	35.88	541.80	42.53	7.80
1999	777.05	268.91	34.60	626.63	41.39	6.60
2000	919.19	321.05	34.90	781.87	53.35	6.80
2001	954.21	342.97	35.90	810.66	51.97	6.40
2002	1 184.58	431.28	36.40	1 026.34	53.65	5.20
2003	1 528.48	549.16	35.90	1 306.74	55.74	4.30
2004	1 915.69	700.00	36.50	1 655.60	60.84	3.70
2005	2 381.71	850.10	35.70	1 898.31	64.26	3.40
2006	3 019.48	1 089.97	36.10	2 252.59	55.96	2.50
2007	3 692.39	1 320.51	35.80	2 647.96	67.12	2.50
2008	4 041.88	1 357.94	33.60	2 793.04	63.95	2.30
2009	3 589.56	1 173.14	32.70	2 521.62	42.04	1.70
2010	4 531.91	1 542.96	34.00	3 317.05	60.84	1.80
2011	5 317.93	1 886.89	35.50	3 815.41	63.50	1.70
2012	5 740.59	2 216.08	38.60	4 098.88	79.22	1.90
2013	6 363.64	2 639.60	41.50	4 554.58	69.48	1.50
2014	6 460.87	2 314.32	35.80	4 304.97	60.44	1.40
2015	6 434.68	2 073.19	32.20	3 793.28	47.86	1.30
2016	5 985.64	1 833.99	30.60	3 567.21	43.42	1.20
2017	6 228.73	1 677.58	26.93	3 838.06	41.90	1.09
2018	6 470.46	1 729.86	26.73	4 380.57	33.97	0.78
2019	6 294.64	1 564.08	24.85	4 071.14	29.94	0.74
2020	6 282.99	1 425.39	22.69	3 956.03	28.28	0.71
2021	7 818.60	1 760.77	22.52	4 977.07	44.67	0.90

数据来源:《广东省统计年鉴》(1980—2022 年)。

（二）全面发展期：结构调整下的经济合作（2001—2018 年）

2001 年中国加入世界贸易组织到《粤港澳大湾区发展规划纲要》颁布这一阶段，粤港澳大湾区贸易合作呈现全面发展格局。作为全国外贸出口大省，这一阶段，广东省出口总额由 2001 年的 954.21 亿美元快速增长到 2018 年的 6 470.46 亿美元，年均增长率达 11.9%。与此同时，广东省对港澳的出口额也相应增加，从 2001 年的 342.97 亿美元增加至 2018 年的 1 729.86 亿美元（见表 13–1）。伴随广东省对外开放的步伐加快和空港、港口等交通基础设施的完善，广东省贸易伙伴逐步多元化。2001 年，与广东省有贸易往来的国家（地区）达 214 个[①]。自"一带一路"倡议提出后，广东省与"一带一路"沿线国家贸易快速增长。这一阶段粤港澳贸易合作从以货物贸易为主向货物贸易和服务贸易协同发展转变。广东省对港澳出口额占全省出口额比重有所下降，由 2001 年的 35.9% 下降至 2018 年的 26.73%。广东省对港澳进口额也由 2001 年 51.97 亿美元下降至 2018 年的 33.97 亿美元，占全省进口额比重也相应由 6.4% 下降至 0.78%（见表 13–1）。与此同时，这一阶段广东省服务业外商投资额中，港商投资占比由 2001 年的 33.67% 增至 2018 年的 76.36%。

2001 年，中国加入世界贸易组织为经济全球化注入强劲动力，进一步促进了粤港澳三地经济合作的紧密度。根据入世承诺，中国逐步扩大对外开放，将货物进口关税削减至 9.8%，逐步取消进口配额、进口许可证和特定招标等非关税壁垒，开放涉及 12 大类服务的 100 个服务部门，允许外资产品扩大对华销售。

2003 年《内地与香港关于建立更紧密经贸关系的安排》（简称 CEPA）的签署是我国根据"一国两制"方针，在世界贸易组织规则的基础上，就处理珠三角地区与港澳经济合作关系做出的一项重大战略决策。CEPA 涉及货物贸易、服务贸易、贸易便利化三个部分内容，通过逐步减少或打破关税与非关税壁垒，为促进粤港澳三地货物贸易一体化提供了制度性安排，进一步推动三地之间的贸易合作。按照 CEPA 规定，从 2004 年 1 月 1 日起，内地分别对原产自香港澳门的 273 个税号的产品实行零关税。这一关税清零措施较中国加入世界贸易组织承诺的关税更为优惠，扩大了港澳商品的价格优势和进口需求。

在此背景下，美国、日本等国家的跨国公司纷纷调整对华投资战略，从以大进大出为特征的加工出口型投资转向以进军中国内地市场为目标的市场进入型投资，逐步扩大对华投资和货物出口。一些外商投资企业在广东省投资设厂，部署销售公司等功能机构，以开拓中国市场。粤港澳三地逐步从以"前店后厂""三来一补"为特征向"厂店合一"建立共同市场转变，以加工贸易为主的结构向以一般贸易为主的结构转变。随着珠三角地区制造业规模扩大，产业的前后向联系更加密切，香港特区的研发设计、运输仓储、邮政快递、信息科技、金融保险、商务租赁、人力资源管理与培训、批发经纪等生产性服务业向生产地——珠三角地区靠拢，粤港澳三地服务与制造领域的合作不断加强。

---

① 数据来源：陈晓，陈琳，汪雨薇．"入世" 20 年 广东外贸增长 384.9%. 南方日报，2021–12–09（A09）.

（三）深化发展期：质量优化下的经济合作（2019 年至今）

2019 年 2 月，伴随《粤港澳大湾区发展规划纲要》（下文称《纲要》）的颁布，粤港澳大湾区建设世界一流湾区上升为国家战略，粤港澳大湾区的贸易合作在此阶段开始向质量优化方向深化发展。粤港澳三地之间不断推进口岸间的信息互换、监督互认和执法互助，优化管理措施，促进港澳企业拓展内地市场，进一步推进内地与港澳合作交流，放宽或消除对港澳企业和投资者的资质要求和行业准入限制，促进人员与货物往来便利，不断提升粤港澳贸易自由化水平。这一阶段，广东省对港澳特区的进出口额保持增长态势，进口、出口额分别由 2019 年的 29.94 亿美元、1 564.08 亿美元增加至 2021 年的 44.67 亿美元、1 760.77 亿美元。伴随广东省贸易伙伴的进一步增多（2020 年与广东省贸易合作的国家或地区达 230 个），广东省对港澳特区进口额占全省进口额比重略有提升，由 2019 年的 0.74% 增加至 2021 年的 0.90%；而对港澳出口额占全省出口额比重有所下降，由 2019 年的 24.85% 下降至 2021 年的 22.52%（见表 13－1）。

在国家倡导共建“一带一路”和构建“双循环”格局的背景下，粤港澳不断探索更高效、更高水平、更高质量的贸易合作，区域内贸易结构调整步伐加快。粤港澳三地的经济合作由注重贸易规模转向注重质量提升，服务贸易替代转运贸易成为三地贸易合作的主要形式。粤港澳质量优化的经济合作主要表现在以下几个方面：一是依托自由贸易区，深化粤港澳重大合作平台建设。广东自贸试验区自 2014 年 12 月成立以来，通过打造珠海横琴新区、深圳前海蛇口片区、广州南沙新区三个片区，引领粤港澳全面深化贸易合作。其中，珠海横琴新区致力于促进澳门经济适应多元发展；深圳前海蛇口片区旨在打造粤港现代服务业创新合作示范区；广州南沙新区着力打造世界前沿的生产性服务业基地和综合发展高地，深化珠三角贸易合作的紧密度。二是注重跨区域贸易协同创新机制，推进粤港澳三地贸易合作。粤港澳大湾区在跨境口岸、金融等多个领域加快改革创新，不断深化粤港澳三地衔接机制，推动贸易深入合作。如创新粤港澳口岸通关模式，推进查验单位之间信息互换、执法互通、监管互认，促进粤港澳进出口贸易便利化发展；创新金融开放模式，通过市场互通、机构互认的粤港澳跨境金融合作，推动跨境贸易和投融资便利化等。三是大力推进数字经济发展，为粤港澳高质量发展注入新活力。为更好推动贸易新业态发展，粤港澳共建贸易创新合作交流平台。2021 年，粤港澳大湾区跨境电商资源中心的成立为粤港澳大湾区跨境电商企业及相关企业提供了交流合作的经贸平台，跨境电商新业态极大促进了粤港澳三地经济合作模式，推动粤港澳合作迈进高质量发展。

三、粤港澳大湾区经济合作的主要特点

（一）从转口贸易发展到离岸服务的经贸关系

依托港澳的门户地位，粤港澳三地经济合作从最初的转口贸易逐步向离岸服务延伸。转口贸易是指国际贸易中进出口货品交易通过第三方进行，而不是在生产方与消费方之间

直接进行，这种贸易对第三方（中转方）来说即是转口贸易[①]。香港作为转口贸易港历史悠久。1978 年，改革开放政策的实施催生了粤港澳“前店后厂”的分工模式，珠三角地区成为港澳企业的外发加工基地。港澳企业将进口原料及半制成品发往珠三角地区加工，再将制成品运回并转口海外，形成独特的外发加工贸易模式。这种异地加工模式带动了原材料和产成品的转口，将香港“中转贸易”与珠三角制造有机结合，强化了香港转口贸易港的地位。1988 年，香港转口贸易额达 2 754 亿元，占香港出口总额的 56%，首次超过香港产品出口额。

20 世纪 90 年代，伴随全球价值链分工向更加细化、更加长链化方向发展，全球产业空间布局开始围绕细分产业展开。港澳在全球产业转移浪潮中逐步将制造业转移到珠三角地区。21 世纪初，珠三角地区加快航运业建设，广州港、深圳港逐步成为国际货物的运输枢纽。随着珠三角地区港口物流业的发展，香港物流成本的优势不再，珠三角地区企业开始将原来经香港转运的货物改为直接从本地港口就近出货，香港的转口贸易业务出现滑坡，逐步被离岸贸易所替代。离岸贸易是随跨国公司业务发展演化而来的一种新贸易模式，其核心特征是订单流、货物流和资金流“三流”分离。香港作为国际金融中心、国际贸易中心和国际航运中心，依托其完善的服务体系汇集了全球贸易中间商。他们建立了全球的贸易网络，依托香港在通信、物流、咨询等方面的服务优势，为海外卖家和买家牵线搭桥，从中赚取差价和服务费，带动香港离岸贸易的发展。2000 年起，香港特区的离岸贸易额开始超过转口贸易额。离岸贸易和转口贸易带动了粤港澳三地的经贸往来，使港澳成为中国内地与海外联系的重要桥梁。

（二）从垂直分工迈向共同市场的经济合作关系

改革开放初期，经济资源要素在港澳高度集中，区域经济发展呈现出以港澳为核心的单中心垂直发展模式。港澳负责市场、技术、管理等产业链的高端环节，而珠三角地区主要负责加工制造，这种经贸关系主要是港澳对珠三角地区的垂直分工，经济联系密切，但合作的内容较为单一。中国加入世界贸易组织后，粤港澳大湾区城市间的合作发展进一步加深，粤港澳三地呈现出多中心协同发展模式，广州市、深圳市、香港特区、澳门特区是区域中心城市。在此基础上，粤港澳大湾区的合作模式也在不断地发生改变，“前店后厂”的产业合作模式也逐步走向“水平分工”的“共同市场”模式。

一是通过设立自贸区推动共同市场形成。自 2015 年 4 月中国（广东）自由贸易试验区成立以来，在贸易便利化、区域贸易分工、政府管理体制等多方面不断创新，挖掘区域服务贸易潜力，极大促进了粤港澳三地的贸易结构优化和贸易协同发展。例如，广州南沙新区片区致力于完善粤港澳大湾区国际贸易枢纽功能，建设创新示范区，推动新兴产业和服务业的协同发展；深圳前海蛇口片区以“创新、市场化、与国际接轨”为指导思想，凭借高端要素集聚、辐射作用突出、多轮驱动的创新体系的优势，正着力打造成为全球资源配置能力强、创新策源能力大、协同发展带动能力突出的高质量发展引擎；珠海横琴新区片区保障粤澳共商共建共管共享体制机制运作顺畅、公共服务和社会保障体系有序衔接，推动粤澳协同发展。中国（广东）自由贸易试验区围绕打造高水平对外开放门户枢纽为总定位，

---

① 温韧，黄丙志，解涛，等.海关支持和服务上海自贸试验区发展转口贸易研究.科学发展，2021（12）.

着眼三个市场、三种资源，不断提升协同制度创新、完善交通枢纽、创造良好营商环境。

二是通过产业协同发展，深化经济合作，深度推进粤港澳大湾区协同发展。随着粤港澳经济合作发展到新的阶段，三地促进产业协同，建立经济一体化共同市场的重要性进一步凸显。在制造业方面，珠三角地区已形成门类齐全、规模庞大的制造业体系，劳动力和技术资源高度集中，在粤港澳制造业贸易合作中承担起产品供应的职能。港澳具备经济体制成熟、贸易网络全球化、港口和机场发达等优势，承担起贸易合作中的产品转运和拓展海外市场职能。“十三五”以来，珠三角地区着力进行生产技术和管理制度的创新，加强与港澳的高校、科研机构合作，重点突破核心零部件、先进材料等瓶颈，完善高科技制造业产业链，积极推动珠三角地区“制造”向“智造”转变。在服务业方面，港澳的金融市场运作成熟，具备国际化营商环境和服务业发展优势。珠三角地区在保持其在金融、信息技术、科研等生产性服务业和战略性新兴产业优势的同时加强与港澳在专业服务、研发服务等高端服务业领域合作，促进新产业、新业态、新模式深度融合；推动传统加工贸易向服务贸易、技术贸易转变，探索和发展保税物流、保税研发、保税维修、保税展示等新业态和新型合作模式。

（三）从民间自发发展到政策导向的共同发展

港澳回归祖国之前，粤港澳三地之间经贸合作以市场主导的自发性民间合作为主。由于港澳与珠三角地区地缘毗邻、方言相通、关系密切，经贸合作已有一定的基础条件，这一时期虽然三地政府间并未形成正式的合作联系，但随着民间合作的不断推进和彼此之间联系的加深，合作需求扩大，政府层面的协调开始逐步增强，逐渐向制度化、规范化的方向发展。作为“一国两制”的成功实践，CEPA 开启了粤港澳三地贸易合作的新篇章，逐步消除贸易壁垒，实现服务贸易自由化和投资便利化[①]。2008 年出台《粤港澳地区空间发展战略规划》等区域发展规划，打破贸易壁垒和粤港澳人员与货物往来限制，提出粤港澳三地共同发展目标和贸易合作对策，为深入合作奠定基础。国家“十二五”规划中也明确提出“深化粤港澳合作、促进区域共同发展”。2019 年《粤港澳大湾区发展规划纲要》作为国家战略的出台，进一步促进粤港澳合作格局的提升[②]。2022 年由广东省商务厅牵头召开粤港澳大湾区服务贸易大会，共建贸易创新交流平台，促进粤港澳大湾区贸易合作向更高水平的方向发展[③]。粤港澳三地政府依托具体项目或平台，不断消除贸易壁垒，促进粤港澳经济合作。

四、粤港澳大湾区经济合作趋势

（一）跨境电商综合试验区推动三地数字经济加速发展

跨境电商综合试验区允许在跨境电子商务的技术标准、业务流程、监管模式和信息化

① 粤港澳大湾区贸易畅通新局：开放合作水平提升 争创全球数字贸易发展新高地. 21 世纪经济报道，2021-12-27。

② 宫正，林子鸿. 改革开放以来粤港澳经济合作的历史经验特区实践与理论，2023-03-09。

③ 姜劲，王帅，辛同凯. 粤港澳大湾区科技服务协同创新体系建设科技管理研究，2022-05-20。

建设等方面先行先试，通过制度创新、管理创新、服务创新和协同发展，破解跨境电商发展中的深层次矛盾和体制性难题，打造跨境电商完整的产业链和生态链，逐步形成一套适应和引领全球跨境电商发展的管理制度和规则，为推动中国跨境电商健康发展提供可复制、可推广的经验[①]。

珠三角地区利用数字技术加速推进传统外贸企业向外贸综合服务企业转型。通过引入云计算、区块链、人工智能等新一代数字技术，建立起云供应链平台，带动智慧工厂、智能仓储、在线管理等业务的发展。美的、格兰仕、格力等品牌制造商纷纷上线京东、天猫、唯品会等第三方电商平台，通过设立旗舰店，采用托管运营、代理运营模式，开展数字营销、品牌推广活动。家电、服装等行业的上下游小微企业积极拥抱电商，催生出与报关、保税、物流、法律等相关的电商服务新业态。同时，通过培育一批跨境电商独立站，开创“全球中心仓”“离港空运服务中心”等方式促进跨境电商的集货新模式发展。2021 年 3 月，粤港澳大湾区跨境电商资源中心的成立加速了三地数字经济快速发展。该中心由香港电商联会联合澳门以及粤港澳珠三角九市的电商协会共同成立，为跨境电商企业提供了交流合作的经贸平台，为广东省跨境电商发展提供了平台支撑。

（二）境外经贸合作区推动粤港澳经济合作不断深化

境外经贸合作区，是指在中国注册、具有独立法人资格的中资控股企业通过在境外设立中资控股的独立法人机构投资建设的产业园区。在“一带一路”倡议下，境外经贸合作区成为粤港澳大湾区企业国际化布局的重要平台。企业通过投资境外园区，促进国内装备、服务、技术和标准“走出去”，投资规模与工程建设力度不断增大。香港特区在金融投资、物流航运、基建管理、法律仲裁、商贸等专业服务领域具有国际化经验，且作为全球三大国际金融中心之一，资金来源和融资产品多元丰富，能为珠三角地区企业“走出去”提供重要的融资平台。2021 年 9 月 1 日，商务部与香港特区政府签署了《关于推进境外经贸合作区高质量发展合作备忘录》，香港特区初步选定东盟国家的马中关丹产业园、泰中罗勇工业园、中国・印尼经贸合作区和华夏幸福印尼卡拉旺产业新城、西哈努克港经济特区等五个境外经贸合作区开展试点，推动香港特区企业沿着“一带一路”寻找商机，这将有利于内地与香港特区企业发挥各自优势，通过联合制定生产标准、品质标准，构建湾区金融生态和产业生态，共同推进境外经贸合作区建设，开拓“一带一路”新商机。从“引进来”向“走出去”转变，意味着粤港澳三地将从合作走向融合，从贸易合作走向贸易投资一体化。

（三）数字贸易正成为粤港澳经济合作的新亮点

数字贸易是指运用信息通信技术开展的实物商品贸易（如跨境电商）和通过信息通信网络传输的数字服务（如数据、数字产品）。贸易方式数字化、贸易对象数字化是数字贸易的两大特征，前者指信息技术与贸易深入融合；后者指数据和以数据形式存在的产品和服务贸易。

数字贸易带动了跨境贸易的蓬勃发展，企业对跨境支付、贸易融资等金融服务的需求

---

① 黎夏克.“一带一路”视阈下广东省跨境电子商务发展路径及对策研究电子商务，2019-01-15.

显著增长。2020 年 6 月，国家外汇管理局跨境金融区块链服务平台在广东省上线，为企业提供信息核验、信用查询等服务，提升了企业跨境融资效率。央行数研所与香港金管局开展系列合作，共同探索央行数字货币在改善跨境支付方面的可行性。粤港澳三地建立区域、部门间常态化沟通机制，在金融、贸易、关税等方面的制度逐步趋同，逐步统一生产、质量、运输等方面的标准，降低规则性摩擦成本；优化通关制度，加速三地电子通关平台建设，推动三地通关监管服务一体化；深化金融服务合作，放宽三地银行和保险机构的准入门槛，逐步实现资本项目自由流动，以跨境电商为首的数字贸易正推动金融和货币一体化进程。

2021 年 5 月，广东省发布《关于加快数字化发展的意见》，提出要构建世界数字贸易重要节点，培育一批数字贸易领域独角兽、瞪羚企业。2021 年 9 月，中共中央、国务院正式发布了《横琴粤澳深度合作区建设总体方案》《全面深化前海深港现代服务业合作区改革开放方案》，提出要建设中葡国际贸易中心、数字贸易国际枢纽港，推动传统贸易数字化转型[①]。横琴粤澳深度合作区、前海深港现代服务业合作区可以充分运用经济特区立法权，推出与港澳及国际接轨的规制改革，携手推动数字贸易的发展。

第二节　粤港澳大湾区生产要素流通

一、生产要素流通概述

生产要素是指进行社会生产经营活动时所需要的各种社会资源，是维系国民经济运行及市场主体生产经营过程中所必须具备的基本因素。经典的经济学理论将生产要素划分为劳动力、资本和土地。随着科技发展和知识产权制度的建立，信息、技术和由此产生的数据也逐步被纳入生产要素范畴。在市场经济条件下，要素具有商品的属性，需要参与流通过程，通过交换有偿获得。生产要素流通，是指土地、资本、劳动力、信息、技术和数据等生产要素进入市场在不同市场主体之间流动的过程。生产要素流通的目的在于优化生产要素配置，实现生产要素资源效益最大化。

每个地区的资源要素禀赋不同，因此，区域经济发展需要以区域拥有的一种或几种资源优势，通过生产要素流通，吸引各类生产要素空间集聚，以将资源优势转化为现实生产力，培育产业竞争优势，推动产出增长和区域经济发展，由此形成区域经济发展的三种资源转化模式：一是自然资源转化模式。即利用所拥有的自然资源优势，吸引资本要素和知识要素集聚，最终将自然资源优势转化成区域经济发展竞争优势。二是智力资源转化模式。即利用所拥有的信息、技术和数据等知识要素优势，吸引资本要素和自然资源集聚最终将智力资源优势转化成区域经济发展竞争优势。三是综合转换模式。区域内外信息、技术和数据等知识要素和自然资源优势不断汇聚、相互促进，不断形成区域经济发展的多种竞争优势。

① 王哲. “奶牛博士” 在沙漠里的日与夜. 今日中国，2022（71）6.

二、粤港澳大湾区生产要素流通发展历程

（一）生产要素流通初级阶段（1978—2000 年）

自改革开放到中国加入世界贸易组织前这一时期，国家为了大力推动内地经济复苏与发展，在广东省采用土地、税收等优惠政策吸引外商投资，生产要素的流通在这一阶段由内地与港澳隔离向初步流通转变。具体体现在：为方便建厂，珠三角地区大幅度推动农用地向建设用地转变，吸引大量港资企业尤其是制造业企业向珠三角地区转移，流动人口剧增带来大批廉价劳动力进入港资企业，带动珠三角地区上下游企业的发展。这一阶段土地利用功能转变和人口流动极大地促进了生产要素的流通。

一是珠三角地区土地利用充分发挥了成本优势，珠三角地区核心区域土地利用强度和结构发生重大变化。伴随港澳对珠三角地区产业转移，珠三角地区建设用地规模急速增长，城市建设区域连片化开发。二是珠三角地区人口红利效应凸显。伴随珠三角地区城镇化水平的提升，大批农民工进城务工，为珠三角地区一体化发展注入了活力，推动纺织、服装、鞋帽、玩具等劳动密集型产业快速发展。20 世纪 90 年代以来，发达经济体陆续将制造产业向第三世界转移，珠三角地区成为重要承接地。在全球产业转移的浪潮中，珠三角地区成为全球加工与贸易基地，通过与港澳及世界各国广泛联结，利用外资和外贸出口成为该阶段经济发展的典型特色。港澳企业将劳动密集型产业转移至珠三角地区，逐步形成“香港服务业 + 珠三角制造业”的分工格局，香港特区发挥国际金融中心的辐射带动作用，为珠三角地区企业提供融资服务。

这一时期的生产要素流通主要表现为“金融辐射 + 产业承接”的市场驱动模式，港澳资本和珠三角地区劳动力、土地资源的结合。但整体来看，粤港澳三地的生产要素流通尚处于初级阶段，合作层级不高。

（二）生产要素流通整合阶段（2001—2018 年）

在香港、澳门先后回归祖国和中国成功加入世界贸易组织的有利背景下，党中央、国务院随即制定、实施一系列区域贸易投资协定以推动粤港澳大湾区生产要素跨境流动。政策的支持加速了粤港澳三地生产要素的流通，三地生产要素资源进入整合阶段，具体表现在人口流通、物资互通、资金流通、跨境工业区建设等方面。

一是在商务和旅游领域推动三地人口流通。2003 年的非典疫情严重打击香港特区零售业和香港特区旅游业，通过实施个人港澳自由行政策有助于大力刺激内地居民到港澳消费，挽救低迷的香港特区经济。当时以中山市、东莞市、佛山市、江门市为试点城市，大量内地居民进入港澳旅游和就业，推动港澳消费经济和商务经济的发展。

二是部分城市实现物资互通。这一时期，粤港澳三地在生活性服务业得到较大发展的同时，生产性服务业的互联互通受到高度重视。如广州市、深圳市、佛山市、东莞市等珠三角地区核心城市均制定各自的城市物流业发展规划，为粤港澳城市间物资互通提供有力支撑。

三是促进三地资金流通。这一阶段金融领域逐步放开，广东省政府积极鼓励企业赴港上市。尤其是 2007 年广东省确立“金融强省”战略，提出要打造“区域性金融中心”、建

设“国际化金融中心”，签订《粤港合作框架协议》(2010年)、《粤澳合作框架协议》(2011年)，鼓励金融业内部协同与发展互促，推进粤港澳三地金融合作。在政策的扶持下，金融机构、工业品制造、消费零售等行业的粤企“排队”赴港上市。其中总部位于深圳市的互联网龙头企业腾讯于2004年赴港上市。2018年，在香港上市的103家中国内地企业中，来自广东省的有28家，占25.2%，居所有省份第一位[①]。

四是积极探索跨境工业区。2002年8月，广东省与澳门特区对设立跨境工业区达成共识。2003年12月，国务院批准设立珠澳跨境工业区，这是全国首个跨境工业区，标志着珠澳进入全方位合作阶段。珠澳跨境工业区于2006年12月正式运作。它位于珠海拱北与澳门青洲之间，由澳门园区和珠海园区组成，总面积40万平方米，两园区之间开设专用口岸通道，设立了加工工业区、仓储物流区、展销展示区，重点发展仓储物流、跨境电商、商贸服务、信息技术等产业，为企业提供保税仓储、商贸展示、货品加工、跨境运输、专业培训、会展物流等一站式服务。园区设立了“跨境电商产业孵化基地”，入驻企业中澳资企业占比超过50%。截至2019年年底，珠海园区注册澳资企业300余家，投资总额近20亿元，成为澳门中小企业发展的“后花园”，有效推动了澳门特区与珠海市两地生产要素的跨境流动[②]。

这一时期的生产要素流通主要表现为政策驱动下的生产要素协同模式，粤港澳三地生产要素流动由“市场自发”行为转向“政策驱动”行为。CEPA的实施，推动了中央政府开放内地居民赴港个人游以及两地融资的便利化。内地金融机构可以向香港银行开放个人人民币清算业务，并在香港发行人民币债券。这一政策的实施，大大扭转了香港受非典疫情影响，旅游业和餐饮住宿业一落千丈的局面。香港旅游发展局公布的数据显示，2004年入境香港旅客达2 181万人、旅游业收益929亿元，分别较2003年增长40.4%、19.6%，香港特区经济得到迅速发展。随着“自由行”“资金自由行”等一系列规划和政策的出台，内地与港澳经贸交流和合作步入快车道，粤港澳区域内生产要素流动更为频繁，珠三角地区的资本、劳动力等要素主动流向港澳地区寻找市场机会，这推动了粤港澳大湾区内以香港特区、深圳市、广州市、澳门特区为核心的金融网络的形成。但总体来看，由于粤港澳三地在产品标准、从业资质、监管政策等方面存在较大差异，生产要素协同度仍处于较低水平，生产要素自由流动、资源配置效率还存在诸多限制。

（三）生产要素流通深度发展阶段（2019年至今）

在政策大力支持下，粤港澳大湾区的生产要素流通在这个时期进入深度发展阶段，粤港澳三地的生产要素互联互通程度进一步深化。在人才、资金、信息与技术等方面，呈现出跨行业、跨区域、跨时空、高效互通的特点。2019年2月，《粤港澳大湾区发展规划纲要》提出要“破除影响创新要素自由流动的瓶颈和制约”“促进各类要素在大湾区便捷流动和优化配置”“促进人员、物资、资金、信息便捷有序流动”，基本实现“大湾区内市场高水平互联互通”和“各类资源要素高效便捷流动”，为打造国际一流湾区、世界级城市群描绘了蓝图，具体表现在：

一是推动民生领域合作，增强人才集聚效应。《粤港澳大湾区发展规划纲要》实施以来，

---

① 中国内地企业2018年度香港IPO上市报告. 数据来源：RyanBen Capital.

②［粤澳同心 逐梦湾区］粤澳合作不断深入 珠澳跨境工业区澳资企业占比过半. 国际在线.

粤港澳大湾区在教育、医疗、文化、卫生等社会民生领域的投入逐年增加[①]，为人员流动提供了保障；对港澳居民及随迁子女，使其平等接受学前教育、义务教育、高中阶段教育等；试点实施“港澳药械通”，允许内地符合条件的医疗机构按规定使用已在港澳上市的药品和医疗器械[②]；加强口岸合作，采用便利化通关模式；试点实施“湾区社保通”政策。截至2023年2月，港澳居民在广州市参加养老、失业、工伤保险达3.67万人次；粤港澳大湾区内2/3的出入境旅客通过自助方式通关[③]。

二是开放资质互认、标准对接，吸引港澳青年创新创业。广东省推动粤港澳大湾区职称评价和职业资格认可，向港澳居民开放内地职业资格评价；在医师、教师、导游等8个领域探索粤港澳互认机制，开展粤港澳大湾区律师执业考试，通过考试并取得内地执业资质的港澳律师可以在粤港澳大湾区从事一定范围内的内地法律事务；建立港澳青年创新创业孵化基地，为港澳青年创业企业提供场地租金、物业管理费补贴，为港澳高层次人才提供个人所得税优惠；在全国率先实施港澳人员免办就业许可证，为港澳青年在粤港澳大湾区就业创业提供社保、教育、医疗、住房等方面的“市民待遇”；实现商事登记“一网通办”,企业开办可在1个工作日内办结,吸引更多港澳青年来粤就业创业。截至2022年4月，广东省纳入就业登记管理的港澳居民超过8.51万人，3 000多名港澳人士获得内地注册执业资格，1 000余人次的港澳居民报考珠三角地区的事业单位。在广东省的港澳青年创新创业孵化基地孵化港澳项目超过2 300个、吸纳港澳青年就业达3 400余人[④]。

三是开放资本流动通道，建立湾区金融生态。粤港澳大湾区逐步打通香港证券交易所、深圳证券交易所和广州期货交易所的交易通道，发展主板（中小板）、创业板、若干区域性股权交易市场、新兴金融业态并存的多层次金融市场体系。广东放开港澳金融机构持股比例，核准成立全国首家港资控股全牌照证券公司、全国首家港资控股基金公司、全国首家外资交易中心，打通了境外资金投资境内金融资产的资金渠道，开展粤澳同城清算系统对接、跨境车险服务、跨境住房按揭等服务。前海深港现代服务业合作区、南沙粤港澳全面合作示范区、横琴粤澳深度合作区推进自由贸易账户（FT账户）、“跨境理财通”和“债券通”试点，完善“深港通”、合格境外机构投资者（QFII）等跨境投资制度。截至2021年年底，港澳居民开立内地银行个人账户超18万户，参与“跨境理财通”试点业务的粤港澳大湾区居民超过2万人次，金额4.86亿元；累计跨境人民币结算量达到21.01万亿元[⑤]。跨境金融服务更加便利，人民币成为粤港澳大湾区跨境收支第一大结算货币。

四是重视开放信息与技术流通渠道，推动创新要素流动。粤港澳大湾区发挥科技和产业发展优势，积极吸引和对接全球创新资源，推进“广州—深圳—香港—澳门”科技创新走廊建设，共建粤港澳大湾区大数据中心和国际化创新平台，努力建设开放互联、布局合理的区域创新体系。通过建设国家自主创新示范区、国家双创示范基地和众创空间，广东省与香港特区、澳门特区建立创新创业交流机制，共享创新创业资源，完善创新创业生态；通过产学研跨区域合作体系，引导企业、高校、科研院所合作共建技术创新中心、新兴产

① 中共中央 国务院印发《粤港澳大湾区发展规划纲要》. 中国对外经济贸易文告，2019-03-12.

② 张烁，江琳，程龙. 粤港澳大湾区建设迈出坚实步伐中国产经.

③ 广州日报《坚持推动实现“八个更加”广州谋划人社事业高质量发展. 广州日报.

④ 林洁. 包容创新　港澳青年圆梦大湾区. 中国青年报，2022-06-20（1）.

⑤ 程远州. 粤港澳合作互联互通正加速. 人民日报，2022-04-20（10）.

业创新中心、技术转移机构，推进研究开发、成果转化和推广应用。广东省推出一系列政策促进数字经济发展，推动互联网、大数据、人工智能的应用发展，立足于信息技术产业优势，加强重大创新平台建设、新型基础设施建设，构建与数字经济相适配的支撑体系，开放多维数字技术应用场景，推动产业协同发展。

上述各项措施有力推动粤港澳三地规则衔接、机制对接，解决民生、基础设施、资质认证、融资便利化等领域的制约瓶颈，畅通粤港澳三地人才、资本、技术、信息等生产要素流动进一步深化，有效提高了生产要素市场一体化的水平。

三、粤港澳大湾区生产要素流通促进路径

（一）破局行政壁垒，创新生产要素流通合作体制机制

由于粤港澳三个独立关税区在关税水准、资本流通、开放程度、对外经贸、监管制度、法律法规等方面存在较大的差异和行政管理边界，粤港澳大湾区内生产要素尚未完全自由流通。粤港澳大湾区先后推出旅客通关“一地两检”、货物通关“跨境一锁”等新举措，但距离同城化、通勤化的区域协同目标尚有较大差距。未来需要加强三地规制合作和口岸协作，减少政策“软制约”，创新通关模式，降低贸易成本，促进高层次人员、商品的高效流动；推动跨境发行人民币债券、金融产品跨境交易等业务，建立金融监管协调沟通机制，打造国际金融枢纽；对接国际高标准投资贸易规则，不断完善 CEPA 协议，为粤港澳大湾区建设保驾护航，推动粤港澳大湾区内生产要素完全自由流通。

（二）建立一小时经济圈和交通网络，促进生产要素高效配置

从城市发展的历史和经验来看，交通是城市发展的主要动力，对生产要素的流通和城镇体系的发展起着至关重要的作用①。交通便利的程度影响着生产要素的流动速度，是生产要素能否高效配置的基础。粤港澳大湾区从公路、铁路、航空、港口等交通网络着手，全面致力于打造一小时经济圈，以更高的速度、更短的时间、更便利的方式为生产要素赋能，给全行业、全区域各方面都带来积极的外部性。

一是公路交通网络方面，高速公路网已基本覆盖粤港澳大湾区内所有市县，曾经被伶仃洋隔断的珠江口两岸城市群，正被一条条交通大动脉连通②。完善的公路交通网络将粤港澳大湾区各城市有效串联起来，加速了区域内生产要素的流通。二是铁路交通网络方面，粤港澳大湾区已基本形成配套设施完善、换乘便利的铁路交通网络体系，增强了城市之间的快速通行能力，呈现出“一小时经济圈”雏形。三是空港建设方面，粤港澳大湾区拥有世界上最大的空港群，航空客货运总量位居世界第一。为粤港澳大湾区更好地发挥中心城市的辐射带动作用、深化区域合作奠定了基础。四是港口建设方面，粤港澳大湾区依托沿海的先天优势，建立起深圳港、香港港、广州港等一批大型国际化港口，推进了货物运输方式的调整，降低了区域大宗货物运输的成本，极大地促进了粤港澳大湾区与国内外口岸的合作。

---

① 冯雪，刘芳. 交通对城市发展的影响机制探析. 当代经济，2011-05-08.

② 香港回归祖国 25 周年大湾区珠江口跨海跨江通道群掠影. 企业观察家，2022-06-15.

（三）建立一体化公共服务体系，推动生产要素自由流通

建立一体化公共服务体系是建设和谐社会、贯彻落实以人为本发展理念的必要前提，促进社会保障、医疗、教育、住房等政策协同，是推进粤港澳大湾区生产要素自由流通的基础和支撑。

一是加强社保政策方面的衔接。内地与港澳社会保障体系之间存在较大差异，一定程度上阻碍了区域之间劳动力的自由流动，未来粤港澳大湾区需要进一步通过社保制度创新推动居民有效流通。2020 年以来，广东省积极促成珠海市、澳门特区社保跨境合作，保障港澳居民享受社保“同城待遇”，为粤港澳大湾区社会保障政策协同发展奠定了基础。

二是提升跨境医疗服务合作能力。粤港澳三地医疗有良好的交流合作基础。根据深圳市卫生健康委员会数据，截至 2022 年 6 月，深圳已开设 11 家港资（独资合资）医疗机构，1 098 名来自港澳的专业人士以短期行医方式在深圳执业[①]，一批高端社会办医疗机构在深圳市发展。珠海市推进职务双聘制、帮助澳门特区医生参与国家执业医师资格考试。2022 年 8 月，港澳居民（广州）健康服务中心在广州开发区医院揭牌，这是内地首家港澳居民健康服务中心，专门面向在粤港澳大湾区的港澳居民及外籍人士，提供港式全科诊疗、专科转诊协作、国际保险理赔支付、多语种陪诊等服务。粤港澳大湾区通过新一代信息技术的使用，极大程度上为区域内居民异地就医提供便利。此外，粤港澳三地正在积极发展区域医疗联合体，提升交流合作的广度与深度，加强医疗卫生合作，塑造更加健康的公共医疗卫生环境。

三是积极推动教育合作交流。粤港澳大湾区创新合作办学模式，努力打造新的教育和人才高地。高等教育方面，粤港澳大湾区合作办学走深走实。2019 年，香港中文大学（深圳）牵头组建的深圳市人工智能与机器人研究院、深圳市大数据研究院获深圳市基础研究机构建设授牌。2020 年，香港中文大学（深圳）数据科学学院成立，香港中文大学（深圳）全球与当代中国高等研究院成立。2022 年 9 月，位于粤港澳大湾区几何中心的广州南沙迎来了第一批香港科技大学（广州）的学生。基础教育方面，2021 年 9 月，内地首家港澳子弟学校，广州暨大港澳子弟学校开学；2022 年 3 月内地第二家 15 年一贯制港澳子弟学校——东莞暨大港澳子弟学校成功落户东莞，办学范围涵盖学前教育、小学、初中、高中阶段。珠海横琴积极探索横琴与澳门在教育方面的衔接渠道与机制，已有琴澳六所学校缔结为“姊妹学校（园）”，开展“同课异构”，为琴澳两地师生搭建了相互学习交流的平台，实现了琴澳两地之间优势教育资源的互补和双赢。

四是积极鼓励港澳青年就业创业。粤港澳大湾区大力拓宽就业渠道，促进人才有效流通。2021 年 9 月，《关于支持港澳青年在粤港澳大湾区就业创业的实施意见》印发。2022 年 4 月，广东省人社厅、广东省财政厅等部门印发《支持港澳青年在粤港澳大湾区就业创业的实施细则》，推动港澳青年在广东省的就业创业扶持政策及其适用条件与广东省既有的就业创业及税收优惠政策体系实现有序衔接。粤港澳大湾区各市积极响应，深圳市人社局在官网设立港澳就业专题板块，编印《港澳青年来深就业创业政策汇编》，详细解读“大

---

① 深圳已开设 11 家港资医疗机构. 读创。

湾区青年就业计划”中生活补助、基层就业补贴、灵活就业社保补贴等政策；广州市全面取消港澳人员就业许可制度，为港澳人员提供与内地居民同等的就业失业登记、就业参保、职业介绍等公共就业创业服务；东莞市人社局在官网开设校企合作洽谈网上展厅，积极推动港澳院校与莞企深度合作……种种有利政策铺路，帮助越来越多的港澳居民顺利就业创业。

第三节　粤港澳大湾区政策协同

一、政策协同概述

政策协同概念最早由经济合作与发展组织（OECD）提出，是指不同政府及政府部门通过沟通对话使公共政策相互兼容、协调、支持以解决复杂性问题和实现共同目标。政策协同的目标是寻求政策的一致性、连贯性、综合性以及和谐兼容性。政策协同是解决政府面临的复杂性问题、消除部门分化改革负面影响、提高政策实现效率、实现不同部门共同目标和推动经济社会可持续、高质量发展的有效途径。依据协同程度不同，政策协同可以划分为政策合作、政策协调和政策一体化三个层次。政策合作是指政府部门制定政策的目的主要是基于更好实现各自目标，产出更有效率的部门政策。政策协调是指拥有相似目标的部门政策间的协调，产出的是部门间相互协调的政策。政策一体化是指关注完全不同部门之间的跨界目标，产出的是跨部门一体化的新政策。三种不同程度的政策协同中，政策一体化需要最多的互动、兼容性和最强的相互影响，需要最为正式的制度安排，涉及最多资源，且要求相关部门放弃更多自主性。尽管三种不同程度的政策协同之间可以相互区分，但政策合作和政策协调是政策一体化的组成部分和基础。①

政策协同途径可分为直接途径和间接途径两大类。直接途径是通过界定所涉及的政府机构的政策目标和遵循的指导规则来达成政策协同，其效果取决于有效率地寻求清晰的一体化目标和指导规则以及确保政策协同得以执行和应用的能力。间接途径又可以分为“知识性策略”和“制度性策略”两个子类型。“知识性策略”的方法包括研究和培训，目的是调整局部决策者的综合性和整体性视角。通过研究可以发展新的范式、扩展知识以及帮助决策者关注协同问题，通过培训则可以形成有助于政策协同的职业道德规范。“制度性策略”一般包括四种具体策略。第一种策略是重新定义制度。这种策略是将问题“上移”或“平移”。问题“上移”的例子有将问题从地方层面转移至全国层面；问题“平移”的例子有将问题从业务狭窄的部门转移至范围广泛的综合性部门。第二种策略是改变决策程序。例如增加各方参与的公共听证程序。第三种策略是在机构之间重新分配资源和权威，强化规划和综合性部门。第四种策略是创立新的机构，例如合并两个或多个机构或建立“超部门”的协调机构。

① 朱光喜. 政策协同：功能、类型与途径——基于文献的分析. 广东行政学院学报，2015，27（4）：20-26.

二、粤港澳大湾区政策协同发展阶段与特点

（一）政策协同探索期（1978—1999 年）

改革开放以来，内地与香港、澳门根据三地所处的发展阶段和实际情况，不断探索适合中国国情的社会政策改革和发展道路，“一国两制”的伟大方针为港澳成功回归祖国奠定了坚固的政策基石。

1984 年中英签署《中英联合声明》，标志着港澳关系进入回归过渡期，粤港澳政府高层开始互动，逐渐开展边境管理、司法协助、供水等方面的协商合作，制定了定期边境会晤制度、警方高层会晤等官方制度。同时，港澳同胞开始作为广东省人大代表或政协委员在参政议会中发挥重要作用。1990 年，粤港澳工作领导小组成立，签订了基础设施共建协议并开展了三地旅游发展研讨会，推进了港澳与内地间的初步合作[①]。1997 年和 1999 年，香港、澳门先后回归祖国，粤港澳三地的合作从民间自发转向由政府主导、依托市场、民间推动多方共同发力，标志着粤港澳协同发展将迈上新的台阶，如图 13-1 所示。

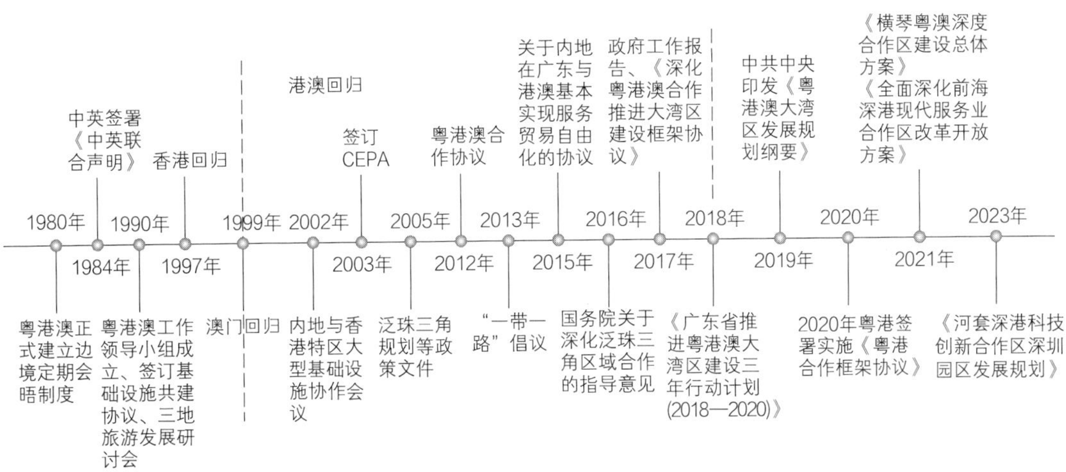

图 13-1　粤港澳大湾区政策协同变化示意图

（资料来源：根据相关规划文件整理。）

总的来说，这一阶段粤港澳大湾区的政策协同始终围绕着推动港澳回归祖国进行，政策协同程度不高。

（二）政策协同强化期（2000—2018 年）

港澳回归祖国之后，政治壁垒逐步破除，加之香港在亚洲金融危机中受到重创，加速了粤港澳三地在政治、经济上开展更为紧密的合作。粤港澳三地之间互访和考察更加频繁，在口岸合作、旅游、环保等方面的合作取得一定进展，并颁布了多项有利于三地合作发展

① 周周山，邓鸿鹄，史晨怡. 粤港澳大湾区协同发展特征及机制. 规划师，2018-04-01.

的政策。例如，2002年粤港两地政府发布《改善珠江三角洲地区空气质素的联合声明（2002—2010）》，提出粤港两地共同实施珠三角地区空气质素管理计划[①]；2017年粤港澳大湾区城市旅游联合会成立，表明通过整合资源、联合营销等方式促进粤港澳旅游业方面的合作，打造世界湾区旅游高地。总体上，这一时期政策协同的强化表现在贸易、基础设施和政府主导的区域规划等方面。

一是贸易合作方面。2003年签署CEPA之后，粤港澳的政策合作更加频繁，“粤港澳大湾区”概念的提出和一系列规划政策的出台，更标志着粤港澳的合作从区域合作上升到国家战略，粤港澳三地迈向了涉及面更为广阔的合作新阶段[②]。2013年国家提出“一带一路”倡议，泛珠三角地区作为“一带一路”建设的重要地区，应充分发挥作为海上丝绸之路门户、枢纽和辐射中心的功能。“一带一路”建设对于粤港澳贸易交流和对外开放格局有着重大影响，粤港澳大湾区将在更大范围、更高水平上展开区域合作。2015年签订的《CEPA服务贸易协议》，是首个内地全境以准入全国民待遇加负面清单方式全面开放服务贸易领域的自由贸易协议，标志着内地与香港基本实现服务贸易自由化[③]。粤港澳三地一系列贸易政策协同，极大地促进了三地的贸易合作。

二是基础设施方面。2002年内地与香港特区大型基础设施协作会议举行。会议探讨并推动两地在交通、能源等大型基础设施上的合作。港澳与内地城市进一步联通合作与跨境基础设施的建设和粤港澳间交通网络的完善紧密相关。这一时期，粤港澳大湾区的基础设施建设取得了举世瞩目的成就，港珠澳大桥于2009年宣布开工，历时9年时间于2018年正式开通，成为内地与港澳之间进行商贸、旅游等交流的纽带。跨海大桥和公共通信网络等基础设施互联互通，使粤港澳三地之间的交流沟通更加频繁，推动区域资源配置、生产要素流通等方面快速发展。

三是区域规划方面。随着经贸合作的深化，粤港澳三地合作范围拓宽至生产、生活和生态等领域，其规划合作也逐渐从战略层面落实到空间上，深化合作机制创新，加速推进粤港澳基础设施对接。真正将粤港澳大湾区作为一个区域进行整体规划是在2009年发布的《珠江三角洲地区改革发展规划纲要》，该文件首次从国家层面提出珠三角“与港澳紧密合作、协同发展，共同打造亚太地区最具活力和国际竞争力的城市群”的目标要求[④]。粤港澳区域空间结构向网络化、一体化方向发展。三地打破各自行政边界，建立城市规划专责小组，共同推进粤港澳协调规划研究，2009年发布的《大珠江三角洲城镇群协调发展规划研究》作为三地城市规划主管部门首次开展的策略性区域规划研究成果，提出应充分发挥环珠江口湾区建立高度一体化的区域基础设施体系、服务体系和创新体系；2010年粤港澳三方有关部门在“绿色大珠三角地区优质生活圈”设想的基础上共同编制《共建优质生活圈专项规划》，旨在将粤港澳地区建设成具有示范意义的绿色宜居城市群。2011年出台的《环珠江口宜居湾区建设重点行动计划》，将广州市、深圳市、东莞市、中山市四个城市与香港特区、澳门特区作为规划范围，提出建设骨干道路网、生态公园、沿海防护屏障以及示范区等，旨在共建优质生活圈、经济发展方式示范区。2014年《珠三角全域规划》明确，在南沙、前海和横琴三地尝试构建

① 马向明，陈洋. 粤港澳大湾区：新阶段与新挑战. 热带地理，2017-11-24.
② 周春山，邓鸿鹄，史晨怡. 粤港澳大湾区协同发展特征及机制. 规划师，2018-04-01.
③ 张淑钿. 粤港澳大湾区城市群建设中的法律冲突与法律合作. 港澳研究，2017-07-25.
④ 董世竹. 粤港澳大湾区产业协同发展的机制和模式分析. 农村经济与科技，2021-01-30.

全方位的粤港澳深化合作体制机制，包括建立组织、政策对接和制定法律法规等。2016 年国务院关于泛珠三角区域合作作出指导意见，推动内地与港澳达成产业、基础设施、贸易等方面的合作，建设秩序优良、具有创新潜力的市场，为泛珠三角地区带来巨大的发展机遇。

这一阶段政策协同的重心在于粤港澳共同参与贸易、基础设施、资本等方面的区域规划，共同致力于制度创新。制度创新的核心包括在粤港澳大湾区范围内探索共建与实行与国际接轨的行政制度、经济制度、金融制度与法律制度等制度体系。粤港澳地区主要协同内容见表 13–4。

表 13–2　粤港澳地区主要规划协同内容[①]

规划及编制时间	主要协同内容	空间结构
《珠三角经济区城市群规划》(1994)	深化粤港澳合作的发展思路，划定“粤港澳跨界合作发展地区”	一个核心，即广州；两条主轴，即广州—深圳（香港）、广州—珠海（澳门）；三大都市区，即中部都市区、东岸都市区、西岸都市区
《珠三角城镇群协调发展规划》(2004)	携手港澳，共建大珠三角紧密合作区；打造“广州—深圳（香港）、广州—珠海（澳门）”区域发展主轴核心功能，带动珠江三角洲整体发展；粤港澳跨界合作发展中心；加强粤港澳的交通对接，实现交通一体化；整合区域物流资源	“广州—深圳（香港）、广州—珠海（澳门）”区域发展主轴
《香港 2030：规划远景与策略》(2007)	跨界基建项目、优秀人才引进建议等	—
《珠江三角洲地区改革发展规划纲要（2008—2020 年）》(2009)	提出“与港澳紧密合作、融合发展，共同打造亚太地区最具活力和国际竞争力的城市群”的目标要求	三大城市群、两个沿海经济带
《大珠江三角洲城镇群协调发展规划研究》(2009)	应充分发挥环珠江口湾区优势，建立高度一体化的区域基础设施体系、服务体系和创新体系，提出三地的共同发展目标与产业、交通、生态、跨界地区的协调对策	三大都市区（广佛、深港、珠澳）、三条发展轴
《环珠江口宜居湾区建设重点行动计划》(2011)	共建广州市、深圳市、东莞市和中山市内地四市与港澳优质生活圈、经济发展方式示范区	—
《珠三角全域规划》(2014)	在南沙、前海和横琴三地尝试构建全方位的粤港澳深化合作体制机制，包括建立组织、政策对接和制定法律法规等	广州、深圳—香港双核联动，南拓西进
《中国（广东）自由贸易试验区总体方案》(2015)	强调粤港澳合作特色和优势的发挥，在南沙、前海和横琴三地尝试构建全方位的粤港澳深化合作体制机制，包括建立组织、政策对接和制定法律法规等	—

① 周春山，邓鸿鹄，史晨怡. 粤港澳大湾区协同发展特征及机制. 规划师，2018-04-01.

续表

规划及编制时间	主要协同内容	空间结构
《粤港澳地区空间发展战略规划》（2016）	深入剖析粤港澳地区的共同发展目标和经济社会环境的协调对策	—
《深化粤港澳合作推进大湾区建设框架协议》（2017）	全面准确贯彻“一国两制”方针，完善创新合作机制，建立互利共赢合作关系，共同推进粤港澳大湾区建设	—
《中共广东省委广东省人民政府关于贯彻落实〈粤港澳大湾区发展规划纲要〉的实施意见》（2019）	包括重大意义和总体要求、重点工作任务、保障措施等三个部分，主要着眼长远发展，对标粤港澳大湾区到2035年的建设目标，对未来十多年广东省要重点推进落实的大事要事进行谋划，突出战略性和协调性	以香港、澳门、广州、深圳四大中心城市作为区域发展的核心引擎引领粤港澳大湾区建设，发挥香港—深圳、广州—佛山、澳门—珠海强强联合的带动作用
《粤港澳大湾区发展规划纲要》（2019）	进一步提升粤港澳大湾区在国家经济发展和对外开放中的支撑引领作用，支持香港、澳门融入国家发展大局，增进香港、澳门同胞福祉，保持香港、澳门长期繁荣稳定，让港澳同胞同祖国人民共担民族复兴的历史责任、共享祖国繁荣富强的伟大荣光	珠三角九市、香港特区、澳门特区
粤港签署实施《粤港合作框架协议》（2020）	进一步便利粤港居民交流、改善两地居民生活素质，推进创新及科技发展、加强不同界别和产业合作，有助粤港两地合力提升粤港澳大湾区在国家经济发展和对外开放中的支撑引领作用	广东、香港特区
《横琴粤澳深度合作区建设总体方案》（2021）	促进澳门经济适度多元发展，便利澳门居民生活就业，推动粤港澳大湾区建设	广东、澳门特区
《全面深化前海深港现代服务业合作区改革开放方案》（2021）	推进广东与港澳规则衔接、机制对接，丰富协同协调发展模式，打造粤港澳大湾区全面深化改革创新试验平台，建设高水平对外开放门户枢纽，不断构建国际合作和竞争新优势	广东、香港特区
《香港2030+：跨越2030年的规划远景与策略》（2021）	倡导可持续发展，以满足香港现时及未来的社会、环境及经济需要和期望	香港特区
《河套深港科技创新合作区深圳园区发展规划》（2023）	推动深港积极把握新一轮科技革命重大机遇，互利合作、协同推进科技创新和产业发展	深圳、香港特区

资料来源：根据相关规划资料整理。

（三）政策协同深化期（2019 年至今）

2019 年 2 月，伴随《粤港澳大湾区发展规划纲要》发布，粤港澳三地政策协同迈进了新阶段[①]。该文件从多个方面提出要求，明确将粤港澳大湾区打造成充满活力的世界级城市群、具有全球影响力的国际科技创新中心、"一带一路"建设的重要支撑、内地与港澳深度合作示范区、宜居宜业宜游的优质生活圈。其一，通过"软硬联通"推动粤港澳市场一体化。以交通基础设施和区域交通网络为代表的"硬联通"促进了生产要素在区域间的流通，为区域合作分工奠定了基础。以各口岸的通关机制为代表的"软联通"使得粤港澳三地物流更高效，通关时间被大幅压缩，生产要素跨境流通更加便捷。其二，通过协同创新机制助力国际科创中心建设。以建设粤港澳大湾区综合性国家科学中心为重点，推动创新载体沿广深港、广珠澳"两廊"和深圳河套、珠海横琴"两点"布局[②]。通过粤港澳高校资源推进新兴产业集群，形成科技成果能高效转化的科创基地。其三，通过搭建合作平台促进粤港澳深度合作。粤港澳着力推动横琴、南沙和前海三个重要合作平台的建设，助力粤港澳制造业、现代服务业和科创领域的合作交流，持续推进粤港澳三地共商、共建、共管、共享机制的形成。其四，通过社会服务融通推进优质生活圈的形成。粤港澳出台一系列就业、创业扶持政策，鼓励更多港澳青年来珠三角就业。粤港澳在医疗药械、社保等领域进行互通试点工作，珠三角可按规定使用港澳已上市的药品和器械，同时粤港澳居民可异地参保，截至 2022 年年底，港澳居民在广州市参加养老、失业、工伤保险达 3.67 万人次。

为了进一步推动大湾区纵深发展，为"一国两制"注入新的活力，2021 年 9 月，中共中央、国务院连续发布《横琴粤澳深度合作区建设总体方案》《全面深化前海深港现代服务业合作区改革开放方案》以及 2023 年 8 月发布的《河套深港科技创新合作区深圳园区发展规划》。伴随着各项政策的不断出台，三地合作逐步形成"市场主导、企业推动、政府联动"的合作模式，合作内容从贸易逐步拓展到基础设施、金融、环保、社会保障等领域，从围绕服务、规制的"软联通"转向基础设施的"硬联通"，从基础设施建设、工业分工等单一层面转向互补生产、社会融合、政策协调、科技协同创新等多领域的全方位合作。依托珠三角经济腹地、港澳全球营商网络，粤港澳大湾区成为连通内外循环的重要门户。

2022 年 3 月，《中共中央国务院关于加快建设全国统一大市场的意见》正式印发[③]，从实施保障角度提出"优先推进区域协作"，鼓励粤港澳大湾区等国家重大战略区域优先开展区域市场一体化建设工作，建立健全区域合作机制。粤港澳大湾区经济一体化逐步从贸易一体化向要素一体化演进。

粤港澳三地不仅深化政策协同，更关注政策创新以及政策实施的效果，坚持"以人民为中心"的发展思想，致力于提升三地人民的幸福感、获得感、安全感，注重粤港澳大湾区生态文明建设，积极推动实现粤港澳大湾区高质量发展。

一是通过政策协同创新增强粤港澳大湾区核心竞争力。百年未有之大变局下，国际政治、经济格局不确定因素增多，粤港澳三地促进区域经济联系的愿望更加强烈。伴随数字

① 张伟建，刘林波. 论坚持和完善"一国两制"制度体系——香港回归祖国 25 周年之际的回顾与展望. 港澳研究，2022-04-25.

② 邱鲁燕. 长三角区域协同创新发展对策思考. 华东科技，2023-04-05.

③ 钟经平. 靠前发力、适时加力加码"稳增长". 中国经济周刊，2022-04-15.

经济的迅猛发展，三地政策协同更加注重多元化创新要素的融入，通过三地高校合作、出入境管理、新型基础设施互联互通、创新合作和生态共治以及港澳居民在粤求职就业等方面的一系列政策的出台，积极寻求政策协同创新的突破口，增强国际竞争力。

二是通过加大优化生活环境政策力度体现“以人民为中心”的发展理念。“宜居宜业宜游的优质生活圈”是粤港澳大湾区的战略定位之一。2019 年以来，广东政府出台吸引港澳人才来粤就业创业的优惠政策，完善了公共就业体系，拓展就业创业空间，为港澳来粤就业人员提供就业保障；粤港澳的医疗交流合作增多，优质医疗资源自由跨境流通，极大地为粤港澳居民提供了便利条件；跨境保险和养老服务的合作交流促进社会保障的区域协同。总体上，这一时期粤港澳三地从教育、就业、医疗、社会保障等方面出发，着力打造公共服务优质的生活圈。

三是通过加强绿色发展政策的协同，打造可持续发展的健康湾区。2019 年以来，粤港澳大湾区坚持实施严格的生态保护，从生态环境治理联防联控、生态系统保护和修复、构建生态廊道和生物多样性保护网络、建设沿海生态带、开展滨海湿地跨境联合保护等多方面入手，加强生态保护合作；联合治理水资源与空气污染问题，实现绿色发展。

三、粤港澳大湾区政策协同的促进路径

（一）发挥政策协同程序性作用

政策协同程序性包括三个层面：一是高层机构的协调。即通过省级政府或国家机构来制定跨区域、跨领域的政策框架。高层机构协调能有效减少各主管部门之间因权力分割产生的沟通障碍，提高执行效率。二是政策部门互动。即三地主管部门建立工作小组或协调机构，在高层机构的制度框架内制定实施细则，为政策协同过程中出现的新问题、新矛盾探寻解决机制。三是程序性操作。即由政府机构或相关部门联合发布政策，采用制度化、例行化政策执行程序，确保政策在方案和准则上的一致性。政策执行程序，是指通过建立冲突解决方式、完善信息交流制度、前置审查等方法，确保政策在执行中不被单一机构的行为所破坏。前置审查是指在政策执行前先审查目标群体是否符合其他协同政策的要求。

（二）共同构建制度体系

粤港澳大湾区政策协同的核心是要在粤港澳大湾区内探索与国际接轨的行政、经济、金融、法律等制度体系。一是在法律、会计、财务等专业领域吸引了解国际市场规则与运作方式的高端人才，逐步构建与国际接轨的专业服务体系，促进区域内要素高效流通与配置。二是在市场力量和政府引导的共同交替作用下，粤港澳大湾区经济一体化发展经历了从劳动力要素驱动到资本要素驱动、技术要素驱动、知识要素驱动的过程，通过持续制度创新、规则衔接、机制对接，不断地向更高层次的一体化方向演进。

（三）不断扩大政策协同的领域

粤港澳大湾区经济一体化进程是粤港澳三地长期合作的结果，是粤港澳三地的经济、民生融合发展的产物。由于山水相连、文化同源、语言相通，粤港澳的经贸、技术、信息、

民生等领域交流合作紧密，区域经济一体化进程持续推进，有利于推动经济社会一体化发展，使政策协同的内涵向教育政策、医疗政策、养老政策、住房政策、港澳青创政策等领域延伸。

（四）不断提高政策协同的水平

随着粤港澳大湾区发展，区域内经济政策的协调一致性增强，政策协同水平不断提升，具体表现在三个方面：一是政策制定和执行者对政策协同的认知提升。政策协同不仅仅是战略问题，更是政府内部机构的政策协调问题。政策协调需要各级政策加强协作，摒弃本位主义。二是要充分利用我国政治体制的优势、党的组织优势和协调功能，充分利用官方媒体，宣传和达成目标性共识。三是采取循序渐进的方式，从政策合作、政策协调到政策整合，逐步建立政策协同机制。

本章小结

复习思考题

1. 区域经济合作的形式包括哪些？
2. 粤港澳大湾区如何加快其贸易合作与发展进程？
3. 粤港澳大湾区生产要素流通的主要壁垒有哪些？
4. “一带一路”和自贸区建设为粤港澳三地合作提供了哪些机遇与挑战？
5. 横琴粤澳深度合作区和前海深港现代服务业合作区建设对于粤港澳大湾区的意义是什么？

第十四章　粤港澳大湾区发展的新挑战与新趋势

学习目标

本章主要讲解粤港澳大湾区发展进程中面临的国内外新形势、新挑战与新趋势。要求了解当前我国立足新发展阶段、贯彻新发展理念、构建新发展格局的深刻内涵，掌握粤港澳大湾区发展面临新挑战的具体表现，重点理解粤港澳大湾区未来发展的新趋势。

第一节　粤港澳大湾区发展新背景

一、全球发展新背景

（一）全球政治新秩序

1. 发展中国家群体性崛起，世界格局呈多极化态势

当今世界正面临百年未有之大变局。国际政治格局作为“大变局”的核心，其变化的根源是世界力量对比的加速调整。一方面，西方发达国家对全球经济的影响力逐渐减弱，以美国为主导的七国集团对世界 GDP 的贡献率由 2000 年的 71.2% 下降到 2021 年的 44.3%，其中美国对世界 GDP 的贡献率由 2000 年的 30.3% 下降到 2021 年的 24.2%（见表 14-1）。西方发达国家经济恢复乏力也引发了逆全球化思潮的迭起，美国“退群”（如退出跨太平洋伙伴关系协定、伊朗核问题全面协议等）、英国脱欧等为全球注入不稳定性因素。另一方面，以中国、俄罗斯、印度、巴西等为主要代表的一大批新兴市场国家，积极融入全球化，加快产业结构转型升级，逐渐成为世界经济增长的主引擎。以中国为主导的金砖五国对世界 GDP 的贡献率由 2000 年的 8.2% 上升到 2021 年的 25.6%，其中中国对世界 GDP 的贡献率由 2000 年的 3.6% 上升为 2021 年的 18.4%（见表 14-1）。非西方国家群体性崛起，世界格局呈多极化态势。

表 14-1　2000—2021 年世界主要经济体和国家联盟 GDP 占世界比重

单位：%

年份	中国占比	美国占比	七国集团占比	欧盟占比	金砖五国占比
2000	3.6	30.3	71.2	21.5	8.2
2001	4.0	31.5	65.0	22.0	8.4
2002	4.2	31.3	64.5	23.1	8.5
2003	4.2	29.3	63.5	25.4	8.8

续表

年份	中国占比	美国占比	七国集团占比	欧盟占比	金砖五国占比
2004	4.4	27.7	61.9	25.9	9.5
2005	4.8	27.3	59.6	24.9	10.6
2006	5.3	26.7	57.4	24.5	11.8
2007	6.1	24.8	54.7	25.2	13.4
2008	7.2	23.0	52.1	25.4	14.8
2009	8.4	23.8	52.4	24.3	15.9
2010	9.2	22.5	49.7	21.9	17.9
2011	10.2	21.1	47.7	21.4	19.7
2012	11.3	21.5	46.9	19.4	20.5
2013	12.4	21.7	45.6	19.8	21.4
2014	13.2	22.0	45.5	19.7	21.9
2015	14.7	24.3	46.4	18.0	22.2
2016	14.7	24.6	46.9	18.2	22.2
2017	15.2	24.1	45.6	18.2	23.4
2018	16.1	23.9	45.4	18.5	23.8
2019	16.3	24.5	45.5	17.9	24.1
2020	17.4	24.7	45.8	18.0	24.3
2021	18.4	24.2	44.3	17.8	25.6

数据来源：世界银行数据库。

2. 全球治理体系亟须重构，新兴国家成为中坚力量

全球治理是指世界上各种行为主体依据科学合理的国际规制，共同参与治理关涉人类福祉的全球性问题的实践活动，其核心是建立健全一套新的维护人类社会安全稳定、和平发展、公平正义的正常国际秩序[①]。以美国为代表的西方发达国家主导，以 1945 年《联合国宪章》宗旨和原则为核心建立的国际治理体系正面临大调整。一方面，西方发达国家因受国际金融危机影响对减少全球治理赤字力不从心，其主导建立的全球治理体系因面临失效风险、责任缺失、公平不彰等诸多问题广受诟病。2020 年新冠疫情的全球肆虐，以美国为首的西方发达国家面对全球抗疫表现出狭隘的利己主义，片面追求国内治理规则至上，肆意破坏全球治理规则，并将多边主义治理机制视为维护自身利益的工具，严重损害了全球整体利益。另一方面，新兴市场国家和发展中国家国际影响力不断增强，参与全球治理的呼声越来越强烈，寻求提升全球治理话语权。中国作为最大的发展中国家所倡导的坚持

① 周银珍. 全球变局下中国方案："人类命运共同体" 构建研究. 新疆大学学报（哲学·人文社会科学版），2021，49（3）：43–49.

多边主义，强调以发展为主题、以规则为基础、以公平为导向、以共赢为目标，追求全球包容性增长，符合世界各国的普遍需求，受到世界多数国家的交口称赞①。当前，带着西方烙印的全球治理体系逐渐与世界多极化趋势背道而驰，国际力量对比正在发生近代以来最具革命性的变化。

3. 构建人类命运共同体理念获得共识，中国国际地位大幅跃升

构建人类命运共同体是中国携手各国共同应对全球变局、推进共同治理的中国方案，其目的在于把整个“地球村”建设成为一个和睦的大家庭。基于人类命运共同体的全球治理理念，中国提出“一带一路”倡议。截至2021年年末，中国已与145个国家、32个国际组织签署200余份共建“一带一路”合作文件，涵盖投资、贸易、金融、科技、社会、人文、民生等领域②。2020年11月15日，《区域全面经济伙伴关系协定》（RCEP）成功签署，全球规模最大的自贸区成立，是东亚区域一体化20年来最重要的成果。这些协定和协议强化彼此之间的利益联结纽带、规范交往和制度协调，不仅增强不同制度之间的政治互信，更增强“一带一路”沿线各国对中国的理解信任。构建人类命运共同体理念获得国际社会的广泛认同，成为一面具有强大生命力和感召力的促进全球共同治理的旗帜，为变革全球治理体系贡献了中国方案。

（二）全球经济新格局

1. 全球气候变化风险加剧，全球经济向绿色发展转型

工业革命造就了人类历史上前所未有的物质财富，但是由于工业大量使用化石能源，造成大气中温室气体浓度快速上升，全球气候加速变暖，其外部的不经济使得人类与自然的和谐关系面临严峻的挑战。如何确保环境承载力可持续支撑下的世界经济快速发展备受全球广泛关注。2022年，联合国气候变化专门委员会报告指出，2010—2019年全球温室气体年平均排放量处于人类历史上的最高水平。气候变化加剧了全球各地的天气灾害，民众生活以及经济生产活动均遭受了强烈的负面冲击。为应对气候变化并寻找新的经济增长点，全球主要经济体纷纷加快经济发展绿色转型，各国政府积极加大对绿色低碳领域的投资，绿色经济已成为全球产业竞争的重点。一是清洁能源和新能源汽车等绿色产业迎来新发展机遇。Canalys最新报告显示，2021年全球电动汽车的销量达650万辆，同比增长109%，占全部乘用车销量的9%。二是绿色金融等绿色经济支撑体系获得快速发展。根据彭博社统计，2021年以来，全球金融机构发行了超过1 800亿美元的绿色债券，发行量较2019年增长了一倍多③。全球各类金融机构不断增强绿色债券产品的创新，推出了例如碳中和债、蓝色债券、气候债券、转型债券等多项创新绿色债券品种。

2. 全球技术竞争更为激烈，全球产业链面临重构

第二次世界大战以来，全球化、信息化推动了生产的全球化和产业链的全球配置。随着全球技术竞争的加剧和贸易保护主义的抬头，全球产业链面临调整与重构。一是在大国

① 张亚勇，王永志. 大变局下的世界趋势与中国作为. 中国党政干部论坛，2020（8）：59-62.

② 国家统计局：截至2021年末，我国已与145个国家、32个国际组织签署200余份共建“一带一路”合作文件. 中国发展网.

③ 2021年全球电动汽车销量650万辆 中国占一半. 新浪科技.

竞争背景下，以美国为代表的西方发达国家力图继续占据全球技术竞争的主导权，对新兴市场国家采取技术封锁等措施，迫使全球产业链和价值链重构。例如，2019 年美国政府对华为等企业实施技术封杀，向联发科、台积电等全球科技企业施压，阻止它们和华为进行产业链和供应链上的合作。二是为应对局部战争、突发疫情等全球不稳定因素，许多国家或跨国企业对全球产业链的配置从之前主要考虑经济效率转向兼顾效率与安全。为防止供应链断链、产业空心化等危机，减少对"中国制造"的依赖，西方发达国家采取了多项措施引导制造业回流。例如，2022 年美国政府出台《2022 年美国竞争法案》，提出授权 450 亿美元额度改善美国的供应链和加强制造业。

3. *新技术革命加速产业转型，数字经济成为全球经济发展新引擎*

伴随以互联网、人工智能等为代表的新一代信息技术的迅猛发展，新技术革命正在加速学科交叉融合，引领产业变革方向。联合国贸易发展会议发布的《2018 年技术与创新报告：利用前沿技术推进可持续发展》提出，未来发展最重要的前沿技术包括：大数据、物联网、人工智能、3D 打印、生物科技和健康技术、先进材料和纳米技术、可再生能源技术、人造卫星和无人机、区块链等，这些技术将加速产业的数字化转型。同时，伴随数字技术的发展，数字经济成为全球经济发展新引擎。一是从数字经济发展规模看，潜力巨大。中国信息通信研究院的研究报告显示，2021 年，47 个国家数字经济增加值达 38.1 万亿美元，同比名义增长 15.6%，占 GDP 比重达 45.0%。二是从数字经济发展的主引擎看，产业数字化成为驱动数字经济的核心力量，比重高达 85%。产业结构的数字化转型中第三产业处于引领地位，数字经济占其产业增加值比重为 45.3%，而第一、二产业占比仅为 8.6%、24.3%。三是从数字经济发展水平比较看，发达国家数字经济领先优势明显。但从增速看，发展中国家数字经济同比名义增长 22.3%，高于同期发达国家数字经济增速 9.1 个百分点。四是从数字经济发展的梯度格局看，中美欧形成全球数字经济发展的三极格局。2021 年，美国数字经济规模稳居全球第一，高达 15.3 万亿美元；中国以 7.1 万亿美元的规模位居第二；德国、英国数字经济占 GDP 比重均超过 65%[①]。

二、国内发展新背景

百年未有之大变局下，大国间战略利益博弈复杂激烈，全球政治经济格局错综复杂成为中国经济发展面临的最大不确定性。各国应对和处理全球突发事件的差异反映出各国政府治理能力和经济韧性的不同，中国依托卓越的国家治理能力取得重大战略成果，体现了中国政府的治理能力，也展示出中国经济较强的韧性。

2021 年是中国"十四五"规划的开局之年，是中国开启全面建设社会主义现代化国家新征程的重要发动期。当前中国正迈进新发展阶段，面临的任务是在风云变幻的国际环境背景下，启动新一轮高质量的、可持续的经济发展，实现建设现代化经济体系和完善国家现代治理体系[②]。2020 年 10 月 29 日中国共产党第十九届中央委员会第五次全体会议通过的《中共中央关于制定国民经济和社会发展第十四个五年规划和二〇三五年远景目标的

① 中国信通院：2021 年中国数字经济规模达 7.1 万亿美元. 人民网.

② 刘世锦. 读懂"十四五"：新发展格局下的改革议程. 北京：中信出版社，2020.

建议》，其主旨思想重点体现在以下三个“新”上。

（一）立足新发展阶段

2020 年 10 月，党的十九届五中全会提出，全面建成小康社会、实现第一个百年奋斗目标之后，我们要乘势而上开启全面建设社会主义现代化国家新征程、向第二个百年奋斗目标进军，这标志着我国进入了一个新发展阶段。[①] 国家统计局数据显示，中国经济经历改革开放 40 年（1978—2018 年）砥砺前行，GDP 增长 33.5 倍，年均增长 9.5%，创造了世界经济增长的奇迹，远高于同期世界经济年均约 2.9% 的增速。当前中国作为世界第二大经济体、制造业第一大国、货物贸易第一大国、商品消费第二大国、外资流入第二大国，外汇储备连续多年居世界第一，在迈进新发展阶段，开启全面建设社会主义现代化国家新征程中，必须深刻把握新发展阶段的内涵[②]：一是实现第一个百年奋斗目标后，向第二个百年奋斗目标进军的新阶段。二是社会主义初级阶段中的一个新阶段。三是中国共产党带领中国人民迎来“从站起来、富起来到强起来”历史性跨越的新阶段。四是全面深化改革开放迈上更高水平的新阶段。五是实现高速发展向高质量发展转型提升的新阶段。六是全国人民继续团结奋斗、不断创造美好生活、逐步实现共同富裕的新阶段。七是再用 30 年，奋力实现中华民族伟大复兴的中国梦，完成中国共产党伟大历史宏愿的新阶段。八是中国特色社会主义展现出更强大生命力，“中国之治”再创新奇迹，不断为人类作出更大贡献的新阶段。

（二）贯彻新发展理念

新发展理念最早于 2015 年 10 月由习近平总书记在党的十八届五中全会第二次全体会议上首次鲜明提出，党的二十大报告再次强调，“必须完整、准确、全面贯彻新发展理念，坚持社会主义市场经济改革方向，坚持高水平对外开放，加快构建以国内大循环为主体、国内国际双循环相互促进的新发展格局。”新发展理念是指“创新发展、协调发展、绿色发展、开放发展、共享发展”这五大新发展理念。其中，创新发展强调创新对国家发展全局的重要性，创新是驱动经济发展的第一动力。协调发展关注破解发展不平衡问题，是中国经济持续健康发展的内在要求。协调的重点体现在城乡发展、经济社会发展的协调，以及新型工业化、信息化、城镇化、农业现代化的同步发展等方面。绿色发展注重人与自然和谐共生，强调资源节约与环境保护，是美丽中国建设的基石。开放发展重视发展的内外联动，是中国经济深度融入世界经济的必然趋势，有利于增强中国在全球经济治理中的制度性话语权。共享发展强调社会公平正义，是中国特色社会主义的本质要求，是实现共同富裕的基础。

（三）构建新发展格局

2020 年 4 月 10 日，习近平总书记在中央财经委员会第七次会议上首次提出构建新发展格局重要思想。党的二十大报告强调了，“加快构建新发展格局，着力推动高质量发展”。

---

① 习近平. 习近平谈治国理政：第四卷. 北京：外文出版社，2022：162.
② 陈一新. 新发展阶段新在哪里？［EB/OL］.

构建新发展格局是构建以国内大循环为主体、国内国际双循环相互促进的新发展格局。构建新发展格局，是根据中国发展阶段、国内外环境、条件变化做出的战略决策。“内循环”是基础，“外循环”是延伸，两者是统一体。发挥中国超大规模市场优势，将为世界各国提供更加广阔的市场机会，依托国内大循环吸引全球商品和资源要素，打造中国新的国际合作和竞争优势。推动形成宏大顺畅的国内经济循环，能更好吸引全球资源要素，既满足国内需求，又提升中国产业技术发展水平，形成参与国际经济合作和竞争新优势。构建新发展格局，需要坚持新发展理念、坚持扩大内需、坚持科技创新、坚持全面深化改革、坚持优化和稳定产业链与供应链、坚持加强知识产权保护。

三、城市群发展新背景

据麦肯锡预测，2025 年全球 600 强城市将贡献全球 GDP 的 60%。伴随单个大城市向城市群集聚发展模式的演变加速，全球价值链高端要素不断向世界级城市群聚集，世界级城市群对全球资源的支配和控制能力不断加强。区域综合实力的竞争正越来越体现在城市群能级的竞争上，世界级城市群发展表现出以下三大新趋势[①]。

（一）竞争焦点从“份额”转向“层级”

百年未有之大变局下，城市群发展过程中越来越注重全球创新网络的构建与产业链、价值链的融合，城市群经济发展的竞争焦点由全球价值链的“份额”竞争转向全球价值链的“层级”竞争。科技创新和知识经济作为占据高端产业和价值链附加值环节的核心，打造世界一流湾区必须发展科技创新和知识经济，以增强对全球产业链和价值链的掌控能力。世界著名的湾区，都十分注重创新网络与产业链、价值链的联系。旧金山湾区聚集了全球顶级高新技术公司，硅谷是全球最具有创新力的中心之一。纽约湾区曼哈顿下城区的“硅巷”汇聚了 700 多家跨界广告公司、1 400 多家设计公司、600 多家信息技术企业，是全球重要的文化创意和互联网创新中心。东京湾区的东京市聚集了全日本 20% 的大学、25% 以上的民间研究机构和 50% 的顶级技术型公司。2021 年的世界 500 强企业中，有 40 家总部位于东京湾区，在四大湾区中遥遥领先[②]。通过资源的集聚，东京湾区的东京市成为全球重要的制造和科技创新中心。粤港澳大湾区科技创新要素高度集聚，协同创新平台基础较好，科技研发与转化能力突出，软硬件基础设施完善，有条件和能力成为全球新一轮科技革命和产业创新发展的积极参与者和引领者，在全球价值链竞争中占据更高的层级[③]。

（二）强调均衡与绿色发展

产业链的完整与产业结构的均衡发展越来越受到全球重视。世界各国逐步意识到制造业和实体经济在稳定就业、完善国内产业链中的重要作用。越来越多的城市群力求在研发、

---

① 世界级城市群发展有五大趋势［EB/OL］.

② 中国国际贸易促进委员会东莞市委员会. 四大湾区的世界 500 强竞争力：粤港澳大湾区首次超越纽约湾区，84% 企业排名上升.

③ 周淦澜. 粤港澳大湾区科技创新能力研究——国际大湾区比较的视角. 科学技术创新，2019（34）：174-175.

专利、技术、工艺、品牌等价值链高端环节上，保持和重获制造业全球领先地位。例如，纽约湾区城市群正是通过产业结构转型，围绕知识经济产业实现产业结构转型升级，成功应对了近五十年来美国去工业化进程和区域关系演变所带来的区域发展挑战。依托当地丰富的教育资源和高端人力资源，纽约湾区城市群实现向高科技制造业成功转型。伴随着电子和科技研发类公司在波士顿及其周边聚集，沿 128 号公路形成与硅谷齐名的高科技企业聚集地。这也让波士顿成为生物科技、精密仪器、计算机、软件和通信设备等产业重要集聚地，带动城市群向高端制造业升级。

为应对全球气候变化，推动全球碳中和，越来越多国家开始强调绿色均衡发展和重视绿色技术的研发和应用。2018 年，欧盟委员会推出《2050 年长期战略》，提出到 2050 年实现气候中和的目标，并提出进一步扩大能源、建筑、交通、工业和农业等领域的绿色技术创新是向零排放经济过渡的途径和战略重点，将在七个领域开展联合行动：提高能源效率的效益；发展可再生能源；发展清洁、安全、互联的交通；发展欧盟竞争性产业和循环经济；建设充足的智能网络基础设施和互联网络；发展生物经济并建立基本的碳汇机制；发展碳捕获和储存技术以解决剩余的碳排放。2020 年 1 月，日本政府颁布了《革新环境技术创新战略》，这份新的应对气候变化技术战略提出将在能源、工业、交通、建筑和农林水产业五大领域采取绿色技术创新以加快减排技术创新步伐。2020 年 9 月 22 日，习近平总书记在第 75 届联合国大会上提出中国力争于 2030 年前实现碳达峰，于 2060 年前实现碳中和。2021 年 4 月 22 日，在领导人气候峰会上，日本承诺将在 2050 年之前实现碳中和的目标，美国承诺到 2050 年实现碳中和目标[①]。可见，未来城市群经济发展将更加注重绿色发展，加强碳排放交易市场的建设。2020 年全球碳市场总成交量约为 2 300 亿欧元，其中欧盟占比接近 90%，碳市场前景非常广阔。城市群作为经济增长重心在空间形式上的集中表现，未来将更加注重其集聚和辐射功能，引领推动经济均衡与绿色发展。

（三）注重治理与政策引导

城市群往往是由不同行政主体组成。在协同效应作用的发挥下，城市群发展更加重视通过积极有为的政策引导去推进城市群的协同治理。协同治理的主要手段有：制定宏观的远景及规划、设立跨行政区机构组织、协调重要的基础设施建设和鼓励多利益主体参与城市的管理或治理。以旧金山湾区为例，由于美国实行联邦制且主张“小政府、大社会”的社会管理体系，加利福尼亚州政府没有制定州一级的政府规划统筹和协调旧金山湾区的经济社会发展战略，但旧金山湾区自发组建了旧金山湾区政府协会（ABAG）、大都会交通委员会（MTC）、湾区空气质量管理区（BAAQMD）、旧金山湾区保护与发展委员会（BCDC）等专业公共机构，在交通基础设施、生态环境等方面协同管理与发展，并一起合作编制旧金山湾区的区域规划[②]。旧金山湾区政府协会是旧金山湾区的综合区域规划机构和政府理事会，该机构与当地政府、利益相关方合作制定和实施创新的解决方案，涉及土地使用规划、

① 王婧. 领导人气候峰会聚焦加强国际合作. 经济参考报，2021-04-23（4）.

② 章怡，马璇，张振广. 美国旧金山湾区区域规划编制经验与启示. 中国城市规划学会、重庆市人民政府：活力城乡美好人居——2019 中国城市规划年会论文集（16 区域规划与城市经济）. 中国城市规划学会，2019：10.

住房、交通、环境气候变化、地震和抗灾能力以及经济平等问题。大都会交通委员会在旧金山湾区发展中也发挥了重要的推动作用，主要负责制定旧金山湾区的交通投资计划并代表旧金山湾区向美国和加利福尼亚州政府争取交通项目的拨款。2017 年，旧金山湾区政府协会职工纳入大都会交通委员会统一管理，同时保持两个组织相对独立的工作内容。旧金山湾区最新的区域规划《湾区规划 2050》(Plan Bay Area 2050) 便是由旧金山湾区政府协会和大都会交通委员会一起编制而成。伴随世界经济的发展和城市群的多样化格局，未来世界城市群发展将在推进城市群一体化进程、助推城市群扩容提质、发挥城市群区域带动作用等方面更加强调分类治理和政策的引导作用。

第二节　粤港澳大湾区发展面临的新挑战

一、体制机制差异明显，“软联通”亟待探索

相比于纽约湾区、旧金山湾区和东京湾区的内部合作，粤港澳大湾区有着明显的特殊性。粤港澳大湾区同属一个国家、实行两种制度、拥有三种货币和三个关税区、实行三种管理体制的独特制度环境，既是粤港澳大湾区的制度优势，同时在体制机制协同上也面临更多挑战。同属一个国家，有利于节约粤港澳三地合作的交易成本。实行两种制度，一方面有利于充分利用国内、国际两个市场、两种资源，有利于国内国际双循环相互促进的新发展格局；另一方面，在一定程度上对人才、技术、资金等创新要素的自由流动造成一定的阻碍。同时，由于历史原因，粤港澳三地在价值认同方面存在一定的观念差异，不利于文化协同发展。体制机制差异使粤港澳大湾区建设面临的“软联通”[①]挑战表现在以下几个方面。

一是香港特区、澳门特区与珠三角地区在行政机制、行政权力机构、行政权力等级结构、政府规划自主决策权等方面存在显著差异。这些差异衍生出来的经济制度、法律体系、行政体系成为粤港澳大湾区内部合作的主要障碍。一方面，香港特区、澳门特区与珠三角地区在发展规划、行政程序等方面有着明显差别。香港、澳门特区在坚守“一国”之本的前提下拥有高度自治权，受国家宏观经济干预程度较小，未来在善用“两制”之利，加快与珠三角地区在决策机构、行政程序等方面的对接有待进一步提升。另一方面，珠三角地区在国家路线、方针、政策的统一部署下，与香港、澳门特区在体制、机制等方面合作的效率及灵活性还有待增强。未来深化粤港澳三地在行政机制、政府规划协同发展等方面还有待进一步探索[②]。

二是由于历史原因，香港、澳门特区拥有独立的司法体系，不仅运作模式有很大差别，其司法公务人员的法律思维也有差异。香港特区的法律体系属于海洋法系，澳门特区的属于大陆法系，由此产生的司法判决和法律常规差异都会对粤港澳大湾区内部产生的法律事

---

① 本刊编辑部.“区域协同发展的规划新态势、新方法和新机制”学术笔谈会. 城市规划学刊，2019，(2): 1–11.

② 张胜磊. 粤港澳大湾区建设：理论依据、现存问题及国际经验启示. 兰州财经大学学报，2018，34 (5): 12–21.

件判决产生影响。《中华人民共和国香港特别行政区维护国家安全法》明确规定了分裂国家罪、颠覆国家政权罪、恐怖活动罪、勾结外国或者境外势力危害国家安全罪四类犯罪行为和处罚，这将有助于粤港澳大湾区的法治协同发展。粤港澳三地司法语言的差异也给合作带来一些困难。尽管香港特区“两文三语”的实施、澳门特区双官方语言架构的确立和普通话的推广都取得了很大成效，司法语言的差异依然在一定程度上影响了相互沟通，带来了交流的不便。

三是人员、资金、货物及信息等资源在粤港澳大湾区内部流通仍存在边界管理。市场的互联互通以及资源的自由流动是市场优化资源配置的前提和基础。由于香港特区、澳门特区与珠三角地区的经济、法律制度不同，三地在对外经济政策、关税水平、资金流动等方面存在较大差异，在原有合作机制框架内难以发挥协调功能。如何在粤港澳大湾区内实现跨境管理模式上突破，通过一系列制度创新推动粤港澳大湾区跨境协同治理上需要进一步探索。

四是粤港澳三地居民的成长经历与价值观念存在差异，在一定程度上妨碍了粤港澳大湾区文化融合发展。三地在文化根脉上存在同一性，同属岭南文化圈，在族群、语言等方面高度一致，具备文化融合的天然优势。然而，由于历史的原因，粤港澳三地在制度、思想、经济水平、价值观念等层面存在一定差异。为了实现跨境文化认同、打破思想壁垒，还需进一步提升粤港澳大湾区文化交流互通，加强文化交流的广度与深度，创新文化交流方式。

二、基础设施存在短板，“硬联通”有待加强

从世界著名湾区的发展经验来看，基础设施的互联互通是经济发展的前提。基础设施是经济社会发展的重要支撑，区域内基础设施的协调发展对促进区域物流、人流、信息流等自由流动，对提高区域内资源配置的效益和竞争力具有重要作用。将粤港澳大湾区打造成为具有国际竞争力的世界一流湾区，其基础设施的“硬联通”是先决条件和重要保障。粤港澳大湾区地处中国沿海开放前沿，是“一带一路”建设的重要支撑，具备促进基础设施互联互通的区位优势和战略优势。粤港澳大湾区基础设施互联互通水平仍有待进一步提升。

一是区域对外通道还较为薄弱。珠三角地区经粤东西北至周边省区的综合运输通道还有待完善。以广州和深圳为枢纽、以综合性出省通道为骨干，连接东盟的陆路国际大通道尚未形成，既限制了粤港澳大湾区与纵深腹地的经济联系，又制约了粤港澳大湾区的辐射空间。

二是区域内部通道连接还有待进一步提升。以城际轨道交通为支撑、连通珠三角地区与港澳以及珠江口东西两岸的快速交通网络仍处于大规模建设阶段；受制于珠江口倒“V”字形的岸线结构，珠江口跨江通道的建设难度较大、建设成本较高，东西岸交通连接依然薄弱。虎门大桥、南沙大桥拥堵现象时有发生，粤港澳大湾区主要城市间 1 小时通达的目标尚未实现。

三是粤港澳跨界交通衔接不够通畅。粤港、粤澳之间主要陆路口岸在通关模式上尚未全面实行“一地两检”便捷通关，在通关时间上尚未全面实现 24 小时通关；粤港澳三地在通行规则和交通执法等领域存在较大的制度差异，影响了粤港澳三地间交通运输效率的

进一步提高。

四是以新基建为支撑的信息基础设施有待加强。信息基础设施是服务经济社会发展的"大动脉"。加快建设信息基础设施、强化信息资源深度整合，是提高基础设施互联互通水平的重要举措。粤港澳大湾区在建设新一代信息基础设施、打造智慧城市群、提升网络安全保障水平等方面仍有巨大发展空间。例如，粤港澳联网国际出入口带宽有待扩容，城市固定互联网宽带全部光纤接入尚未实现，超高清互动数字家庭网络有待普及，智慧交通、智慧能源、智慧市政、智慧社区等应用场景有待进一步拓展，网络与信息安全信息通报预警机制和网络安全综合防御体系有待建立。

三、内部发展差距较大，协同性有待提升

粤港澳大湾区是中国开放程度最高、经济活力最强的区域之一，是一个规模庞大、充满活力、竞争力不断提升的新兴湾区。其经济总量上具备世界级湾区的规模，2020 年地区生产总值为 1.77 万亿美元，超过旧金山湾区，与东京湾区和纽约湾区的差距在逐步缩小；人流、物流超过其他湾区，尤其在机场货物吞吐量和港口集装箱吞吐量方面超过了其他 3 个湾区的总和（见表 14-2）[①]。

表 14-2　2020 年粤港澳大湾区与世界著名湾区的比较

	粤港澳大湾区	旧金山湾区	纽约湾区	东京湾区
土地面积（万平方千米）	5.61	3.51	3.45	3.69
人口（万人）	7 116	966	2 268	4 418
本地生产总值（亿美元）	17 754	10 642	20 013	20 091
人均生产总值（美元）	23 075	110 102	88 243	45 178
机场客运量（万人次）	21 490	8 570	13 806	12 556
机场货物吞吐量（万吨）	832	123	221	349
港口集装箱吞吐量（万标准箱）	7 441	242	718	824

资料来源：广东统计年鉴、香港统计处、澳门统计暨普查局、Wind 数据库、赛迪智库。

粤港澳大湾区产业体系完备、产业集群优势明显、产业互补性强。从产业结构看，香港特区、澳门特区产业服务化趋势明显、优势突出；而珠三角地区则在战略性新兴产业、先进制造业方面优势突出，且产业结构不断优化升级。然而，粤港澳大湾区存在着区域发展极化效应有所加剧、产业结构高端化不足、产业发展协同性不强等现实问题，有待进一步破解[②]。

一是区域发展极化效应有所加剧。极化效应指处于高梯度的发达地区，通过不断积累有利因素而促进生产进一步集中，加速经济与社会发展的同时导致两极分化现象。[③]一方面，从区域内部空间发展格局看，由于社会经济和创新要素高度集聚于环珠江口核心区域，粤港

① 刘毅，王云，李宏. 世界级湾区产业发展对粤港澳大湾区建设的启示. 中国科学院院刊，2020，35（3）：312-321.

② 周春山，张国俊. 活力粤港澳大湾区之经济发展. 广州：广东科技出版社，2020.

③ 华小全，马怀礼. 经济模块化理论对中部崛起的启示. 生产力研究，2008，169（8）：93-95.

澳大湾区经济发展总体空间格局呈现出内外圈层差异和东西两岸差异。东岸地区（包括广州市、东莞市、深圳市、惠州市）远高于西岸地区（包括佛山市、中山市、珠海市、江门市、肇庆市），内圈层（包括广州市、深圳市、东莞市、中山市、珠海市、佛山市）远高于外圈层（包括江门市、惠州市、肇庆市），且这种差距正呈现不断扩大的趋势（见表 14-3）。如何缩小区域差距、促进区域经济一体化发展，成为粤港澳大湾区提升区域国际竞争力、建设世界一流湾区所面临的一大挑战。另一方面，从区域外部协调发展看，粤港澳大湾区与粤东西北等周边地区的良性互动仍有待加强。粤港澳大湾区参与全球中高端领域的竞争，离不开周边地区的支持与配套，但粤港澳大湾区对周边地区的虹吸效应明显。虹吸效应指某一区域将其他区域的优势资源全部吸引过去，使自身相比其他地方更有优势，并持续加强该过程的现象。粤港澳大湾区与周边地区的比较优势一体化服务与生产配套体系还未完全建立，造成粤港澳大湾区与粤东西北周边区域发展存在较大差异。未来如何进一步优化提升粤港澳大湾区空间发展格局，共同创造互动多赢的良性区域协调发展局面还有待进一步探索。

表 14-3　2003—2020 年珠三角地区内外圈层、东西岸人均 GDP 差值变化

年份	内外圈层人均 GDP 差值、东西岸人均 GDP 差值	年份	内外圈层人均 GDP 差值、东西岸人均 GDP 差值	年份	内外圈层人均 GDP 差值、东西岸人均 GDP 差值
2003	1.2、0.9	2009	4.0、1.8	2015	6.6、3.6
2004	1.4、1.0	2010	4.3、1.9	2016	7.0、3.8
2005	3.0、1.8	2011	4.9、2.2	2017	7.4、4.0
2006	3.3、1.8	2012	5.2、2.5	2018	7.9、4.3
2007	3.9、1.9	2013	5.9、3.1	2019	8.2、4.6
2008	4.1、1.9	2014	6.2、3.2	2020	8.5、4.8

资料来源：广东统计年鉴（2004—2021 年）。

二是产业结构高端化不足。粤港澳大湾区虽已具备规模庞大、结构完整的产业体系，尤其是电子信息产业与装备制造业表现突出，拥有华为、腾讯等全球著名科技公司，但与世界一流湾区相比，粤港澳大湾区产业结构的合理化、高级化程度相对较低。从产业服务化趋势看，香港特区、澳门特区第三产业优势明显，2021 年服务业增加值占 GDP 比重分别达 89.59%、94.18%。[①] 但珠三角地区整体服务业高级化趋势还有待加强，尤其在教育、医疗、科技信息产业、专业技术服务、文化娱乐等高端服务业方面，与世界著名湾区的差距还十分明显。从细分行业看，批发零售业、金融业为粤港澳大湾区服务业的主体，而会计、法律、信息检测检验等高端生产性服务业占比相对较低。生产性服务业对接制造业发展需求存在供需结构性矛盾，制造业企业较难获得与其需求高度匹配的服务外包。

三是产业发展协同性不强。粤港澳大湾区既存在较强的产业分工，又存在较为严重的产业同构现象。香港特区、澳门特区与珠三角地区的绝大多数城市产业互补能力较强：香港特区以金融服务、旅游、贸易及物流、商务服务为主要产业，澳门特区主要产业为博彩

① 覃剑. 三维度视角下的大湾区产业高水平协同发展. 开放导报，2023，228（3）：67-79.

旅游、建筑地产、金融服务，而珠三角地区形成了特色较为鲜明的以制造业为主导的产业体系。但是在珠三角地区内部，广州市与佛山市之间形成了较强的产业互补关系，而珠海市、江门市、中山市、东莞市四个城市之间在家电、电子信息等领域存在较为明显的竞争关系，尚未形成良性的错位发展格局。中山市、东莞市、惠州市在电子信息等行业的产业同构现象较为突出。总体上，粤港澳大湾区产业互补关系主要体现在香港特区、澳门特区和珠三角地区在制造业和生产性服务业间的互补，而珠三角地区制造业带的分工合作关系需要进一步统筹协调。

四、发展空间面临瓶颈，资源环境约束趋紧

粤港澳大湾区土地面积约 5.6 万平方千米，大陆和岛屿海岸线总长 3 201 千米。其三面环山，三江汇聚，面向南海，地处海陆交互作用地带，地质条件优越，资源环境承载能力较强。一是土地储备资源有保障。粤港澳大湾区拥有 7 225 平方千米的滩涂和浅海区等后备土地资源，为区域工程建设、城市建设用地提供保障；同时，拥有 35 830 平方千米的富硒土壤资源，占全区面积的 64%。二是工程地质条件相对优越。陆域和海域近岸区工程建设适宜性均优良，其中濒海海岸线 90% 以上都较适宜建设港口。三是在能源资源方面，粤港澳大湾区周边海域在油气和天然气水合物等能源资源方面具备较大的开发利用潜力，珠江口盆地海域油气资源丰富，预测石油资源量达 80 亿吨；地热资源充沛，总量达 1.42×10^{19} 焦耳，温泉众多，可开发利用潜力巨大；海砂资源丰富，探明远景资源量达 385 亿立方米；地质遗迹资源种类多，大量地质遗迹资源待开发；地下水较丰富，地下淡水天然资源总量约每年 150 亿立方米，水质优良率达 77.1%，应急供水潜力大[①]。

同时，粤港澳大湾区区域内部呈现土地空间约束趋紧、水资源分布不平衡、生态环境保护压力较大等突出问题，且在局部存在一些地质问题。一是在土地利用空间方面，一方面，可建设用地总量极为有限，随着人口的迅猛增长和城市土地的不断开发利用，发展空间越来越受限。珠三角地区土地开发强度日益提高，深圳市、东莞市、佛山市、珠海市等市已超过 30% 的国际警戒线；港澳由于空间狭小，对产业项目的容纳能力极为有限。另一方面，高密度开发带来土地成本、人力成本、交易成本、资源耗费成本等不断上升，投资报酬递减，产业比较优势下降。二是在水资源方面，水资源分布与区域经济发展水平不匹配，资源性缺水和水质性缺水并存。粤港澳大湾区东部的经济总量约占 60%，东部的东江流域水资源开发利用程度接近 38.3%，逼近国际公认的 40% 警戒线。西部的经济总量约占 40%，西部的西江流域水资源丰富但实际利用程度仅为 1.3% 左右，大量宝贵的水资源没有得到有效利用。[②] 三是在生态环境保护方面，湿地开发程度高，天然湿地减少幅度较大；矿山开采损毁的土地有待及时恢复治理；陆域土壤与地下水、海域沉积物质量总体较好，但局部重金属、有机物污染严重，海域沉积物重金属污染程度总体较低，局部污染较重，范围较小。四是在地质灾害方面，岩溶塌陷季节性多发频发，影响城镇及重大工程安全。可溶岩分布面积达 1 894 平方千米，占粤港澳大湾区面积约 3.4%，有记录的岩溶塌陷 320 余处，

① 中国地质调查局. 粤港澳大湾区自然资源与环境图集. 北京：科学出版社，2019.

② 王晓燕. 粤港澳大湾区城镇化与乡村振兴发展风险研究. 太原城市职业技术学院学报，2021，241（8）：11–14.

主要诱发因素为地下水位突变和强震动；地面沉降危害较大，影响浅基础工程安全，软土分布面积 11 187 平方千米，软土地面沉降累计大于 50 厘米的区域达 761 平方千米；滑坡、崩塌、泥石流地质灾害点多面广，台风暴雨期威胁较大，地质灾害高易发区面积 9 286 平方千米，中易发区 13 760 平方千米，合计占土地面积的 41.2%。

五、科技创新存在短板，内生动力有待增强

粤港澳大湾区建设正处于中国经济迈进高质量发展的关键时期，在科技创新方面具有良好的成长土壤。香港特区拥有多所世界一流高校，在人才、科研、资本、法治等软硬条件方面有着显著优势；广州市作为广东省省会，具有丰富的高校和科研基础平台资源，科技创新支撑力量具有比较优势；深圳市科技创新体系健全，拥有优质的创新生态环境，科技产业化能力强。2019 年粤港澳大湾区发明专利数量分别是东京湾区的 2.38 倍、旧金山湾区的 5.72 倍、纽约湾区的 8.16 倍[①]。粤港澳大湾区已整体迈进知识经济新时代，具备了成为全球创新高地的能力，但仍面临科技创新区域差距较大、协同创新程度不高、关键核心技术受制于人等现实挑战。

一是科技创新区域差距较大。依据国民经济行业分类标准（GB/T 4754—2017）对粤港澳大湾区 TOP500 优势创新机构样本中的企业进行行业归类，入选企业样本的行业共 11 个类别。粤港澳大湾区 TOP500 优势创新机构中，珠江东岸数量占比最多，共计 252 家机构入选，其次是珠江西岸 218 家，港澳 30 家。其中，广州市、深圳市是粤港澳大湾区高校和科研院所数量最多的两大创新城市，广州市的集聚效应尤为明显，高校和科研院所数量在粤港澳大湾区占比超五成；在医疗卫生方面，广州市表现突出，卫生和社会工作优势创新机构数量在粤港澳大湾区占 50%；超七成电子信息相关领域集中在珠江东岸，其中深圳市占绝对优势。

二是粤港澳三地协同创新程度有待增强，创新资源自由流动存在障碍。首先，协同创新体制机制仍不够完善，创新资源的马太效应逐步显现。粤港澳大湾区城市之间利益分配协调机制不完善，在科创领域存在一定的行政壁垒和地方保护主义；科技服务协同创新网络尚未形成，仍存在重复投入与建设现象，造成创新资源未能充分优化配置；专门的联合工作机构及相应的决策机制及工作机制有待建立，统一的技术标准规范尚未形成。其次，创新资源跨境流动存在约束。在人员流动方面，内地科研人员到港澳进行学术交流及合作研究面临手续繁琐、办理时间长、可在港澳逗留时间过短等问题；在专业资格互认方面，港澳专业人士在一些领域专业资格互认和执业地点还存在限制；在资金流动方面，港澳居民或企业到珠三角地区投资仍面临资质要求、持股比例、经营范围等准入限制措施。再次，创新资源共享缺乏长效机制。内地及与港澳之间尚未建立起统一的科技信息资源共享体系和平台，在大科学装置、重点实验室、大型科研仪器设备、科学数据、专家库等创新资源的共享上还不充分。最后，科技教育合作的深度和广度不够。粤港澳大湾区在科技和教育合作上仍存在科研合作范围偏窄、科研成果转化率较低、知识生产能力不足等问题，难以在粤港澳

---

① 广州日报数据和数字化研究院（GDI 智库）.《粤港澳大湾区协同创新发展报告（2019）》。

大湾区中完整而流畅地结合产业链与创新链，三地科研教育合作深度和广度还需加强[①]。

三是先进制造业发展依然存在缺乏核心技术的短板。以半导体及集成电路产业为例，集成电路产业在电子信息产业中处于核心地位，不仅在国家经济社会发展中具有战略性、基础性、先导性作用，还是新型基础设施建设的基石，也是中国当前需要重点突破的“卡脖子”领域。从国际集成电路产业发展规律来看，实现技术领先需要通过构建“制定标准—激发应用—催生市场—创造需求—技术创新”这一完整“垂直域”生态圈，以实现产业良性循环。粤港澳大湾区是中国消费类电子产品和通信类产品最大的生产基地。伴随广州粤芯 12 英寸晶圆项目落地投产，粤港澳大湾区集成电路产业“固链”“强链”“补链”“延链”取得积极进展，“粤港澳大湾区一日半导体产业圈”雏形已现。但是，粤港澳大湾区企业在一些关键核心芯片、重要加工设备方面还存在着关键技术突破问题，绝大部分的高端制造技术、设计、先进材料等都掌握在少数发达国家手中。例如，决定芯片制造精度的光刻机国外已经可以做到 5 纳米级别，而国内还处在 14 纳米向 7 纳米的过渡阶段，落后将近两代。为了解决好高端芯片等“卡脖子”技术问题，粤港澳大湾区的高端芯片等技术的自主研发已经刻不容缓。

第三节　粤港澳大湾区发展新趋势

一、具有国际竞争力的现代产业体系

现代产业体系具有“创新性、再生性、生态性、系统性、规模性、精准性”等本质特征及高附加值[②]。粤港澳大湾区为打造具有国际竞争力的现代产业体系需要重点加快推进构建“四轮驱动”的产业体系、打造“四大中心”引领协同的产业空间布局、完善“四链融合”的产业生态圈[③]。

（一）构建“四轮驱动”的产业体系

根据粤港澳大湾区产业发展特征，粤港澳大湾区需要依托海洋经济的优势，构建以先进制造业为支柱、以战略性新兴产业为先导、以现代服务业为支撑的具有国际竞争力的现代产业体系。一是充分发挥粤港澳大湾区先进制造业规模体量大、配套体系全、发展空间广的优势，以创新驱动为引领，深入落实制造强国战略，实现由“制造强国”向“智造强国”的转变。二是借助港澳广深等中心城市科研资源密集，拥有国家自主创新示范区等一大批高端创新资源集聚平台等创新资源优势，通过强化优势创新资源的整合与协作，打造一批具有全球竞争优势的战略性新兴产业集群，推动新一代信息技术、生物技术、高端装备制造、新材料等产业发展壮大为新支柱，增强经济发展新动能。三是借助以香港证券交易所、深圳证券交易所、广州期货交易所等现代金融服务平台为依托的多层次资本市场，协同香

---

① 李志坚，叶茂桂. 粤港澳大湾区推进协同创新发展的问题与对策. 科技中国，2019，(10)：30-34.
② 刘明宇，芮明杰. 全球化背景下中国现代产业体系的构建模式研究. 中国工业经济，2009(5)：57-66.
③ 邹新月，蔡卫星. 粤港澳大湾区：建设具有国际竞争力的现代产业体系. 深圳特区报，2021-05-18(B01).

港特区、澳门特区、深圳市、广州市等共建国际金融枢纽，积极推进特色金融产业发展；与此同时，积极推动生产性服务业和制造业深度融合发展，推动生活性服务业和人民群众美好生活需求深度融合发展。四是利用粤港澳大湾区海岸线长，地质条件优越，海洋经济发展良好，开发利用潜力极大等优势，加强粤港澳合作，充分发挥香港海洋经济创新优势、巩固澳门海洋科技等产业发展、推动深圳全球海洋中心城市建设，共同打造海洋经济科技平台，共同拓展蓝色经济空间，共同建设现代海洋产业基地。

（二）打造“四大中心”引领协同的产业空间布局

建设具有国际影响力的现代产业体系，需要充分发挥中心城市的引领协同作用。粤港澳大湾区拥有香港特区、澳门特区、广州市和深圳市四个中心城市，未来需要推动“四大中心”错位发展，完善产业空间布局。在中心城市产业布局上，广州市依托深厚工业基础，大力发展以先进制造业为主导的产业集群，深圳市依托国际创新型城市建设，不断打造高新技术研发和制造高地；香港特区利用其国际金融中心地位，为现代产业体系提供资金需求；澳门特区重点发展休闲旅游和商贸服务等多元产业。在重点区域上，珠三角地区西岸城市积极加强和港澳对接，推动制造业转型升级，珠三角地区东岸城市发力新一代信息技术、新能源、生命科学等重点新兴产业。

（三）完善“四链融合”的产业生态圈

打造粤港澳大湾区创新创业生态系统，合力助推产业升级转型，需要面向产业创新的内在需求，积极促进“创新链、产业链、资本链、人才链”四链融合。一是强化创新链，借助国际科技创新中心、珠三角国家自主创新示范区和广深港澳科技创新走廊等战略契机，加强基础科学研究，推动科技成果转化，以产业化来推动创新。二是拓展产业链，针对“卡脖子”的薄弱环节，积极实施“延链、补链、强链”战略，不断拓展提升产业链、供应链水平。三是部署资本链，通过发挥科技金融的优势，建设多层次、多功能的金融服务体系，整合粤港澳大湾区内外资金资源，为产业创新提供强有力的金融支持。四是提升人才链，着力破解创新发展的人才瓶颈，通过调整人才结构引导产业结构的调整，通过人才集聚带动高新技术的集聚①，着力打造“不求所有、不求所在、但求所用、来去自由”的人才集聚机制，构建优良产业生态圈。

二、全球科技创新中心

全球科技创新中心是指在全球科技创新活动中起主导作用的城市或地区，具有密集的科技创新资源、活跃的创新活动、强大的创新能力、广泛的创新影响力等特征。这一概念最早由美国科技杂志《连线》于2000年首次提出，其构成要素包括：地区高等院校和研究机构培训熟练工作人员或创造新技术的能力；能产出专业知识和技术，促进经济稳定的老牌公司和跨国公司及其影响力；公众创办新企业的积极性；获得风险投资以确保好创意

① 牛励耘. 建设全国人才高地服务中原经济区建设——2012年全国人事人才科研年会暨中原经济区人力资源发展论坛在郑州举行. 人才资源开发，2012（9）：6-11.

成功进入市场的可能性[1]。

回顾全球著名科技创新中心的更迭，能强烈吸引全球创新资源并产生辐射带动效应的创新区域都具有以下特征：一是具有宽容失败、兼容并蓄的创新机制和文化氛围；二是具有聚集优质人才和充足资金等创新资源能力；三是拥有高水平高校和科研院所；四是能够培植和吸引大批具有强大生命力的创新型企业；五是能产出大量具有全球影响力的科技创新成果；六是拥有较为完备的产业链和适宜的创新链；七是具有宜居宜业宜游的创新环境。由此可见，国际科技创新中心以“科技”和“人才”为核心，注重产业链、创新链、价值链融合发展，能在全球生产网络和世界城市网络中发挥显著作用并占据领导和支配地位。典型的全球科技创新中心如：旧金山—圣何塞、纽约、波士顿—坎布里奇—牛顿、东京等，它们不仅是历史悠久的国际贸易和金融中心，而且还是众多跨国公司的总部所在地和研发中心，指挥并且驱动着产业链和生产资源的全球配置。打造具有全球影响力的科技创新中心是当前粤港澳大湾区建设的重中之重，未来通过两方面展开[2]：

（一）打造“科技—产业—全球生产网络”模式

卓越的科技创新能力是全球科技创新中心的核心部分，粤港澳大湾区发达的制造业、强劲的科技成果转化能力、活跃的创新环境是区别于其他全球科技创新中心的主要特征，对产业转型与生产能力的提升具有积极引导作用。粤港澳大湾区以知识生产为起点，经过科技成果转化后落地形成先进的产业集群，打造具有显著传导效应的“科技—产业—全球生产网络”模式。一是链条首端“科技”部分。粤港澳大湾区内企业逐步提升的科技创新能力是生产要素持续发展升级的主要动力，依托现有基础良好的研究平台，积极打造重大科技创新集群和全球高新技术产业化基地。二是链条中端“产业”部分。粤港澳大湾区具有全球领先的高端制造、生物医药、人工智能、金融科技等战略新兴产业，专利申请及专利产出数量处于高速增长阶段，未来将大力培育和发展新兴产业，推动制造业智能化转型。三是链条后端“全球生产网络”部分。粤港澳大湾区逐步向高水平工业及高端服务型经济转型，科技产业的发展推动湾区实现国际性的研发、生产与营销网络布局，汇聚众多全球创新资源，逐步形成多层次的国际创新体系。

（二）营造“人才—环境—世界城市网络”格局

人才是全球科技创新中心的另一个核心，人才聚集为粤港澳大湾区建设全球科技创新中心提供了基础条件，良好的创新环境为人才聚集和人才竞争力的提升提供了重要支持，粤港澳大湾区以人才集聚为起点，提供良好的创新环境与居住环境，营造“人才—环境—世界城市网络”的新发展格局。粤港澳大湾区拥有可容纳人才发挥的载体和平台，也可为人才提供良好的服务与居住环境，多要素的正确融合对全球科技创新中心的发展起着至关重要的作用。一是链条首端“人才”部分。粤港澳大湾区仍需逐步推进人才红利的积累，采取一系列的创新体制机制改革和人才计划，启动多项重大人才工程集聚更多高精尖人才。

① 眭纪刚. 全球科技创新中心建设经验对我国的启示. 人民论坛·学术前沿，2020（6）：16-22.

② 王云，杨宇，刘毅. 粤港澳大湾区建设国际科技创新中心的全球视野与理论模式. 地理研究，2020，39（9）：1958-1971.

二是中端“环境”部分。粤港澳大湾区正在加速形成“宜居宜业宜游”的全球优质生活圈，充分支持创新协同的制度环境，具有发展成生产更高效、环境更优越、带动作用更强的城市区域的潜力。三是后端“世界城市网络”部分。粤港澳大湾区实现了从“农业区”到“世界级城市群”的转变，具有较强的辐射带动能力，但仍需提高人才吸引能力，提升在世界城市网络中的管理能力和影响力。

三、国际金融枢纽

国际金融枢纽是全球金融机构高度集中的区域，由多个金融中心组成，是金融产业发展和金融活动的重要地带，聚集着主要的银行、证券公司、交易所及大量的会计、律师事务所等支持性服务商[①]。国际金融枢纽主要具有以下特征：一是需要聚集足够数量、多种多样的金融机构与相关服务业或支持性产业；二是金融设施先进，金融市场发达，金融信息灵敏，是超越城市地理范围的资金的集散地；三是金融中心城市拥有良好的基础设施、法律制度及文化环境，能为中心功能发挥提供依托；四是在金融体系中处于重要位置，发挥着总体金融体系的关键功能。

国际金融枢纽建设是推进粤港澳大湾区建设的一项重要任务，是新发展格局构建的现实需要与适应全球金融多中心化发展趋势的主动选择。粤港澳大湾区国际金融枢纽建设可从金融科技枢纽、创新资本枢纽、绿色金融枢纽、人民币资产配置枢纽、金融制度创新枢纽等方面发力[②]。

（一）金融科技枢纽

金融科技是指通过运用多种科技手段创新传统金融产品与服务，能有效提升金融服务效率，并降低运营成本，也是技术革命与金融结合而成的新经济模式。金融业通过大数据、人工智能、云计算、区块链等新兴前沿技术带动和改变传统金融的信息采集来源、风险定价模型、投资决策过程、信用中介角色等，大幅提升传统金融的效率，解决传统金融的痛点。代表性的技术如大数据征信、智能投顾、供应链金融等[③]。

粤港澳大湾区金融科技枢纽建设可从以下三个方面开展：一是加强科技创新金融服务。在依法合规、风险可控的前提下，珠三角地区银行将进一步加强与外部创投机构合作，鼓励创新多样化的金融科技业务模式，积极推动多元化、全球化的科技创新投融资体系，建立科技创新金融综合服务平台以促进科技成果转化。在粤港澳三地法律法规框架下，积极创新金融对接科技产业服务模式。二是大力发展金融科技。增强三地金融科技协作力度，依托广州市、深圳市关于大数据、人工智能、区块链及移动支付的建设基础，依法合规地创建粤港澳区块链贸易融资信息服务平台，提升三地数字化跨境贸易信息的共享与交换的安全性。三是建立金融监管协调沟通机制。通过加强三地金融监管的交流与合作，探索构建与国际接轨的金融纠纷解决机制及金融监管协调沟通机制，积极应对跨境金融中的发展与监管问题；加强对跨境

① 倪鹏飞，孙承平. 中国城市：金融中心的定位研究. 财贸经济，2005（2）：17-22+96.
② 白鹤祥. 推动大湾区国际金融枢纽建设. 中国金融，2019（19）：127-130.
③ 巴曙松，白海峰. 金融科技的发展历程与核心技术应用场景探索. 清华金融评论，2016（11）：99-103.

金融机构监管与资金流动监测，建立跨境金融风险预警、防范和处理体系。

（二）创新资本枢纽

创新资本是指区域内通过创新及相关投资而形成的企业创新才能，是企业持续更新完善的创新理念、创新知识、创新技能、创新环境、创新品质的集合，是一种可用于提升企业创新能力、凝结企业创新才能、保护商业产权、用于研发新产品、开拓新服务项目上市的无形资产与能力。①②

粤港澳大湾区科技创新支持体系已基本形成，未来将深入探索针对不同科技创新企业的差异化金融支持政策。2020 年 5 月中国人民银行等四部门发布的《关于金融支持粤港澳大湾区建设的意见》提出：一是稳步推进粤港澳大湾区跨境基金的设立，不断创新跨境社会资本参与政策，吸引湾区内外的社会资本参与粤港澳大湾区基础设施、产业发展及重大项目等领域建设。二是支持非投资性企业开展股权投资试点，允许粤港澳大湾区内地非投资性企业资本项目收入或结汇所得人民币资金用于符合生产经营目标的境内股权投资。三是稳步开放港澳人民币清算银行参与内地银行间拆借市场，健全改善市场交易互联互通的创新合作机制。四是支持符合条件的港澳金融机构和非金融企业在内地发行金融债券、公司债券和债务融资工具，逐步拓宽发行主体范围、境内发行工具类型和币种等。五是推动跨境征信合作，支持粤港澳三地征信机构开展跨境合作，探索推进征信产品互认，为粤港澳大湾区提供征信服务。

（三）绿色金融枢纽

绿色金融又称环境金融或可持续金融，旨在通过金融工具保护环境，实现可持续发展。根据 2016 年 8 月中国人民银行等七部委联合印发的《关于构建绿色金融体系的指导意见》，绿色金融是指支持环境改善、应对气候变化和资源节约高效利用的经济活动，即对环保、节能、清洁能源、绿色交通、绿色建筑等领域的项目投融资、项目运营、风险管理等所提供的金融服务。

粤港澳大湾区以广州市绿色金融改革创新试验区为依托，推进粤港澳大湾区绿色金融合作。一是在广州碳排放交易所平台建设的基础上，建立健全环境权益有偿使用和交易制度，搭建环境权益交易和服务平台，开展环境权益交易外汇试点，在依法合规的基础上允许境外投资者参与粤港澳大湾区环境权益交易。二是鼓励粤港澳大湾区企业借助港澳平台为绿色项目进行融资与认证，支持内地金融机构在香港特区、澳门特区推广绿色金融产品，集资建设粤港澳大湾区绿色企业项目。三是鼓励香港特区依托金融优势建设粤港澳大湾区绿色金融中心，建立并完善与国际接轨的绿色债券认证机构。

（四）人民币资产配置枢纽

人民币资产配置是指根据投资需求将人民币在不同资产类别间进行配置，通常在低风险、低收益证券与高风险、高收益证券之间进行分配。粤港澳大湾区具有境内和境外两个金融市场的优势，可以开展多种形式的人民币国际化探索。人民币已成为粤港澳大湾区第一大结算货币，粤港澳大湾区未来将进一步采取措施拓宽人民币跨境使用范围并提高人民

---

① 路军，孙冰. 区域智力资本对区域创新能力的影响关系分析. 商业时代，2013，610（27）：128-130.

② 鲍步云，刘明明. 企业创新资本与合作竞争规律的关联度. 改革，2009，187（9）：105-109.

币跨境使用的流动性和便利性；提供更加高效的跨境人民币产品和服务，进一步提高人民币跨境使用及离岸清算效率；加强香港特区作为全球离岸人民币业务中心的地位，支持香港特区开发多样化的离岸金融业务及风险管理工具。

（五）金融制度创新枢纽

金融制度是用法律形式所确立的各类金融机构所组成的金融体系结构，以及金融机构间的职责分工与联结网络，包括金融机构和监管机构。粤港澳大湾区在独特的一个国家、两种制度、三个关税区、三种货币条件下若要实现资金的无缝对接与流通，打造国际一流的金融枢纽，必须进行金融制度创新。一是在促进粤港澳大湾区跨境贸易和投融资便利化方面创新制度。优化跨境贸易外汇管理制度，支持从事跨境商务的居民依法合规地在珠三角地区银行开立个人外汇结算账户；进一步推进资本项目便利化改革，简化粤港澳大湾区资本项目的结汇和支付管理方式、优化操作流程、强化项目过程监管；探索建立与粤港澳大湾区发展相适应的账户管理体系和跨境理财通机制；开展本外币合一的跨境资金业务试点；支持银行开展跨境贷款业务和扩大跨境资产转让业务试点；支持设立人民币海外投贷基金和支持内地非银行金融机构与港澳开展跨境业务。二是深化粤港澳三地金融合作。积极探索推动香港特区、澳门特区金融机构拓展内地业务的发展政策；完善在内地设立外资控股的证券公司等金融机构相关规定；支持符合条件的港澳特区保险机构在粤港澳大湾区珠三角地区依法合规地设立经营机构等。

四、全球交通枢纽

交通枢纽是国家或区域交通运输系统的重要组成部分，是不同运输方式的交通网络运输线路的交汇点，是由若干种运输方式所连接的固定设备和移动设备组成的整体，共同承担着枢纽所在区域的直通作业、中转作业、枢纽作业以及城市对外交通的相关作业等功能。全球交通枢纽是综合交通运输体系的重要组成部分，是衔接多种运输方式的辐射全球区域的客、货、信息转运集散中心。国际上著名的全球交通枢纽主要有东京湾区、纽约湾区、旧金山湾区。全球交通枢纽往往具有接驳全球的机场群及港口群、高效畅通的全球贸易陆海统筹通道、面向内陆的复合型交通走廊、互联互通的内部交通骨架等。

未来，粤港澳大湾区的港口群和机场群将错位发展和良性互动。对外，全面推动对外贸易通道串联畅通，进一步促进 21 世纪海上丝绸之路互联互通；对内，依托港、澳、广、深四大核心城市对外辐射通道进一步搭建，全面推动粤港澳大湾区对内辐射能级提升。粤港澳大湾区将从各地单打独斗，转变为优势互补、互惠共赢；从追求各自量级增长，转变为着重提升粤港澳大湾区整体国际航运和贸易服务中心地位；从对外枢纽节点转变为优化国际资源配置、融入全球市场体系的重要开放平台。

（一）接驳全球的国际航空、航运枢纽

粤港澳大湾区将打造世界级机场群，确立国际航空枢纽地位。随着珠三角枢纽（广州新）机场规划建设、广州白云国际机场、深圳宝安机场国际性和服务能级提升以及惠州平潭机场升级改造等，未来粤港澳大湾区将构建以香港、广州、深圳国际航空枢纽多核驱动，

澳门国际机场、珠海金湾机场、佛山沙堤机场、珠三角枢纽（广州新）机场、惠州平潭机场多点联动的“5+3”世界级机场群。粤港澳大湾区的枢纽能级、综合竞争力进一步提升，与世界经济联系进一步加密，国际航空枢纽地位得到进一步明确。

推进港口共同发展，打造国际航运物流中心。随着深圳港、广州港国际航运服务功能进一步提升、香港国际航运中心地位得到巩固，在未来粤港澳大湾区将构建以香港、广州、深圳国际枢纽港多核驱动，其他支线港口互联互通的世界级港口群。在“一带一路”建设背景下，粤港澳大湾区依托区位优势，进一步提升与东南亚、西亚、北非等新兴市场航线密度，粤港澳大湾区港口将发展成为亚太地区开放、便捷、安全的国际航运服务中心。

（二）辐射内陆的复合型综合交通枢纽

粤港澳大湾区将搭建起以广深双枢纽为核心的内陆六向辐射通道、联通粤东西北、对接海西城市群、长江中游城市群、黔中、成渝城市群、北部湾城市群、海南省等六大方向、三大扇面，对泛珠三角地区的内向辐射能级进一步增强。一是依托武广高铁、京广铁路、永广高铁、赣深高铁、京九铁路、广河高铁 6 条线路，强化与粤北、湖南及和江西中部扇面的联系。二是依托广汕高铁、深汕高铁、厦深铁路、龙龙铁路 4 条线路，增强对粤东及福建东部扇面的辐射能级。三是依托贵广高铁、柳广铁路、南广铁路、南深高铁、广茂铁路、深茂铁路、广湛高铁 7 条线路，带动黔中、成渝城市群、北部湾城市群、粤西及海南西部扇面的协同发展。

（三）多点分布、互联互通的轨道交通网络

粤港澳大湾区在《粤港澳大湾区（城际）铁路建设规划（2020—2030）》的指引下，将构建以广州站、广州东站、广州南站、佛山西站、白云站、深圳北站、西丽站、宝安机场站、深圳站、西九龙站为区域核心枢纽，以广州北站、南沙站、新塘站、深圳东站、福田站、深圳坪山站、珠海站、东莞西站、虎门站、惠州北站、惠州南站、肇庆东站、江门站、中山北站、中山站为外围辅助枢纽的轨道交通网络。粤港澳大湾区轨道交通网络将呈现多点分布、互联互通的网络化态势，内部联系进一步增强。一方面，区域核心枢纽强化面向区域的门户功能，引入多条外向型高铁线路。外围辅助枢纽强化内向联系功能，服务于高频次、规律性的城际商务、通勤出行。另一方面，随着轨道站点和轨道线路的加密，粤港澳大湾区城市间时空距离进一步被压缩，各要素流动加快，区域整体性和创新性将得到显著提升。

五、全球优质生活圈

（一）宜居

宜居是指具有良好的居住和空间环境、人文社会环境、生态与自然环境和清洁高效的生产环境。[①] 联合国第二次人居会议提出城市是人类适宜居住地的城市观，得到国际社会广

① 张欢，江芬，王永卿，等. 长三角城市群生态宜居宜业水平的时空差异与分布特征. 中国人口·资源与环境，2018，28（11）：73-82.

泛共识。优质宜居的城市环境是不断吸引创新人才、企业前往驻留的重要因素。湾区作为全球开放的经济体，能吸引来自世界各国的高端人才。来自各国的科学家、企业家、工程师等能够在湾区包容开放的文化环境和良好的居住环境中，碰撞思想的火花而不断促进创新驱动发展。粤港澳大湾区打造世界一流湾区，在宜居建设方面将从以下四个方面推进。一是塑造健康湾区。通过支持符合条件的粤港澳医疗卫生服务单位依法合规在珠三角地区设立医疗机构以增强三地优质医疗卫生资源的紧密联系；积极推进医疗卫生人才培养与交流，鼓励三地的医疗卫生人员互相开展学术交流和私人执业医务人员短期执业；深化中医药领域合作，推进中医药标准化、国际化；提高食品安全监管信息化水平，塑造健康湾区。二是坚持“以人民为中心”发展理念，加强为民服务机制协同，打造优质高效管理制度。三是提高生活品质。不断提升居民生活质量、环境治理与城市治理的能力，营造良好的生态基底、完善的公共服务、创新的政策环境；继续推进大气、水资源、食品安全协防共治；进一步加强国际学校、国际医院、国际社区等配套服务的完善；积极促进湿地、森林、滨海等生态景观建设，让绿色、智慧、低碳的生产生活消费方式成为时尚。四是发展绿色地产。在符合建筑美学的前提下，以保障生态系统的良性循环为原则、以循环经济为基础、以和谐社会为内涵、以节能环保技术为支撑，依据绿色建筑标准建设住宅小区、公寓和办公建筑等，深耕粤港澳大湾区大本营，发挥资源集聚及产业协同优势，将绿色、可持续的理念贯彻在粤港澳大湾区硬件设施建设的整个生命周期中，不断提升粤港澳大湾区的国际化宜居水平。

（二）宜业

宜业是指自然环境、人文社会环境都适宜人们从事各种经济活动。[①] 城市是人类走向成熟和文明的标志，是人类群居生活的高级形式。宜居是城市最原始、最基本的诉求，而宜业作为宜居的手段，是用发展经济所获得的收益来完善城市功能、改善和优化城市环境、维护城市秩序与安定、为居民提供全方位的服务。粤港澳大湾区建设过程中，始终把宜业放在突出位置，在积极筑巢引凤、构建粤港澳三地基础设施“硬联通”的同时，也为创造优良的宜业环境进行“软联通”建设。一方面打造教育和人才高地。通过支持粤港澳高校合作办学，鼓励三地高校的合作交流，创新合作办学方式；完善人才激励机制，大力引进高层次、国际化人才参与粤港澳大湾区的建设和管理，将粤港澳大湾区打造成教育和人才高地。另一方面拓展就业、创业空间。完善港澳学生毕业后在珠三角地区就业生活的鼓励政策、扩大珠三角地区创业补贴扶持的范围，为符合条件的港澳创业者提供良好的创业环境，极大程度地拓展粤港澳大湾区的就业与创业空间。

（三）宜游

宜游是指因适宜的气候生态环境或悠久的历史文化遗产、旅游环境适宜、旅游服务体系完善等而具有极强的旅游吸引力。为稳步推进粤港澳大湾区文旅融合发展、建设优质生活圈，宜游需要从以下两个方面进一步推进[②]。

一是共建人文湾区。增强粤港澳大湾区文化软实力，挖掘城市的特色及文化内涵，在

① 向军. 宜居宜业的生态新城——北京大兴新城核心区规划及城市设计. 城市建筑，2007，29（2）：22-25.

② 张红. 对建设宜居宜游城市的几点思考. 石家庄经济学院学报，2012，35（1）：54-57.

积极传播新时代中国特色社会主义核心价值观的基础上增强粤港澳文化自觉，坚定文化自信；加强制度软环境建设，营造良好创新文化氛围，在开放包容、鼓励创新的岭南文化基础上营造更加开放、多元、包容的软环境；加强粤港澳青少年交流，增强高质量发展的内生动力，共同塑造和丰富湾区人文精神；为粤港澳青少年成长提供文化涵养环境与就业创业机会，支持香港故宫文化博物馆建设，支持澳门博物馆与中国国家博物馆合作；支持港澳参与共建，打造“一带一路”功能平台，支持香港特区举办更多的世界级体育活动，支持澳门特区发展经济适度多元的新产业，使其成为中华文化走出去的重要支撑，推动港澳在“一带一路”文化和旅游领域充分发挥“超级联系人”功能。

二是构筑休闲湾区。落实大湾区自由行的有效实施，推动基础设施建设的“软联通”与“硬联通”，共同打造文化历史、度假购物、体育赛事等多元旅游产品体系；加快“海洋—海岛—海岸”旅游立体开发，探索在核心区域建设游艇旅游自由港；支持香港特区建设国际城市旅游枢纽，支持澳门特区建设世界旅游休闲中心，做好新形势下横琴粤澳深度合作区开发开放；支持澳门特区发挥中葡交流合作平台作用，发展经济适度多元的新产业，举办国际体育赛事和品牌体育盛事，打造世界级旅游目的地以及与“一带一路”沿线国家和地区民心相通的支撑区。同时，粤港澳大湾区要做好规则衔接、平台承接、环境对接，加快构建具有强大穿透力、承载力、吸聚力的消费链接体系；坚持内外双向发力，打造粤港澳大湾区国际消费枢纽。

六、全球制度创新及区域合作典范

制度创新是指通过循环优化配置现有资源、依次构建高效协调机制、渐进调整现有制度结构及制度内容以激发政府、团体或个人的潜力以创造更多的新技术与经济效益。[①] 区域合作是指跨区域的国家或经济体出于相同的经济目的共同拟定一个交流协作机制以实现区域间互利共赢。[②] 制度创新与区域合作相辅相成，互相影响。制度创新往往能促进区域合作，区域合作反过来推动制度创新。

与世界其他湾区相比，“一国两制”是粤港澳大湾区的独特之处，也给粤港澳大湾区带来制度挑战。充分利用制度差异带来的制度张力，将挑战转化为机遇，是粤港澳大湾区制度创新的落脚点。未来，粤港澳大湾区区域合作的制度创新趋势可以从以下几个新的方向探索。

一是积极探索基于“市场一体化”的跨境协同发展。市场一体化是粤港澳大湾区经济发展的客观要求。首先，深化市场机制一体化构建。充分发挥“一国两制”优势，寻找体制机制的趋同点，促进营商环境便利化。其次，充分发挥前海深港现代服务业合作区、横琴粤澳深度合作区的制度创新优势。深化粤港澳大湾区三个关税区之间在跨境金融、跨境数据传输、跨境服务、市场准入等方面的合作与制度创新，促进跨境要素便捷流通。最后，为粤港澳大湾区合作提供法律基础与实施保障。在《中华人民共和国宪法》和《中华人民共和国香港特别行政区基本法》《中华人民共和国澳门特别行政区基本法》的框架下设置

---

① 苏建设，顾巍. 我国发展循环经济的制度创新策略探讨. 特区经济，2006（11）：129–130.

② 蒋瑛，郭玉华. 区域合作的机制与政策选择. 江汉论坛，2011，391（2）：25–28.

法律争端解决机构，依法依规解决粤港澳大湾区市场上的阻碍与纠纷，为一体化市场的经营者提供高效可靠的司法保障。

二是积极促进“合作发展平台”之上的城市间合作。平台建设能打破区域的边界限制，发挥接口作用，推动粤港澳大湾区城市产业创新、生活共享、生态协调发展。针对粤港澳大湾区的制度特征，基于现有合作发展平台，强化横向协调治理与机制建设。在深圳前海、珠海横琴等重大合作发展平台进一步探索完善要素市场化配置体制机制、打造市场化法治化国际化营商环境、完善科技创新环境制度、高水平开放型经济体制、民生服务供给体制和生态环境和城市空间治理体制，全面深化内地与港澳在传统文化、金融服务、航运物流、医疗生物、商贸文旅等领域协作，积极推进渠道广泛、层次多样的粤港澳合作协调机制与利益共享机制。进一步创新合作机制，探索在管理授权、风险防范等方面的合作机制，构建政府层面的协调机制与沟通平台，积极协调粤港澳大湾区的科技设施规划、重点产业布局与基础设施建设等合作问题。切实做到各城市统一规划、分头实施和共同监督。

三是打造基于“共享产业价值链”的产业分工体系。以培育“共享产业价值链”为理念，确立合理明确的区域产业分工合作机制。一是巩固和提升香港特区国际金融中心和国际航空枢纽地位，加强香港特区作为全球离岸人民币业务中心地位，促进金融、贸易、物流等专业服务高质量发展。二是明确澳门特区世界旅游休闲中心地位，建设中国与葡语国家商贸合作服务平台。三是充分发挥广州市作为国家中心城市、综合性门户城市的作用。全面提升广州市综合交通枢纽功能，培育科技创新、先进制造、现代服务、科教文化中心功能。四是发挥深圳市作为国家经济特区、中国特色社会主义先行示范区、国家对外开放门户枢纽的引领作用，加快建成国际科技创新中心、全球海洋中心城市。基于“共享产业价值链”的理念，优化粤港澳中心城市高端生产性服务业的规划布局，推进粤港澳三地多领域、深层次的交流，助力区域高质量协同发展。

本章小结

复习思考题

1. 阐述立足新发展阶段、贯彻新发展理念、构建新发展格局的内涵。
2. 举例指出粤港澳三地在体制机制方面存在的差异。
3. 阐述粤港澳大湾区发展进程中面临的主要挑战。
4. 分析粤港澳大湾区内部发展差异较大的具体表现。
5. 论述粤港澳大湾区科技创新发展面临的问题。
6. 结合粤港澳大湾区发展面临的新背景，阐释粤港澳大湾区发展趋势的具体表现。

参 考 文 献

1. 习近平. 习近平著作选读（第一卷）. 北京：人民出版社，2023.
2. 习近平. 习近平著作选读（第二卷）. 北京：人民出版社，2023.
3.《法理学》编写组. 法理学. 2 版. 北京：人民出版社、高等教育出版社，2020.
4. 焦洪昌，姚国建. 港澳基本法概论. 北京：中国政法大学出版社，2009.
5. 卢文彬. 湾区经济：探索与实践. 北京：社会科学文献出版社，2018.
6. 陈金海，范伟军. 世界湾区发展指数研究报告（2022）. 北京：社会科学文献出版社，2023.
7. 王春新. 香港经济转型与两地经济合作. 广州：广东经济出版社，2019.
8. 符正平，何俊志，黎熙元. 粤港澳大湾区发展研究报告（2019—2020）. 广州：中山大学出版社，2021.
9. 国世平. 粤港澳大湾区规划和全球定位. 广州：广东人民出版社，2018.
10. 申明浩. 粤港澳大湾区协同发展报告（2020）. 北京：社会科学文献出版社，2020.
11. 粤港澳大湾区战略研究院.2020 粤港澳大湾区发展研究报告：大湾区发展的挑战与机遇. 北京：科学出版社，2020.
12. 陈广汉. 粤港澳大湾区发展报告. 北京：中国人民大学出版社，2018.
13. 钟旋辉. 广东发展蓝皮书：广东发展报告（2020）. 北京：社会科学文献出版社，2020.
14. 隋广军，石佑启，申明浩，杨永聪. 粤港澳大湾区蓝皮书：粤港澳大湾区协同发展报告（2020）. 北京：社会科学文献出版社，2020.
15. 储小平，谢俊，黄嘉欣. 广东民营企业四十年. 北京：中国社会科学出版社，2018.
16. 中国地质调查局. 粤港澳大湾区自然资源与环境图集. 北京：科学出版社，2019.
17. 朱沆，李炜文，黄婷. 从人治到法治：粤商家族企业的治理. 北京：社会科学文献出版社，2013.
18. 刘世锦. 读懂“十四五”：新发展格局下的改革议程. 北京：中信出版社，2020.
19. 工信部赛迪智库规划研究所. 三大世界级湾区“飞地经济”发展模式. 中国工业和信息化，2019（05）：76–78.
20. 干春晖，郑若谷，余典范. 中国产业结构变迁对经济增长和波动的影响. 经济研究，2011，46（05）：4–16+31.
21. 刘玉，孙亮. 珠三角经济区劳动力结构与产业升级. 城市发展研究，2008（04）：91–97.
22. 张伟. 香港经济的结构性问题与发展路径研究. 当代经济管理，2016，38（10）：55–60.
23. 陈少兵. 香港产业转型的特点与反思. 广东社会科学，2017（06）：90–96.

24. 张莉莉，张彤. 香港经济转型的方式、当前形势与选择. 亚太经济，2015（02）：138–142.
25. 刘因之. 澳门特别行政区的律师制度. 人民检察，2007（20）：58–59.
26. 魏达志. 澳门的历史变迁和经济发展. 群言，1999（11）：14–15.
27. 褚俊虹. 澳门产业结构调整：第二产业发展的一些观点. 学术论坛，2008（08）：147–149.
28. 陈章喜. 澳门经济结构演化特征与适度多元发展. 统一战线学研究，2020，4（05）：37–44.
29. 袁持平，刘洋. 澳门博彩业发展新特征及内部多元化发展战略分析. 港澳研究，2016（01）：62–71.
30. 凌恳，朱世博，李瑞，等. 广东潮汕平原第四系一个新的岩石地层单位——炮台组. 地层学杂志，2022，46（01）：101–108.
31. 罗彬. 粤东西北城镇化，产业支撑在哪？广东经济，2013（07）：28–31.
32. 柯清标，周灿芳，徐一菲，等. 广东区域农业特色产业现状分析及评价. 广东农业科学，2009，（07）：267–269.
33. 谢宝剑，袁萌. 区域政策对粤东西北区域空间结构影响及优化路径. 中国公共政策评论，2020，16（05）：208–224.
34. 林贡钦，徐广林. 国外著名湾区发展经验及对我国的启示. 深圳大学学报（人文社会科学版），2017，34（05）：25–31.
35. 唐俊. 香港政府对控股公司管理的实践. 国有资产管理，2007（03）：76–79.
36. 付春光. 香港会计业管理探讨. 现代管理科学，2007（10）：53–55.
37. 朱峰. 粤港澳大湾区会计合作的变迁与发展趋势. 财会月刊，2019（10）：69–75.
38. 杨勇，沈浩，金钰. 百年香港律师业（中篇）. 中国律师，2009（03）：87–91.
39. 王云，杨宇，刘毅. 粤港澳大湾区建设国际科技创新中心的全球视野与理论模式. 地理研究，2020，39（09）：1958–1971.
40. 宋周莺，祝巧玲，徐婧雅. 粤港澳大湾区的贸易竞合关系及其优化路径. 地理研究，2020，39（9）：2065–2080.
41. 曹建云. 粤港澳大湾区建设对跨境养老的影响研究——基于福利可携性视角. 华南理工大学学报（社会科学版），2020，22（01）：12–21.
42. 谢华清. 粤港澳大湾区社会保障衔接探究. 中国社会保障，2020（08）：54–55.
43. 吴伟东，帅昌哲. 粤港澳大湾区的退休保障衔接方案研究. 港澳研究，2018（04）：66–74+93.